竈(かまど)と住まいの考古学

合田茂伸・合田幸美 著

同成社

まえがき

　本書は、「竈と住まい」をテーマとして、合田幸美が著した竈および建物に関する論文、合田茂伸が著した建物および集落に関する論文、それを踏まえて両者で討論してまとめた論文から成る。それら論文を、第1部「原史・古代の竈」、第2部「原史・古代の住まいと建物」の2部立てで構成した。

　第1部「原史・古代の竈」は、合田幸美が著した竈に関する論文により構成した。日本の原史・古代・中世・近世の出土竈を中心とした第1章から第9章までの論文を主論文とし、第10章から第15章までを、朝鮮半島出土の竈、中国出土の竈およびその他竈にかかわる諸遺物に関する論文としてまとめた。

　第2部「原史・古代の住まいと建物」は、第1章から第3章までを原史・古代の住まいと集落に関する論文、第4章から第6章までを、日本列島における住まいと火処の変革期に関する論文により編集した。第1章、第2章、および第3章の一部は合田茂伸が著し、そのほかの第3章、第5章は合田幸美が著した論文で構成した。第4章と第6章は両者の共著である。第4章から第6章までは、いわば本書の結論といえる。

　本書では、建物の分類名称として「竪穴建物」を用い、それが遺跡の発掘調査において検出された遺構である場合は「竪穴建物跡」を使用した。また、竪穴建物の「住まい」としての景観や使用目的、機能を述べるときは「竪穴住居」として区別した。同様に遺跡で検出される諸遺構については、報告書や論文で記された固有名詞を除いて、できるだけ語尾に「跡」を付加して遺構に関する叙述であることを明示し、復元的な景観として捉える建物や工作物等との区別をおこなった。そのため記述が煩となったところがあるがご寛恕いただきたい。

合田茂伸

目　次

まえがき　*i*

第1部　原史・古代の竈 ……………………………………………………………… *1*

第1章　炉と竈の比較 ……………………………………………………… *3*

　　1　比較の方法　*3*
　　2　炉と竈の大きさ　*3*
　　3　竪穴建物に占める炉と竈の大きさ　*7*
　　4　竪穴建物跡における炉跡および竈跡の出土状態　*9*
　　5　炉の空間、竈の空間　*13*

第2章　日本列島における出現期の竈 ………………………………… *17*

　　1　竈と「類カマド」　*17*
　　2　古墳時代前期の竈　*17*
　　3　弥生時代の竪穴建物跡壁際の焼土　*23*
　　4　出現期の竈　*24*

第3章　古墳時代中期の竈 ……………………………………………… *27*

　　1　古墳時代中期の竈の集成　*27*
　　2　古墳時代中期の竈の諸形態　*36*
　　3　古墳時代中期における竈の定形化　*39*

第4章　古墳時代の竈の出土状態 ……………………………………… *41*

　　1　竈の出土状態が示すもの　*41*
　　2　出土状態からみる竈の構造　*41*
　　3　出土状態からみる竈の廃棄　*46*
　　4　竈の廃棄の諸形態　*51*

第5章　西日本の竈の構造と炊爨具の構成―東西日本の煮炊きの違い― ………………… *53*

　　1　本項の目的　*53*
　　2　検討の方法　*53*
　　3　西日本の竈の出土状態　*54*
　　4　西日本の竈の構造　*61*

  5 炊爨具の種類 *63*

  6 炊爨具の使用痕跡 *64*

  7 移動式竈 *65*

  8 煮炊きの実態とその意味 *65*

  9 東西日本の煮炊きの違い *65*

第6章 竈・温突（オンドル）―北陸地方出土の竈― *67*

  1 本項の目的 *67*

  2 北陸地方における古墳時代の竈 *67*

  3 石川県小松市額見町遺跡のオンドル状遺構 *71*

  4 飛鳥時代のオンドル状遺構 *72*

  5 北陸地方の竈・オンドル状遺構が語るもの *74*

第7章 中世の竈―大坂城跡の竈を中心に― *77*

  1 本項の目的 *77*

  2 竈遺構の整理 *77*

  3 周辺の事例 *85*

  4 大坂城跡の竈 *86*

  5 中世・近世の竈の素描 *90*

第8章 近世の竈―民家の発掘調査から― *95*

  1 視点 *95*

  2 民家の建築学的研究のながれ *95*

  3 民家の考古学的研究のながれ *96*

  4 資料の集成 *96*

  5 民家における竈 *111*

第9章 中世・近世の竈の絵画資料 *113*

  1 本項の目的 *113*

  2 中世の絵画資料 *113*

  3 織豊期の絵画資料 *117*

  4 近世の絵画資料 *117*

  5 絵画資料からみた竈の諸形態 *120*

  6 絵画資料における竈の変遷 *122*

第10章 朝鮮半島の竈 *125*

  1 資料の収集 *125*

2　竈の分類　*127*

　　3　竈の年代と分布　*141*

　　4　朝鮮半島の竈　*144*

　　5　日本列島の竈との比較　*144*

　　6　施設としての竈の受容　*147*

第 11 章　中国の壁竈 …………………………………………………………………… *151*

　　1　本項の目的　*151*

　　2　資料の収集　*151*

　　3　壁灶の概要　*168*

第 12 章　竈形土器 ……………………………………………………………………… *175*

　　1　竈形土器とは　*175*

　　2　古墳時代中期の竈形土器　*175*

　　3　古墳時代後期以降の竈形土器　*177*

　　4　竈形土器と祭祀―ミニチュアの竈形土器―　*182*

　　5　竈形土器の概要　*186*

第 13 章　竈形土器は韓式系土器であろうか …………………………………………… *187*

　　1　本項の目的　*187*

　　2　大阪府における竈形土器出土遺跡　*188*

　　3　竈形土器と組み合わされる炊饌具　*192*

　　4　竈形土器は韓式系土器　*198*

第 14 章　小型炊飯具の分布と消長―渡来系集団との関連― ………………………… *199*

　　1　本項の目的　*199*

　　2　研究史　*199*

　　3　分布と消長　*200*

　　4　渡来系集団との関連　*208*

第 15 章　U 字形土製品からみた竈遺構の復元―蔀屋北遺跡を事例として― ……… *213*

　　1　本項の目的　*213*

　　2　蔀屋北遺跡の U 字形土製品　*213*

　　3　蔀屋北遺跡の竪穴建物跡と竈遺構　*215*

　　4　U 字形土製品と竈遺構の比較と復元　*216*

　　5　U 字形土製品からわかること　*218*

第2部　原史・古代の住まいと建物 ……………………………………………… 221

第1章　丘陵上に立地する弥生時代集落の景観―兵庫県仁川五ヶ山遺跡の遺構群― …… 223

1　遺跡の概要　*223*

2　検出された主な遺構―1986年および1990年の調査の概要―　*224*

3　仁川五ヶ山遺跡の遺構群と景観　*229*

第2章　斜面の建築 ……………………………………………………………………… 231

1　竪穴建物の地形立地と形態　*231*

2　斜面に立地する集落における竪穴建物―関東甲信地方の長方形平面の竪穴建物―　*243*

3　斜面に立地する掘立柱建物　*253*

第3章　原史・古代の景観と建物 …………………………………………………… 261

1　弥生時代集落の景観―大阪府瓜生堂遺跡を中心として―　*261*

2　弥生時代集落の景観と祭祀　*270*

3　集落の出入口　*280*

4　竪穴建物の改築　*292*

5　古代の竪穴建物―竈屋の考察（1）　*305*

6　小形竪穴建物―竈屋の考察（2）　*315*

第4章　古墳出現期の竪穴建物―大和と河内― …………………………………… 331

1　観点　*331*

2　近畿地方主要部における竪穴建物跡　*331*

3　古墳出現期の竪穴建物　*337*

第5章　古墳時代の炉と竈 …………………………………………………………… 343

1　炉と竈　*343*

2　炉と竈の分類　*344*

3　火処の変遷　*345*

4　竈の出現と地域性　*349*

第6章　竈の出現と住まいの変革 …………………………………………………… 351

1　炉と竈が共存する竪穴建物　*351*

2　炉跡と竈跡が検出された竪穴建物跡　*352*

3　竈跡の調査　*356*

4　炉の変化と竈の出現　*358*

5　竈の出現と住まいの変革　*360*

参考文献 *365*
初出一覧 *393*
あとがき *397*

図 表 目 次

【挿図】

図 1 弥生時代中期〜古墳時代前期の炉跡の規模 …………………………… 4
図 2 弥生時代中期の炉跡の規模 …………………………………………… 5
図 3 弥生時代後期〜古墳時代前期の炉跡の規模 …………………………… 6
図 4 竈跡の規模 …………………………………………………………… 6
図 5 竪穴建物跡の床面積と炉跡の面積 ……………………………………… 8
図 6 竪穴建物跡の床面積と竈跡の面積 ……………………………………… 9
図 7 竪穴跡床面の広さと竈跡の広さの比較事例 ……………………………… 10
図 8 炉跡および竈跡の出土状態 …………………………………………… 12
図 9 庄内式〜布留式期の竪穴建物・竈跡実測図 ……………………………… 18
図 10 布留式期の竪穴建物・竈跡実測図 …………………………………… 21
図 11 竈各部名称 ………………………………………………………… 27
図 12 遺跡の位置 ………………………………………………………… 28
図 13 竪穴建物跡平面模式図 ……………………………………………… 29
図 14 竈の構造がわかる出土状態平面図 …………………………………… 44
図 15 竈の廃棄がわかる出土状態平面図 …………………………………… 48
図 16 西日本の竈の出土状態平面図（1） …………………………………… 56
図 17 西日本の竈の出土状態平面図（2） …………………………………… 57
図 18 西日本の竈の出土状態平面図（3） …………………………………… 58
図 19 竈とオンドル状遺構平面図 …………………………………………… 69
図 20 豊臣前期　屋敷にともなう竈平面図・断面図 ………………………… 79
図 21 豊臣前期　等間隔で並ぶ竈・瓦製竈・流し枡をともなう竈平面図 ……… 81
図 22 豊臣前期　大形竈・一般的な竈平面図・断面図 ……………………… 82
図 23 豊臣後期・畑の時期・近代の竈平面図・断面図 ……………………… 83
図 24 周辺の大坂城跡調査において検出された竈平面図・断面図 …………… 85
図 25 中世・近世の竈 …………………………………………………… 88
図 26 今西家住宅の遺構平面図（1） ……………………………………… 98
図 27 今西家住宅の遺構平面図（2） ……………………………………… 99
図 28 今西家住宅の遺構平面図（3） ……………………………………… 101
図 29 彦部家住宅の住宅配置図・発掘調査位置図・全体図 …………………… 103
図 30 彦部家住宅主屋の変遷図（1） ……………………………………… 104
図 31 彦部家住宅主屋の変遷図（2） ……………………………………… 105
図 32 細川家住宅・境家住宅 ……………………………………………… 107

図 33	黒木家住宅	109
図 34	福山家住宅・屋敷前遺跡・石坂遺跡	110
図 35	中世・近世竈絵画資料集成（1）	114
図 36	中世・近世竈絵画資料集成（2）	118
図 37	中世・近世竈の変遷模式図	121
図 38	朝鮮半島出土の竈資料位置図	126
図 39	竪穴建物の竈跡（1）	128
図 40	竪穴建物の竈跡（2）	130
図 41	竪穴建物の竈跡（3）・平地建物の竈跡・その他建物の跡竈	132
図 42	その他建物の石組み煙道の竈跡	135
図 43	竈形土器	138
図 44	竈の明器	139
図 45	竈の壁画	140
図 46	朝鮮半島の竈の消長	142
図 47	中国出土の竈関連資料位置図	159
図 48	灶台	160
図 49	焼土	162
図 50	灶坑	163
図 51	その他	166
図 52	中国の壁灶の消長	167
図 53	地域ごとの壁灶の消長	170
図 54	省ごとの壁灶・地灶出土遺跡数	172
図 55	竈形土器（1）	176
図 56	竈形土器（2）および関連資料（1）	178
図 57	竈形土器（3）および関連資料（2）	180
図 58	竈形土器（4）（五反島遺跡）	181
図 59	ミニチュアの竈形土器（1）	183
図 60	ミニチュアの竈形土器（2）	184
図 61	竈形土器の変遷	190
図 62	「蔀屋北 2～4 期」の炊飯具	194
図 63	「蔀屋北 2～4 期」の竈形土器と炊飯具の組み合わせ	195
図 64	「蔀屋北 4～5 期」の炊飯具	196
図 65	「蔀屋北 4～5 期」の竈形土器と炊飯具の組み合わせ	197
図 66	小型炊飯具一覧	204
図 67	小型炊飯具が出土した古墳	206
図 68	蔀屋北遺跡出土のU字形土製品	214
図 69	U字形土製品と竈遺構の組み合わせと使用状態の復元	217
図 70	仁川五ヶ山遺跡位置図	224

図 71	仁川五ヶ山遺跡検出遺構配置図（1986 年・1990 年）	225
図 72	仁川五ヶ山遺跡遺構平面図（1986 年）	226
図 73	仁川五ヶ山遺跡 11 号竪穴住居跡平面図	226
図 74	仁川五ヶ山遺跡遺構平面図（1990 年）	229
図 75	集落の地形立地分類模式図	232
図 76	竪穴建物跡の規模	232
図 77	A 型立地の集落における竪穴建物跡の規模	232
図 78	B 型立地の集落における竪穴建物跡の規模	232
図 79	C 型立地の集落における竪穴建物跡の規模	232
図 80	a 型立地の竪穴建物跡の規模	234
図 81	b 型立地の竪穴建物跡の規模	234
図 82	東山遺跡 A 地区・B 地区平面図	234
図 83	竪穴建物跡の規模と主柱穴数	235
図 84	西田中遺跡の竪穴建物跡平面図	236
図 85	「長円 6 型」竪穴建物跡平面図（1）	237
図 86	「長円 6 型」竪穴建物跡平面図（2）	239
図 87	段状遺構 a 平面図	241
図 88	段状遺構 b 平面図	242
図 89	駒掘遺跡遺構分布図	244
図 90	白草遺跡遺構平面図	245
図 91	鎌倉遺跡遺構平面図	246
図 92	戸神諏訪遺跡遺構平面図	248
図 93	中高瀬観音山遺跡遺構平面図	248
図 94	上の平遺跡遺構平面図	250
図 95	中根山遺跡遺構平面図	251
図 96	掘立柱建物跡の長辺の柱間数出現頻度図	253
図 97	段状の造成面をともなう掘立柱建物跡の長辺の柱間数出現頻度図	253
図 98	段状の造成面をともなわない掘立柱建物跡の長辺の柱間数出現頻度図	254
図 99	掘立柱建物跡の規模	255
図 100	段状の造成面をともなう掘立柱建物跡の規模	255
図 101	段状の造成面をともなわない掘立柱建物跡の規模	255
図 102	一貫西遺跡遺構全体図	257
図 103	沼 E 遺跡遺構配置図	258
図 104	茜ヶ峠遺跡遺構配置図	259
図 105	瓜生堂遺跡位置図	262
図 106	弥生時代中期後半遺構分布図	264
図 107	会下山遺跡 Q 地区遺構図	271
図 108	太田十二社遺跡祭祀遺構平面図	272

図 109	紫雲出山遺跡配石遺構等平面図	273
図 110	東山遺跡土坑 B-8 実測図	274
図 111	六条山遺跡 S 地区遺構全体図	275
図 112	瓜生堂遺跡の祭祀環境	278
図 113	集落の出入口の位置図（1）	281
図 114	集落の出入口の位置図（2）	283
図 115	集落の出入口の位置図（3）	284
図 116	集落の出入口の位置図（4）	286
図 117	集落の出入口の位置図（5）・居館の出入口の位置図（1）	287
図 118	居館の出入口の位置図（2）	290
図 119	観音寺山遺跡遺構全体図	293
図 120	妻木晩田遺跡松尾頭 3 区遺構全体図	295
図 121	大塚遺跡遺構全体図	300
図 122	古代の竪穴建物跡平面図（1）	306
図 123	古代の竪穴建物跡平面図（2）	310
図 124	古代の竪穴建物跡平面図（3）	313
図 125	千塔山遺跡遺構全体図	320
図 126	下稗田遺跡遺構全体図	321
図 127	用木山遺跡住居址支群区分図	323
図 128	新池埴輪製作遺跡遺構全体図	325
図 129	中筋遺跡遺構全体図	327
図 130	奈良県の竪穴建物跡	332
図 131	大阪府の竪穴建物跡	334
図 132	京都府（山城）・兵庫県（播磨）の竪穴建物跡	335
図 133	火処の変遷図	346
図 134	高畑町遺跡第 7 次調査竪穴建物跡実測図	353
図 135	高畑町遺跡第 7 次調査竈跡実測図	353
図 136	高畑町遺跡第 7 次調査竪穴建物跡出土土器実測図	354
図 137	関連竪穴建物跡平面図	362

【表】

表 1	土器型式の対応表	27
表 2	竈の出土状態一覧表	42
表 3	西日本の竈の構造と構成要素一覧表	55
表 4	大坂城跡の竈一覧表	78
表 5	中世・近世の竈一覧表	91
表 6	朝鮮半島の竈一覧表	125
表 7	朝鮮半島の竈分類表	127

表 8	壁灶の一覧表	153
表 9	省ごとの壁灶・地灶出土遺跡数一覧表	172
表 10	大阪府下の竈形土器一覧表	188
表 11	小型炊飯具が出土した古墳一覧表	201
表 12	蔀屋北遺跡出土のU字形土製品一覧表	213
表 13	蔀屋北遺跡2・3期の竈一覧表	216
表 14	竪穴建物跡平面形と主柱穴数対応一覧表	235
表 15	小形竪穴建物跡一覧表	318
表 16	竈出現期の竈状遺構一覧表	360

【写真】

写真1	仁川五ヶ山遺跡（1986）検出遺構	225
写真2	仁川五ヶ山遺跡11号竪穴建物跡	227
写真3	仁川五ヶ山遺跡土器集積方形土坑	228
写真4	仁川五ヶ山遺跡（1990）検出遺構（1）	230
写真5	仁川五ヶ山遺跡（1990）検出遺構（2）	230
写真6	仁川五ヶ山遺跡から甲山を望む	230
写真7	高畑町遺跡第7次調査竪穴建物跡	355

第 1 部

原史・古代の竈

第1章　炉と竈の比較

1　比較の方法

　竪穴建物跡に付設された炉、竈の機能や使用法について、炉では西川卓志［西川 1981・1983・1987］、竈では外山政子［外山 1990a・b・c］の一連の論考がある。
　本項では、立体的な遺構としての炉および竈の大きさの比較、それらが竪穴建物跡内に占める面積の比較、炉跡や竈跡をともなう竪穴建物跡床面の遺物出土状況の比較をとおして、竪穴建物と炉および竪穴建物と竈の関係を検討する。

2　炉と竈の大きさ

　まず、炉と竈の大きさを比較する。対象とする炉、竈の資料は、竪穴建物の全形がほぼ復元できる事例とした。資料は、炉を有する竪穴建物跡が42棟、竈を有する竪穴建物跡が22棟である。竪穴建物跡の年代は、弥生時代中期が14棟、弥生時代後期が21棟、古墳時代前期が7棟、古墳時代中期が15棟、古墳時代後期が7棟である。資料中、炉を有する竪穴建物の平面形は円形と方形があり、円形竪穴建物跡の年代は弥生時代中期から後期に、方形竪穴建物跡の年代は弥生時代後期から古墳時代前期である。竈を有する竪穴建物跡の平面形は方形であり、古墳時代前期の大阪府堺市四ツ池遺跡例以外はすべて古墳時代中期から後期である。
　炉と竈の大きさを考える場合、何をもってその範囲とするかが問題となる。竪穴建物内の炉については、西川が火処として機能した範囲について検討している［西川 1987］ことが参考となる。西川は、機能的な意味における炉の範囲は単に灰などの入った土坑上面の輪郭にとどまらず、周囲に広がる炭・焼土もその範囲と考えられることを明らかにした。その検討材料となる顕著な事例を以下に挙げる。
　大阪府泉南市滑瀬遺跡5号竪穴建物跡は、直径5.7mを測る円形平面の竪穴建物である。竪穴建物跡の中央には、直径0.86mの土坑があり、これを取り囲むように直径約1.5m、幅0.2m、高さ0.02mの隆起帯が囲繞する。隆起帯の内側には炭が一面に付着し土坑の底にまで広がる。土坑を中心にその周囲をめぐる隆起帯まで炭の広がりがみられることから、火処として機能したのは、中央の土坑だけではなく、炭が広がる隆起帯に囲まれた範囲とみるべきである。土坑の外側に炭が広がる状態は、滑瀬遺跡3・7・8号竪穴建物跡にもみられる。そのうち、7号竪穴建物跡では炉の周囲をめぐる隆起帯を越えて炭が広がる（図8-1）。岡山県岡山市奥坂遺跡№20竪穴建物跡では、炉の

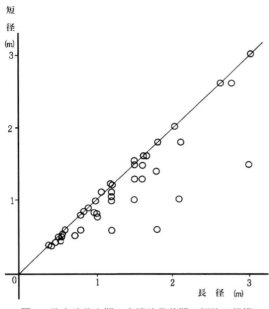

図1 弥生時代中期〜古墳時代前期の炉跡の規模

上層に拡がる炭・灰層の範囲は直径3mに及ぶ（図8-2）。大阪府豊中市新免遺跡竪穴建物跡2においても炉の上層に広がる炭・焼土を含む灰層が断面図に図示されている。

このように、竪穴建物跡では、炉にともなう炭・灰・焼土が、竪穴建物跡の床面に掘り込まれた土坑を越えた範囲に広がっている。竪穴建物内における炉の機能を考えるとき、炉の使用にともなって生じ、あるいは用いられた炭、灰、焼土が広がる範囲を、炉が機能した範囲と考える。

図1は、この観点から弥生時代中期から古墳時代前期までの炉跡の大きさをグラフ化したものである。グラフの横軸を炉の長径、縦軸を炉の短径とした。単位はmである。グラフの斜線は長径/短径＝1/1の補助線である。炉跡1基をグラフの1点として示している。資料の点は補助線上に多く集まるが、線上から外れた点も存在する。このことから、炉は正円形平面のものが多いが、楕円形や不定形平面のものが若干存在することがわかる。長径および短径が0.4m〜2mのものが多く、炉跡の長径および短径の最小は0.4m、最大は3mである。

つぎに、年代別に炉の大きさを比較する。図2は、図1から弥生時代中期の資料を抽出したものである。14基中、補助線の近くに分布するものが11基、補助線から外れるものが3基で、点の分布にはややばらつきがあるようにみえる。弥生時代中期の炉跡は、正円形平面だけでなく不定形平面のものがあることがわかる。大きさでは、正円形に近い平面形の炉跡は、最小が長径1.2m、短径1m、最大が長径2.8m、短径2.6m、いっぽう、不定形平面跡の炉は、最小が長径1.8m、短径0.6m、最大が長径3m、短径1.5mである。

図3は、図1から弥生時代後期から古墳時代前期までの資料を抽出したものである。28基中、ほぼ補助線上のものが26基、補助線を外れるものが2基で、弥生時代中期の炉跡（図2）に比べて分布にばらつきが小さく、弥生時代後期から古墳時代前期までの炉跡は、正円形平面が多いことがわかる。大きさは、最小が直径0.4m、最大が直径3mである。点の分布には偏りがあり、28例中17例が直径1m以下に集中し、26例が直径2mまでに含まれる。

図2と図3を比較すると、図3の直径1m以上の点は図2の点の分布と重なる傾向を示すが、図3の直径1m以下の一群は図2にはみられず、図3に特徴的な一群である。

以上のことから、炉跡の大きさについて次のとおりまとめることができる。弥生時代中期の炉跡は正円形平面、不定形平面のものがあり、ともに長径または短径が1m〜2mのものが多数であるが、3m前後のものも若干存在し、大きさの分布にばらつきがある。いっぽう、弥生時代後期から

古墳時代前期の炉跡は、ほぼ正円形平面であり、直径 0.4m～2m 前後のものが多数で、そのうち直径 0.4m～1m のものが多い。弥生時代中期と比較したとき、この直径 1m 以下の炉跡は弥生時代後期から古墳時代前期までの炉跡の特徴である。

つぎに竈の範囲と大きさについて考える。

炉と同様、機能的な意味での竈の範囲として、袖や煙道などの竈本体のほかに竈周辺における炭・灰・焼土の広がりを知る必要がある。種々の発掘調査報告書に表現された竈本体の燃焼部や焚き口前面を含む竈周辺の炭の広がりについては、報告文の記述とともに網掛けにより図示される場合が多い。いくつかの例についてみてみたい。

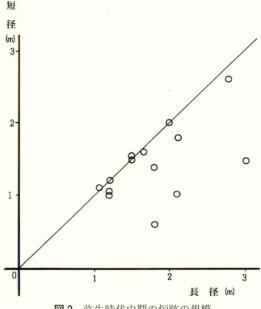
図2　弥生時代中期の炉跡の規模

大阪府岸和田市三田遺跡の発掘調査報告書では竪穴建物跡の竈が 13 基報告され、そのなかで、炭・焼土の範囲が図示されている竈は 12 基ある。12 基のうち、竈周辺に炭・灰・焼土の広がる資料は B800－OD1 であり、その他の 11 基の竈では炭・焼土の範囲は竈本体の燃焼部内でおさまる。大阪府貝塚市畠中遺跡 129OD や大阪府岸和田市上フジ遺跡竪穴竪穴建物跡 290 竈においても、炭・灰・焼土は竈本体の燃焼部内でおさまる。

つぎに、竈周辺に炭・灰・焼土が広がる事例を掲げる。三田遺跡 B800-OD（図 8-3）は、1 辺約 7.9m の大形の方形竪穴建物跡である。竈は壁際ほぼ中央に設けられ、竈本体の長さ（竪穴建物跡の壁から袖部の先端までの長さ）約 1.1m、幅（2 本の袖部の外側で最大幅）約 0.9m である。燃焼部の支脚を中心に焼土層と炭層が堆積する。焼土には焼土塊を含む。竈の外側には焚き口前面に最大長 0.4m、焚き口から向かって左側の袖部外側に最大幅 0.3m の範囲で炭が広がっており、発掘調査報告書では、燃焼部から掻き出されたものと考えられている。福岡県浮羽郡吉井町塚堂遺跡 B 地区 1 号竪穴建物跡では、竈本体の長さ 0.85m、幅 0.95m であり、焚き口前面には、くぼみに堆積した灰の広がりが 0.3m～0.4m の範囲にみられる。同様の状況は塚堂遺跡 D 地区 11 号 A（新）竪穴建物跡の竈や大阪府堺市小阪遺跡竪穴建物 3 の竈でも確認できる。

これらの事例から、竈では燃焼部内で炭・灰・焼土がおさまる場合が多く、炭・灰・焼土が竈本体から外へ広がる場合、範囲は焚き口前面から 0.3m～0.4m 前後の範囲であることが多い。竈の機能を考慮した、「竈の範囲」としては、焚き口前面を含めて考える必要性がある。炉は土坑を越えて広範囲に炭・灰・焼土が広がるが、竈は、袖や煙道などが構成する竈本体を越えて炭・灰・焼土が広がる範囲は小さく、焚き口の前面の小さな範囲にとどまる。

以上のことを念頭におき、焚き口前面などに広がる炭・灰層なども含めた竈の大きさをあらわしたものが図 4 である。資料は古墳時代中期から古墳時代後期までの竪穴建物跡内に付設された竈跡

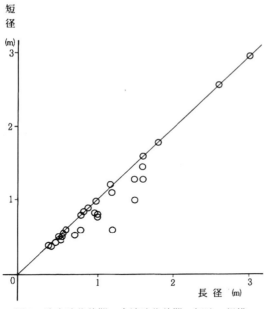

図3 弥生時代後期〜古墳時代前期の炉跡の規模

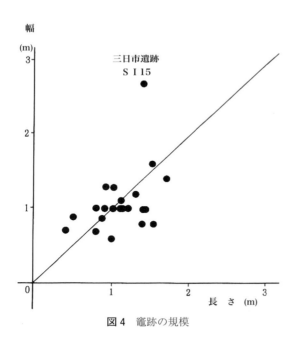

図4 竈跡の規模

である。図は横軸を竈跡の長さ、縦軸を竈跡の幅とし、単位はmである。グラフの斜線は長さ/幅＝1/1の補助線である。点は補助線上とこれを中心に補助線の上下にも分布する。長さと幅が一致するもの、長さが幅よりも長いもの、長さが幅よりも小さいものがいずれも存在することがわかる。グラフ全体としては、竈の長さと幅の比率に一定の規則性は認められない。竈の長さは最小40cmから最大1.7mまで、幅は最小60cmから最大2.7mまでの範囲で、長さおよび幅が1m〜1.5mのものが多い。図4で幅が飛び抜けて大きい事例は、大阪府河内長野市三日市遺跡SI15である（図8-4）。三日市遺跡SI15の「竈状遺構」は、竪穴建物跡の壁際中央の2.7×1.4mの範囲に焼土層と炭層が広がる。この部分は床面より一段低くなっている。炭層が竪穴建物跡の壁中央から建物外へのびる部分があり、煙道であった可能性が指摘されている。袖部などの構造物が確認されなかったため「竈状遺構」と称されている。本遺構は、焼土層と炭層の広がる範囲をもって竈とした資料である。構造が不明ながら横（側方）煙道をもつ竈になる可能性があり、また発掘調査報告書の図面からの推測であるが、検出状況からみて竈が破壊された後の状態である可能性もある。これを特殊な例として除外すれば、竈の幅は最大1.6mとなる。

炉跡の大きさを示した図1と竈跡の大きさを示した図4からそれぞれの大きさを比較すると、炉跡の大きさは直径0.4mから2mまでに分布の中心があり、竈跡の大きさは長さと幅が0.8mから1.4mまでに分布の中心がある。炉の大きさは変異が大きいのに比べ、竈の大きさの変異は小さい。

炉跡や竈跡の周辺に広がる炭・焼土を含めてその大きさを比較すると、炉跡では土坑上層や周辺に広がる炭層・灰層・焼土層の範囲が広く、大きさの変異が大きいこと、竈跡では本体周辺に広がる炭層・焼土層の範囲は狭く、大きさの変異は小さいことがわかった。

また、図3と図4から、弥生時代後期〜古墳時代前期の炉跡の大きさと古墳時代中期〜後期の竈跡の大きさを比べると、前者は直径0.4m〜1.4m、後者は幅と長さが0.8m〜1.4mに集中する。両者の大きさがほぼ同じであることがわかる。炉跡は弥生時代中期から弥生時代後期にかけて小形化し、その大きさの変異幅は小さくなる。弥生時代後期に小形化した炉の大きさと、古墳時代中期〜後期の竈の大きさはほぼ同じである。炉と竈という形態の違いを越えた「火処」として両者をみた場合に、その大きさは継承されている、と考えることはできないであろうか。

3　竪穴建物に占める炉と竈の大きさ

　図5は、横軸を竪穴建物の床面積、縦軸を炉の面積とし、単位はともにm^2である。○は円形竪穴建物跡、■は方形竪穴建物跡である。竪穴建物跡の床面積は、最小が約$7m^2$、最大が約$64m^2$、炉跡の面積は最小が約$0.2m^2$、最大が約$7.1m^2$である。炉跡の面積は$2m^2$以下に集中しており、竪穴建物跡の床面積に比例して炉が大きくなることはない。竪穴建物跡の平面形別にみてみると、円形竪穴建物跡では、竪穴建物跡の床面積が最小のものは約$17m^2$、最大のものは約$64m^2$、炉跡の面積が最小のものは約$0.3m^2$、最大のものは約$7.1m^2$である。点の分布は広く、集中する箇所はみられない。竪穴建物跡の床面積に関わらず、炉跡の面積は$3m^2$以下のものが多いことを看取できる。いっぽう、方形竪穴建物跡では、竪穴建物跡の床面積が最小のものは約$7m^2$、最大のものは約$52m^2$、炉の面積が最小のものは約$0.2m^2$、最大のものは約$2m^2$である。方形竪穴建物跡では、22基中16基が炉の面積が$0.6m^2$以下であり、竪穴建物跡の床面積が$32m^2$以上のものにおいても炉の面積はすべて$0.6m^2$以下であることから、竪穴建物跡の床面積に関わらず、炉跡の面積は$0.6m^2$以下のものが多いことがわかる。

　竪穴建物跡の床面積は、円形竪穴建物跡にやや大きい資料があるが、大部分が16〜$44m^2$に含まれ、それを超える大形円形竪穴建物跡を除いて、円形竪穴建物跡と方形竪穴建物跡の間の床面積に大きな差異は見出せない。炉跡の面積は円形竪穴建物の場合には幅広い分布がみられるのに対し、方形竪穴建物ではその分布の中心が$0.6m^2$以下にあることがわかる。竪穴建物の床面積に占める炉の面積は、竪穴建物の平面形によって異なる傾向を示し、竪穴建物跡の床面積に占める炉跡の面積は、円形竪穴建物跡に比べ方形竪穴建物跡において小さい傾向にある。

　つぎに、竪穴建物跡の床面積に占める竈跡の面積についてみてみたい。図6は、横軸を竪穴建物跡の床面積、縦軸を竈跡の面積としたグラフである。単位はともにm^2である。竈を有する竪穴建物跡の床面積は約$5m^2$〜$59m^2$の範囲に分布していて、分布の中心は約$10m^2$〜$28m^2$にある。竈跡の面積は、約$0.3m^2$〜$3.2m^2$に分布し、$1m^2$付近に分布の中心がある。グラフはわずかに右上がりの傾向にあるが、$1m^2$を少し超える付近に集中していることがわかる。以下に、具体的な事例をあげて竪穴跡床面の広さと竈跡の広さを比較する（図7）。

大阪府堺市小阪遺跡竪穴住居4（図7-1）　竪穴建物跡の床面積が$10m^2$前後の事例となる。竪穴住居4は、南北約3m、東西約3.1mを測る方形竪穴建物跡である。竈跡は東壁中央やや北寄りに位置し、北東隅に向かって煙道がのびる。竪穴建物跡の床面積は約$9.3m^2$、竪穴建物跡内にのびる煙道

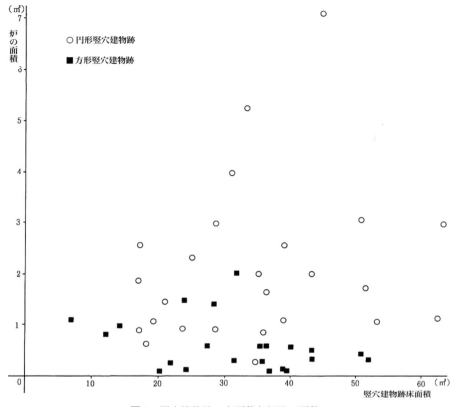

図5 竪穴建物跡の床面積と炉跡の面積

部を含めた竈跡の面積は1.2m²であり、竈跡の竪穴建物跡床面に占める面積の割合は約13％である。

大阪府岸和田市上フジ遺跡竪穴建物168-OD（図7-2） 長辺約2.2m、短辺約2.0～2.1mを測る方形竪穴建物跡である。竈跡は短辺のほぼ中央に位置し、大きさは長さ0.9m、幅1mである。竪穴建物跡の床面積は4.6m²、竈跡の面積は0.9m²であり、竈跡の竪穴建物跡の床面積に占める面積の割合は約20％である。上フジ遺跡では竪穴住居跡168-ODのほか、床面積19.3m²の竪穴住居跡290-OD、床面積27.29m²以上の竪穴住居跡473-ODなども検出されている。このほか、竪穴建物跡の床面積に占める竈跡の面積が大きいものは、塚堂遺跡D地区13号竪穴建物跡で10％、三田遺跡B474ODで11％であり、いずれも竪穴建物跡の1辺が3～3.5m以下の方形竪穴建物跡である。

福岡県浮羽郡吉井町塚堂遺跡D地区7号A竪穴建物（図7-3） 竪穴建物跡に占める竈跡の面積が小さい建物跡である。長辺8m、短辺7.3mの方形竪穴建物跡で床面積は約58m²、竈跡の大きさは長さ1.4m、幅約1m、面積は1.4m²である。竪穴建物跡の床に対する竈跡の面積の割合は2％である。

大阪府岸和田市三田遺跡B469OD（図7-4） 竪穴建物跡の床面積は27.6m²、竈跡の面積は1.4m²であり、竪穴建物に占める竈の面積割合は5％である。

このように、大きな変動幅の竪穴建物跡の床面積に比べて竈跡の面積の変動幅は一定範囲におさまり小さいため、竪穴建物跡の床面積に占める竈跡の面積割合の変動幅は2～20％と幅広くなる。

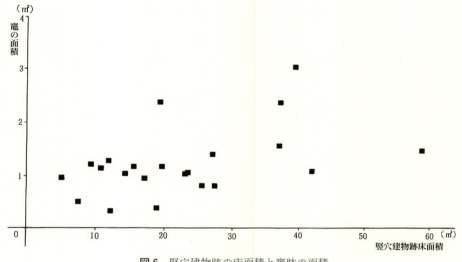

図6 竪穴建物跡の床面積と竈跡の面積

　竪穴建物跡床面に占める炉跡と竈跡の大きさについては次のとおりである。炉を有する竪穴建物跡には、円形竪穴建物跡と方形竪穴建物跡がある。弥生時代中期から弥生時代後期までの円形竪穴建物跡の場合、建物跡の床面積、炉跡の面積ともに変異が大きく、竪穴建物跡床面積に占める炉跡の面積の割合は2〜17％と幅広いが、8％以下のものが多い。16〜17％の高い面積割合を示すものには、弥生時代中期から弥生時代後期の円形竪穴建物跡において炉跡の土坑を中心として広い範囲に炭・灰層が広がる場合と、弥生時代後期の小形方形竪穴建物跡に弥生時代中期から後期と同様の大きさの炉跡の土坑をともなう場合の2者がある。弥生時代後期後半から古墳時代前期までの方形竪穴建物跡では、竪穴建物跡の床面積の変異は大きいが、炉跡の面積は0.6m^{2}以下に集中する。竪穴建物跡の床面積に占める炉跡の面積の割合が1％以下である、炉跡が小さい特徴的な一群がある。全体として、炉跡が竪穴建物跡の床面積に占める割合は、弥生時代中・後期の円形竪穴建物跡では大きく、弥生時代後期から古墳時代前期までの方形竪穴建物跡では小さい。

　古墳時代中期から後期までの竈を有する竪穴建物跡の床面積に占める竈跡の面積は8％以下のものが多いという点では、炉跡が竪穴建物跡の床面積に占める割合と同じである。しかし、竈跡の面積は0.8m^2〜1.6m^{2}に含まれるものが大部分を占め、炉跡のそれに比べて大きさの変異幅が小さい。なお、竈を有する竪穴建物跡のうち、床面積が16m^{2}以下の小形竪穴建物跡でありながら竈跡の面積はそれより大きな通常の竪穴建物跡の竈跡と同様の大きさであるため、竪穴建物跡の床面積に占める竈の面積の割合が10％〜20％と高い割合を示す一群が存在する。この、建物の床面積に比較して竈の占める面積が大きな建物は、それ以外の「竪穴住居」が有する諸機能に比べて竈の機能が占める割合が大きい建物ではないか、と考え、これが「竈屋（かまや）」である可能性を指摘しておく。

4　竪穴建物跡における炉跡および竈跡の出土状態

　つぎに、竪穴建物跡における炉跡、竈跡およびその周辺の炭層、灰層、焼土層の広がりや遺物の

10 第1部 原史・古代の竈

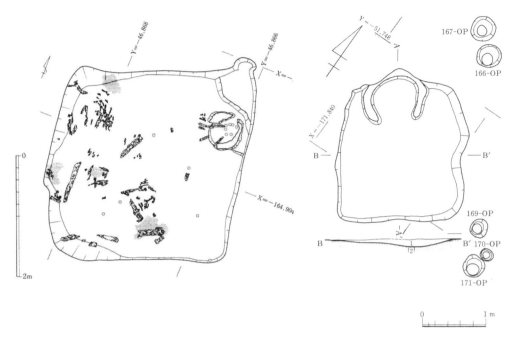

1 大阪府堺市小阪遺跡竪穴住居4　　2 大阪府岸和田市上フジ遺跡・竪穴建物跡168OD

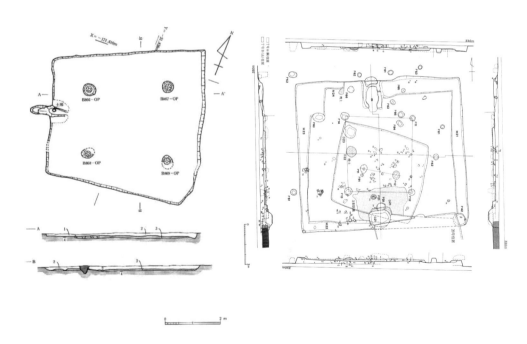

3 福岡県浮羽郡吉井町塚堂遺跡D地区7号A竪穴建物跡　　4 大阪府岸和田市三田遺跡B469OD

図7　竪穴跡床面の広さと竈跡の広さの比較事例

出土状態を含めた検出状況について検討する。検出状況の違いは建物の廃棄状態の違いをあらわしている、と考える。竪穴建物の廃棄に際して、土器などの生活財の持ち出しや炉、竈内部の炭・灰・焼土の掻き出しなど竪穴建物内の片付けが行われた可能性があり、この場合炉や竈の使用状態の復元はむずかしい。たとえば、塚堂遺跡 D 地区 7 号 A 竪穴建物（新）の竈では、燃焼部内の灰が燃焼部の中心にはみられず、両袖部側と支脚より後方に堆積することから、建物廃棄時に燃焼部内の灰を側面および後方に移動させた清掃の可能性がある、とされている（図 7-3）。石野博信が指摘するとおり、竪穴建物使用時の状態の復元には、焼失家屋の検討が有効である［石野 1984］。焼失家屋においても火災の原因に故意の放火と不慮の災害が考えられ、放火の場合は事前の片付けの可能性も考えられることから、竪穴建物使用時の復元には適さない。いっぽう、不慮の火災による焼失家屋の場合、竪穴建物使用時の復元には有効であり、こうした事例が炉、竈が機能していた状態を考えるにあたり望ましい。また、いっぽうで西川が指摘するように、同じ炭・灰・焼土であっても、家屋の焼失にともなう炭・灰・焼土と炉や竈の使用時にともなう炭・灰・焼土の峻別は困難である場合が多い［西川 1987］ことも注意を要する。以上のような制約の下、竪穴建物跡における炉跡、竈跡の検出状況を炉跡や竈跡を中心として広がる炭層、灰層、焼土層の範囲と土器ほかの遺物の出土状態を中心にみていく。なお、竪穴建物内を主柱穴に囲まれた部分とその外側に区分して考えることとし、用語としては石野にならい前者を内区、後者を外区と呼称する［石野 1975］。

弥生時代中期の大阪府高槻市芝谷遺跡 12 号竪穴建物は隅丸方形平面で、隅部に長さおよび幅が約 0.6m の焼土層の広がりがある。土器は外区で 30 個出土した。弥生時代後期の長野県橋原遺跡 59 号竪穴建物では土器は外区で出土し、炉に近い外区で甕形土器が、出入口付近の外区で壺形土器が出土した。内区に土器は認められない。弥生時代後期後半の奥坂遺跡№ 20 竪穴建物跡は直径約 5.5～6m の円形竪穴建物跡で、中央に長径 1.3m、短径 1.2m の炉跡がある。内区に出土遺物はない（図 8-2）。また、奥坂遺跡№ 17 竪穴建物では、炭層が炉の土坑の範囲を越えて内区に広がる。土器は、主柱穴に接して壺形土器が、外区には甕形土器と高杯形土器が出土している。(図 8-5)。以上のように、弥生時代中期～後期の円形竪穴建物跡では、炭層、灰層、焼土層は炉の土坑を中心として内区に広がり、土器は外区で数ヵ所に分散あるいはまとまって出土する傾向がある。

古墳時代中期の神戸市淡河中村遺跡竪穴竪穴建物 SH291 は長方形平面の竪穴建物跡で、短辺の中央部に竈が作り付けられている。土器は竈跡脇の貯蔵穴跡周辺に集中して出土したほか、竪穴建物隅部など外区の 2 ヵ所に集中して出土した。古墳時代中期の大阪府高槻市ツゲノ遺跡第 14・15 調査区竪穴式竪穴建物跡 SB04 は、方形竪穴建物跡で、北東辺の中央やや北寄りに竈が作り付けられている。竈跡は長さ 1.1m、幅 1m で、竈本体を中心に直径約 1.4m の範囲に炭層、灰層、焼土層が広がる。土器は竈周辺と竪穴建物東隅部の 2 ヵ所に集中して出土した（図 8-6）。古墳時代後期の畠中遺跡 5OD において、土器は竈跡の脇と外区で出土した。古墳時代中期から後期までの方形竪穴建物跡では、竈跡周辺の炭層、灰層、焼土層が広がる範囲は焚き口前面を中心に竈本体周辺の狭い範囲に限られる。土器は竈跡脇の貯蔵穴跡など竈周辺で集中して出土するほか、外区で数ヵ所出土する傾向がある。

12 第1部 原史・古代の竈

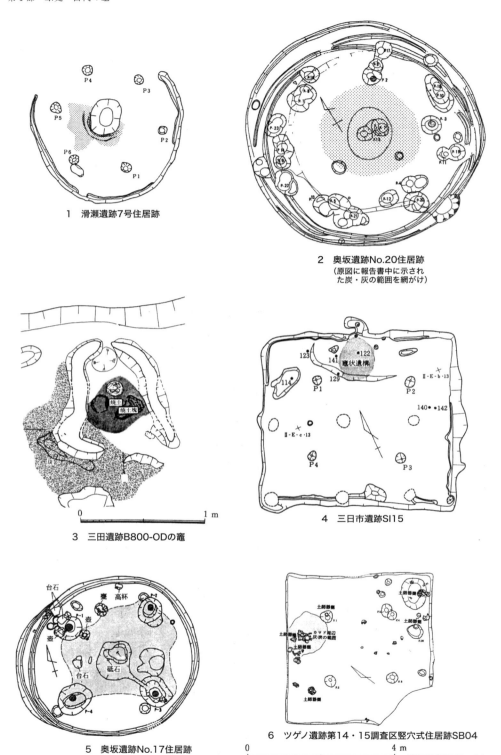

図8 炉跡および竈跡の出土状態

5 炉の空間、竈の空間

　炉を有する竪穴建物跡と竈を有する竪穴建物跡において、竪穴建物における火処（火焚場［石野1995］）のあり方がどのように異なるのかを知るために、炉跡と竈跡の各々の大きさと竪穴建物跡に占める面積の割合をグラフ化、検討して全体の傾向を把握したうえで、竪穴建物跡における炉跡および竈跡の具体的な検出状況からそれを検証した。

　炉の範囲は、灰や炭が充満する土坑を中心として、そこで発生し使用された炭・灰・焼土の土層の広がっている範囲が炉が機能していた範囲と考えられることから、土坑上層およびその周辺に広がる炭層、灰層、焼土層までの範囲を炉の面積とした。

　炉跡について検討した結果、弥生時代中期の炉跡の平面形は正円形、不定形のものがあり、長径および短径が1m〜2mのものが多数を占めるが、3m前後のものも少数存在していて、面積にはばらつきがあった。弥生時代後期から古墳時代前期までの炉跡は、ほぼ正円形平面であり、直径0.4m〜2m前後のものが多数を占め、そのうち直径0.4m〜1mの炉跡が多かった。直径1m以下の比較的小形の炉跡は、弥生時代後期から古墳時代前期までの炉跡の特徴であった。円形竪穴建物跡の炉跡の面積は最小が約0.2m^2、最大が約7.1m^{2}で面積のばらつきが大きかったが、方形竪穴建物の炉跡の面積は0.6m^{2}以下で、かつ、ばらつきが小さかった。炉跡は弥生時代中期から弥生時代後期にいたるあいだにその大きさが明らかに小さくなることを確認した。

　竈跡では、その内部の燃焼部内だけに炭層、灰層、焼土層を検出する場合が多いが、炭層などが焚き口前面から0.3m〜0.4mの範囲に広がる事例があることから、焚き口前面に広がる炭・灰・焼土を含めた範囲を竈が機能した面積として検討した。竈跡の大きさについては、古墳時代中期から古墳時代後期までの竈跡の長さは最小40cmから最大1.7mまで、幅は最小60cmから最大2.7mまでで、大部分は長さ、幅ともに1m〜1.5m前後であった。竈跡は炉跡に比べて大きさのばらつきは小さかった。また、炉跡と竈跡の大きさを比較した場合、弥生時代後期から古墳時代前期までの炉跡と、古墳時代中期から古墳時代後期までの竈跡の大きさはほぼ同じであった。炉と竈をあわせた火処の大きさの縮小という点においては弥生時代後期に画期がある。

　いっぽう、同様の大きさの竈が付設されているにもかかわらず床面積が小さい、小形の竪穴建物跡が一定数存在していた。換言すると、建物の床面積に比較して竈跡の面積が大きい竪穴建物跡が存在している。建物内での竈の占める割合が大きい建物、つまり建物が有する諸機能に占める竈の機能の割合が大きい、竈を据え付けるための建物としての「竈屋」の存在を推定できる。

　そのような竪穴建物跡における炉跡、竈跡の大きさの比較検討結果を、遺物の出土状態を含めた検出事例によって次の2点から検証した。1点は、弥生時代中期から弥生時代後期までの円形竪穴建物では、炭層、灰層、焼土層は炉の土坑を中心として内区の広範囲に広がり、土器は外区で数ヵ所に分散しあるいはまとまって出土する傾向があり、内区ではほとんどみられないこと。もう1点は、古墳時代中期から古墳時代後期までの方形竪穴建物では、竈跡周辺に広がる炭層、灰層、焼土層の範囲は焚き口前面を中心に竈本体周辺の狭い範囲に限られることである。土器は竈跡の脇の貯

蔵穴跡など竈跡周辺に集中して出土するほか、外区の数カ所で出土する傾向がある。

　以上の検討により、弥生時代中期から古墳時代中期までの期間において、竪穴建物内の火処のあり方はつぎのように変化したのではないかと考える。

　弥生時代中期～弥生時代後期、円形竪穴建物では建物中央の炉にともなう炭・灰・焼土が内区に広範囲に広がり、土器は外区に置かれている。この時期の円形竪穴建物跡では、火処である炉が竪穴建物跡内において大きな面積を占めていた。弥生時代後期の方形竪穴建物跡では、建物中央の炉とそれにともなう炭・灰・焼土の広がる範囲は小さくなり、炉が機能する空間は小さくなると言い換えることができる。いっぽう、土器の置かれる場所は竪穴建物の外区のままであり、その点での建物内部の空間利用は変わらない。

　古墳時代中期～古墳時代後期、火処は炉から竈に変わり、その構造は変化する。方形竪穴建物の壁際に作り付けられた竈では、これにともなう炭・灰・焼土は竈焚き口前面の限られた範囲であり、火処の大きさは弥生時代後期の方形竪穴建物における縮小した炉の範囲と変わらず、竪穴建物内に占める火処の面積は変わらない。しかし、火処で用いる土器は竈周辺で集中して出土することから、かつて内区において炉の周辺で行われた火処を使った諸作業は、壁際に設置された竈における作業として竪穴建物の外区にある竈周辺で収束することになった。これは、竪穴建物内部の空間利用が大きく変化したものと考える。火処に関わる作業は竈周辺の限られた空間で収束することから、竪穴建物の内区は炭・灰・焼土のない新たな空間として利用されるようになったのであろう。

　炉から竈へと火処の構造が変化するなかで、その大きさにも変化が生じ、弥生時代後期に炉が小さくなるという画期があった。小さくなった炉の大きさとその後出現した竈の大きさは同じである。この火処の大きさの変化は、そこで使用する炊爨具である甕形土器—鍋の大きさや数の変化と関連するものと考えられるが、ここでは立ち入らない。

　弥生時代後期から古墳時代中期までの、竪穴建物—竪穴住居—の平面形や大きさの変化、建物—住居—内部の火処の位置や大きさの変化、炉から竈への変化は一時期に起こった変化ではなく、3者が関連しながら時間差をともなって漸移的に生じた、と考える。

遺跡出典

大分県大野郡大野町・松木遺跡［大野町教育委員会 1980］
福岡県浮羽郡吉井町・塚堂遺跡［福岡県教育委員会 1983a・1985］
福岡県福岡市・野方勧進原遺跡［福岡市教育委員会 1981］
岡山県岡山市・奥坂遺跡［岡山県文化財保護協会 1983］
兵庫県神戸市・淡河中村遺跡［村尾政人 1992］
兵庫県川西市・加茂遺跡［川西市教育委員会 1982・1988］
兵庫県伊丹市・口酒井遺跡［伊丹市教育委員会・（財）古代学協会 1988］
京都府網野町・林遺跡［網野町教育委員会 1977］
大阪府高槻市・芝谷遺跡［高槻市教育委員会 1973］
大阪府高槻市・ツゲノ遺跡［大阪府教育委員会 1988］
大阪府豊中市・新免遺跡［阪急宝塚線豊中市内連続立体交差遺跡調査団 1987］

大阪府枚方市・藤阪東遺跡［(財) 枚方市文化財研究調査会 1990a・1990b］
大阪府堺市・四ツ池遺跡［堺市教育委員会 1984a］
大阪府堺市・伏尾遺跡［(財) 大阪府埋蔵文化財協会 1987c］
大阪府堺市・菱木下遺跡［(財) 大阪文化財センター 1984］
大阪府岸和田市・西大路遺跡［(財) 大阪府埋蔵文化財協会 1988］
大阪府泉南市・滑瀬遺跡［(財) 大阪府埋蔵文化財協会 1987a］
大阪府堺市・小阪遺跡［(財) 大阪文化財センター 1987a］
大阪府岸和田市・三田遺跡［(財) 大阪府埋蔵文化財協会 1987b］
大阪府岸和田市・上フジ遺跡［(財) 大阪府埋蔵文化財協会 1988］
大阪府貝塚市・畠中遺跡［(財) 大阪府埋蔵文化財協会 1986］
大阪府河内長野市・三日市遺跡［三日市遺跡調査会 1988］
長野県岡谷市・橋原遺跡［長野県岡谷市教育委員会 1981］
神奈川県・三殿台遺跡［三殿台遺跡調査報告書刊行会 1968］

第2章　日本列島における出現期の竈

1　竈と「類カマド」

　「類カマド」といわれる遺構がある。弥生時代後期から終末にみられる竪穴建物跡壁際の焼土塊を指していう竈状の遺構である。古墳時代前期・庄内式期には、大阪府堺市四ツ池遺跡［堺市教育委員会 1984a］のような竈跡が存在する。古墳時代中期の初期須恵器併行期には、塚堂遺跡［福岡県教育委員会 1983a・1984・1985］にみるような明確な構造をもった竈跡がある。また、古墳時代中期後半には、袖部、焚き口、燃焼部、天井部、煙道部などの明確な構造を持った竈跡が日本列島の広い範囲でみられるようになる。本項では、出現期の竈の事例を渉猟し、それらの共通点や相違点を明らかにする。あわせて、それ以前の「類カマド」と称される竪穴建物跡壁際の焼土塊についても考察する。

2　古墳時代前期の竈

　古墳時代前期、庄内式期から布留式期の竈跡について概観する。

　尺度遺跡（図9-1、大阪府羽曳野市、（財）大阪府文化財調査研究センター 1999）　南河内地域を南流する石川の左岸に位置し、羽曳野丘陵東縁の氾濫原に立地する。方形区画溝、竪穴建物跡など庄内式期から布留式期にかけての遺構が検出されている。とくに、方形区画溝とその内部で検出された棟持柱をもつ掘立柱建物は、首長居館もしくは祭祀的空間ではないか、といわれる。検出された竪穴建物跡21棟のうち、竈が検出された建物跡は1棟、炉が検出された建物跡は8棟である。

　竈跡は、報告書にいう500住居にあり、庄内式期に位置づけられている。

　500住居は台形平面で、大きさは、南辺4m、北辺5.2m、南北4.2mである。削平のため検出面は竪穴建物跡の床面直上で、床面の整地土が約3cm残存する。竪穴建物跡の床面の四隅に浅い「ピット」が検出されているが、主柱かどうかはわからない。竈跡は建物跡南辺中央に位置し、検出された大きさは長さ0.7m、幅0.67m、残存高0.05mである。袖部は幅0.01m、粘質土で構築され、内面は赤変する。燃焼部は0.06m程度掘り下げられて窪んでおり、竈構築物の一部とみられる焼土ブロックが散在する。支脚はみられない。燃焼部の奥から建物跡壁際に向かって一段高くなり、ここから壁際に沿って煙道が向かって左（東）へ約0.2mのび、遺構の終端は浅いピット状になる。

　また、499住居では、建物跡北西辺の壁際からやや離れた位置に竪穴建物跡中央に向かって開口

18　第1部　原史・古代の竈

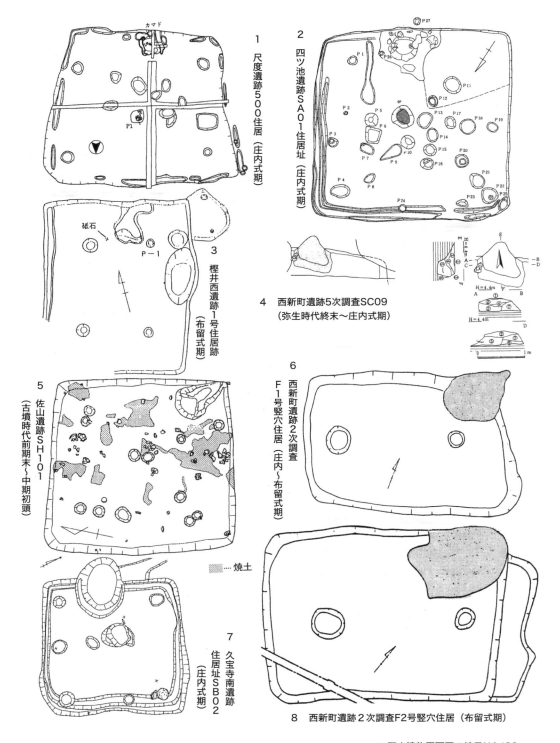

図9　庄内式〜布留式期の竪穴建物・竈跡実測図

する「C」字形の構造物がある。残存高 4cm であり、内部には炭および灰とみられる黒色シルト層が堆積し、開口部には内側が赤変する棒状の自然石が横位置に置かれている。竪穴建物廃棄時に掘削したとみられる土坑から庄内式期の遺物が出土している。

　樫井西遺跡（図9-3、大阪府泉佐野市、貝川 1996）　和泉山地から大阪湾へ注ぐ樫井川右岸の沖積段丘面縁辺部に立地する。竪穴建物跡は2棟検出され、うち1棟に竈が作り付けられている。

　1号住居跡は、南北 4.7m、東西 4.2m の方形平面の竪穴建物跡である。竈は北辺中央やや東寄りに作り付けられる。竈跡は長さ 1m、幅 0.6m であり、向かって右方に屈曲する「横（側方）煙道」が東へ壁際に沿って 0.4m のびる。燃焼都には炭層が堆積し竈の構築物の崩落とみられる焼土ブロックが混じる。燃焼部床面中央に、台形の亜角礫上に高杯形土器の杯部を伏せた状態の遺構が検出されている。竈の支脚である。高杯形土器杯部に接して甕形土器の破片が重なって出土している。土器は布留式期に位置づけられる。樫井西遺跡では、調査区中央で検出された溝跡から、弥生時代後期から古墳時代中期までの遺物が多く出土しており、韓式系土器が含まれる。

　佐山遺跡（図9-5、京都府久世郡久御山町、竹原・野々口 2000）　山城盆地南部の木津川と宇治川にはさまれた低地に位置し、旧巨椋池と木津川の間の微高地上に立地する。遺跡は、弥生時代後期から古墳時代中期までの集落遺跡で、重複する竪穴建物跡 25 棟が検出されている。そのうち4棟の竪穴建物跡に竈跡が検出されている。それら竪穴建物跡の年代は古墳時代前期から中期までである。

　SH120 は、竪穴建物が場所を変えずに建て替えられ、しだいに小さくなった建物跡のうち最も新しく最も小形の方形竪穴建物跡である。竪穴の大きさは 5.5m×4.7m で、主柱穴は 4ヵ所検出されている。竈跡は建物跡西辺中央に位置する。燃焼部の中央で甕形土器および伏せた状態の高杯形土器杯部が2個体重なって出土している。煙道は検出されていない。床面出土の遺物が多くあり、布留式期古～中段階に位置づけられる。

　SH101 は方形竪穴建物跡であり、大きさは 5.0m×4.9m である。竈跡は南東隅で検出されている。主柱穴は7基検出されており、南寅隅では竈を避けるように1ヵ所、北東、北西、南西隅では各2ヵ所検出されていて、同じ場所での竪穴建物の建て替えが行われたと推定する。燃焼部から焚き口の範囲で炭層が検出されている。燃焼部内の堆積土の上層では甕形土器の口縁部が、その下層から倒立した高杯形土器が出土している。高杯形土器は竈の支脚であろう。煙道部は削平されている可能性があり有無は不明である。出土遺物から古墳時代前期末から古墳時代中期初頭に位置づけられる。

　久宝寺南遺跡（図9-7、大阪府八尾市、（財）大阪文化財センター 1987b）　河内平野低地部の旧大和川下流域の微高地上に立地する。

　Ⅰトレンチ第4遺構面 C 竪穴建物址 SB02 は方形平面で、1辺 3.8m である。四隅と南辺、東辺の中央に各1ヵ所・合計6ヵ所に住穴がある。北西辺中央に 1.7×1.3m の長円形土坑があり、報告書では土坑として報告されているが、下層から炭が出土していることから調査担当者の一瀬和夫より竈と考えられる、との教示を得た。庄内式期新段階に位置づけられる。

　四ツ池遺跡（図9-2、大阪府堺市、堺市教育委員会 1984a）　大阪府南部の泉北丘陵末端の低位段丘面および縁辺の石津川氾濫原に立地する。古墳時代中期の自然河川をはさんで、庄内式期の竪穴建物

跡が2棟、布留式期の竪穴建物跡が3棟検出されている。

SA01竪穴建物址は方形平面で、大きさは南北5.3m、東西5.25mである。多数の柱穴が検出されているが、主柱と判断できる柱穴はない。中央に炉跡があって竈跡に先行するものとして竈と炉は共存しないと判断されている。

竈跡（SC01）は東南辺中央部に位置する。平面形は不整形なU字形であり、大きさは長さ1.4m、幅1.7m、残存高0.15mである。袖部は、基底部に土師器片を敷き、その上に粘土または焼土を積み上げている。燃焼部には炭層、灰層、焼土層が堆積し、煙出し口には熱変が認められる。竈構築面（竈の基盤面）では構築時の木組みの痕跡とされる「小ピット」が検出されている。袖部基底部に土師器片を敷き、基盤面から木組みを設けるなどあらかじめ竈全体の設計像をもって構築がなされていたことがわかる。燃焼部の存在、煙出し口の熱変、基盤面における竈構築時にともなうとみられる小ピットの存在が典型的な竈と共通することから、本例は単なる焼土塊ではなく竈跡に区分できる。庄内式期に位置づけられる。

西新町遺跡（図9・10、福岡県福岡市、福岡市教育委員会 1989b・1994、福岡県教育委員会 2000・2001） 早良平野の最北端、博多湾に面した砂丘上に立地する。弥生時代後期末から古墳時代前期の竪穴建物が多数検出されている。朝鮮半島や近畿地方、山陰地方の特徴を示す土器が多数出土している。

250棟を超える竪穴建物が検出されており、2次調査のF1、F2号竪穴建物のほか、4・5・12次調査で竈を敷設した竪穴建物跡が確認されている。西新町遺跡については、武末純一の考察がある［武末 1996］。武末が整理した第5次調査までの調査成果に、その後行われた12次調査の成果を加えて、西新町遺跡における竈を概観する。年代観は武末にならって、弥生時代後期最終末が西新式期で西新Ⅰ式、庄内式期古段階が宮の前A期で西新Ⅱ式、庄内式期新段階〜布留式期最古段階が宮の前B期で西新Ⅲ式、布留式期古〜中段階が有田Ⅰ期で西新Ⅳ式とする。

5次調査SC09竪穴建物跡は撹乱により竪穴建物跡の全形は不明であるが、竈は北辺中央に作り付けられる（図9-4）。竈跡は壁を斜めに横切り、煙道末端を竪穴建物跡外に出す。袖部を黄褐色砂と褐色砂で、天井部を粘土で構築する。燃焼部からは甕形土器、壺形土器の破片が出土する。祭祀行為をうかがわせる特段の出土状況ではない。弥生時代最終末〜庄内式期古段階に位置づけられ、最古例の竈跡に属する。

2次調査F1号竪穴建物跡は、北辺4.8m、西辺3.6mの長方形平面で、2本主柱の竪穴建物跡である（図9-6）。竈跡は北東隅部に検出され、煙道は竪穴建物跡外へとのびる。年代は、庄内式期新段階〜布留式期最古段階に位置づけられる。

2次調査F2号竪穴竪穴建物跡は、北西辺6m、南西辺4.5mの2本主柱の長方形竪穴建物跡である（図9-8）。竈跡は北隅部で検出され、長さ2.5m、幅2mである。竈跡からの出土遺物に甕形土器、壺形土器のほか朝鮮（韓）半島系の土器として赤色軟質土器の尖底の甑が出土している。布留式期最古〜古段階に位置づけられる。

5次調査SC04竪穴建物跡は、北辺4.7m、南北残存長3.3mの長方形平面もしくは方形平面の竪穴建物跡である（図10-1）。竈跡は北東隅部に検出され、長さ1.4m、幅0.6mである。竈跡の平面

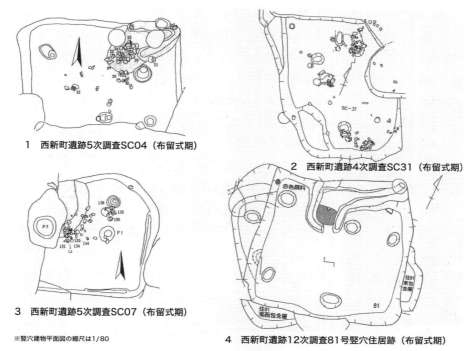

1 西新町遺跡5次調査SC04（布留式期）
2 西新町遺跡4次調査SC31（布留式期）
3 西新町遺跡5次調査SC07（布留式期）
4 西新町遺跡12次調査81号竪穴住居跡（布留式期）

※竪穴建物平面図の縮尺は1/80

図10　布留式期の竪穴建物・竈跡実測図

形はU字形で、北側袖部は竪穴建物跡北壁に接して設けられている。焚き口は主柱を避け北側に寄った状態である。袖部は基底部に砂を敷きその上に粘土を用いて構築される。焚き口前面には焼けた砂層が堆積し、上面に甕形土器が3個体破砕された状態で検出されている。その下から器台形土器の脚部が正立してで出土し、南側袖部外側には甕形土器が1個体据えられている。それら土器の出土状態からこれらは竈廃棄時の祭祀にともなうものとみられている。布留式期最古〜古段階に位置づけられる。

　5次調査SC07竪穴建物は、北辺残存長2.5m、東辺3.3mで、主柱2本の長方形竪穴建物となる可能性があるが、主柱のうちP1は竈に近接している。竈跡は北辺中央に検出され、長さ1.5m、幅1mの範囲に焼けた砂が広がる（図10-3）。構築材は未確認であるが、焼けた暗茶褐色の砂が皿状に堆積する部分を燃焼部として、竈として報告されている。布留式期最古〜古段階に位置づけられる。

　4次調査SC31竪穴建物は西辺4.4m、南辺3.5mの隅丸長方形竪穴建物跡である（図10-2）。南西隅にベッド状遺構が残存する。竈跡は北辺中央部に基底部のみが残存する。長さ0.9m、幅0.8mの大きさで平面形はU字形である。竈跡内部の東西両袖沿いに焼土とともに甕形土器、高杯形土器がまとまって出土する。建物跡の年代は布留式期古段階である。

　5次調査の竪穴建物跡、SC01、SC02、SC03、SC06、SC08に布留式期古段階の竈跡が検出されている。竪穴建物SC02以外の、SC01、SC03、SC06、SC08の竈跡はいずれも竪穴建物跡の隅の壁際で検出された。SC03竪穴建物は南北の長さが4mで、竪穴建物跡北東隅に竈跡がある。竈はベッ

ド状遺構に割り込むように設置されている。竈跡からは北側壁およびベッド状遺構の西端に沿って2条の焼けた粘土が西へのびている。この竈の「横（側方）煙道」跡である。SC03竪穴建物跡からは在地型の甕形土器とともに「山陰系」の甕形土器が出土している。

　12次調査では、158棟の竪穴建物が検出されており、その多くの建物跡に炉跡、竈跡が検出されている。検出された竈跡を、建物内の位置および煙道の有無、形状を基に分類して示す。

　①竈跡が竪穴周壁の1辺中央に位置する：（3基）6号、42号、110号
　②竈跡が竪穴建物隅に位置する：（6基）22号、30号、44号、89号、130号、131号
　③竈跡が竪穴建物隅から離れてやや周壁際の中央寄りに位置する：（1基）39号
　④竈跡が竪穴建物隅から竪穴建物中央に向けて焚き口をもつ竈：（1基）40号
　⑤横（側方）煙道の竈跡（L字形煙道を含む）：（16基）38号、52号、53号、64号、72号、75B号、77号、78号、81号、88号、114号、125号、128号、129号、155号、157号

　158棟中27棟に竈跡が検出されている。この12次調査で検出された竪穴建物跡は大部分が布留式期に属する。布留式期には、西新町遺跡では竪穴建物の5～6棟に1棟の割合で竈が付設されていることになる。

　81号竪穴竪穴建物は、4.5×4.7mの方形竪穴建物跡であり、北辺中央に竈が作り付けられ、北壁に沿って東へ構煙道がのびる（図10-4）。長さ1.6m、幅および構煙道を含めると約3mと大きな竈である。在地系の土器とともに瀬戸内、山陰、畿内系の土器が多く出土し、また韓半島系の軟質土器の甑、瓦質に近い陶質土器片が出土する。

　89号竪穴竪穴建物は、3.7×4.1mの方形竪穴建物跡であり、南西隅部に竈が作り付けられる。長さ68cm、幅38cmである。在他系の土器とともに畿内系の土器が出土し、また韓半島系の軟質土器の甑、瓦質に近い陶質土器片が出土する。

　西新町遺跡の竈は、竪穴建物隅部に位置する竈、また横（側方）煙遺をもつ竈が多いことが注目される。粘土で構築するものが大半であり、補強材や煙道構築材に石を用いる例は少ない。瀬戸内、近畿、山陰からの外来系土器が多く韓半島系の土器も多く出土していることから、武末は朝鮮半島、瀬戸内、近畿、山陰からの人びとと北部九州の人びととの相互作用のなかで竈が作られたとし、そこに国際交流の港としての西新町遺跡の様相が明らかになるとし、単純に朝鮮半島の人々が上陸し、竈を作り故地の土器を使ったという流れではないと強調する。

　最古例の5次調査SC09出土土器はすべて在地の土器であり、次の段階に位置づけられる2次調査F2号竪穴竪穴建物出土遺物には甕、壺のほか韓半島系の土器として赤色軟質土器の尖底の甑が出土するなど、単純に古い竈をもつ竪穴建物から韓半島系の遺物が出土し、しだいに在他系の遺物が出土する竈へと変化するといった流れは認められない。竈の位置についても、最古例の5次調査SC09は1辺の中央に作り付けられ、次の段階の2次調査F1号竪穴竪穴建物、2次調査F2号竪穴竪穴建物、5次調査SC04は竪穴建物隅部に、5次調査SC07は1辺の中央に作り付けられるといったように、一定の変遷は見いだせない。横（側方）煙道をもつ竈も、最古の例にはないものの5次調査SC03にあるように布留式期古段階には明らかに存在する。韓半島系の遺物が豊富にみられるなかで、4次・5次調査では伽耶系、12次調査では全羅道系が多数を占めることから、韓半島系の

土器のなかでも系譜が異なる点が注目され、竈についても系譜が異なる可能性が指摘されている［武末 2000］。

平出遺跡（長野県塩尻市、平出遺跡調査会 1955）　竈は 42 号竪穴建物に設けられる。竪穴建物は方形を呈し、コの字形に周溝がめぐる。主柱穴は四隅に位置する。床面中央部には焼土の痕跡がある。竈は石組みで、北壁中央部に存在したらしい。時期は弥生時代最終末。

北久米遺跡（愛媛県松山市、愛媛県教育委員会 1981）　竈は第 2 号竪穴建物に設けられる。竪穴建物は方形で、柱穴、周溝はない。炉と竈が併設される。竈は北壁中央部やや東寄りにあり、壁に半円形にとりつく粘土土塁によって区画される。従って焚き口部は存在しない。燃焼部では支脚形土器が出土し、煙道部はない。炉は竈に接しており、埋土には土器が遺存する。時期は庄内式期。

宮山遺跡（熊本県阿蘇郡阿蘇町、阿蘇町教育委員会 1972）　竈は第 1 号竪穴建物に設けられる。竪穴建物は方形で一角だけ隅丸になり、竈はその周辺にある。袖部は石を粘土で固めて構築し、煙出しはない。炉跡の可能性をもつ遺構が存在する。時期は布留式期古段階。

以上挙げた資料のほかにも、滋賀県能登川町斗西遺跡で石組みの煙道をもつオンドル状遺構とも称せられる竈が検出され、布留式期に位置づけられている。同町西ノ辻遺跡においても同様の竈があり、布留式期に位置づけられている。九州では、福岡県八隅遺跡、佐賀県摺ケ本遺跡の事例が庄内～布留式期に位置づけられることが注目される［赤司 1992］。

3　弥生時代の竪穴建物跡壁際の焼土

「類カマド」とも称せられる竪穴建物跡壁際の焼土については、弥生時代の資料として次のような事例が認められる。

観音寺山遺跡（大阪府和泉市、観音寺山遺跡調査団 1968）　方形竪穴建物跡の壁際にドーナツ状の粘土堤が設けられ、類カマドと称される。時期は弥生時代後期。

鷹塚山遺跡（大阪府枚方市、鷹塚山弥生遺跡調査団 1968）　A 地区 A 竪穴建物と C 地区 C 竪穴建物に類カマドと称される竈が設けられる。A 竪穴建物は楕円形を呈し南壁に焼土帯が接する。C 竪穴建物は隅丸方形を呈し、北壁に接して 3 の字形の粘土苔が存在する。時期は弥生時代後期。

芝谷遺跡（大阪府高槻市、高槻市教育委員会 1974）　12 号竪穴建物の西南壁に竈状遺構が検出される。時期は弥生時代後期。

大中遺跡（兵庫県加古郡播磨町、播磨町教育委員会 1964）　竈は第 2 号土師竪穴建物に設けられる。竪穴建物跡は主柱穴 4（主柱穴が 4 本のものをこのように表記する。以下同様）の方形であり、周溝がめぐる。中央には浅い炉がある。東壁に接して壁の上部におよぶ焼土塊があり、内部より拳大の河原石 3 個が出土。時期は古墳時代前期～中期。

東溝遺跡（兵庫県加古川市、兵庫県教育委員会 1968）　竪穴建物 2 は円形の中心部と扇形の高床部からなり、高床部に竈が設けられる。また、類カマドは、竪穴建物 8 の張り出しピットとして報告される。ピットは焼けておらず、炭・灰も認められない。ピット前方には焼土面が広がり、土器群と河原石の直立したものがある。

ほかに、兵庫県明石市鴨谷地遺跡、滋賀県高月町唐川遺跡で弥生時代後期～終末の事例がある。

また、弥生時代中期以前にさかのぼる事例では、福岡県小郡市三沢地区で弥生時代前期末から中期の竪穴建物で、佐賀県鳥栖市荻野遺跡で弥生時代中期末の竪穴建物（SB002）で壁際の焼土が検出されている［速水 1992］。

福岡県小郡市三沢地区では、南半部で弥生時代前期後半から中期前半の集落が3ヵ所集合する。うち、北松尾口Ⅱ地点では、長方形竪穴建物の壁際に炭・焼土が検出され、壁が焼けている例が11棟でみられ、弥生時代中期前半に位置づけられる。また、遺物には焼成を受けた器台、支脚があり、これらは支脚として利用された可能性が大きい。ほか、一ノ口Ⅰ地点や北松尾口Ⅰ地点でも類例が検出されている。

壁際の焼土は、残存状態が良好でかつ詳細な調査によらないと、構築物の有無や内容についてわかりにくく、竈と認定することが難しい。

竈と認定するには、袖部、燃焼部、煙出し口、煙道部といった部位の確認が必要である。袖部が粘土で構築される場合は竪穴建物埋土との区別が明瞭で検出できるが、竪穴建物付近の土で構築される場合は竪穴建物埋土との区別が不明瞭で検出が難しい。竪穴建物が焼失することで袖部外側に炭層が挟まれる場合には埋土と袖部の区分ができるものの、そうでない場合、袖部外側を掘削してしまい燃焼部周辺の赤変部分まで掘削しがちである。燃焼部には、上層に天井部が落ち込み、これを除去後やや窪んだ燃焼部に堆積する焼土混じりの炭層にいたる。炭層に混じる焼土は構築材が被熱のため崩落したものと考えられ、焼土の有無は竈の認定上重要な要素となる。燃焼部の支脚の有無も竈認定の要素となる。支脚後方の煙道部は赤変がほとんど認められず、外気とふれる煙出し口または煙道の先端のみがわずかに赤変する。こうした部位の確認や内容を総合し、壁際の焼土が竈と認定できるかどうかを判断する必要がある。

日本における竈の出現は長崎県原の辻遺跡にみる弥生時代後期の例が明らかになり、弥生時代にさかのぼる可能性がみえてきた。壁際の焼土が詳細な調査により竈と認定される例が増すことを期待したい。

4　出現期の竈

庄内～布留式期に属する竈の例は増加しており、日本における竈の出現をこの時期にあてることにはほぼ異論がないと考える。ここにあげた事例のほかにも、庄内～布留式期に属する竈の例は多々存在するものと考えられる。

竈は庄内～布留式期に出現するものの、この段階ではまだ一般集落へと広く浸透するにはいたらなかった。事例で列挙したように、庄内～布留式期の竈がみられる遺跡は、西新町遺跡や四ツ池遺跡に代表されるように、北部九州や畿内における交易拠点集落、すなわち外来の文化がまずもたらされる集落が多い点が注意される。竈はこうした集落で庄内～布留式期にかけていったん導入されるものの、周辺の集落へと普遍化するにはいたらない。初期須恵器併行期にいたってようやく北部九州や畿内、そして周辺でも初期須恵器窯がみられる地域の近隣において竈は定着し、5世紀後葉

以降各地へと普及する。

　庄内〜布留式期の竈は、竈が竪穴建物隅部に作り付けられる点および横（側方）煙道をもつ竈が一定割合みられる点が特徴的である。横（側方）煙道には、福岡県西新町遺跡12次81号竪穴竪穴建物にみられるような竪穴建物の1辺に煙道がのびる典型的な事例のほか、大阪府尺度遺跡500竪穴建物や大阪府樫井西遺跡1号竪穴建物にみられるように、壁際に沿って短く横（側方）にのびる煙道もある。竪穴建物隅部に作り付けられる点と横（側方）煙道をもつという出現期の竈に特徴的なこの2点は、初期須恵器併行期の竈でもままみられる。横（側方）煙道をもつ竈は、5世紀後葉から6世紀にかけて事例が減るが、7世紀に入ると石川県小松市額見町遺跡をはじめとして再び事例が増し［石川県立歴史博物館 2002］、この動向は朝鮮半島との政治的な関係から生ずるものと考えられる。

　竈の出現については、以前に西谷正が、福岡県西新町遺跡や熊本県宮山遺跡の例を挙げ、竈の出現期が布留式古段階併行期さらには弥生時代終末期にさかのぼることを指摘し、慶尚南道金海市府院洞遺跡C地区第2号竪穴建物が弥生時代後期に相当する事例であることから「同時期の陶質土器が北部九州や近畿地方において発見されることを、合わせ考えると、弥生時代後期に、竈の概念が、朝鮮半島の東南部海岸地方から北部九州や近畿地方にもたらされたと考えることはけっして無理ではない」と論じている［西谷 1983］。本項では早くに指摘されたこの見解を、その後に蓄積された庄内〜布留式期の竈の事例を挙げることで再認識した。朝鮮半島の事例も増加しており、勒島遺跡例ではB.C.2世紀に朝鮮半島南端で竈が存在することが明らかになった。従前より甑の存在からその可能性が指摘されてきたが、日本の竈の出現は弥生時代中期にまでさかのぼる可能性が考えられる状況にある。朝鮮半島の状況を含め、竈の出現について注視したい。

第3章　古墳時代中期の竈

1　古墳時代中期の竈の集成

　竈の構造が明確となる古墳時代中期の事例を中心に、竈を集成・整理する。なお、竈各部の名称は図11のとおりとした。

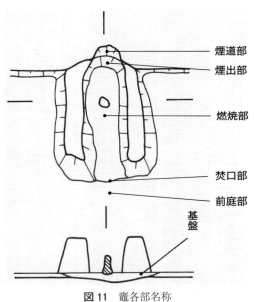

図11　竈各部名称

　古墳時代中期の竈を集成する際、須恵器の一型式の絶対年代への比定時期から6世紀初頭が一部含まれるが、基本的に5世紀までの資料の集成を試みた。各事例の年代の記載は、報告書に依ることを基本としたが、土器型式名で時期の記載がなされている場合、土器型式間の併行関係が問題となることから、土器型式についての論考［白石1979、橋口1979、藤井1980、田辺1981、大村1982、都出1982、井上1983、橋口1983、村山1983、蒲原・多々良・藤井1985］を勘案し表1を作成し資料集成の指標とした。なお、遺跡名の前に付けた番号が遺跡位置図（図12）と竪穴建物平面模式図（図13）に共通する。番号は欠番

表1　土器型式の対応表

西暦	北部九州地方			近畿地方			関東地方
	土師器編年		須恵器編年	土師器編年		須恵器編年	土師器編年
						陶邑編年	
	御床松原Ⅰ		西新町Ⅱ	庄内			
	御床松原Ⅱ						五領1
	御床松原Ⅲ		西新町Ⅲ	布留1			
	御床松原Ⅳ		池の上Ⅰ				
	御床松原Ⅴ		池の上Ⅱ				
400年			池の上Ⅲ	布留2	Ⅰ-1	TK-73	五領2
					Ⅰ-2	TK-216	
			池の上Ⅳ	布留3	船橋OⅡ	Ⅰ-3	ON-46	和泉
						TK-208	
					Ⅰ-4	TK-23	
500年					Ⅰ-5	TK-47	

28　第1部　原史・古代の竈

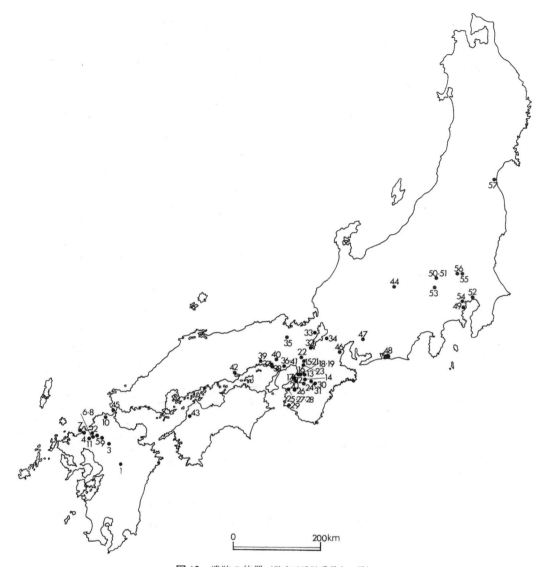

図12　遺跡の位置（数字は遺跡番号と一致）

もあり全てが昇順に並ぶものではない。

（1）北部九州地方

1 宮山遺跡（熊本県阿蘇市、阿蘇町教育委員会 1972）　竈は第1号竪穴建物跡に設けられる。建物跡はほぼ正方形プランで、竈がある一角だけ隅丸である。竈の周壁は石を粘土で固めて構築し、煙出しはない。建物跡の床面には竈とは別に炉跡の可能性がある遺構が検出されている。

2 西新町遺跡（福岡県福岡市早良区、福岡市教育委員会 1982）　F地区第1号、第2号竪穴建物跡の北東隅に竈が設けられる。建物跡は西新町III式期で、主柱穴は2である。1号建物跡の竈は、煙道が住居跡外にのびる。

第3章 古墳時代中期の竈 29

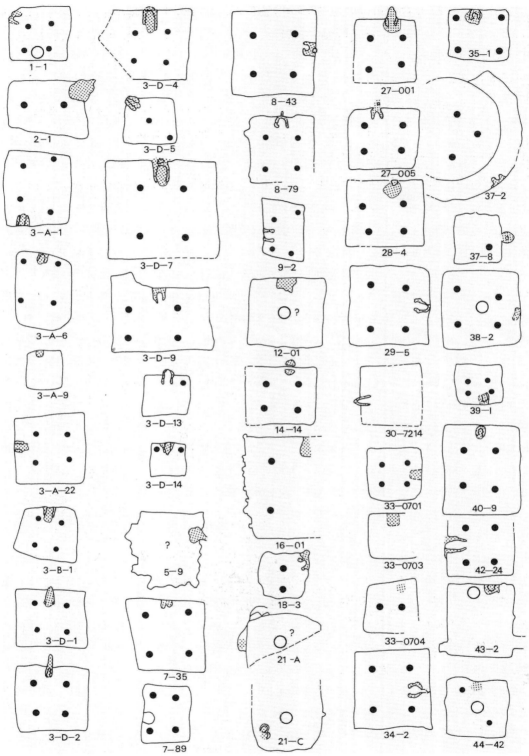

図13 竪穴建物跡平面模式図
（記号・番号は、遺跡番号－竪穴建物跡番号。網掛け部分が竈、白丸は炉、黒丸は主柱穴）

なお、1および2は古墳時代前期以前の資料であるが、比較資料として掲げた。

3 塚堂遺跡（福岡県浮羽郡吉井町、福岡県教育委員会 1983a・1984・1985）　A地区1号A（新期）、1号B（古期）、6号、9号、22号A（新期）竪穴建物、B地区1号、3号竪穴建物、D地区1号、2号、4号、5号、6号A（新）、7号A（新）、7号B（古）、9号、11号A（新）、13号、14号、15号、17号A（新）、20号竪穴建物に古墳時代前期から中期までの竈が設けられる。報告書中、時期の記載のある竪穴建物跡は、A地区1号、6号、9号、22号竪穴建物跡が古墳時代前期、B地区1号、3号竪穴建物が5世紀前半、D地区7号B竪穴建物が5世紀初頭〜前半、20号竪穴建物が5世紀前半である。D地区の他の竪穴建物跡出土遺物も、7号B竪穴建物と近接した時期である。竈を設ける竪穴建物の大きさについては、A地区9号、B地区3号、D地区6A号、13号、14号の大きさが他の竪穴建物に比べて小さい点があげられる。とくにD地区14号竪穴建物について報告者は出産の場を推定する。竪穴建物内の竈の位置は北壁に設ける竪穴建物が最も多く14棟を数える。続いて西壁が4棟、南壁・東壁が各々1棟である。壁中央に位置するもの9棟、やや一方に寄って位置するものは8棟である。袖部および天井部の構築材には石と土をともに用いるものと土だけのものがある。袖部は、地山に貼った基盤上に構築されており、地山を当初より掘り残して構築したものはない。天井部が使用時の状態で残存する例はないが、袖部内面の残存より復元すると基盤上から天井部下面まで30cm前後である。落下して残存する天井部の厚さは6〜10cmであることから、竈の高さを推定すると40cm前後となる。煙道部はD地区2A号竪穴建物が竪穴建物外に50cmのびる以外は、壁面上部をわずかに切り込んだもの、あるいは壁面への切り込みがまったくないものが多数を占める。竪穴建物の残存する程度にもよるが、地山を掘り抜いた煙道の存在は考え難い。また祭祀についてもいくつかの事例が報告されている。A地区1号B竪穴建物では、竈を構築する際、朱が散布され高杯形土器（以下、高杯）が据えられている。D地区6号竪穴建物では、袖部に手捏土器が埋め込まれる。廃棄時の祭祀としては支脚や石材の除去、再配置が行われ、D地区5号竪穴建物では燃焼部に藁灰・土製手捏鏡・高杯が置かれる。

4 三雲遺跡（福岡県糸島郡前原町、福岡県教育委員会 1983b）　竈はⅠ-12-3号竪穴建物に設けられる。竪穴建物は矩形プランである。竈は北壁中央やや東寄りに位置する。袖部は盛土で成形されており、煙道部は壁を切り込まない。時期は5世紀前半。

5 八隈遺跡（福岡県筑紫野市、福岡県教育委員会 1976）　第9号竪穴建物東壁中央部に「カマド状遺構」を設けている。「東壁に接して床面を楕円形に掘り窪め、中央に板石を敷き、この板石を取り囲むように、小石を混ぜた粘土帯が半円形に突き出している。粘土帯および板石は加熱の形態を残し、付近には焼土および灰の堆積が認められた。板石前面の壁には煙道と考えられる溝が続き、発掘区外へ延びている」と報告されている。時期は5世紀前半である。

6 竹ヶ本遺跡（福岡県春日市、福岡県教育委員会 1961）　第6号竪穴建物の張り出し部に、炉あるいは竈がある。時期は古墳時代前期末〜中期中葉。

7 御床松原遺跡（福岡県糸島郡志摩町、志摩町教育委員会 1983）　11号、25号、27号、31号、32号、35号、64号、89号竪穴建物に竈は設けられる。11号竪穴建物は主住穴4と推定され、いびつな正方形プランを呈する。炉が中央東に設けられ、西壁に接する竈らしき焼土塊の存在が報告される。

時期は陶邑編年Ⅰ型式2～3段階である。25号竪穴建物では東壁に竈が設けられる。27号竪穴建物は主柱穴4の長方形プランで、東壁中央に竈を設ける。31号竪穴建物では西壁に接して焼けた石組みが設けられ竈の可能性をもつ。32号竪穴建物は北壁に竈を設ける。35号竪穴建物は主柱穴4の方形プランであり、竈は白色粘土を用い西壁中央に設けられる。64号竪穴建物は主柱穴4の長方形プランで、西壁ほぼ中央に竈を設ける。89号竪穴建物は主柱穴4の隅丸長方形プランで、西壁ほぼ中央に竈を設ける。

8 赤井手遺跡（福岡県春日市、春日市教育委員会 1980） 43号竪穴建物、75号竪穴建物、79号竪穴建物が該当する。時期は陶邑編年Ⅰ型式で、出土土器群より43号、75号竪穴建物は5世紀前葉以降、79号竪穴建物は5世紀後葉以降に位置づけられる。43号竪穴建物の竈は東壁中央に設けられる。竈には明瞭な粘土の使用は認められないと報告されており、袖部が盛土で構築されたものか地山掘り残しのものかは不明である。煙出し口は壁を切り込まず壁際に径30cmの穴が掘られている。75号竪穴建物の竈は北壁に設けられるが、遺存状態が不良のため詳細は不明である。79号竪穴建物では北壁中央に竈が設けられる。袖部の構築方法は不明である。煙道部と思われる浅いくぼみが壁際より50cm程度のびる。43号、75号竪穴建物では竪穴建物破棄時にともなう祭祀がみとめられる。

9 八ヶ坪遺跡（福岡県朝倉郡夜須町、福岡県教育委員会 1982） 第2号竪穴建物の西壁やや南寄りに設けられる。竪穴建物跡は3.4×4.6mの長方形で、台形に配置される主柱穴4の可能性がある。袖部は盛土で構築されたもので甕片が混入する。煙道部は確認されない。時期は5世紀後葉に近い中葉期に比定される。

10 長野A遺跡（福岡県北九州市、（財）北九州市教育文化事業団埋蔵文化財調査室 1984） 竈は、古墳時代竪穴建物群中最も初期に属するⅢ区1号竪穴建物に設けられる。竪穴建物は主柱穴4の方形プランで、周溝がめぐる。竈は西壁の中央よりやや北寄りにある。袖部は砂質土で造られ、煙道部は竪穴建物外に1.2mのびる。陶邑編年Ⅰ型式5段階の須恵器が出土する。

11 松の木遺跡（福岡県筑紫郡那珂川町、那賀川町教育委員会 1979） 竈は、第6号、第10号竪穴建物にある。第6号竪穴建物では、竪穴建物廃棄時にともなう祭祀が推定され、燃然部より土製模造鏡、土製丸玉、土製勾玉、手捏土器が出土する。時期は、第6号竪穴建物が5世紀末、第10号竪穴建物が陶邑編年Ⅰ型式期である。

（2）近畿地方

安威遺跡（大阪府茨木市、奥 2000） 大阪府北部の三島平野を形成する安威川の中流域右岸に位置し、北摂山地から南へ派生する段丘の上位面と下位面の地形変換点に立地する。古墳時代中期～後期の竪穴建物が多数検出されており、35棟の竪穴建物で20基の竈が確認されている。初期須恵器のほか瓦質土器も出土しており、瓦質土器は胎土分析から産地が伽耶となる可能性が示されている。

最も古い竈をもつ竪穴建物は竪穴建物35であり、TG232型式の中でも古い段階に属する。北辺と西辺の一部が検出され、1辺4.5mの隅丸方形になるものと考えられる。竈は北東隅部に作り付

けられる。竈は長方形であり、長さ1.15m、幅35cm、残存高10cmである。焚き口から燃焼部にかけてやや下がり、6cm前後、床面より低い。支脚は2ヵ所認められ、ともに河原石である。

　TG232型式に位置づけられる竈は、竪穴建物19、竪穴建物24、竪穴建物25でみられる。

　竪穴建物19は隅丸長方形で、東西約3m、南北約3.5mと小形の竪穴建物跡である。竈は短辺である北東辺のほぼ中央にあり、U字形で長さ90cm、幅55cmである。支脚は1ヵ所認められ、河原石である。

　竪穴建物24は隅丸台形で、北辺3.5m、南辺3.2m、南北3.5mと小形の竪穴建物跡である。竈は北辺の中央より東寄りにあり、U字形で長さ90cm、幅35cmである。支脚は1ヵ所認められ、河原石である。

　竪穴建物25は隅丸方形で、東西4.9m、南北4.7mである。竈は東北隅部にあり、U字形で長さ80cm、幅42cmである。支脚は1ヵ所認められ、高杯杯部および壺を使用したものである。

　ON231型式からTK73型式に位置づけられる竈は、竪穴建物12、竪穴建物14でみられる。

　竪穴建物12は隅丸方形で、東西辺約3.9m、南北辺約4.1mである。竈は北辺中央より東寄りにあり、U字形で長さ95cm、幅45cmである。支脚は削平のためか、認められない。

　竪穴建物14は隅丸方形で、東西辺約5.5m、南北辺約5.5mである。竈は北辺中央より東寄りにあり、U字形で長さ1.1m、幅70cmである。支脚は1ヵ所認められ、河原石である。

　その他、TK208型式以降の竈は、方形竪穴建物の1辺ほぼ中央に作り付けられる。

　竪穴建物35、竪穴建物25でみられるような竪穴建物隅部に作り付けられる竈は古い段階のものに限られ、また最古段階の竪穴建物35の竈は平面形が長方形で比較的大形であり、支脚も2ヵ所認められるなど、以降の竈とは異なっている。

　13 土師ノ里遺跡（大阪府藤井寺市、大阪府教育委員会 1978a）　1977年度調査分、第24調査区の1号、7号竪穴建物に竈が設けられる。1号竪穴建物は主柱穴4の方形を呈し、周溝がめぐる。竈は南西壁中央に位置し、焚き口部分で朝顔形円筒埴輪の口頸部をかぶせた甕形土器が出土。7号竪穴建物の竈では煙出し口に円筒埴輪が利用される。時期は5世紀後半〜6世紀初頭。

　14 伽山遺跡（大阪府南河内郡太子町、大阪府教育委員会 1982）　竈はSB13、SB14の北壁の中央よりやや東寄りに設けられる。竪穴建物は主柱穴4の方形を呈する。SB13では、竪穴建物を掘り込む土坑より布留式期の高杯が一括出土する。SB14では床面で須恵器甕片と弥生後期末の土器が検出されている。時期は5世紀前半か。

　15 茄子作遺跡（大阪府枚方市、枚方市文化財研究調査会 1980）　6号竪穴建物南東壁中央部に焼土塊と炭が検出され、竈と考えられる。焼土上に2個の土師器甕が正立して検出される。

　16 土師遺跡（大阪府堺市、堺市教育委員会 1981）　竈はSA01の北壁ほぼ中央と推定される地点に設けられる。基底部は全長1.6m、最大幅1.4m、最小幅30cmを測り、支脚の高杯の位置より2個の掛け口の存在が推定される。袖部は粘土で構築される。煙出し口は壁を10cm切り込み垂直に立ち上がる。時期は陶邑編年I型式3〜4段階である。

　12 豊中遺跡（大阪府泉大津市、堺市教育委員会 1984b）　竈は方形を呈する竪穴建物の北西壁隅部に設けられる。土柱を掘り残したものを支脚とする。

18 小阪遺跡（大阪府堺市、大阪府教育委員会・(財)大阪文化財センター 1987） L地区竪穴建物 3 の東壁中央より北寄りに竈は設けられる。竪穴建物は 1 辺 3m の方形を呈し、主柱穴 2 である。柱穴の間に向かって竈は開口する。南側袖部は東壁に接するが北側袖部は東壁との間がひらき、煙道部が東壁に沿って竪穴建物北東隅へ勾配を上げてのびるものと推定される。燃焼部は一旦掘り窪めた後基盤となる土を敷く。燃焼部では、須恵器と土師器の高杯が転倒した状態で重なって検出されており、支脚の可能性をもつものの、竈廃棄時の祭祀との関連も考えられる。主柱穴からは土師器高杯の杯部が完形で伏せられた状態で検出されており、竪穴建物廃棄時の祭祀と関連づけられている。

19 大仙中町遺跡（大阪府堺市、堺市教育委員会 1986） 竈は 3 地区竪穴建物 1 の東壁に設けられる。倒置された高杯が竈内より検出され、支脚と考えられる。時期は 5 世紀中頃。

23 岡山南遺跡（大阪府四条畷市、瀬川・中尾 1983） 5 世紀後半の竈をもつ竪穴建物が検出されている。

24 三日市遺跡（大阪府河内長野市、三日市遺跡調査会 1986） 竪穴建物 5-10、5-13 に竈は設けられる。5-10 は主柱穴 4 の方形である。南西壁西寄りに竈らしい焼土の広がりがある。焼土から韓式系土器甕と下部より須恵器高杯が倒置状態で出土する。5-13 は主柱穴 4 の方形で、周溝がめぐる。北壁の焼土のひろがりが竈と推定され、拳大の石が出土する。また竪穴建物埋土より韓式系土器が出土する。時期は陶邑編年 I 型式 4 段階である。

25 田屋遺跡（和歌山県和歌山市、(社)和歌山県文化財研究会 1984） 竈は SB01 の東壁に設けられる。SB01 は長方形を呈し、周溝、柱穴はない。竈の南袖部は壁に接しておらず東壁沿いに南東隅に向かって煙道とみられる溝がのびる。時期は 5 世紀前半である。2 次調査で検出された竪穴建物には竈を設けるものが 1 棟ある。煙道のある竈であり、袖部は地山を掘り残して形成される。時期は 5 世紀前半である。

26 吉田遺跡（和歌山県那賀郡岩出町、和歌山県教育委員会 1971） 竈は 49、52 号竪穴建物に設けられる。両竪穴建物ともに主柱穴 4 の方形であり、49 号竪穴建物には周溝がめぐる。竈は両竪穴建物ともに北壁にあり、壁を切り込まない。時期は陶邑編年 I 型式 5 段階である。

27 鳴神遺跡（和歌山県和歌山市、和歌山県教育委員会 1979） 竈は M 地区 SB001、SB005 に設けられる。SB001 は主柱穴 4 の方形である。周溝がめぐるが貯蔵穴、竈で途切れる。竈は北壁中央やや東寄りに壁を切り込んで設けられている。椀が燃焼部に伏せられた状態で出土する。SB005 は主柱穴 4 のやや長方形のプランを呈する。周溝は SB001 と同様である。竈は煙道部が確認されており、燃焼部には高杯、甕片が伏せた状態で出土する。時期は 5 世紀末～6 世紀初頭。

28 音浦遺跡（和歌山県和歌山市、和歌山県教育委員会 1972） 4 号、5 号竪穴建物に竈がある。4 号竪穴建物は主柱穴 4 の方形であり、周溝がめぐるが竈部分は途切れている。竈は北壁中央やや東寄りに位置する。5 号竪穴建物は北壁に竈を設ける。西洋梨形に床面を 5～8cm 掘り、中央に棒状の石が立つ構造である。

29 富安遺跡（和歌山県御坊市、御坊市教育委員会 1983） 竈は竪穴建物 5、竪穴建物 2 に設けられる。竪穴建物 5 は主柱穴 4 の方形で、周溝は存在しない。竈は方形で、床を掘り窪めた後周囲に粘土を積んで構築される。支脚は石製であり、付近から土師器高杯、椀が出土。時期は 5 世紀中頃であ

る。竪穴建物 2 は方形であり、竈は北壁に設けられる。竈は壁近くでは地山を掘り残して構築される。石製支脚を有し、支脚上端より土師器椀、甕が出土。時期は 5 世紀末である。

30 飛鳥京跡下層遺構（奈良県高市郡明日香村、奈良県教育委員会 1973） 竈は SI7214 に設けられる。竪穴建物跡は方形であり周溝、住穴はない。竈は西壁ほぼ中央にあり、壁を切り込んで煙出し口がある。

31 脇田遺跡（奈良県北葛城郡新庄町、奈良県立橿原考古学研究所附属博物館 1982） 竈が設けられる竪穴建物は SB04、SB06 であり、方形を呈する。時期は古墳時代中期。

32 野畑遺跡（滋賀県大津市、林・栗本 1983） 竈は SB0007、SB0012 に設けられる。SB0007 は方形で竈部分を除いて周溝がめぐる。竈は北東隅に位置する。SB0012 は周溝がなく、竈は西壁中央部にあり、壁を切り込んで煙道部がのびる。

33 南市東遺跡（滋賀県高島郡安曇川町、安曇川町教育委員会 1979） 竈は第 7 次調査区 SB0701、SB0703、SB0704 に設けられる。SB0701 は主柱穴 4 の方形である。竈は北壁中央部に設けられ、石製支脚、甑、甕が出土する。SB0703 は方形であり、柱穴はなく、竈は西壁中央部にある。SB0704 は主柱穴 2 の方形である。北壁中央よりやや東寄りの焼土が竈と推察される。時期は 5 世紀中葉～後半。

34 軽野正境遺跡（滋賀県愛知郡秦荘町、滋賀県秦荘町教育委員会 1979） 竈は SB1、SB2 に設けられる。SB1 は主柱穴 4 の方形で、周溝はない。竈は東壁中央やや南寄りに位置し、煙道部は壁を切り込み約 10cm 屋外にのびる。袖部は地山掘り残しの可能性がある。SB2 は主柱穴 4 の方形で周溝はない。竈は東壁中央やや南寄りに位置し、煙道部がのびるが、煙道部先端は屋内にとどまっている。時期は 5 世紀後半。

35 青野遺跡（京都府綾部市、青野遺跡調査報告書刊行会 1976・綾部市教育委員会 1982） 竈は A 地点 1 号竪穴建物と第 5 次調査の竪穴式竪穴建物 4 に設けられる。A 地点 1 号竪穴建物は主柱穴 4 の方形であり、竈は北壁中央部に設けられる。竈は壁を切り込まず、支脚は河原石である。時期は船橋 OH 式期。竪穴建物跡 4 は主柱穴 2 の長方形である。竈は北壁にあり、燃焼部では高杯杯部にほぼ完形の高杯を倒置し重ねた状態で出土する。時期は船橋 OH 式期。

36 郡家遺跡（兵庫県神戸市、神戸市教育委員会 1985） 竈は竪穴建物 5 と竪穴建物 7 に設けられる。竪穴建物 5 は、主柱穴 3 の方形で周溝がめぐり、竈は北壁に設けられる。竪穴建物 7 は、主柱穴 4 の方形で周溝がめぐり、竈は北壁に設けられる。時期は 5 世紀後半。

39 川島・立岡遺跡（兵庫県揖保郡太子町、太子町教育委員会 1971） 竈は落久保 B 地区の 1 号竪穴建物にある。竪穴建物は主柱穴 4 の方形を呈し、周溝がめぐる。竈は南壁中央東寄りに柱穴間に向けて構築される。袖部は粘土で構築され、煙道部は壁を掘り竪穴外へのびる。時期は 5 世紀中～後半。

40 家原・堂ノ元遺跡（兵庫県加東郡社町、加東町教育委員会 1984） 竪穴竪穴建物 9 に竈が設けられる。竪穴建物は主柱穴 4 の方形であり、周溝はない。竈は北壁中央部に設けられ、壁を切り込まない。燃焼部には高杯の杯部が伏せられている。支脚であろう。北壁際には竈下部においても認められる溝状遺構がある。時期は TK47 型式期。

41 下宅原遺跡（兵庫県神戸市、神戸市健康教育公社・神戸市教育委員会 1984）　竪穴竪穴建物2の北壁中央に竈が設けられる。竈は地山を掘り残して構築される。5世紀前半。

（3）その他の地方

42 百間川原尾島遺跡（岡山県岡山市、岡山県教育委員会 1984）　竈は、中須賀調査区竪穴式竪穴建物24、26に設けられる。竪穴建物24は主柱穴4の方形であり竈部分で途切れる周溝がめぐる。竈は北西壁のほぼ中央にある。袖部は地山掘り残しの可能性をもつ。煙道部は竪穴外へのびる。竪穴建物26は台形を呈し柱穴、周溝はない。竈は北西壁中央よりやや北寄りにある。燃焼部より柱状の石、その上にのる土師器甕が出土。煙道部は竪穴建物外にのびる。時期は5世紀末～6世紀初頭である。

45 綾羅木郷遺跡（山口県下関市、下関市教育委員会 1981）　竈は竪穴建物1号に設けられる。竪穴建物は方形であり柱穴はなく、周溝が一部残る。竈は、北東壁中央部に痕跡があり、甕が据え置かれる。時期は5世紀後半。

46 伊奈富遺跡（三重県鈴鹿市、鈴鹿市教育委員会 1966）　第1号、第3号、第4号竪穴建物に竈が設けられる。時期は5世紀末～6世紀初頭。

47 神明遺跡（愛知県豊田市、愛知県教育委員会 1966）　竈は29号竪穴建物に設けられる。竪穴建物跡は方形で竈は北東壁にある。時期はTK23型式期。

48 伊場遺跡（静岡県浜松市、浜松市教育委員会 1977）　竈はKD1、KD10、KD11、KD33に設けられる。竪穴建物跡は方形で、KD1は北壁中央部の炭中に支脚が直立し、KD10、11、33は炉を北側の壁に寄せ周囲に粘土塊をともなう。時期は5世紀後葉。

49 久地不動台遺跡（神奈川県川崎市、久保 1965）　五領式期の竪穴建物の北壁東寄りに竈があると報告される。

50 西富田遺跡（埼玉県本庄市、玉口 1962）　和泉式期の竪穴建物中第2号、第4号竪穴建物に竈が設けられる。竈は壁を切り込まない。

51 二本松遺跡（埼玉県本庄市、本庄市教育委員会 1957）　竈は、第2号竪穴建物の西壁に設けられる。袖部は盛土で構築されたもので、煙道部および壁の切り込みはない。時期は和泉式期。

52 外原遺跡（千葉県船橋市、船橋市教育委員会 1972）　第8号竪穴建物に竈が設けられる。竪穴建物は方形であり、主柱穴は不明、周溝はない。竈は北西壁中央よりやや南寄りにある。袖部は「五徳」を数個粘土で固めて構築され煙道部はない。

53 上宮地遺跡（埼玉県秩父市、秩父市文化財保護委員会 1956）　竈は第1号、第2号竪穴建物に設けられる。第1号竪穴建物では竈は北壁にあり、炉と併設される。第2号竪穴建物では竈は東壁にあり、壁を切り込む。時期は和泉式期。

54 下神明遺跡（東京都世田谷区）　5世紀の竈が検出されている。

55 赤羽根遺跡（栃木県下都郡岩舟町、栃木県教育委員会・（財）栃木県文化振興事業団 1984）　竈の可能性が大きいとされる炉が、9号竪穴建物に設けられる。竪穴建物は主柱穴4の方形で、周溝がめぐる。竈とみられる構造物は高さが15cm前後あり、東壁中央部に近接している。時期は和泉式期。

54 上敷遺跡（栃木県佐野市、毎日新聞 1983） B区1A竪穴建物に竈は設けられる。時期は和泉式期である。

56 宮前遺跡（宮城県亘理郡亘理町、宮城県教育委員会 1975） 竈は第25、42号竪穴建物に設けられる。25号竪穴建物は主柱穴4の方形であり、周溝は竈周辺で途切れる。竈は北西壁中央よりやや東寄りにある。袖部は粘土で構築され、燃焼部には甕を転用した支脚がある。煙道部は竪穴建物外に地山を掘り抜いて2.1mのびる。42号竪穴建物は、主柱穴4の方形であり、周溝は竈部分で途切れる。竈は東壁中央よりやや南寄りにあり、南側袖と主柱穴は近接する。袖部は粘土で構築され、燃焼部には杯、高杯を転用した支脚がある。煙道部は壁を切り込まない。時期は古墳時代中期。

2　古墳時代中期の竈の諸形態

以上、古墳時代中期（5世紀）の竈を概観した。竈の分類は、竈の残存状態が良好な関東地方で活発に行われており［高橋 1975、佐藤 1974、谷 1982］、それぞれの竈の分類における観点を列挙すると下記のようになる。

1．竈の竪穴建物壁との位置関係
2．煙出し口の傾斜
3．煙道部の傾斜
4．燃焼部と竪穴建物壁との距離
5．袖部の成形法―地山掘り残しか粘土などの構築材によるものか

分類の観点は、煙出し口と煙道部の構造（1～3）、燃焼部の位置（4）、袖部の構築材（5）に分けることができ、とくに、煙出し口と煙道部の構造に着目される。熱効率が悪いと考えられる煙道部のない竈から煙道部の整った竈への変遷の可能性が論じられるが、煙道部のない竈が必ずしも古いとはいえず、またその逆も認められない。近畿地方、北部九州地方を含む西日本では、竈の残存高が10cmに満たない場合が多く、竈の復元、分類は困難である。ここでは古墳時代中期の竈を整理するため、竈の竪穴建物内における位置、竈の形態、竈からの出土遺物に着目してみたい。

（1）竈の竪穴建物内における位置

竈を設ける竪穴建物の平面形は、すべて方形である。平面方形の竪穴建物は、主柱穴4が最も多く、そのほか主柱穴2、主柱穴1、主柱穴0のものがある。主柱穴2の竪穴建物をみると、小阪遺跡L地区竪穴建物3、南市東遺跡SB0704では主柱穴が竪穴建物中央に、塚堂遺跡D地区14号竪穴建物では主柱穴が壁際の竈を挟むように、塚堂遺跡D地区5号竪穴建物では主柱穴が竪穴建物の対角線上にある。主柱穴1の竪穴建物には、塚堂遺跡D地区13号竪穴建物が、主柱穴0の竪穴建物には、塚堂遺跡A地区9号竪穴建物、飛鳥京跡下層遺構SI7214、南市東遺跡SB0703がある。いずれの竪穴建物においても竈の位置は壁際であり、主柱穴の本数や配置によって竈の位置が壁際から離れることはない。

竈と竪穴建物の壁との関係をみると、竈が壁に接してすべて竪穴建物内にあるもの、竈が竪穴建

物の壁をこえて竪穴建物外に突出するものの大きく 2 種類があるが、いずれも壁と関わりをもっており壁から分離して存在するものはない。方形の竪穴建物における竈の平面的な位置は、壁の中央、中央よりやや一方に寄るもの、隅部の 3 種類がある。竈と主柱穴の位置関係をみると、竈は主柱穴間に位置する場合が最も多い。塚堂遺跡 A 地区 1 号竪穴建物では竈前面の主柱穴は後退して設けられており、竈の前庭部およびその前方の空間は確保されるようである。竪穴建物内で竈の位置する方位は北、北東、北西、東、南、南東、南西、西とあらゆる方位があり、とくに方位をきめて竈を設置するのではなく、竪穴建物が属する集落の地理的な立地条件、すなわち集落が北斜面に立地するのか南斜面に立地するのか、あるいは集落が広場を中心に構成されているのか、通路沿いに構成されているのかといったことが要因になっているようである。

なお、竈とともに炉を併設する竪穴建物が、御床松原遺跡 11 号竪穴建物、上宮地遺跡第 1 号竪穴建物でみられるが、この場合竈は壁際に位置するが、炉は竪穴建物中央部に位置しており、竈を設置しても炉の位置は変わらないといえる。

(2) 竈の形態

竈の形態を、残存状態が比較的良好な塚堂遺跡 D 地区 2 号 A 竪穴建物からみてみたい。竈は、手前より竈前方の前庭部、袖部先端間の焚き口部、支脚を中心とする燃焼部、奥壁下端より上方にかけての急勾配である煙出し口、煙出し口より続いて緩傾斜する煙道部からなる。また、下部からみると、竈を構築する際整備する一種の貼り床である基盤、側壁となる袖部があり、天井部は当初あったものの後世の削平のためそのほとんどが残存しない。

各部分について順に検討する。

前庭部は空間であり構造物ではないものの、明らかに焚き口部前面に確保されており竈に関連する作業スペースとして機能したと考えられる。

焚き口部は袖部に挟まれた所で、ここから火を焚きつけるものと考えられる。炉が焚き口部を固定しない構造であるのに対し、竈では焚き口部が固定される点が特徴的である。特殊な例として八隈遺跡第 9 号竪穴建物の竈は、壁に接して「粘土土塁」が半円形にまわる構造であり焚き口部はない。

燃焼部は袖部と竪穴建物の壁で区画される。燃焼部には炭、焼土が遺存し、支脚が埋め込まれた状態でほぼ中心に立つものもある。百間川原尾島遺跡竪穴式竪穴建物 -24 の燃焼部からは、柱状の石とその上に載った状態で甕が検出されている。三日市遺跡竪穴建物 5-10、富安遺跡竪穴建物 2 においても支脚上より甕が出土しており、煮炊きの具体的な様子がうかがえる。

煙出し口は多くの竈で認められる。煙出し口は壁際にある場合と竈が壁より突出する場合には竪穴建物外にある場合がある。壁際にある例は塚堂遺跡 D 地区 7 号 A 竪穴建物、赤井手遺跡 43 号竪穴建物などが、竪穴外にある例は飛鳥京跡下層遺構 SI7214 がある。

煙道部は塚堂遺跡 D 地区 2 号 A 竪穴建物ほか、八隈遺跡第 9 号竪穴建物、赤井手遺跡 79 号竪穴建物、小阪遺跡 L 地区竪穴建物 3、田屋遺跡 SB01、鳴神遺跡 S B001、SB005、野畑遺跡 SB0012、軽野正境遺跡 SB1、SB2、川島・立岡遺跡 1 号竪穴建物、百間川原尾島遺跡竪穴建物

24、26、宮前遺跡25号竪穴建物の竈でみられる。このなかで小阪遺跡L地区竪穴建物3と田屋遺跡SB01の竈の煙道部は、特殊な形態を呈する。竈は竪穴建物の壁の中央よりやや一方に寄った位置に設けられ、袖部の一方が壁に接しておらず袖部から煙道部が壁に平行してのびる、横（側方）煙道の竈である。こうした形態の竈には「青野型竪穴建物」［中村 1982］と呼称される、京都府綾部市青野・綾中遺跡群などで検出される7世紀を中心とする竪穴建物の竈がある。

基盤は、竈構築部の床面を掘り下げて貼り床したもので、竈本体の除湿を考慮したものとする見解がある。支脚はこの基盤に埋設される。

袖部は、地山を掘り残して設けるものと粘土、石などの構築材を用いて設けるものがある。前者には田屋遺跡2次調査竪穴建物、富安遺跡竪穴建物2、下宅原遺跡竪穴竪穴建物2などが、後者には土を用いるものが塚堂遺跡A地区1号、6号、B地区1号、3号、D地区2号、4号、6号A、7号A、13号、14号竪穴建物、御床松原遺跡35号竪穴建物、八ヶ坪遺跡第2号竪穴建物、長野A遺跡Ⅲ区1号竪穴建物、土師遺跡SA01、富安遺跡竪穴建物5、川島・立岡遺跡1号竪穴建物、宮前遺跡25、42号竪穴建物などが、石と土を用いるものには、塚堂遺跡A地区22号A、D地区1号、5号、9号、11号A、15号、17号A、20号竪穴建物などがある。石と土を用いる例では、そのほとんどが焚き口部にあたる両袖の先端部に石を立てる構造である。強く火を受ける竈袖部前面の焚き口部を補強するものであろう。

天井部は残存する例が少ないが、塚堂遺跡D地区17号、22号竪穴建物の竈は両袖部前面焚き口部の立石上に石を横架している。また燃焼部と煙出し口との間には天井部が残り、この天井部がみられない燃焼部上の空間が掛け口であろう。

（3）竈からの出土遺物

竈本体各部より遺物が出土している。塚堂遺跡A地区1号B竪穴建物の竈では、焚き口部から燃焼部にかけて朱が広がるピットがあり高杯杯部が出土する。塚堂遺跡D地区の諸例を挙げると、5号竪穴建物の竈は燃焼部に高杯2個体が並び土製模造鏡と甑破片が、前庭部から小形壺が出土する。6号A竪穴建物の竈の東袖部には手捏土器が埋置され前庭部から甕、燃焼部から甑が出土する。7号A竪穴建物の竈は燃焼部から鉢と手捏土器が出土する。11号A竪穴建物の竈は前庭部から手捏土器が、燃焼部からは支脚、甑、甕、台付坩、手捏土器が出土する。13号竪穴建物の竈は燃焼部から甕3個体分の破片が出土する。14号竪穴建物の竈は燃焼部から高杯と甕が出土する。17号A竪穴建物の竈は燃焼部から高杯が2個体重なった状態で出土する。20号竪穴建物の竈は燃焼部と袖部から高杯の破片が出土する。松の木遺跡第6号竪穴建物の竈は燃焼部から土製模造鏡、土製丸玉、土製勾玉、手捏土器が出土する。竈出土の遺物を部分ごとにまとめると下記のようになる。

　　前庭部　：甕
　　焚き口部：朝顔形円筒埴輪の口頸部をかぶせた甕
　　燃焼部　：甕、甑、鉢、杯、高杯、台付坩、手捏土器、土製丸玉、土製勾玉、土製手捏鏡、支脚
　　煙出し口：円筒埴輪

基盤　　：朱、高杯
　　袖部　　：高杯、手捏土器、五徳
なお、煙道部と天井部からの出土遺物は資料中みられなかった。

3　古墳時代中期における竈の定形化

　古墳時代中期の竈を集成し、竈の竪穴建物における位置、竈の形態、竈からの出土遺物の三要素から、整理をこころみた。竈の竪穴建物における位置をみると、竈は主柱穴の数や配置に関わらず壁際に設けられる。竈出現以前の竪穴建物内における火処である炉は、基本的に竪穴建物の中心部に位置するが、伊場遺跡でみられるように壁際に寄る場合もあり、竪穴建物における位置が一定していない。これに比べ竈は壁際に固定されたものといえる。竈の形態は、竈の手前より前庭部、焚き口部、燃焼部、煙出し口、煙道部が、竈の下部より基盤、袖部、天井部からなる。古墳時代中期の竈はこれらの部分がそろっており完成した形態の竈といえる。このほか、横（側方）煙道をもつ竈といったやや異形の竈も古墳時代中期にはみられる。古墳時代前期の竈においても同様の竈がみられ、竈は日本列島に出現した当初より完成した形態のものがあったと考えられる。しかし、古墳時代前期には兵庫県高畑町遺跡のように燃焼部が整わない形態のものもあることから、古墳時代前期には竈はまだ定形化にはいたっていない。古墳時代中期になってようやく竈は定形化したと考えられる。竈から出土する遺物をみると、甕が各部分から普遍的に出土する。甕が炊爨具として竈で用いられたことを示すともいえよう。また、燃焼部を中心に手捏土器をはじめとする祭祀遺物と称される遺物が出土することが注意される。これら祭祀遺物が出土することは、竈に関わる祭祀行為がうかがえ、出土状況からは竈構築時、竈廃棄時にともなう祭祀が推定される。

　古墳時代中期の竈の分布をみると、各地域において宮城県仙台市大蓮寺窯、愛知県名古屋市東山111号窯、香川県三豊郡宮山窯、福岡県朝倉郡小隈窯、福岡県福岡市新開窯といった初期須恵器の窯跡が近隣にあることが注意された。こうした分布の重なりは、竈と初期須恵器の関連を示唆し、先進的な施設を築き用いた渡来系集団の所在を示す可能性が考えられる。

第4章　古墳時代の竈の出土状態

1　竈の出土状態が示すもの

　竈の出土状態は、多くの場合その廃棄状況を示すと考えられる。竈の廃棄状況は、その竪穴建物全体の廃棄状況とも強く関連するであろう。竈と竪穴建物の廃棄に関してこれまでに、竈内遺物出土状態から竈の祭祀についてとりあげた論考がいくつかある。桐原健は、竈内の支脚とその抜き取り痕から、竈神信仰の推移について検討した［桐原1977］。また、集落内祭祀のパターンのひとつとして竪穴建物内祭祀―火処祭祀を指摘し、そのなかで竈神信仰にもふれた［桐原1982］。そうした竈の祭祀の主催者については、竪穴建物ごとに行われた祭祀ではなく、ある1単位の集団を背景に行われたとする考えがある［佐々木1980、寺沢1986］。寺沢知子は、竈の祭祀と竪穴建物の廃棄との関連を「「竪穴建物廃棄」と一本化した祭祀として機能していた場合が多い」と考えた［寺沢1986］。以上のような竈の祭祀に関する論考のほかに、竪穴建物における遺物の出土状態を検討したのは石野博信である。石野は竪穴建物内遺物の出土状態から竪穴建物内での生活の復元を試みるなかで、竈の周辺の遺物の出土状態から、竈にともなう容器の場を指摘し、竈の周辺の厨房空間としての使い分けを推定した［石野1984］。

　以上に明らかなように、竈の出土状態からはさまざまな視点を得ることができる。本項では、これらの研究に導かれながら、竈の構造と廃棄状態について考えてみたい。

2　出土状態からみる竈の構造

　残存状態が良好な竈をとりあげ、竈の構造を概観する（表2）。

　中筋遺跡　火山災害により埋没した、1号竪穴式竪穴建物（図14-5）の竈は竪穴建物跡東壁中央よりやや南側に作り付けられる。竈の大きさは幅約1m、竪穴内での長さは約1.5mである。天井部は煙出し口から煙道部にかけて、幅を狭めながら竪穴建物跡の壁に沿って0.7〜1mを急な傾斜で立ち上がる。煙道の出口は竪穴建物跡上縁から5cm程度離れ、周堤帯上で直径15cmの円形で認められるようである。袖部先端には石が立ち、その間に焚き口部の天井石が一端を袖部先端の石に接し、もう一端を前庭部に向けた状態で落ち、それらの後方に小さな円礫が4個ある。竈右袖の脇には小型の甕形土器1個と杯形土器2個が置かれ、貯蔵穴を介してやや離れた隅部には、蓋をした甕形土器が正立する。床面には土器片はなく、図に示される土器片は屋根上の土器と報告されている。竪穴建物跡内では垂木材、桁材が出土した。

表2 竈の出土状態一覧表

遺跡名	住居跡名	住居の廃絶型	竈出土状態の分類	袖部の残存状態※1	竈内部の出土遺物 甕	支脚※2	灰	甕片	壺	杯	土製品	竈周辺の出土遺物の有無	竈周辺の出土遺物の内訳 甕	杯	壺	坩	手捏	ミニチュア	支脚	紡錘車	その他・備考
関道	5号	2	A1	甕	○	○															
	6号	1	A3	○								●	○	○							
	8号	1	A3	甕																	
中筋	1号竪穴式	焼失1	A3	○								●	○	○							
	1号平地式建物	焼失1	A2	○		○						●	○	○	○						
	3号平地式建物	焼失1	A1	○						○											
大塚新地	第4号	焼失1	A3	○								●									器種等不明
	第9号	焼失1	C	○		○				○	○	●									
	第18号	焼失1	A3	○								●									器種等不明
	第20号	焼失1	C	○				○		○		●									
	第36号	焼失1						○		○		●	○	○			○				
	第58号	1	A3	○				○		○		●									器種等不明
	第59号	焼失1	A1	○	○	○	○			○		●									器種等不明
	第64号	焼失1	A1	○						○		●									
	第67号	焼失1	A1	○					○												
	第68号	焼失1							○												
	第71号	焼失2	A3	○						○											
	第92号	1	A3	○						○											
古井戸	H-2号	1	B	○	○	○						●								○	器種等不明
	H-3号	1	A3	○								●									
	H-5号	焼失1	A1	○								●		○							器種等不明
六反田	A区第3号	1	A4			○						●	○	○					○		
	A区第28b号	1	A2			○						●	○	○							
	A区第33・35号	1	B	甕		○		○				●									器種等不明
	A区第40号	1	A2	○		○						●	○	○							
	A区第69号	1	A2			○						●									器種等不明
	A区第72号	1	C								○	●									器種等不明
	B区第93号	1	A4				○					●							○		器種等不明
	B区第103b号	2																			
公津原	001号	焼失1	A2	○		○						●									器種等不明
	002号	2	A2	○		○						●									
	003号	1	A2	○		○						●									器種等不明
小室	B7号	2	A2	△		○															
	B9号	1	A1	○	○	○						●									器種等不明
	C107号	2	A4																		
	C110号	1	A1	○	○							●	○	○					○		
	C206号	焼失1	A1	○								●									器種等不明
	D308号		A2	○		○															
	D310号	1	A2	○		○															
天伯B	1号	1	A2	○		○						●	○				○				
	2号	1	C			○					丸玉										
	3号	1	A2	○		○															
	5号	1	A2	○		○						●	○								
	6号	焼失2	A2	○		○	○					●	○								
	8号	1	A2	○		○						●									砥石
	9号	1	A2	○		○						●									
	10号	1	A2	○		○						●									器種等不明
	12号	1	A3	○		○				○		●	○	○							
	15号	1	A2	○		○						●	○								
	20号	2	A3	○		○						●	○	○							
	22号	1	A2	○		○						●	○	○							
	23号	2	A4																		
	28号	焼失1	A2			○						●	○					○			
	29号	1	A2	○		○															
	32号		A2	○		○															
	34号	1	A2	○		○															
小阪	住居3	2		○			○			○											

第4章 古墳時代の竈の出土状態

畠中	5-OD	1	B	○					●						器種等不明
	9-OD	1	B	○		○			●						器種等不明
正道	1号住居	2	A2	○		○	○		○	●					
	3号住居	1	A2			○				●					器種等不明
	16号住居	2	A3			○									
慈尊院	SI02	1	A1	○		○				●	○				
秋根	4号	1	A2	○	○	○				●					
塚堂	A区1号A　新期		A2	○		○	○			●	○				
	A区6号	2	A3	○											
	A区22号A　新期	1	B	○		○			○	●	○	○	○		
	B区1号	1	A3	○					○						
	B区3号	2	A3	○											
	D区1号	1	A4			○				●					器種等不明
	D区2号	2	A4			○				●					
	D区4号	1	A4	△		○			○	●					器種等不明
	D区5号	焼1	C	△		○	○		○	鏡形					
	D区6号A　新期	2	A2			○		○	○	●					
	D区7号A　新期	1	C			○			○	●	○	○	○		
	D区9号	1	A2			○				●	○				
	D区11号A	焼1	C		○	○		○	○	●		○			
	D区13号	1	A2			○	○			●	○	○			
	D区14号	2	A2			○		○		●					器種等不明
	D区15号	2	A2			○				●					
	D区20号	1	A2			○			○	●			○		
有田	13号	2	C	○					○						
永井手	43号	焼1	C		○	○				●					
	75号	焼1	C	△			○		○	●					器種等不明
	79号	焼1	A3	○						●	○	○			
長野A	Ⅲ区1号	焼1	A3				○			●	○	○	○		
	Ⅲ区2号	焼1					○								
	Ⅲ区6号	2													
	Ⅲ区8号	1	A2			○				●					器種等不明
	Ⅲ区13号	1	A2	○		○									
	Ⅲ区14号	1	A2			○									
	Ⅶ区5号	1	A2	○		○				●	○				器種等不明
	Ⅶ区6号	1				○									
裏ノ田	第1号	2	A2	○		○	○								
	第3号	2	A2	○		○									
	第4号	1	A2	○		○				●	○	○			
	第5号	1	A2	○		○									
	第6号		A2			○									
	第7号	2	A3	○											
	第9号	1	A2	○		○				●	○				
	第10号	1	A3	○			○								
	第13号	1	A2	○		○	○			●	○	○			
	第20号		A2			○									
	第21号	1	A2	○		○		○	○	●	○				
	第22号		A2			○									
	第23号		A2	○											
	第24号	1	A3	○											
	第25号		A3	○											
八ヶ坪	第2号	1	A3	○											
向山	第3号	焼1	B							●	○	○	○		
野黒坂	20号	1	A2	○		○				●	○				
	34号	焼1	A1	○	○	○				●	○				
	41号	焼1	A2			○				●					器種等不明
大曲り	第1号	焼2	A3	○			○			●					
	第2号	1	A3	○			○			●					土師器破片
	第5号		A3	○			○								
	第6号	2	A2	○		○									
	第7号	2	A2	○		○									

※1　○：遺存、△：半壊、：破壊、空欄：不明確
※2　転用含む

44　第1部　原史・古代の竈

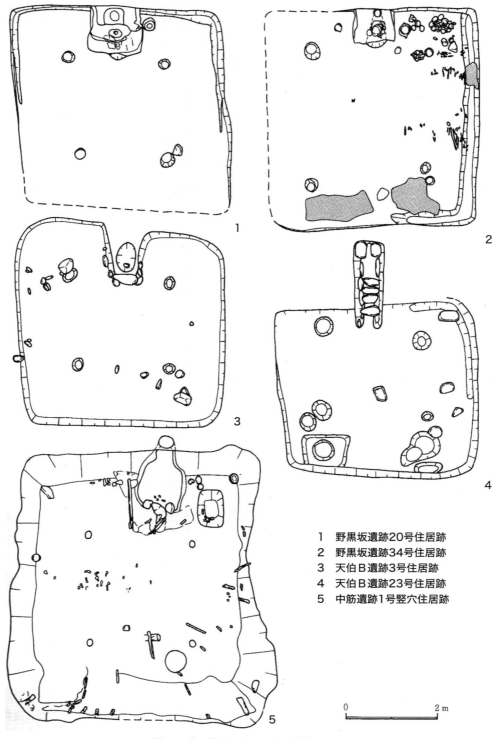

1　野黒坂遺跡20号住居跡
2　野黒坂遺跡34号住居跡
3　天伯B遺跡3号住居跡
4　天伯B遺跡23号住居跡
5　中筋遺跡1号竪穴住居跡

図14　竈の構造がわかる出土状態平面図

1号竪穴式竪穴建物と周堤帯を共有する竪穴建物は、ほかに3棟確認されており、そのなかで1号竪穴式竪穴建物と3号竪穴式竪穴建物が全掘され、両者とも竈が作り付けられている。中筋遺跡では、竪穴建物のほかに平地式建物が検出されている。
　3号平地式建物では、竈に甕が掛かった状態で検出されている。甕形土器は、掛け口から上には口縁部のみが出る状態で竈に掛けられ、胴部上部から頸部が竈の掛け口部にあたり、胴部がすべて竈内にはいる。胴部上部から下には煤が付着している。竈の脇から出土した甑形土器の層位より、屋根裏に棚状施設が存在することが判明している。また、1号平地式建物も竈が作り付けられており、竈中央には高杯形土器が伏せられた状態で置かれ、その前面には円礫が3個並ぶ。周辺には杯形土器・高杯形土器・壺形土器・甕形土器が置かれ、竈の脇に円礫が1個ある。
　野黒坂遺跡　34号竪穴建物（図14-2）の竈は、高さ約30cmが残存する。平面形は幅85cm長さ70cmの方形である。焚き口部の高さは10cm弱、掛け口は直径30cm、煙出し口は10×20cmを測る。煙出し口は、竪穴建物の壁を切り込むことなく、竈本体の竪穴建物壁に接する天井部分に開けられる。竈の床面は、焚き口部から燃焼部にかけて浅く舟底状に掘り窪められ、支脚を支える粘土塊は中央床面に置かれる。竈は、支脚上に甕形土器が掛けられた状態で検出されている。竈の左脇には鉢形土器、竈の右脇には把手付甕形土器が置かれる。甕形土器と竪穴建物壁面との間には、杯形土器・椀形土器がまとまって出土する。杯形土器と椀形土器は「床に置かれた状態ではなく、棚に置かれていたものがそのまま落ちたような」出土状態である。20号竪穴建物（図14-1）の竈もほぼ同様の形状であるが、焚き口部から燃焼部にかけての天井部内面に甑形土器片を貼り付けていることが注意される。
　天伯B遺跡　石組みと粘土を用いて構築する竈の良好な残存例である。23号竪穴建物（図14-4）は石組みの煙道部であり、その長さは、竪穴建物の壁から外へ約1.3mを測る。煙道部石組みの幅は50cm、高さは40cmを測る。煙出し口ではやや上昇するが竪穴建物外煙道部はほぼ水平である。3号竪穴建物（図14-3）の竈は幅90cm、長さ1m、焚き口部の高さは20cmを測る。焚き口部から燃焼部に相当する袖部に円礫を並べ、焚き口部の天井には石を横架する。
　以上の竈の出土状態から、まず竈の構造についてみておきたい。これらの竈は、平面形が方形あるいは煙道部から焚き口部に向かってやや広がる台形で、大きさは、幅、長さとも1m前後である。高さは、甕が掛かった状態で検出される例などから30〜40cm前後である。構築材は粘土だけを用いるもの、または石組みと粘土を用いるものがある。細部について述べれば、野黒坂遺跡20号竪穴建物のように天井部内面に土器片を貼り付ける例や、袖部の粘土に甕形土器破片を混入させる例（八ヶ坪遺跡2号竪穴建物、向山遺跡3号竪穴建物、六反田遺跡A区28B号竪穴建物、関道遺跡8号竪穴建物）がある。また特殊な例として塚堂遺跡D地区6号A竪穴建物では、袖部に手捏土器が入る。袖部先端には円礫を立てる例が多いが、裏ノ田遺跡21号竪穴建物、23号竪穴建物では板状の石を、関道遺跡5号竪穴建物では倒立した甕形土器を、正道遺跡1号竪穴建物では円筒形の土師器を半切したものを貼り付ける。多くは補強材として用いられたものであろう。煙出し口、煙道部は不明な点が多いが、中筋遺跡1号竪穴式竪穴建物、野黒坂遺跡34号竪穴建物と20号竪穴建物竈にみられるように、煙出し口が壁を切り込まず煙道がほぼ真上にのびるものと、天伯B

遺跡23号竪穴建物にみられるように、煙出し口が壁を切り込み煙道が水平にのびるものがある。煙道が垂直なものと水平なものでは、竪穴建物の壁との関連が問題であり、竪穴建物の構造の差異に結び付く可能性がある。天井部は、焚き口部の天井に石を横架するものがみられるが、野黒坂遺跡34号竪穴建物、20号竪穴建物のように粘土のみで構築される場合が多いと考えられる。特殊な例としては、関道遺跡8号竪穴建物で、甕形土器を3個連結したものを横架し天井部としている。

3　出土状態からみる竈の廃棄

竈の出土状態を下記のとおり分類し、順に該当する資料を検討する。
　A1　竈本体、炭灰、支脚、甕形土器が完存する。
　A2　竈本体、炭灰、支脚が完存する。
　A3　竈本体、炭灰が完存する。
　A4　竈本体の一部と炭灰だけが残存する。
　B　竈内に炭灰がない。
　C　竈から杯形土器、高杯形土器、手捏土器、土玉、鏡形土製品が出土する。

A1の出土状態を示す例には、甕形土器がほぼ完形で支脚上に正立した状態であるものと、甕形土器が壊れた状態で支脚上から出土するものがある。支脚上に完形の甕形土器が正立するものには、大塚新地遺跡第59号竪穴建物、中筋遺跡3号平地式建物、慈尊院遺跡SI02、野黒坂遺跡34号竪穴建物の竈がある。甕形土器が竈に掛かる状態を中筋遺跡3号平地式建物の竈から観察すると、掛け口部が甕形土器の頸部にあたり、頸部以下が竈内にすっぽりと入る。野黒坂遺跡34号竪穴建物の竈でも甕形土器の頸部以下が支脚上に正立した状態で出土している。いっぽう、甕形土器が壊れた状態は、関道遺跡5号竪穴建物、古井戸遺跡H-5号竪穴建物、小室遺跡B9号竪穴建物でみられる。関道遺跡5号竪穴建物の竈は、甕形土器が2個並列した状態で出土し、そのうち1個は完形で正立し、1個は破砕しその下に河原石の支脚があることから、複数の掛け口部をもつと考えられる。掛け口部が複数とみられる例はほかに、古井戸遺跡H-5号竪穴建物があり、甕形土器の底部が2個出土する。このように底部のみが残存する場合が多い。このほかに、甕形土器が正立するが、支脚を欠く例がある。小室遺跡C110号竪穴建物では掛け口部に完形の甕形土器が正立するが、支脚はない。

以上よりA1からは、竈に掛かる甕形土器は完形のものと壊れた状態のものがあることと、複数の掛け口をもつ竈が存在することが明らかになった。

A2は、甕形土器はなく、竈内に支脚が残されている状態である。支脚は、円礫や土製の棒状のもの、または土器を転用するものなどさまざまである。土器を転用する場合は高杯形土器を用いる場合が多い（中筋遺跡1号平地式建物、六反田遺跡A区69号竪穴建物、正道遺跡1号竪穴建物、同3号竪穴建物、古井戸遺跡H-2号竪穴建物、長野A遺跡Ⅲ区13号竪穴建物、同Ⅲ区14号竪穴建物、裏ノ田遺跡22号竪穴建物）。そのほかの例としては、須恵器台付長頸壺と杯身を粘土で接合する（畠中遺跡9-OD）、器台を用いる（大塚新地遺跡59号竪穴建物）、甕を用いる（小室遺跡B9

号竪穴建物、同 D310 号竪穴建物）例がある。また、支脚の出土状態をみると、そのまま置かれる場合と、一旦掘り窪めた箇所に埋め込まれる場合（埋置）がある。さらに支脚の設置される面を断面図からみると、竈の基盤となる竪穴建物床面直上に設置あるいは埋設する例、燃焼部に相当する竪穴建物床面を浅く掘り窪め、そこを一旦埋めた埋土の上面に置く例、袖基部を構築する土を竈の基盤とし、その上面に設置あるいは埋設する例、などのあることがわかる。また、A2 の竈からは甕形土器の破片や杯形土器が出土する場合がある。

　A3 は、甕形土器と支脚が竈内に認められない出土状態である。こうした竈から出土する土師器片は、甕形土器片、杯形土器片が多い。A3 のなかで、支脚の抜去跡は塚堂遺跡 A 地区 6 号竪穴建物、同 B 地区 1 号竪穴建物、同 B 地区 3 号竪穴建物に認められる。

　A4 は竈の本体の一部を欠くものである。六反田遺跡 B 区 93 号竪穴建物は、袖部は西側のみ残存し、燃焼部に支脚の抜去跡があり、支脚は竈の東側から出土する。塚堂遺跡 D 地区 1 号竪穴建物では、袖部先端の袖石はやや焚き口の方向へ内傾する状態で残存するものの、焚き口部から燃焼部に相当する部分の袖部がなく、天井石が袖石前面に据えられた状態である。塚堂遺跡 D 地区 4 号竪穴建物では、西側袖部が東側袖部に比べて短くなっている。また、A4 には、袖石が内傾し、天井石が竈の前面で出土するといった、竈廃棄時の特別な行為の跡とも考えられる出土状態を含むが、これは、遺跡埋没後の土圧による変形などとは区別する必要がある。

　B は、竈内から炭灰が掻き出され、炭灰が全く出土しないものである。竈内に焼土層や炭層、灰層がまったくみられない例は次の通りである。六反田遺跡 A 区 33 号竪穴建物（焼土はない）、畠中遺跡 5-OD（炭層はない）、畠中遺跡 9-OD（炭層はない）、向山遺跡 3 号竪穴建物（焼土はほとんどなく竈は熱を受けていない）、古井戸遺跡 H-2 号竪穴建物（焼土の広がりは少なく、灰層はない）、塚堂遺跡 A 区 22 号 A（灰残滓を掻き出す）、塚堂遺跡 D 地区 7 号 A（焼土、灰残滓が袖部側面や焚き口部へ掻き出される）。

　C は、A2～A4 や B のように竈の一部が欠落するものとは異なり、竈に杯形土器、高杯形土器、手捏土器、土玉、鏡形土製品が残存する例である。A1～A4 でみられたように、甕形土器や杯形土器は竈内から出土することが多い遺物である。甕形土器は竈に掛けて使用する土器であり、杯形土器は支脚に転用される場合が多く、竈のもつ炊爨機能に直結するからであろう。ところが、手捏土器や各種土製品も竈から出土する。赤井手遺跡 75 号竪穴建物では、甕形土器、手捏土器、およびほぼ完形の伏せられた高杯形土器が、燃焼部から並んだ状態で検出される（図 15-3）。塚堂遺跡 D 地区 5 号竪穴建物では、円礫の支脚の前方に高杯形土器の杯部が 2 点並べられ、竈内からは、甑形土器、鉢形土器、甕形土器、鏡形土製品が出土する（図 15-2）。また、小阪遺跡（その 3）竪穴建物 3 では、須恵器高杯の上に土師器高杯形土器が重なり、ともに伏せられた状態で検出されている。その遺物には火を受けた痕跡が認められず、高杯形土器に粘土等を巻いた痕跡がないことから支脚とは考え難い。さらに、それらはその出土状況からみて、竈を使用しなくなって後に置かれた可能性がある。

　また、A1 のなかで、竈内から手捏土器が出土するものに、つぎの 2 例がある。塚堂遺跡 D 地区 11 号 A 竪穴建物では、支脚上に甕形土器と甑形土器の破片が重なった状態で出土する。この出土

48　第1部　原史・古代の竈

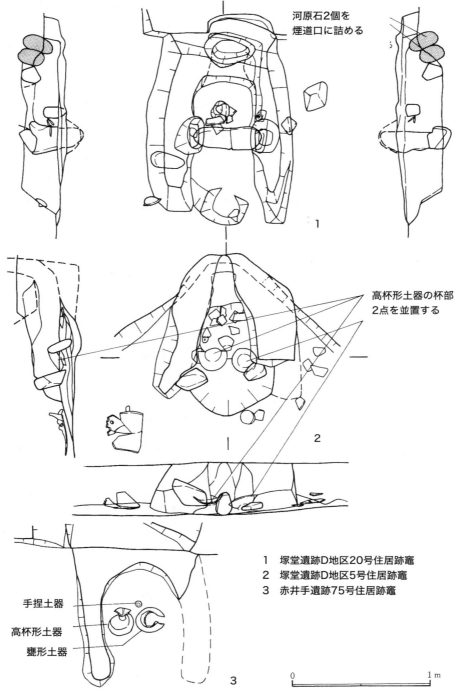

1　塚堂遺跡D地区20号住居跡竈
2　塚堂遺跡D地区5号住居跡竈
3　赤井手遺跡75号住居跡竈

図15　竈の廃棄がわかる出土状態平面図

状態について調査者は「支脚上の甕に甑がセットされた状態」と報告する。竈内からはほかに、ほぼ完形の正立する台付壺形土器と手捏土器が出土している。赤井手遺跡43号竪穴建物においても、支脚上の甕形土器は破砕され、それとともに手捏土器が3個出土する。

A2のなかで、竈内から手捏土器が出土する例にはつぎのものがある。塚堂遺跡D地区7号A竪穴建物では、竈内に円礫の支脚があり、その周辺から破砕された鉢形土器が、またその後方から手捏土器が出土している。また、土製模造品のみが出土する場合もある。大塚新地遺跡9号竪穴建物では、土製丸玉が、有田遺跡13号竪穴建物では、土製丸玉4個と土製勾玉2個が竈内から出土する。六反田遺跡A区72号竪穴建物、大塚新地遺跡20号竪穴建物では手捏土器、天伯B遺跡2号竪穴建物では、手捏土器と土玉が出土している。

以上みてきたように、Cは竈を廃棄する際、竈に対して破壊や放置以外の何らかの行為があったことを示す。また、Cの出土状態を示す例には、甕形土器が正立する竈で甕形土器とともに土製模造品が共伴する場合や、支脚とともに出土する場合、これら遺物のみが竈内から出土する場合、袖部が片方欠けた竈内から出土する場合がある。したがって、A1～A4であっても同時にCであることがある。

Cのほかに特別な行為が認められる出土状態には、竈の構造物以外の円礫や砂が竈から出土する場合がある。塚堂遺跡A地区6号竪穴建物では、直径20cm厚さ10cm程度の円礫が燃焼部内に2個ある。塚堂遺跡D地区20号竪穴建物は、袖石、天井石が良好に残存するが、煙出し口に直径10～20cmの円礫が2個煙出し口を詰めるような状態で検出される（図15-1）。また、長野A遺跡（IH区2号竪穴建物、6号竪穴建物、8号竪穴建物）では、竈およびその周囲を竪穴建物埋土とは異なる砂質土が覆っている。

以上のことをまとめてみよう。A1～A4、B、Cに竈の出土状態を分類し、個々の事例を概観した。すなわち、竈に支脚がありその上に甕形土器を掛けた状態（A1）、A1の甕形土器はなく、竈内に支脚がある状態（A2）、竈内に支脚がない状態（A3）、竈の一部を欠く状態（A4）、炭や灰が掻き出されている竈（B）、特別な遺物が残存する竈（C）といった様々な出土状態がある。竈はA1～A3（放置）、A4（破壊）のようなさまざまな状態で廃棄され、場合によってはBやCのようなある種の行為をうかがわせる出土状態の存在を知った。

では、このような竈の出土状態の違いは何に起因するものであろうか。とくに、B、Cのような竈廃棄時の特別な行為の認められる竈は、他の竈とどのように異なるのであろうか。竈の廃棄は竪穴建物の廃棄と強く関連することが考えられるので、次に、各分類における竪穴建物の廃棄状況についてみてみることにする。

竪穴建物の廃棄状況は、竪穴建物床面出土の遺物および埋土内遺物の出土状況をもって考えられるほかに、炭化材や焼土の存在から焼失による竪穴建物の廃棄が推定されている。前者との関連では、小林達雄、可児通宏が古くから注目し［小林1965］［可児1969］、近年では石野博信が焼失竪穴建物を含めて、それらをまとめた見解を示す［石野1984・1985］。焼失竪穴建物については、大川清は「忌避的放火」による竪穴建物の焼失の可能性を指摘し［大川1954］、寺沢薫は炭化木材、炭灰層、焼土層の残存状況から焼失竪穴建物の是非を判断する必要性を説く［寺沢1979］。

先学の業績を勘案しつつ、ここでは竪穴建物の廃棄状況を焼失竪穴建物か否か、および竪穴建物内遺物の竪穴建物床面との関係から、次のように分類する。

　1型：遺物が竪穴建物床面に密着した状態で、完形品が出土する。
　2型：遺物が竪穴建物床面に密着した状態では出土しない。
　焼失1型：焼失竪穴建物で、遺物が竪穴建物床面に密着した状態で、完形品が出土する。
　焼失2型：焼失竪穴建物で、遺物が竪穴建物床面に密着した状態では出土しない。

以上の分類をもとに、竈の出土状態と竪穴建物の廃棄状況の関連性を検討してみたい。

　A1の9例の竪穴建物廃棄状況は、1型が3例、2型が1例、焼失1型が5例である。9例中、1型と焼失1型は8例あり、2型は1例あることから、甕形土器が掛かった状態で放棄される竈は土器が残存する竪穴建物跡に多いといえる。また、A1は、土器が多く残存する竪穴建物跡のなかでも、竈周辺に完形に近い土器が集中する竪穴建物跡でみられる場合が多いようである。典型的な例としては、野黒坂遺跡34号竪穴建物がある。野黒坂遺跡34号竪穴建物は焼失竪穴建物で、北辺に作り付けられた竈の東側に甑形土器、鉢形土器、杯形土器がまとまって出土している。しかし、逆に土器が多く残る竪穴建物でA1が多いとはいえないようである。1型と焼失1型は計77例あり、そのうちA1の占める割合は9％である。

　A2では、46例中1型が27例、2型が10例であり、また焼失1型が8例、焼失2型が1例である。焼失竪穴建物はもちろんのこと、焼失していない竪穴建物においても、竈周辺を含め、竪穴建物内に土器が残存する竪穴建物の割合が高く、A1と同様な傾向を示す。すなわち竈を放棄する際竈に支脚を置いたままにする場合、竪穴建物と土器の廃棄が同時である場合が多いといえる。竪穴建物内に残される容器は、竈周辺では甕形土器、杯形土器が多い。その他、天伯B遺跡では、竪穴建物内に、石、刀子、やりがんな、紡錘車等と、模造品、円板、白玉といった祭祀遺物が出土している。なお、塚堂遺跡D地区9号竪穴建物、および同14号竪穴建物では、支脚を一旦除去し、竈内に再び置き直している。報告書によれば、前者では抜去した支脚や天井石などによる竈の「印封行為」が、後者では支脚を抜去後置き直し、またその周辺から高杯などが出土していることから竈の廃棄行為が推定されている。9号竪穴建物には土器が多く残存し、14号竪穴建物にはほとんど残存しないことから、2例とも支脚の抜去という点では共通するものの、竈の廃棄行為そのものや、竪穴建物の廃棄との関連性において性格が異なるのであろうか。A2も、竪穴建物の廃棄と土器の廃棄が同時になされる場合に、よくみられる竈の出土状態といえる。

　A3では、24例中1型が10例、2型が5例、焼失1型が7例、焼失2型が2例である。土器が多く残存する竪穴建物が多いものの、2型と焼失2型がA1、A2に比べてやや多い。竈内に支脚がないことから、竈使用時に支脚を用いなかったことも考えられるが、塚堂遺跡A地区6号竪穴建物、同B地区1号竪穴建物、3号竪穴建物など支脚の痕跡を残す例は、竈を廃棄する際支脚を持ち去ったと考えられる。この3例は2型が2例、1型が1例であり、塚堂遺跡A地区6号竪穴建物、同B地区3号竪穴建物は、竪穴建物廃棄の際土器が持ち出されている。焼失竪穴建物のうち、支脚の痕跡を残すものはなく、支脚を持ち去る際の放火は資料中認められない。

　A4では、7例中1型が4例、2型が3例ある。A4は竈を廃棄する際、竈の一部を破壊する行為

がうかがえる出土状態である。積極的な竈の廃棄が考えられるが、竪穴建物の廃棄は、A1〜A3同様に土器の廃棄が同時になされている場合も多い。

Bは、6例中1型が5例、焼失1型が1例である。Bは焼土や炭、灰が掻き出され、積極的な竈の機能の停止が考えられるが、6例とも竪穴建物の廃棄に関しては、土器の廃棄が同時になされ、とくに片付けの様子はない。焼失竪穴建物も土器が多く残り、突然の被災である可能性が大きい。竪穴建物内に残された遺物のうち、畠中遺跡5-ODの移動式の竈は興味深い例である。移動式の竈は、竈周辺の主柱穴から竈脇の貯蔵穴にかけて出土しており、大きさは、幅約40cm、高さ約30cmを測る。年代は6世紀に比定されており、この時期に竈と移動式の竈が併用されていたことを示す1例である。

Cは、10例中1型が3例、2型が1例、焼失1型が6例である。Cは竈を廃棄する特別な行為の痕跡と考えられる。したがって竪穴建物の廃棄も片付けのみられる状況が期待されるところだが、土器が残されている場合が多い。ただし、塚堂遺跡D地区5号竪穴建物や赤井手遺跡75号竪穴建物のような焼失竪穴建物で、鏡形土製品や手捏土器を竈内に配置するといった特別な行為がみられる竪穴建物は、竈の廃棄と竪穴建物の廃棄に時間的なズレがあるため、放火が考えられる。

以上、竈の各出土状態における竪穴建物廃棄の状況をみてきたが、多くは特定の竪穴建物廃棄状況との関連性は見出せなかった。ただし、Cについては焼失竪穴建物が多く、なかでも竈の廃棄行為が明確な場合には、焼失竪穴建物である蓋然性が高いといえそうである。

4　竈の廃棄の諸形態

竈の出土状態を6つに分類し、竪穴建物の廃棄状況との関連を検討した。竈の出土状態としてはA2とA3が普遍的ではあるが、その他A1、A4、B、Cといった出土状態も存在する。Cについては、手捏土器や土製模造鏡などを竈内に配置する、竈廃棄行為が明らかな出土状態の存在に注意しなければならない。また、竈の廃棄と竪穴建物の廃棄の関連についてまとめると、竈を廃棄する特別な行為がうかがえても竪穴建物を廃棄する特別な行為は認められない場合や、逆に竪穴建物を廃棄する特別な行為は明確であっても竈を廃棄する特別な行為は認められない場合もある。ただ、手捏土器、土製模造鏡を竈内に配置するといった、明らかな竈を廃棄する特別な行為が認められる場合、その竪穴建物は焼失しており、放火の可能性が高い。

これまでに述べたA1、A2、A3、A4、B、Cの竈の出土状態のなかで、Cを竈の祭祀、とくに、竈の廃棄に関する祭祀と考えてよいであろう。

遺跡出典
栃木県宇都宮市・関道遺跡［宇都宮市教育委員会 1988］
群馬県渋川市・中筋遺跡［渋川市教育委員会 1988］
茨城県水戸市・大塚新地遺跡［(財) 茨城県教育財団 1981］
埼玉県本庄市・古井戸遺跡［(財) 埼玉県埋蔵文化財調査事業団 1986］

埼玉県大里郡岡部町・六反田遺跡［六反田遺跡調査会 1981］
千葉県成田市・公津原遺跡［千葉県教育委員会・(財) 千葉県文化財センター 1981］
千葉県船橋市・小室遺跡［千葉県開発庁・(財) 千葉県都市公社 1974］
長野県下伊那郡鼎町・天伯B遺跡［日本道路公団名古屋建設局・長野県教育委員会 1975］
大阪府堺市・小阪遺跡［大阪府教育委員会・(財) 大阪文化財センター 1987a］
大阪府貝塚市・畠中遺跡［(財) 大阪府埋蔵文化財協会 1986］
京都府城陽市・正道遺跡［城陽市教育委員会 1973］
和歌山県伊都郡九度山町・慈尊院Ⅱ遺跡（(財) 和歌山県文化財センター河内一浩の教示による）
山口県下関市・秋根遺跡［山口県教育委員会 1974］
福岡県浮羽郡吉井町・塚堂遺跡［福岡県教育委員会 1984・1985］
福岡県福岡市・有田遺跡［福岡市教育委員会 1987a］
福岡県春日市・赤井手遺跡［春日市教育委員会 1980］
福岡県北九州市・長野A遺跡［(財) 北九州市教育文化事業団 1987］
福岡県筑紫郡太宰府町・裏ノ田遺跡［福岡県教育委員会 1977b］
福岡県朝倉郡夜須町・八ヶ坪遺跡［福岡県教育委員会 1982］
福岡県鞍手郡鞍手町・向山遺跡［福岡県教育委員会 1977a］
福岡県筑紫郡筑紫野町・野黒坂遺跡［福岡県教育委員会 1970］
福岡県筑紫郡筑紫野町・大曲遺跡［福岡県教育委員会 1970］

第5章　西日本の竈の構造と炊爨具の構成
―東西日本の煮炊きの違い―

1　本項の目的

　群馬県の外山政子とともに、長年火処としての竈構造を観察する中で、日本列島の東西では、その構造や普及・展開の仕方が異なっていることを指摘してきた［外山・合田幸 2016］。また炊爨具などの構成要素にも違いが認められる。

　西日本の竈は、東日本の竈に比べ、構造がわかる事例は稀少である。それは竪穴建物の残存状態が、後世の削平のため深さ10cm以下のものがほとんどであり、竪穴建物に作り付けられる竈もまた上部構造が削平されているためである。また、竈の構築に竪穴建物周辺の土を使用するためとみられるが、竪穴建物埋土と竈の袖部外側の峻別はなかなかできない場合が多い。そのため、西日本の竈は燃焼部と袖部がかろうじて残存する事例がほとんどであり、天井部はもとより、煙道部の構造を知る事例は稀少である。

　西日本におけるこのような状況のなかで特筆されるのは、福岡県塚堂遺跡の調査である。塚堂遺跡では、5世紀前半の出現期段階の竈が残存良好な状態でまとまって検出され、馬田弘稔によって竈構造の詳しい報告がなされた［福岡県教育委員会 1983a・1984・1985］。これにより、西日本の竈構造についての基礎資料が早い段階で提示された。

　その後明らかになった資料を加え、西日本の竈構造と構成要素を整理し、西日本の煮炊きの実態を考えたい。そのうえで、東日本の煮炊きとの違いについてふれておきたい。

2　検討の方法

　大きくは西日本、東日本というくくりとなるが、西日本については大阪府を中心としつつ、西日本各地で確認できた竈の残存状態が良好な資料を検討対象とする。

　西日本では、古墳時代前期、布留式期には竪穴建物に作り付けられた竈が出現しており、古墳時代中期（5世紀）中頃以降古墳時代後期（6世紀）にかけて広く普及する。その後、7～8世紀には、集落を構成する建物が竪穴建物から掘立柱建物へと移行するため竈をもつ竪穴建物が少数となり、遺構としての竈は9世紀以降、中世末～近世までみられない。したがって、西日本の竈は、古墳時代前期、布留式期から8世紀までの資料を検討対象とした。

　検討にあたっては、まず西日本の竈の出土状況を観察、確認したうえで、竈構造、炊爨具の種

類、使用痕跡について検討する。ほか移動式竈についてもふれておきたい。そのうえで西日本の煮炊きの実態を概観し、東日本の煮炊きとの違いにふれたい。

3　西日本の竈の出土状態

　大阪府を中心に西日本各地の残存状態が良好な竈を、古いものから順にみていきたい（表3）。
　京都府久世郡久御山町佐山遺跡 A-1 地区 SH101（図18-1、4世紀後半（布留式期）、（財）京都府埋蔵文化財調査研究センター 2003）　方形竪穴建物の隅部に竈を作り付ける。竈の平面形は焚き口部に向かって袖部がやや開くV字形である。この竈は、燃焼部中央に倒立する高杯の支脚があり、その後方に煙道部とみられる空間が埋まった土層が観察されている。燃焼部後方からゆるやかに斜め上にのびる煙道部のありかたをうかがうことができる。支脚は燃焼部中央に1個体であることから、1個掛けの竈とみられる。炊爨具は球胴鍋と東海系の台付き甕が出土する。球胴鍋は最大腹径よりやや上まで煤が付着する。
　福岡県浮羽郡吉井町塚堂遺跡 6 号 A（新）、7 号 A（新）、20 号竪穴住居（図16-1～3、5世紀前半、福岡県教育委員会 1985）　方形竪穴建物の隅部（6号A（新））または1辺中央部（7号A（新）、20号）に竈を作り付ける。竈の平面形は焚き口部に向かって袖部がやや開くV字形（6号A（新））または袖部が平行する長方形（7号A（新）、20号）である。これらの竈は、燃焼部中央に立つ河原石の支脚後方に天井部が残存し、その天井部に半円形の孔がみられることから、燃焼部後方から煙道部をへて、上へほぼ垂直（6号A（新）、20号）またはゆるやかに斜め上（7号A（新））にのびる煙道のありかたをうかがうことができる。燃焼部後方の煙道部はトンネル状となり、燃焼部後方の天井部にあいた煙道口は半円形（6号A（新））または楕円形（7号A（新）、20号）である。残存する天井部の厚さは8cm～14cmである。燃焼部後方が壁状となり、そこにあいたトンネル状の煙道が屈曲して上へ垂直（6号A（新）、20号）またはゆるやかに斜め上（7号A（新））にのびる構造が考えられる。
　支脚は燃焼部中央に1個体であることから、1個掛けの竈とみられる。炊爨具は球胴鍋、やや長胴の釜と甑が出土する。球胴鍋、やや長胴の釜は、最大腹径より下に煤が付着することから球胴鍋、やや長胴の釜の下半は竈内にあったと推定する。
　なかでも20号竪穴建物の竈は、燃焼部中央に立つ河原石の支脚前方、焚き口側に袖部内側に沿って石を立て、燃焼部床面から高さ20cmのところに河原石（長さ50×幅16×厚さ12cm）を架構する天井部が残存するため、燃焼部上の掛け口が1辺40cmの隅丸方形であることがわかる。ここで出土するやや長胴の釜は、口径16.5cm、最大腹径24cm、高さ27.5cmで、最大腹径より下にススが付着する。支脚上にこの釜を置くと掛け口上面が最大腹径にあたり、これより下半が竈内にあったと考えられる。この場合釜と掛け口の間には8cmの隙間があったと推定できる。この資料は竈の様相が具体的にわかる貴重な事例である。
　大阪府茨木市安威遺跡竪穴住居 19（図18-2、5世紀前半、大阪府教育委員会 1999a）　方形竪穴建物の1辺中央部に竈を作り付ける。竈の平面形は焚き口部に向かって袖部が平行する長方形である。この

第5章 西日本の竈の構造と炊爨具の構成

表3 西日本の竈の構造と構成要素一覧表

遺跡名	遺構名	時期	竈平面形	支脚	竈の特色	煙道部の傾き	袖部幅(cm)	焚き口部内側の幅(cm)	燃焼部内側の幅(cm)	煙道部(入口)の幅と高さ(cm)	煙道口の形と大きさ(cm)	天井部の厚さ(cm)	支脚から焚き口の長さ(cm)	支脚から煙道部(入口)の長さ(cm)	煮沸具
佐山	A-1地区 SH101	4世紀後半(布留式期)	V字形	倒立する高杯	—	ゆるやかに斜め上	30	60	45	幅21	—	—	45	51	球胴鍋と東海系の台付き甕
塚堂	6号A(新)	5世紀前半	V字形	河原石	煙道部がトンネル状半円形の煙道口	上へほぼ垂直	20	66	54	幅30 高さ17	半円形 24×15	8	30	60	球胴鍋と甑
塚堂	7号A(新)	5世紀前半	長方形	河原石	煙道部がトンネル状楕円形の煙道口	ゆるやかに斜め上	24～30	36	60	幅50 高さ18	楕円形 50×15	6	40	70	球胴鍋、やや長胴の釜と甑
塚堂	20号	5世紀前半	長方形	河原石	掛け口(一辺40cm)残存。煙道部がトンネル状楕円形の煙道口	上へほぼ垂直	26～30	46	40	幅28 高さ15	楕円形 26×22	14	74	44	やや長胴の釜(口径16.5cm、最大腹径24cm、高さ27.5cm)と甑
安威	住居19	5世紀前半	長方形	河原石	—	—	24～30	51	42	—	—	—	36	45	球胴鍋、やや長胴釜と甑
高宮	竪穴住居18	5世紀前半～中頃	長方形	土師器杯	煙道部の構造をうかがうことができる	ゆるやかに斜め上。先端はすり鉢状となり垂直に上にあがる	20	30	36	高さ7	—	10	34	40	球胴鍋、やや長胴
蛍池東	住居13	5世紀中頃	長方形	河原石	支脚上に球胴鍋の下半部がおかれた状態で出土。燃焼部と煙道部を区切る壁有り	上へほぼ垂直	20	45	45	高さ7	—	煙道部入口の天井部の厚さは4～6cm	30	30	球胴鍋、やや長胴釜と甑
亀川	竪穴住居772	6世紀前半	長方形	河原石	燃焼部と煙道部を区切る壁ねたものに相当。煙道部はトンネル状	斜め上	30	40	56	幅30 高さ14	—	—	84	30	球胴鍋とやや長胴釜
西京極	竪穴住居81(カマド122)	6世紀前半	U字形	倒立する高杯	焚き口部の天井部に長胴釜を運ねたものを芯材として用いる	—	25	40	55	—	—	—	45	30	—
畠中	竪穴建物90D	6世紀後半	長方形	須恵器台付長頸壺を欠く個体を反転して据え、身を反転して被せたもの	燃焼部と煙道部を区切る部分が竪穴建物の壁に相当	斜め上	25	25	22	幅20	—	—	30	15	やや長胴釜、甑、(同じ年代の竪穴建物50Dでは、埋土中より鍋が出土、煙道が移動式竈が出土)
河原城	竪穴住居跡264	6世紀後半～7世紀初頭	長方形	—	—	斜め上	28	84	68	幅28	—	—	45	45	長胴釜
畠中	竪穴建物1290D	7世紀初頭	長方形	—	—	斜め上	12	27	25	幅20	—	—	16	20	把手付き鍋
はさみ山	1890竪穴建物	7世紀後半	長方形	—	円筒埴輪が出土しており、煙道の煙突に転用された可能性	斜め上	27	78	90	幅60	—	—	45	60	長胴釜、鍋
観音寺	竪穴住居G1	8世紀	長方形	—	—	斜め上	20	58	60	幅55	—	—	25	30	長胴釜

56　第1部　原史・古代の竈

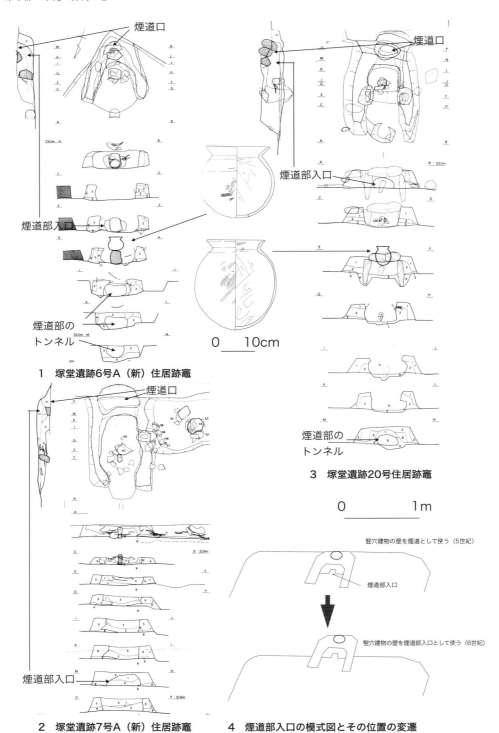

図16　西日本の竈の出土状態平面図（1）

第5章 西日本の竈の構造と炊飯具の構成　57

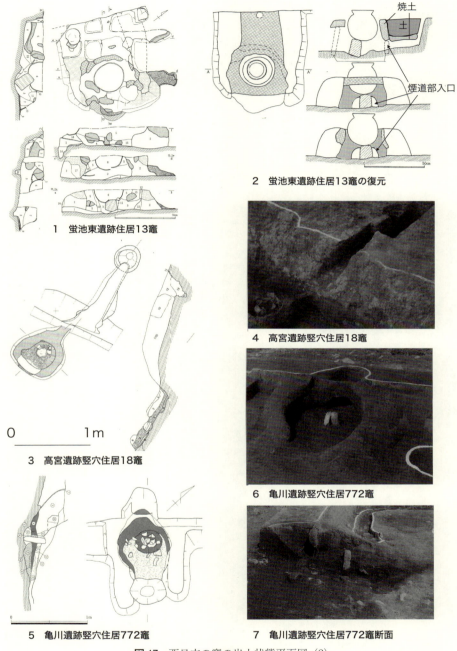

図17　西日本の竈の出土状態平面図（2）

竈は、燃焼部中央に河原石の支脚が立つ。煙道部のありかたは不明である。支脚は燃焼部中央に1個体であることから、1個掛けの竈とみられる。炊飯具は球胴鍋、やや長胴釜と甑が出土する。やや長胴釜は最大腹径よりやや上まで煤が付着する。

　大阪府寝屋川市高宮遺跡竪穴竪穴住居18（図17-3・4、5世紀前半～中頃、（財）大阪府文化財センター2005a）　方形竪穴建物跡の1辺中央よりやや隅部に寄って竈を作り付ける。竈の平面形は焚き口部

58　第1部　原史・古代の竈

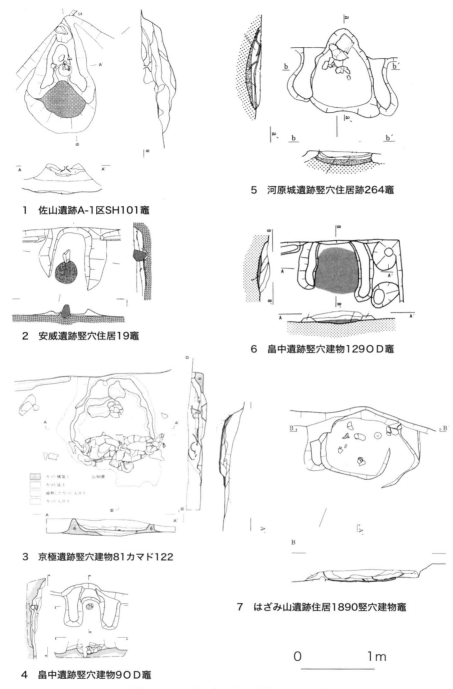

1　佐山遺跡A-1区SH101竈
2　安威遺跡竪穴住居19竈
3　京極遺跡竪穴建物81カマド122
4　畠中遺跡竪穴建物90D竈
5　河原城遺跡竪穴住居跡264竈
6　畠中遺跡竪穴建物129OD竈
7　はざみ山遺跡住居1890竪穴建物竈

図18　西日本の竈の出土状態平面図（3）

に向かって袖部が平行する長方形であったとみられる。この竈は、燃焼部中央に伏せて置かれた土師器杯の支脚上に球胴鍋がつぶれた状態で出土しており、竈廃棄時の人為的な行為をうかがうことができる。その後方は煙道部であり、高さ7cmのトンネルが竪穴建物跡の壁際までのび、壁際で

いったん垂直に上へのびる。斜面の竪穴建物であり、竈後方の竪穴建物跡の壁は高さ80cmを測る。煙道はこの壁を切ってゆるやかに斜め上へのび、先端はすり鉢状となり垂直に上にあがる。煙道の埋土はブロック土であり、その床面には炭層や焼土は認められず、煙道の出口がやや赤く焼けた状態であった。竈廃棄時に煙道部も片付けたのであろうか。使用時の状況は不明といわざるを得ない。しかしながら、煙道部の構造をうかがうことができる貴重な事例である。支脚は燃焼部中央に1個体であることから、1個掛けの竈とみられる。炊爨具は球胴鍋と甑が出土する。同じ年代の竪穴建物からやや長胴釜が出土しており、これも炊爨具として用いられたものと考えられる。球胴鍋は最大腹径より下に煤が付着する。掛け口の状況は判然としないが、球胴鍋の下半は少なくとも竈内にあったと推定する。

大阪府豊中市蛍池東遺跡竪穴住居13（図17-1・2、5世紀中頃、（財）大阪文化財センター 1994） 方形竪穴建物の1辺中央よりやや隅部に寄って竈を作り付ける。竈の平面形は焚き口部に向かって袖部が平行する長方形である。この竈は、燃焼部中央に立つ河原石の支脚上に球胴鍋の下半部が置かれた状態で出土しており、使用時の状況をうかがうことができる。燃焼部に掛かった球胴鍋の後方には、燃焼部と煙道部を区切る厚さ6cmの壁が球胴鍋を取り巻くように湾曲してみられ、壁の下には煙道部となる高さ7cmのトンネルが竪穴建物跡の壁際までのび、壁際を煙道がほぼ垂直に上にあがる構造が考えられる。以前、燃焼部後方の縦断面にみられる焼土、すなわち煙道部の天井を、もとの天井が崩落したものととらえたが［金光・合田幸 1992］、本項では、この焼土は原位置を保っているものと考え、訂正する。支脚は燃焼部中央に1個体であることから、1個掛けの竈である。炊爨具は球胴鍋、やや長胴釜と甑が出土する。燃焼部に掛かった球胴鍋はほぼ最大腹径より下半部が残存し、最大腹径25cm、残存する高さ12.5cmで、袖部や燃焼部後方の壁との間には3cm～8cmの隙間がある。最大腹径より下には煤が付着する。掛け口の状況は判然としないが、球胴鍋の最大腹径より下半は少なくとも竈内にあったとみられる。

大阪府阪南市亀川遺跡竪穴竪穴住居772（図17-5～7、6世紀前半、（公財）大阪府文化財センター 2002a） 方形竪穴建物の1辺中央部に竈を作り付ける。竈の平面形は焚き口部に向かって袖部が平行する長方形である。この竈は、燃焼部中央に立つ河原石の支脚後方に、燃焼部と煙道部を区切る壁が燃焼部を取り巻くように湾曲してみられる。煙道部入口はこの壁の下にあく半円形のトンネル状であり、幅30cm、高さ14cmを測る。この壁はちょうど竪穴建物の壁に相当する箇所にあり、その後方は竪穴建物の壁を切って煙道部が斜め上へのびる。支脚は燃焼部中央に1個体であることから、1個掛けの竈とみられる。炊爨具は小型の球胴鍋とやや長胴釜、甑が出土する。同じ年代の竪穴建物から通常の大きさの球胴鍋とやや長胴釜が出土しており、これも炊爨具として用いられたと考えられる。球胴鍋とやや長胴釜は最大腹径より下に煤が付着する。掛け口の状況は判然としないが、球胴鍋とやや長胴釜の最大腹径より下半は少なくとも竈内にあったと推定する。

京都府京都市西京極遺跡竪穴建物81 カマド122（図18-3、6世紀前半、柏木 2017） 方形竪穴建物の1辺中央部に竈を作り付ける。竈の平面形は焚き口部に向かって袖部が湾曲して開くU字形である。この竈は、燃焼部中央に立つ高杯を伏せた支脚の前方に、2個体の長胴釜が横方向に連なった状態で出土しており、これらは焚き口部の天井部として用いられたものと復元されている。支脚は燃焼

部中央に1個体であることから、1個掛けの竈とみられる。西京極遺跡では、竪穴建物115カマド116において袖部に長胴釜が芯材として用いられる。長胴釜を竈構築材として用いる例は東日本では見られるものの西日本ではほとんどみられない稀少な例である。

大阪府貝塚市畠中遺跡竪穴建物90D（図18-4、6世紀後半、(財)大阪府埋蔵文化財協会 1986） 方形竪穴建物の1辺中央よりやや隅部に寄って竈を作り付ける。竈の平面形は焚き口部に向かって袖部が平行する長方形である。この竈は、燃焼部中央に立つ支脚が須恵器台付長頸壺の頸部、脚部下半を欠く個体を反転して据え、須恵器杯身を反転して被せたもので、これらを粘土で接合して固定する。支脚後方は、燃焼部の床面から10cmほど急な斜面であがり長さ15cmほどの平坦面をへて竪穴建物の壁を斜めに切る。急な斜面が燃焼部と煙道部の区切り、平坦面から竪穴建物の壁を切った部分が煙道部になろうか。この場合亀川遺跡のように区切りの壁は残らないものの、これと同じく燃焼部と煙道部の区切り部分が竪穴建物の壁に相当することとなる。燃焼部後方から竪穴建物の壁ラインにあたる燃焼部と煙道部を区切る壁をへて、竪穴建物の壁より外へ煙道部が斜め上へのびる構造となろう。支脚は燃焼部中央に1個体であることから、1個掛けの竈とみられる。炊爨具は釜の口縁部が出土する。同じ年代の竪穴建物50Dからやや長胴の釜、甑が出土しており、こうした土器が炊爨具として用いられたと考えられる。やや長胴釜は、口縁部から最大腹径より下に煤が付着する。なお、竪穴建物50Dでは、埋土中より鍋と移動式竈が出土しており、竪穴建物廃絶後に廃棄された可能性をもつものの、鍋の出現と、竈と移動式竈の併存を示唆する注目すべき資料である。

大阪府羽曳野市河原城遺跡竪穴竪穴住居264（図18-5、6世紀後半〜7世紀初頭、(財)大阪府文化財調査研究センター 2000c） 削平のため判然としないが、方形竪穴建物の1辺中央よりやや隅部に寄って竈を作り付ける。竈の平面形は焚き口部に向かって袖部が平行する長方形である。この竈は、燃焼部に支脚は残存しないが、長胴釜底部が燃焼部中央から出土しており、使用時の原位置に近い状態にあるとみられる。燃焼部後方は、燃焼部の床面からゆるやかな斜面であがり、燃焼部と煙道部の区切りはよくわからない。燃焼部後方から煙道部をへて、竪穴建物の壁より外へ煙道が斜め上へのびる構造となろう。長胴釜は燃焼部中央で1個体が出土していることから、1個掛けの竈とみられる。炊爨具は長胴釜が出土しており、口縁部21cm、最大腹径は長胴部中位にあり25cm、復元高は34cmである。長胴釜は、最大腹径よりやや上まで煤が付着する。

　河原城遺跡では、7世紀初頭以降、竪穴建物から掘立柱建物へと移り変わり、掘立柱建物の時期における竈の実態はよくわからなくなる。

大阪府貝塚市畠中遺跡竪穴建物1290D（図18-6、7世紀初頭、(財)大阪府埋蔵文化財協会 1986） 長方形竪穴建物の隅部に竈を作り付ける。竈の平面形は焚き口部に向かって袖部が平行する長方形である。燃焼部に支脚はみられない。燃焼部後方は燃焼部の床面からゆるやかな斜面であがり、燃焼部と煙道部の区切りはよくわからない。竪穴建物の壁に切り込みは認められないが、竪穴建物が高さ15cmの残存であり、切り込みを含め後世削平された可能性がある。燃焼部後方から煙道部をへて、竪穴建物の壁より外へ煙道が斜め上へのびる構造となろうが、残存が不良であり判然としない。燃焼部の大きさから、1個掛けの竈とみられる。炊爨具は同じ竪穴内の土坑から鍋の把手が出土しており、把手付き鍋と考えられる。

畠中遺跡の竪穴建物は先述した竪穴建物90Dをはじめとし6世紀後半に位置づけられているが、1290Dについては、竪穴建物の形状と鍋の出土から7世紀に入る可能性が考えられる。畠中遺跡では6世紀後半の竪穴建物のほかにTK209型式の須恵器が出土する土坑、平安時代の掘立柱建物が検出されている。近畿地方では平安時代の竪穴建物はみられないことを鑑みると、竪穴建物1290Dの年代は7世紀初頭の可能性が大きい。

大阪府藤井寺市はざみ山遺跡1890竪穴建物（図18-7、7世紀後半、（財）大阪府文化財センター2005b）　長方形竪穴建物の1辺中央よりやや隅部に寄って竈を作り付ける。竈の平面形は焚き口部に向かって袖部が平行する長方形である。燃焼部に支脚はみられない。燃焼部後方は燃焼部の床面からゆるやかな斜面であがり、燃焼部と煙道部の区切りはよくわからない。竪穴建物の壁に明確な切り込みは認められないが、竈の後方はやや湾曲して張り出すことから、ここが煙道部となろう。燃焼部後方から煙道部をへて、竪穴建物の壁より外へ煙道が斜め上へのびる構造となろうが、残存が不良であり判然としない。なお、竪穴建物埋土中より円筒埴輪が出土しており、煙道の煙突に転用された可能性が示唆されている。炊爨具は燃焼部から鍋が出土しており、把手はつかない。鍋は口縁部、最大腹径ともに35cm、復元高18cmである。燃焼部内側の幅は90cmと大きいものの、鍋の大きさを鑑みると1個掛けの竈となろうか。

はざみ山遺跡では、7世紀初頭以降、奈良時代をへて平安時代10世紀にいたる80棟を超える掘立柱建物群が検出されており、これに7世紀の竪穴建物が3棟混じる。7世紀前半の掘立柱建物の柱穴からは長胴釜が出土しており、外面に煤が付着することから長胴釜もまた炊爨具として用いられたとみられる。しかし、掘立柱建物に火処は見出せず、これにともなう竈の実態はよくわからない。

大阪府松原市観音寺遺跡竪穴竪穴建物G1（8世紀、（財）大阪文化財センター1998）　長方形竪穴建物の1辺中央よりやや隅部に寄って竈を作り付ける。竈の平面形は焚き口部に向かって袖部が平行する長方形である。燃焼部に支脚はみられない。燃焼部後方は燃焼部の床面からゆるやかな斜面であがり、燃焼部と煙道部の区切りはよくわからない。竪穴建物の壁に明確な切り込みは認められない。燃焼部後方から煙道部入口をへて、竪穴建物の壁より外へ煙道部入口から煙道が斜め上へのびる構造となろうが、残存が不良であり判然としない。燃焼部の大きさから、1個掛けの竈とみられる。炊爨具は焚き口前面から長胴釜が出土している。8世紀の竪穴建物は稀少例であり、これ以降竪穴建物はほぼみられなくなり、竈の実態は不明となる。

4　西日本の竈の構造

以上の資料をもとに、西日本の竈の構造について検討する。

まず、竪穴建物における竈の位置をみると、①隅部、②1辺中央部、③1辺中央からやや隅部に寄った位置の3種類があり、古墳時代前期から中期前半には①～③が同じようにみられるが、古墳時代中期後半から後期にかけては②③が多くなり、古墳時代後期後半から7～8世紀にかけては③が主体となる。

竈の形は、①袖部がＶ字形に開くものと②袖部が平行する長方形の２種類があり、古墳時代前期から７～８世紀まで①②ともにみられるものの②が主体である。

竈の大きさは、袖部幅２ヵ所と焚き口内側の幅を足した全体幅と支脚から焚き口と支脚から煙出しを足した全体長をみると、大形のものから順に①全体幅130～140Cm 全体長90～105cm、②全体幅90～110cm 全体長90～118cm、③全体幅74～87cm 全体長70～85cm、④全体幅51～75cm 全体長36～45cm の四種類があり、②が主体である。

竈の袖部は、竈の大きさ（全体幅と全体長）に関わらず、片方の幅が20～30cm である。

竈の焚き口は、袖部内側の幅をみると、竈の大きさ（全体幅と全体長）に比例し、竈の大きさの①では78～84cm、②では36～66cm、③では30～45cm、④では25～27cm である。構造をみると、塚堂遺跡20号竪穴建物では、燃焼部のやや前方、焚き口側の袖部内側に沿って石を立て、燃焼部床面から高さ20cm のところに長さ50×幅16×厚さ12cm の河原石を架構し天井部とする。焚き口部内側の幅は46cm であることから、焚き口の大きさは幅46cm、高さ20cm であることがわかる。

竈の燃焼部は、幅をみると、竈の大きさ（全体幅と全体長）に比例し、竈の大きさの①では68～90cm、②では42～60cm、③では36～45cm、④では22～25cm である。焚き口からの距離をみると、竈の大きさにかかわらず30～45cm のものが多いが、74～84cm のものもある。炊爨具を掛ける作業をする場合、前者では焚き口側から、後者では側面からとなろうか。支脚は河原石が多く、ほかに土師器杯、高杯、須恵器台付長頸壺などが転用される。支脚は燃焼部中央に１個体であることから、１個掛けの竈と考えられる。蛍池東遺跡竪穴建物13では、燃焼部中央に立つ河原石の支脚上に球胴鍋の下半部が置かれた状態で出土しており、１個掛けの状態が具体的にわかる（図17-1・2）。

竈の掛け口は、塚堂遺跡20号竪穴建物でのみうかがうことができる。燃焼部中央に立つ河原石の支脚前方に河原石を架構する天井部とともに支脚後方の天井部が残存することから、掛け口は１辺40cm の隅丸方形であることがわかる。支脚は燃焼部中央に１個体あり、１個掛けの竈である。炊爨具はやや長胴釜（618）が出土しており、口径16.5cm、最大腹径24cm、高さ27.5cm で、最大腹径より下に煤が付着する。支脚上にこの釜を置くと掛け口上面が最大腹径にあたり、これより下半が竈内にあったと考えられる（図16-3）。この場合釜と掛け口の間には8cm の隙間があったと推定できる。釜の最大腹径より上部、口縁部に煤は付着していないが、この釜が掛け口と粘土で固定されていたかどうかはわからない。

竈の煙道部は、塚堂遺跡６号Ａ（新）竪穴建物、同７号Ａ（新）竪穴建物、同20号竪穴建物、亀川遺跡竪穴竪穴建物772 で構造がよくわかる（図16-1～3、図17-5～7）。いずれも、燃焼部後方に燃焼部と煙道部を区切る壁があり、壁の下から断面形が半円形を呈するトンネル状の煙道部がのびる構造が考えられる。トンネルの大きさは幅28cm～50cm、高さ14cm～18cm であり、幅は30cm 前後のものが多い。蛍池東遺跡竪穴建物13や高宮遺跡竪穴竪穴建物18も同様の構造と考えられる。燃焼部と煙道部を区切る壁は竪穴建物の壁より内側にあるものと竪穴建物の壁の位置にあるものがあり、後者は竪穴建物の壁を切って煙道部がのびる。煙道部の屈曲は、ほぼ直角に屈曲し

上へ垂直にのびるものと斜め上に屈曲し斜め上へのびるものの2種類がある。上へ垂直にのびるものには塚堂遺跡6号A（新）竪穴建物、同20号竪穴建物があり、燃焼部後方の天井部にあく孔が煙道口とみられる。煙道口は半円形、不整な円形を呈し24×15cm、26×22cmである。斜め上へのびるものには高宮遺跡竪穴竪穴建物18があり、煙道部の幅は28cmから15cmと先端ほど細くなり、先端は直径30cm、深さ30cmのすり鉢状となり垂直に上へのびる。

竈の天井部は、厚さ6cm、8cm、10cm、14cmの例がある。掛け口の前方は板状の石を架構する場合があり、石の厚さは12cmである。

竈の構造は古墳時代中期以降とくに変化は認められず、各時代にそれぞれの大きさや構造をもつ竈が混在するとみられる。ただし、燃焼部と煙道部を区切る壁の位置は、古墳時代後期以降、竪穴建物の壁の位置にあるものが多くなり、竪穴建物内における竈のあり方がコンパクトになる傾向がみられる（図16-4）。今後、多くの事例をみて検討していきたい。

5　炊飯具の種類

出土状況においてもふれたように、古墳時代の炊飯具は、球胴鍋、長胴釜、甑が一般的である。球胴鍋は古墳時代前期～中期に多く、長胴釜は古墳時代中期～後期にみられるようになる。長胴釜は、胴部最大径が胴部中央にくるもののほか、口縁部下に胴部最大径がくる寸胴形のものもある。甑は古墳時代中期からみられ、古墳時代後期をピークとしてその後あまりみられなくなる。木器の使用が推察されるが、確認できない。

炊飯具はほかに、西日本のなかでも、大阪府周辺と北部九州周辺では、古墳時代中期を中心に羽釜、把手付き鍋がみられる。これらの器種が出土する遺跡では韓式系土器や移動式竈をともなう場合が多く、渡来系集落と考えられる。こうした集落では高さのある長胴釜がともに出土しており、この先駆的な長胴釜が在地の集落に受容されることで、球胴鍋から長胴釜へと古墳時代中期から後期にかけて炊飯具がしだいに変わったと考えられる。これらの地域でも古墳時代後期に入ると長胴釜、甑が一般的となる。古墳時代中期の渡来系集落における多様な炊飯具（長胴釜、羽釜、把手付き鍋、甑、移動式竈）から古墳時代後期の在地化した集落における定形化した炊飯具（長胴釜、甑）への変遷が追える。近年、大阪府蔀屋北遺跡の調査により、羽釜は移動式竈に組み合わさる器種であることがわかってきた。また、把手付き鍋は古墳に副葬されるミニチュア土器から移動式竈に組み合わさることは明らかであるが、古墳時代の竪穴建物の竈にともなう可能性もある。畠中遺跡竪穴建物1290D（7世紀初頭）やはざみ山遺跡1890竪穴建物（7世紀後半）から7世紀の竪穴建物の竈に把手付き鍋がともなうことは明らかである。

以上の整理より、竪穴建物の竈にともなう炊飯具は古墳時代中期から後期を通じて球胴鍋→長胴釜、甑の組み合わせが一般的といえる。

球胴鍋、長胴釜ともに最大腹径は25cm前後のものが多い。最大腹径は竈の掛け口を考えるにあたり重要なヒントとなる。掛け口の様相が唯一わかった塚堂遺跡20号竪穴建物でみると、掛け口は1辺40cmの隅丸方形である。40cm-25cm＝15cmであり、釜の最大腹径と掛け口の間には7.5cm

前後の隙間があったと考えられる。

　球胴鍋の高さは 25～30cm、長胴釜の高さは 30～35cm、40cm までのものが多い。釜の高さは釜を支脚上に置いたときに掛け口と釜との位置関係がどうなるのかを考えるにあたり重要である。塚堂遺跡 20 号住居跡出土のやや長胴釜は、高さ 27.5cm で、最大腹径より下に煤が付着する。支脚上にこの釜を置くと掛け口上面が最大腹径にあたり、これより下半が竈内にあったと考えられる（図 16-3）。蛍池東遺跡住居 13 では、燃焼部に掛かった球胴鍋はほぼ最大腹径より下半部の高さ 12.5cm が残存し、最大腹径より下には煤が付着する。球胴鍋の最大腹径より下半は少なくとも竈内にあったとみられる（図 17-2）。

　7～8 世紀の炊饗具をみると、畠中遺跡竪穴建物 1290D（7 世紀初頭）で把手付き鍋、はざみ山遺跡 1890 竪穴建物（7 世紀後半）で把手がつかない鍋、観音寺遺跡竪穴竪穴建物 G1（8 世紀）で長胴釜が出土しており、長胴釜のほかに鍋が炊饗具に加わることがわかる。竪穴建物出土ではないが、これらの遺跡では甑が出土しており、この時期の一般的な集落における炊饗具は長胴釜、甑と鍋（把手付きと把手無し）の組み合わせが一般的といえる。

　7～8 世紀の炊饗具は、一般的な集落のほか都城関連の遺跡でまとまって出土している。

　大阪府大阪市難波宮下層遺跡では、6 世紀後半から 7 世紀、長胴釜、甑のほかに把手付き鍋と羽釜が炊饗具としてみられる。同様の炊饗具の組み合わせは大阪府下をみると河内湖周辺の蔀屋北遺跡、大和川流域の長原遺跡、生駒山西麓沿い（中・南河内）の大県遺跡などに限られる。いずれも、古墳時代中期に渡来系の集落が分布し多様な炊饗具がみられた地域であり、6 世紀後半から 7 世紀、このような地域における炊饗具は長胴釜、甑、把手付き鍋と羽釜の組み合わせが一般的といえる。この組み合わせは、8 世紀の大阪府大阪市難波宮跡、奈良県奈良市平城宮跡においても同様である。羽釜が出土する遺跡では移動式竈が出土しており、古墳時代同様、羽釜は移動式竈に組み合わさる可能性が大きい。

　以上より、7～8 世紀の炊饗具は長胴釜、甑、鍋（把手付きと把手無し）の組み合わせが一般的といえる。把手付き鍋がみられることから、掛けはずし式の竈であったと考えられる。

6　炊饗具の使用痕跡

　炊饗具の煤の付着をみると、球胴鍋、長胴釜ともに最大腹径より下に煤が付着するものが大半であり、一部最大腹径よりやや上まで煤が付着する。

　竈で使用された炊饗具の出土例は数が限られ、また残存状態が不良で使用痕跡の観察が困難であるため、同年代の遺物で使用痕跡が明瞭な寝屋川市蔀屋北遺跡谷部、河川出土の炊饗具を対象に煤の付着状態を中心に観察した。

　長胴釜の外面観察では①口縁部に煤の付着がない、②頸部に粘土付着や煤止まりのある個体を確認、③底部から胴部に煤付着。底部～胴部下半に赤化および煤酸化がみられる、④底部中央に支脚の痕跡がみられる場合がある、ことがわかった。

　長胴釜の内面観察では①明確な強いコゲが認められない個体が多い、②胴部上位から中位に帯状

のヨゴレが認められる（水量の変化を表す）、③古墳時代前期には底部にコゲがみられる個体があるが、5〜6世紀にはみられなくなる傾向がある、ことがわかった。

　羽釜の外面観察では、鍔下側に煤が弧を描いて付着し胴上部まで煤がみられた。粘土付着はない。

7　移動式竈

　竈が普及する5世紀中頃以降には移動式竈がみられる。その多くは谷部や河川、包含層から出土するが、畠中遺跡竪穴建物50D（6世紀）のように竪穴建物に作り付けられる竈の脇から移動式竈が出土する例もあり、両者は併用されていた可能性がある。移動式竈は7世紀以降、竪穴建物がほぼみられなくなる9世紀前後まで散見される。

　なお、先述したように大阪府蔀屋北遺跡の調査により、移動式竈には羽釜が組み合わされることがわかってきた。

8　煮炊きの実態とその意味

　以上より、西日本における煮炊きの実態を考えたい。当地域の竈は古墳時代以降7〜8世紀を通じて構造は同じであり、1個掛けであることが指摘できる。炊爨具は古墳時代には球胴鍋→長胴釜と甑、7〜8世紀にはこれに鍋が加わる。釜の掛け方は掛け口で「粘土などで簡便に閉じ込める方式」と「掛けはずし式（上乗せ式）」の2種が併存していたと考える。7〜8世紀の把手付き鍋は、「掛けはずし式（上乗せ式）」とみられる。羽釜は移動式竈に組み合わせて、「掛けはずし式（上乗せ式）」で使用する。

　球胴鍋、長胴釜内面の観察から、古墳時代前期には球胴鍋底部にコゲがみられるが、古墳時代中期以降7〜8世紀には長胴釜内面に煤、コゲはほぼみられない。古墳時代中期以降7〜8世紀の長胴釜では、食物の煮炊きではなく湯沸かしが主体であった可能性が大きい。このことと甑の存在から、古墳時代中期以降7〜8世紀には蒸す調理が主体であったと考えられる。いっぽう、この時期、小型鍋では内面にコゲがみられることから、副食や調味料などの煮炊きは小型鍋で行い、長胴釜は蒸す調理に用いられたと考えられる。古墳時代前期と中期の間に、「煮る」から「蒸す」への大きな画期がみられる。

9　東西日本の煮炊きの違い

　西日本の竈構造は、燃焼部後方は壁状となりその下方からトンネル状に煙道部入口がつづくことを確認した。また、煙道部入口は、屈曲しほぼ垂直に上へのびるものと竪穴建物の壁を切って斜め上方へのびるものがあり煙道部へつづく。煙道部も同様に垂直に上へのびるものと斜め上へのびるものがあると考えられるが、竪穴建物の上屋構造が不明であり、煙道部の具体的な様相はわからな

い。このような竈構造は、古墳時代前期の様相はいまひとつわからないが、古墳時代中期以降7～8世紀にかけては同じであり、竈出現以降基本的に構造は変わらないといえる。東日本においても竈構造は同じであり、竈出現以降構造が変わらないことも同じである［外山 2018］。竈構造について西日本と東日本との違いは、西日本が1個掛けであるのに対し東日本が2個掛けであることである。東日本では竈が出現した古墳時代中期から2個掛けであり、このことが大きな違いといえる。

　西日本の炊飯具は、古墳時代中期、球胴鍋とやや長胴釜、甑、把手付き鍋、羽釜、移動式竈がみられ、東日本に比べ炊飯具が多様である。しかし、古墳時代後期には長胴釜と甑が一般的となり、東日本とあまり変わらない。7～8世紀にはこれに把手付き鍋が加わる。西日本における把手付き鍋の存在は、竈での「掛けはずし式（上乗せ式）」の使い方を示唆する。西日本では、「粘土などで簡便に閉じ込める方式」と「掛けはずし式（上乗せ式）」が併存し、東日本では「粘土などで閉じ込める方式」である。このことも東西日本の大きな違いである。

　この違いと釜内面の観察からは、東日本では「蒸す」調理が主であるが、西日本では「蒸す」のほかに「煮る」調理が一定割合あったと考えられる。このことは、調理内容にも大きくかかわると考えてよいだろう。生活の中における蒸し調理の重要性が東西日本で異なっている可能性が考えられる。

　ひとつの推定を述べると、東日本、西日本双方において、古墳時代中期以降、「蒸す」調理が主体になったことは、内容物である米などの穀類が粒状に蒸し上がる品種へと変化したことや蒸気を用いた短時間強火の調理による調理時間の短縮が推定される。推定に推定を重ねれば、粥状から粒状への移行は糒の生産、利用の拡大が考えられる。糒は保存食、携行食としての利用が可能であることから、食料の貯蔵や長距離移動の拡大が推定され、社会に大きな変革をもたらした可能性がうかがえる。

第6章　竈・温突（オンドル）
――北陸地方出土の竈――

1　本項の目的

　竈は、竪穴建物の壁際に作り付けられた火処であり、調理や採暖に用いられたと考えられている。竈の構造は、火が焚かれる燃焼部を中心に両側の袖部と上を覆う天井部からなり、天井部には甕をかける掛け口があく。燃焼部の奥からは竪穴建物の外へ煙を導くための煙道部が設けられる。通常、煙道部は燃焼部からまっすぐ奥へ建物外へとのびるが、燃焼部から竪穴建物の壁際にそって横（側方）方向に煙道部がのびるものもあり、こうした竈は「L字形竈」、「オンドル状遺構」、「長炕」などと呼称される。ここでは、こうした横（側方）煙道の竈を「オンドル状遺構」と呼ぶこととする。朝鮮半島では、オンドル状遺構がB.C.3～4世紀から、通常の竈がB.C.1世紀～A.D.1世紀からみられ、日本列島の竈やオンドル状遺構は、朝鮮半島から渡来したものと考えられている［合田幸 1995、大貫 2009］。

　現在、日本列島最古の竈は、長崎県壱岐島の原の辻遺跡（原XV区3号竪穴建物）の弥生時代後期のものである［松見 2009］。古墳時代前期には、北部九州ならびに近畿で数少ない例ではあるが散見されるようになり、古墳時代中期には、北部九州から関東にかけての広い地域で採用する集落がみられ、古墳時代後期には、これらの地域において普遍的に竈がみられるようになる［埋蔵文化財研究会 1992、合田幸 2002a］。

　ところが、若狭・越では、古墳時代中期から後期、竪穴建物に作り付けられる竈はほとんどみられず、北部九州から近畿、中部、東海、関東地方などとは異なる様相を示す。本項ではまず、この点について述べてみたい。つぎに、飛鳥時代へと時代は降るが、石川県小松市額見町遺跡で、オンドル状遺構をもつ竪穴建物がまとまってみつかっており、この特異な集落についてふれることで、若狭・越と周辺地域との関係を考えてみたい。

2　北陸地方における古墳時代の竈

　福井県、石川県、富山県、新潟県の古墳時代の竈や移動式竈について、順にみてみよう。なお、古墳時代の竈には、竪穴建物に作り付ける竈のほか、土製の移動式竈があり、本項では、前者を竈、後者を移動式竈と表記する。

　福井県では、若狭の小浜市堅海遺跡で6世紀前半の竈があるのみで、越前では竈の検出例が現在

のところはみられない。移動式竈は、若狭の大飯町吉見浜遺跡と浜禰遺跡で6世紀後半のものが出土している。坂井郡長屋遺跡八号竪穴建物は、6世紀の方形竪穴建物であるが、壁際に焼土が検出され、竪穴建物からは甑が出土している。竈の存在は明らかではないが、甑は用いられていたようだ。

石川県では、竈は検出されておらず、移動式竈のみが羽咋郡志賀町中村畑遺跡、羽咋郡富来町高田遺跡、七尾市矢田遺跡、鹿島郡鹿島町水白モンショ遺跡、能美郡辰口町下開発遺跡で5世紀末〜6世紀前半のものが出土している。これらの遺跡は、下開発遺跡が加賀に位置する以外はすべて能登半島の中部に位置しており、この地に移動式竈が集中するようだ。七尾市には七世紀中頃とみられる隅三画持送技法により横穴式石室が構築され、高句麗式の構造をもつ須曽蝦夷穴古墳がある。年代は異なるものの渡来系の遺構や遺物がみられる点で、能登半島の中部は注目される。また、能登半島の西側海岸部の砂丘状にある高田遺跡では、移動式竈とともに、土製支脚、手捏土器、子持勾玉、臼玉、鹿角製品、獣骨、カキ貝集積、刀子、鉄鏃などが出土しており、祭祀遺跡と目されている。加賀市永町ガマノマガリでは5〜6世紀の甑、土製支脚が、小松市漆町遺跡では5世紀後葉の甑が出土している。若狭・越前同様、能登・加賀においても、竈はないが、甑は用いられている。

富山県では、5世紀前葉の竈が小矢部市五社遺跡でみつかっている（図19-1）［富山県文化振興財団埋蔵文化財調査事務所 1998、中川 1998］。五社遺跡では検出された四棟の竪穴建物のうち3棟に竈があり、また、炉が中央に設けられる。しかし、同時期の道林寺遺跡などで竈は未確認であり、5世紀では炉が一般的な火処のようである。砂子田Ⅰ遺跡SI02竪穴建物では6世紀後半の竈が確認されている。射水郡小杉町上野遺跡においても6世紀後半の竈があるとされるが詳細は不明である。7世紀に入ると、しだいに炉から竈へと変遷する。南砺市在房遺跡では、7世紀初頭から前半の竪穴建物7棟中5棟に竈がみられ、射水市小杉丸山遺跡では、7世紀中葉〜後半の竪穴建物4棟に竈がみられるほか、7世紀前半の富山市中名Ⅵ遺跡、7世紀中頃の富山市鍛冶屋町遺跡でも竪穴建物に竈が認められる［青山 2000、高橋 2009］。

移動式竈は5世紀末から6世紀の破片資料が多くの遺跡からみつかっており、高岡市麻生谷新生園遺跡では6世紀後葉の移動式竈片が甑片、土製支脚とともにみられる。小矢部市竹倉島遺跡で6世紀の甑が、中新川郡辻坂の遺跡で古墳時代の甑と土製支脚が、射水郡小杉流通業務団地内№6遺跡で6世紀末〜7世紀初頭の甑と土製支脚がみられる。

越中では、竈は5世紀前葉に導入されるものの継続せず、6世紀後半に再びあらわれ、7世紀に入ってから普及するようである。古墳時代の竪穴建物は炉が中心であり竈は本格的には採用されないが、甑と土製支脚が能登・加賀同様に用いられる。

新潟県では、新津市舟戸遺跡で5世紀にさかのぼる竈がみつかっている。上越市一之口遺跡や村上市三角点下遺跡では古墳時代後期、十日町市馬場上遺跡、上越市山畑遺跡では古墳時代後期から奈良時代の竈がみつかっており、古墳時代後期以降には竈が採用される［春日 1996］。移動式竈は、越後ではみられないものの佐渡郡若宮遺跡のほか、島内の畑野町浜田遺跡、相川町馬場遺跡から出土しており、佐渡島に集中する。

第6章 竈・温突（オンドル） 69

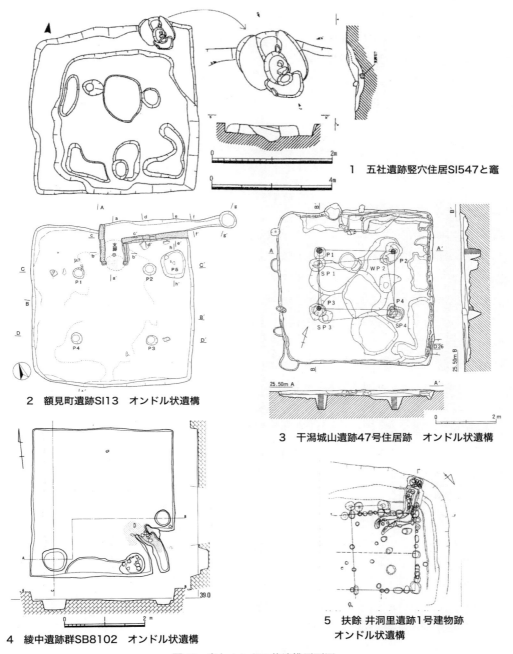

1 五社遺跡竪穴住居SI547と竈
2 額見町遺跡SI13 オンドル状遺構
3 干潟城山遺跡47号住居跡 オンドル状遺構
4 綾中遺跡群SB8102 オンドル状遺構
5 扶餘 井洞里遺跡1号建物跡 オンドル状遺構

図19 竈とオンドル状遺構平面図

　若狭・越の竈を概観すると、若狭から越前、加賀、能登では古墳時代中期の竈はみられず、越中の五社遺跡と越後の舟戸遺跡においてみられるのみである。しかし、いずれの地域においてもその後継続することはない。古墳時代後期には、6世紀前半の竈が若狭で、6世紀後半の竈が越中、越後でみられるようになり、その後、7世紀の飛鳥時代には竈が定着していく。
　いっぽう、移動式竈は、5世紀末～6世紀前半に能登で、5世紀末～6世紀には越中で、6世紀後

半には若狭でみられ、越後ではみられないものの佐渡では6世紀の資料がみられる。移動式竈は、能登半島中部ならびに佐渡島に集中することが特徴的であり、両地域における渡来系の人々の存在と、両地域の関連性に注意が必要である。

　また、甑と土製支脚の存在もまた、若狭・越においては注意される。加賀では、竈、移動式竈ともにみられないが、5～6世紀の甑が出土している。甑は、越前、能登・加賀、越中、越後においてみられる。甑の存在は、焼土という形でしか検出されない炉跡が、もしかすると竈かもしれないという可能性を考えさせる。しかし、現在のところ、なかなかそれを検証することは困難であり、今後とも焼土がみられる炉跡については注意深い観察が必要である。いっぽう、土製支脚の存在は、土製支脚上に丸底の甕を置き、ときにその上に甑をのせて使用する調理形態が古墳時代の若狭・越では通有であったことをうかがわせる。

　竈の導入には、須恵器や古墳のあり方と密接な関係があることが指摘されている［都出 1993］。5世紀前葉の竈が検出されている小矢部市五社遺跡は、若狭・越でも突出して早い時期に竈がみられる例であるが、同遺跡から小矢部川をはさんだ位置にある道林寺遺跡と北反畝遺跡では越中では数少ないTK216型式にさかのぼる須恵器が出土しており、また小矢部地域では同時期、すなわち5世紀前葉から前半に位置づけられる谷内21号墳から三角板革綴短甲、長方板革綴短甲などの武具や60点にのぼる鉄鏃が出土している。その後、5世紀末葉には越中ではじめて埴輪をもつ前方後円墳である若宮古墳がつづく。小矢部地域では、古墳時代前期後半にいったん首長墓の系列が途絶し、その後こうした三角板革綴短甲や長方板革綴短甲、多量の鉄鏃、そして埴輪や前方後円墳といった畿内的な色合いが濃い首長墓が出現、継続することから在地の勢力がいったん途絶した後、5世紀前葉頃に畿内との関係をもつ首長が出現したものと考えられている。こうした畿内と関係をもつ勢力が出現するなかで、初期須恵器や竈もともに越中にもたらされたのであろう。しかし、こうした畿内的な文化は越中では小矢部地域という限られた地域にとどまり、周辺に広がることなく途絶する［高橋 2009］。

　こうした現象は、5世紀の竈が出土する各地でもみられ、畿内と関係をもつ勢力が各地に出現するものの、周辺にその影響は波及することなくスポット的な受容でおわる場合が多い。

　新潟県舟戸遺跡の五世紀の竈も同じような受容のあり方とみられ、継続することはなく、6世紀後半なってからようやく竈の受容、定着がはじまる。

　若狭・越という広い範囲において5世紀の竈が五社遺跡と舟戸遺跡の2例に限られるということは、他地域に比べ、若狭・越は竈の受容について非常に慎重な地域であるということがいえる。若狭・越では、移動式竈はままみられるものの、古墳時代中期から後期、基本的に弥生時代以来の炉が竪穴建物内火処であり、そこで土製支脚と丸底甕を用い、ときに甑を加えた煮炊きがされている。

　そしてこうした独自のスタイルは、じつは若狭・越だけでなく、山陰の伯耆・出雲においても同じような様相がみてとれる。

　鳥取県では竪穴建物の竈は5世紀後半のものがあるようだが、その後6世紀へと継続するものはないようである。移動式竈は、研石山遺跡で5世紀末葉、大山遺跡で6世紀前半、長瀬高浜遺跡で

6世紀後半、青木遺跡で6世紀前半から7世紀後半にかけてのものがみられ、6世紀後半以降7世紀にかけて西前遺跡や三保遺跡など出土遺跡の数を増す。また、土製支脚がみられる点でも一致する。

島根県では、6世紀末に竈が出現し、その後7世紀へと継続する。いっぽう、移動式竈は5世紀後半に出現し、6世紀後半にもみられる。また、土製支脚がともなう。

山陰の伯耆・出雲では、若狭・越のように5世紀前葉の竈は確認されておらず、5世紀後半のものがあるようだが、6世紀末にならないと竈は導入されない。いっぽう、移動式竈は5世紀後半からみられ、土製支脚をともなうことも若狭・越と共通する。同じ日本海側に位置する若狭・越と伯耆・出雲において、古墳時代中期から後期、竈よりも移動式竈が多くみられ、土製支脚を用いるというスタイルが共通することは、生活様式が畿内からの影響よりも日本海側の交流をとおして両地域が保持していたことを示しており興味深い。

若狭・越の古墳時代の竈からは、日本海を行き来する伯耆・出雲との密接な交流と、北部九州から瀬戸内、近畿、そして東海、関東など竈を受容した他の地域とは異なる北陸と山陰における独自の生活文化をうかがい知ることができる。

3 石川県小松市額見町遺跡のオンドル状遺構

これまでみてきたように、越では、7世紀、飛鳥時代に入ると、本格的に竈が受容される。これは、律令制度の波及により、畿内の影響を強く受けるようになり、そのなかで竈という生活文化も採用されたのであろう。

ところが、通常の煙道が燃焼部から奥へと直線的にのびる竈が普及していくなかにあって、燃焼部から横方向に煙道がのびるオンドル状遺構が竪穴建物に作り付けられた集落が越に出現する。石川県小松市額見町遺跡である（図19-2）［望月 2000、石川県小松市教育委員会 2006～2009］。

石川県小松市額見町遺跡は、能登半島の根もと、日本海に面した柴山潟湖の東に広がる月津台地上に立地する。飛鳥時代前半から後半にかけて、オンドル状遺構をもつ竪穴建物がまとまって検出されている。集落が出現する飛鳥時代前半には、1辺7～9mの比較的大形の竪穴建物が主体であり、こうした大形の竪穴建物にオンドル状遺構を付設する。竪穴建物は正方形で、4本の主柱をもつ。飛鳥時代後半になると、竪穴建物が増加し、集落の盛期をむかえる。この時期には通常の竈をもつ、柱穴が竪穴の外にある小形竪穴建物が出現し主流となるが、大形竪穴建物にオンドル状遺構が付設された建物もともにみられ、オンドル状遺構をもつ竪穴建物は、集落における割合を減じながらも存続する。オンドル状遺構が終焉をむかえるのは、飛鳥時代後葉である。飛鳥時代後葉のSI98竪穴建物では、竪穴建物の隅部に近い箇所にオンドル状遺構が付設されるが、このオンドル状遺構は、平面L字形を残すものの建物内の煙道は短く、暖房効果はあまり望めない、形ばかりを踏襲するものとなっている。

額見町遺跡のオンドル状遺構は、竈の焚き口や煙道部が直線的にかっちりと作られていることが特徴的である。平面形はもとより袖部や煙道部の断面形においてもそうであり、構築物が直立した

状態でみつかっている。同遺跡でみられる通常の竈では、袖部は平面形がU字形で緩やかなカーブをえがくものであり、また、断面形も床面では幅が広く上に向かって狭くなる、通常みられる形状である。復元的に考えるとオンドル状遺構は全体が直方体を呈する竈であり、通常の竈はドーム形を呈する竈になる可能性がある。また、燃焼部と煙道部の境に設けられる障壁の存在も特徴的である。この構造は飛鳥時代中頃からみられるもので、燃焼部と煙道部の境に障壁を設けることにより、煙道部へぬける火を抑えたものと考えられている。この構造は他遺跡で確認されておらず、額見町遺跡独自の改良のようだ。

　また、飛鳥時代後半から壁立ち建物がみられるようになる。SI98 は、平面正方形の竪穴建物の周壁に深い溝がめぐり、その中に細い柱が等間隔で並び、壁立ち構造になる可能性が指摘されている。壁立ち建物は、額見町遺跡では飛鳥時代後葉に出現し、竪穴建物が消滅する奈良時代前半まで存続する。

　こうしたオンドル状遺構や壁立ち建物のほか軟質土器が出土することも、額見町遺跡に渡来系の人々が居住したことをうかがわせる。同遺跡出土の軟質土器は、在来の土師器が朝鮮半島の陶質土器や軟質土器の影響を受け、変化したものと推測されており［亀田 2012］、在地の人と渡来系の人がともに集落を構成していたことがうかがえる。また、近江系土師器長胴甕が出土していることから、近江系移民もまた、集落の構成員として存在していたのかもしれない。

　額見町遺跡は、古墳時代から継続する集落ではなく、飛鳥時代以降成立した新興の集落である。近隣には同年代の製鉄遺跡が存在しており、またオンドル状遺構をもつ竪穴建物で鍛冶炉や鍛冶関連遺物が出土していることから、この集落に住んだ人びとは製鉄に携わっていたと推定されている。この集落に住んだ人びとは製鉄の技術をもつ人びとであり、この地で製鉄を行うために集団で移住させられた可能性が考えられている。また、7世紀後半の、土師器長胴甕と鍋が出土する土師器焼成土坑が検出されており、土師器生産もまた行われていたとされる。

　7世紀後葉には、オンドル状遺構をもつ竪穴建物3棟から陶硯や転用硯が出土しており、識字層の存在が推定されている。同遺跡は額田郷関連遺跡としても評価されており、この地で果たした渡来系の人びとの役割は製鉄や製陶という技術面から文字の知識をいかした、律令制をになう行政面まで、多岐にわたったものと考えられる。

4　飛鳥時代のオンドル状遺構

　7世紀代のオンドル状遺構は、北部九州、畿内、近江、丹後などで確認されている。

　福岡県小郡市干潟城山遺跡ではオンドル状遺構をもつ竪穴建物跡（図19-3）が32棟検出された特異な集落遺跡で、年代は飛鳥時代後半から奈良時代前半にわたる［小郡市教育委員会 1995］。平面形は焚き口から煙道部にかけて直角を指向しながらもやや湾曲しており、直線的な平面形の額見町遺跡とは異なる。鉄器、鉄滓、鞴羽口といった製鉄関係遺物が出土しており、額見町遺跡同様、この集落においても製鉄鍛冶が行われていたようだ。

　奈良県高取町勧覚寺遺跡では、6世紀末～7世紀前半の石組みのオンドル状遺構のほか同年代の

石組みの方形池、大壁建物が検出され、土器、製塩土器、馬歯、銅製金具、韓式系土器が出土する。奈良県明日香村檜隈寺跡では、7世紀後半に創建された檜隈寺をさかのぼる、7世紀前半～中頃の石組みのオンドル状遺構が検出されている。檜隈寺は東漢氏の氏寺とされており、この2遺跡は渡来系集団である東漢氏の本拠地とみられている。石組みのオンドル状遺構は、7世紀前半のものが滋賀県大津市穴太遺跡でもみられる。滋賀県では長浜市柿田遺跡で7世紀後葉の石組みの煙道をもつオンドル状遺構がみつかっている。こうした石組みのオンドル状遺構は、後述する朝鮮半島の南西部、百済の地域においてよくみられるものであり、この地域との関係がうかがえる。これらのオンドル状遺構は石組みの構造であり、額見町遺跡のオンドル状遺構とは異なる。

　丹後では、由良川左岸に広がる綾部市の青野・綾中遺跡群で、7世紀から8世紀前半のオンドル状遺構をもつ竪穴建物跡がまとまって検出されている（図19-4）［綾部市教育委員会 1982］。方形の竪穴建物の四隅のうち1つを掘り残し、内側へ突出させ、この部分に竈を設置するもので、「青野型竪穴建物」とよばれる。ここのオンドル状遺構は、煙道のあり方や燃焼部の位置にバラエティがあり、規格的な額見町遺跡の竈とは異なる。

　日本列島における7世紀のオンドル状遺構をみると、集落のあり方では干潟城山遺跡や青野・綾中遺跡群と共通するものの、オンドル状遺構そのものをみると、額見町遺跡のものと類似する例は現在のところみあたらない。

　では、日本海をこえて直接朝鮮半島からもたらされたのであろうか。6～7世紀、三国時代の朝鮮半島のオンドル状遺構に目を転じたい。

　538～660年まで百済の都、泗沘城があった扶餘市周辺に位置する定止里遺跡は、百済時代の大集落で、竈をもつ竪穴建物が多数調査されており、粘土で構築されたオンドル状遺構がみられる。年代は3～6世紀である［忠南大學校博物館 2000、山本 2012］。また、遷都後に都城外郭地域に形成された集落である井洞里遺跡は、泗沘城の北東に位置する小規模な集落であり、竪穴建物でオンドル状遺構が検出されている（図19-5）［忠清文化財研究院 2005］。6世紀後半から7世紀前半頃にかけて存続したと推定されている。さらに、竪穴建物の壁から離れた位置に煙道がのびる変わった形態の竈が検出されている。集落では日本から搬入された須恵器甕が出土しており、日本との交流が推定されている。2遺跡とも、額見町遺跡の直線的なL字形のオンドル状遺構とは異なるものである。

　朝鮮半島南岸地域は、西から順に、栄山江流域である全南西部地域、山地に囲まれ狭い盆地が連接する全南東部地域、同じような地勢の慶南西部地域、洛東江流域である慶南東部地域の大きく4つの地域に区分され、慶南東部地域は慶南西部地域に比べ早い時期に新羅に統合され、釜山・金海を通じて倭と交流する地域拠点と考えられている。6世紀中葉～7世紀には、全南西部ならびに東部地域では板石材を用いたオンドル、慶南西部ならびに東部地域では粘土を用いた竈、オンドルが主体であり、南海岸の西半と東半で大きく二分される。大邱、慶北地域では、6世紀末から7世紀、竪穴建物のオンドル状遺構は板石材で構築されるものが多い［孔棒石 2008、李東熙 2012、金昌億 2012］。

　朝鮮半島のオンドル状遺構は、南西部の百済地域では板石材を用いるものが多く、南東部、新羅

地域では粘土で構築するものが多いようであるが、額見町遺跡に直接つながるような例を見出すことはできなかった。

　今後の調査で類例が明らかになるかもしれないが、現在のところ、額見町遺跡のオンドル状遺構は独特のものといえる。日本列島にもたらされた後、一次的、あるいは二次的な改良がなされたものかもしれない。近江系土器の存在からは近江においてそれがなされた可能性もあり、今後近江のオンドル状遺構には注意を要する。

　近江では瀬田丘陵の野路小野山遺跡・木瓜原遺跡をはじめとする7世紀後半からの古代製鉄遺跡群の存在が明らかになっている。額見町遺跡で用いられた製鉄の技術には、近江の影響が考えられないだろうか。オンドル状遺構と製鉄技術との関連は北部九州の干潟城山遺跡でもみられ、地方への製鉄技術の広がりとこれに対する渡来系の人びとの関与を考えるうえで重要な視点となろう。オンドル状遺構をみると、石組みのオンドルを用いる大和から越への直接的な移住は考えにくい。しかし、オンドル状遺構の分布からは、大和、近江、越へのつながりを見いだすことができる。額見町遺跡の渡来系の人びとは近江をへて越へと移住し、製鉄技術もまた近江からもたらされたのではないだろうか。そのとき、この交流、すなわち製鉄技術の拡散が大和の王権の意志によるものか、越が招いたものかがいまひとつの問題となる。大和の王権だけではなく、越の王権もまた存在しており、越の王権が大和の王権とは異なる独自の交流をもっていたとする外交の2重構造という視点がある［石川県立歴史博物館　2002］。越は大和との交流はもちろんであるが、独自に近江との交流もまたあったのではなかろうか。年代はさかのぼるが、継体天皇の越から、近江、大和への道とあいまって、古墳時代以来の越、近江、大和の関係は興味がつきない問題である。

5　北陸地方の竈・オンドル状遺構が語るもの

　北陸地方では、古墳時代には基本的に竈を受容することなく、土製支脚や移動式竈をもつ独自の生活文化をもっていたが、7世紀、飛鳥時代にはいると、徐々に通常の竈が浸透していく。律令制のひろがりにより、中央のあり方をしだいに受け入れた若狭・越の姿が竈からもうかがえる。また、7世紀前半には、オンドル状遺構をもつ、渡来系の人びとが移住してきたとみられる集落、額見町遺跡が越に出現する。額見町遺跡では、オンドル状遺構を残しながらもしだいに在地的な竈へと変遷しており、移民としてこの地で生活をはじめながらも、しだいに在地化する渡来系の人びとの姿をうかがうことができる。

　額見町遺跡のオンドル状遺構が、どこからもたらされたのか、7世紀の日本列島と朝鮮半島に類例をさがしたが、見出すことはできなかった。現段階では、朝鮮半島からの直接的な渡来よりも、日本列島のなかでの段階を踏んだ移住が妥当な考えかと思う。同遺跡における近江系土器の存在からは、段階を踏んだ場所として近江とのつながりが注意される。近江の古代製鉄遺跡群の存在も、額見町遺跡の製鉄への影響が考えられないだろうか。

　能登中部には移動式竈が集中し、高句麗式の構造をもつ須曽蝦夷穴古墳が立地することから、やはり渡来系の人びとの居住が考えられる。こうした人たちもまた、額見町遺跡の人びとと同じく、

朝鮮半島から直接きたのか、日本列島のなかで移住したのか、同じような疑問が考えられる。若狭・越という日本海側に面し、朝鮮半島と近い距離にある立地が、竈・オンドルに限らず、常にそうした問題を考えさせる。

第7章　中世の竈
──大坂城跡の竈を中心に──

1　本項の目的

　大阪府庁舎周辺整備事業にともなう大坂城跡の調査で検出された竈遺構は、表4に示したとおり83基を数え、その年代は豊臣大坂城築造以降、三の丸築造直前（豊臣前期）～徳川氏による大坂城再築後（江戸～近代）におよぶ。年代別の竈遺構数は、豊臣大坂城築造以降三の丸築造直前（豊臣前期）が72基、三の丸築造以降大坂夏の陣直前（豊臣後期）が5基、大坂夏の陣終結後徳川大坂城再築直前（畑の時期）が4基、徳川氏による大坂城再築後（近代）が2基であり、ほとんどが豊臣大坂城築造以降三の丸築造直前（豊臣前期）に属する。
　本項は、これら竈遺構のうち残存状態の良好なものを取り上げ、豊臣前期を中心とする近世までの竈を整理する。
　また、大阪府庁舎周辺整備事業にともなう大坂城跡調査以外の、周辺の大坂城跡調査において検出された竈を概観し、比較検討を試みた。次いで、主たる中世～近世竈を集成することで中世～近世竈についてみてみたい。

2　竈遺構の整理

（1）豊臣大坂城築造以降、三の丸築造直前（豊臣前期）の竈遺構

　豊臣、前期の竈遺構72基のうち、17基について概観する。遺構は検出状況などからつぎの6項目に分けてみてみたい。

　屋敷にともなう竈（図20）　遺構番号1A調査区竈4（遺構番号886）（以降、調査区、遺構番号は略し1A竈4（886）のように記述する。）、3A竈3（1069）がある。
　1A竈4（886）は、屋敷5にともなう竈である。屋敷5は、東西6m、南北4mの範囲で盛土によって平坦面が形成される。竈は屋敷5の中央よりやや東側に位置し、焚き口は西側へ向く。竈は土製で、平面形は円形であり、直径75～95cm、燃焼部径40cmである。焚き口側は竈の設置面よりやや低く、焚き口前面には瓦片が敷かれる。瓦片は焚き口前面から約2mのびる。竈から遺物は出土していない。竈の南側は横板が立てられていたようであり、材の一部が残存する。竈の背面となる東側では竹材が平行して検出され、垣根の可能性が考えられている。屋敷5とした平坦面には礎石は認められず、上屋の有無は不明である。

表 4　大坂城跡の竈一覧表

遺構掲載番号	調査区	遺構名	時期	西暦	出土遺物	焚き口の方向	大きさ（直径）	本書の掲載竈
883	1A	竈 2	第 4 期・豊臣前期	1583-1598		北		○
884	1A	竈 1	〃	〃		北		○
885	1A	竈 3	〃	〃		北西		○
886	1A	竈 4	〃	〃		西		○
931	3A	瓦敷竈	〃	〃				
1068	3A	竈 2	〃	〃	漆器椀、箸、膳の板、釘、小柄、小刀	南東		○
1069	3A	竈 3	〃	〃	瀬戸・美濃灰釉皿、漆器椀、下駄	東		○
1070	3A	竈 4	〃	〃				
1071	3A	竈 5	〃	〃				
1072	3A	竈 6	〃	〃	染付、瀬戸・美濃天目椀、白磁皿、土師器皿、菌	北		○
1073	3A	竈 7	〃	〃		東・西		○
1074	3A	竈 8	〃	〃		北	30cm	○
1075	3A	竈 9	〃	〃		北	30cm	○
1076	3A	竈 10	〃	〃		南	30cm	
1077	3A	竈 11	〃	〃				
1078	3A	竈 12	〃	〃		西（？）		
1079	3A	竈 13	〃	〃				
1080.1	3A	竈 14	〃	〃		東		○
1080.2	3A	竈 14	〃	〃		西	30cm	○
1081	3A	竈 15	〃	〃		北	30cm	○
1082	3A	竈 16	〃	〃			30cm	○
1083	3A	竈 17	〃	〃		南	30cm	○
1084	3A	竈 18	〃	〃		東	30cm	
1085	3A	竈 19	〃	〃		西	30cm	
1086	3A	竈 20	〃	〃	金箔瓦、スラグ	北	30cm	○
1087〜1095	3A	竈 21〜35	〃	〃		北	30cm	○
1096	3A	竈 36	〃	〃		西		
1097〜1123	3A	竈 37〜63	〃	〃				
1200	3B	竈 1	〃	〃				
1201	3B	竈 2	〃	〃				
1202	3B	竈 3	〃	〃				
1203	3B	竈 4	〃	〃				
1319	5B	竈 2	〃	〃				
1320	5B	竈 3	〃	〃	銭貨、石、焼土、周辺で貝、木			
1333	6A	竈 1	〃	〃	焼土			
1334	6A	竈 2	〃	〃				
1335	6A	竈 4	〃	〃				
1336	6A	竈 5	〃	〃				
664	3A	竈 1	第 3 期・豊臣後期	1598-1615	塩壺、瀬戸・美濃、志野			
665	3A	竈 27	〃	〃		南？		○
752	5B	竈	〃	〃				
753	5B	竈 1	〃	〃	周辺で銭貨			
849	6A	竈 3	〃	〃				
475	3A	竈 22	第 2 期・畑の時期	1615-1619		南		○
476	3A	竈 23	〃	〃		南	50cm	○
477	3A	竈 25	〃	〃	周辺で焼塩壺、羽子板	東		○
478	3A	竈 26	〃	〃		東		○
65	6A	炉 1（竈 3）	第 1 期・近代	——		北		○
66	6A	炉 2（竈 4）	〃	——		北		○

※表記は［(財) 大阪府文化財センター 2002c］による

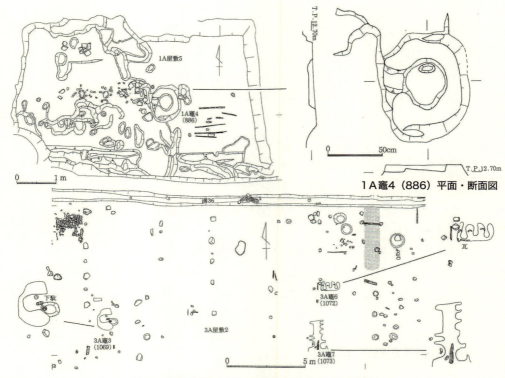

図20　豊臣前期　屋敷にともなう竈平面図・断面図

　屋敷5の西側には、屋敷5と同じく盛土によって平坦面が形成される屋敷4が北面をそろえて隣接する。屋敷5と屋敷4の間には井戸13があることから、これら遺構周辺が台所として機能していた可能性が考えられる。屋敷5の南東側には、南北軸の礎石立ち建物である屋敷6があり、屋敷5の盛土は、その南東隅部から東へ通路状（長さ2m、幅50cm）に屋敷6に向かってのびていることから、屋敷5、屋敷4、井戸13からなる台所は屋敷6に付随する可能性が考えられる。

　3A竈3（1069）、3A竈6（1072）、3A竈7（1073）は屋敷2にともなう竈である。屋敷2は、南北軸の礎石立ち建物を中心とする東西24m、南北11mの範囲であり、礎石立ち建物の北側には溝36が東西方向にのびる。

　3A竈3（1069）は礎石立ち建物の南西隅部に近接し、焚き口は東側へ向く。竈は土製で、平面形はC字形であり、幅1.5m、奥行き1m、燃焼部径50cmである。焚き口には直径50～60cmの浅いくぼみがある。竈からは下駄、瀬戸・美濃灰釉皿、漆器椀が出土する。礎石立ち建物の礎石は竈の北側までであり、竈周辺には規則的に並ばないことから、竈は建物内に配されるというよりも、軒先のような建物の端に位置したと考えられる。

　3A竈6（1072）、3A竈7（1073）は礎石立ち建物の東に位置する。礎石立ち建物から、3A竈6（1072）は約7m、3A竈7（1073）は約6m離れた地点にある。

　3A竈6（1072）は3連で、焚き口は北側へ向く。竈は土製で、平面形は各々C字形である。袖部を共用し、共用する袖部には平瓦を入れて補強材とする。全体の幅1.2m、奥行き50cm、燃焼部

径20〜30cmで、各々小形の竈である。西端部の竈がやや大きく、その西袖部および背面にはそれぞれ2枚の平瓦が入れられ比較的堅固に補強される。竈からは染付、瀬戸・美濃天目碗、白磁皿、土師器皿、歯などまとまった遺物が出土する。

3A竈7（1073）は南端が矢板で区切られ全体の様相は不明である。背面を共用する竈で、東側に5連、西側に2連の竈があり、焚き口は東西両側へ向く。竈は土製で、平面形は各々C字形である。全体の幅2m、奥行きはそれぞれ50cmで計1m、燃焼部径20〜30cmである。両側とも南端部の竈がやや大きく、東側南端部の竈は焚き口をやや北東へ向ける。

等間隔で並ぶ竈（図21）　3A竈8（1074）、3A竈9（1075）、3A竈20（1086）、3A竈21（1087）の4ヵ所計5基（3A竈8（1074）は2基）の竈が等間隔で検出されている。

東西方向の溝37の北側で、先述の竈4ヵ所計5基（3A竈8（1074）は2基）が約5m間隔でほぼ東西方向に並ぶ。焚き口はいずれも溝37の反対側、すなわち北側へ向く。竈はいずれも土製で平面形はC字形であり、幅、奥行きともに60cm〜1m、燃焼部径40〜50cmである。竈から遺物は出土していない。

5基の竈はいずれも溝37から約2m離れた地点にあり、先述の通り等間隔に並ぶことから、ほぼ同時期に構築されたものと考えられる。5基の竈の東、西には溝37から北にのびる小溝があり、その東、西側には竈は広がらないことから、この小溝に挟まれた東西26m、南北9m以上の空間を4分割するような区画が存在した可能性が考えられる。

これら5基の竈周辺では礎石、柱穴は認められないものの、この4分割される区画からは長屋のような建物の存在が考えられる。

瓦敷竈（図21）　3A竈14（1080）がある。

先述の溝37の南側にあり、溝37から南へのびる小溝の東側に位置する。

3A竈14（1080）は焚き口を西側へ向け、底部に平瓦を敷く。底部のみの検出である。

流し桝をともなう竈（図21）　3A竈15（1081）、3A竈16（1082）、3A竈17（1083）の3基がある。

先述の溝37の南側にあり、溝37から南へのびる小溝の西側に位置する。

3A竈15（1081）と3A竈16（1082）は約4m隔てて東西に並び、3A竈17（1083）はこれらの南約4mの箇所にある。3基とも遺構配置状況が共通し、同様の構造をもつものと考えられる。

3A竈15（1081）は残存状況が最も良好である。東に2連の竈、西に流し桝があり、竈の範囲は東西1m、南北90cm、流し桝の範囲は東西90cm、南北90cmである。竈は焚き口を北側へ向け、粘土と瓦で構築される。平面形はC字形であり、幅20〜30cm、奥行きともに40cm、燃焼部径20〜30cmである。竈から遺物は出土していない。流し桝は底面が瓦敷き、側面が横板である。南側に東西方向の排水溝があり、排水溝はそのまま西へとのびる。

3A竈17（1083）は焚き口を南側へ向け、他の状況は3A竈15（1081）と類似する。

大形竈（図22）　3A竈2（1068）がある。3A屋敷1、溝33の西側に位置する。

竈は近接して平行する2基が検出され、焚目はいずれも南東側へ向く。竈はいずれも土製で平面形はほかに比べ奥行きが長いU字形であり、幅60cm、奥行き1m、燃焼部径30〜40cmである。竈からは、漆器椀、箸、膳の板、釘、小柄、小刀が出土する。

第 7 章　中世の竈　*81*

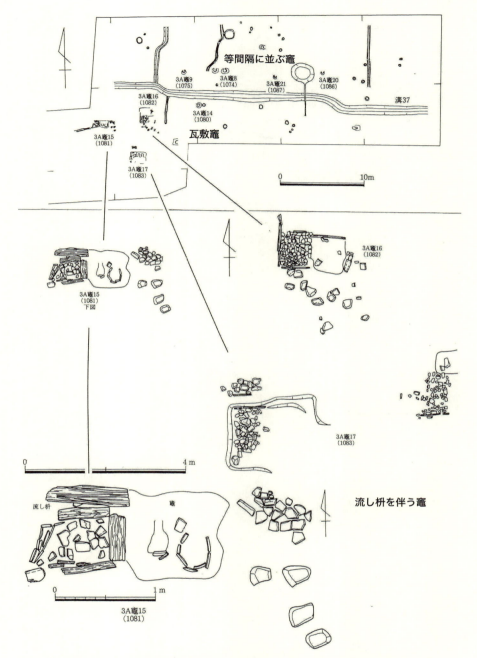

図 21　豊臣前期　等間隔で並ぶ竈・瓦製竈・流し枡をともなう竈平面図

一般的な竈（図 22）　1A 竈 1（883）、1A 竈 2（884）、1A 竈 3（885）の 3 基が比較的残存状態が良好である。3 基は、先述した 1A 竈 4（886）が設置される 1A 調査区屋敷 5 の北側に位置する。

　3 基はいずれも直径 30cm と小規模な竈であり、1A 竈 1（883）、1A 竈 2（884）は 1m、1A 竈 2（884）、1A 竈 3（885）は 3m の距離で 3 基が密接して検出された。焚き口は、1A 竈 1（883）、1A

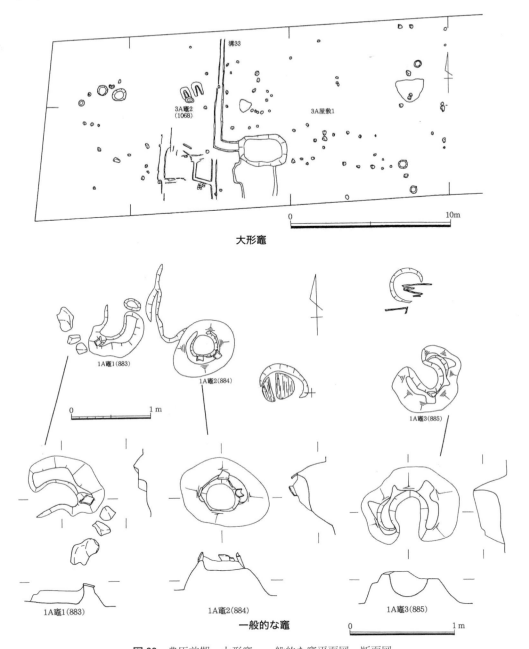

図22 豊臣前期 大形竈・一般的な竈平面図・断面図

竈2（884）が北、1A 竈3（885）が北西へ向く。竈はいずれも土製で瓦が補強材に使用される。3基とも平面形は C 字形になると考えられ、幅60cm、奥行き60m、燃焼部径30〜40cm である。燃焼部には炭が残る。竈から遺物は出土していない。

第7章 中世の竈 83

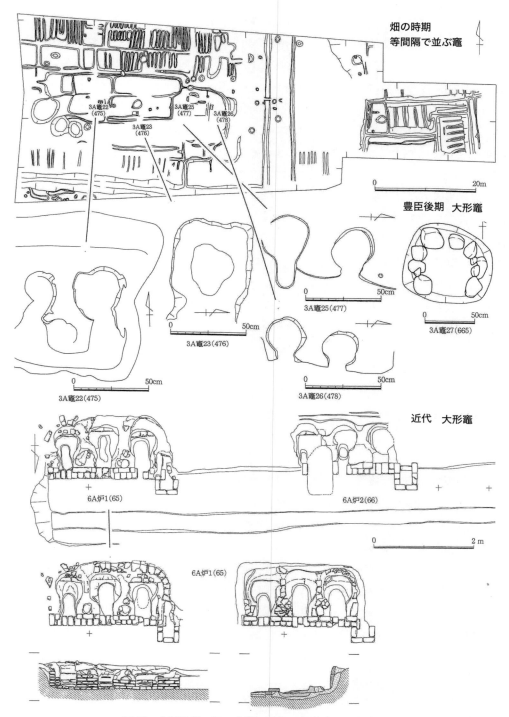

図23 豊臣後期・畑の時期・近代の竈平面図・断面図

（2）三の丸築造以降、大坂夏の陣直前（豊臣後期）の竈遺構

大形竈（図23） 3A竈27（665）がある。3A調査区の北西隅に位置する。焚き口は南側へ向く。平面形はC字形で、焚き口を除く本体に直径20～30cmの石を8個円形にめぐらせる。直径1m、燃焼部径50cm、焚き口幅45cmである。竈から遺物は出土していない。

（3）大坂夏の陣終結後、徳川大坂城再築直前（畑の時期）の竈遺構

等間隔で並ぶ竈（図23） 3A竈22（475）、3A竈23（476）、3A竈25（477）、3A竈26（478）の4基がほぼ等間隔で検出されている。4基は3A調査区西中央、畑に挟まれた3列の屋敷地群の中央列でほぼ東西方向に並び、3A竈22（475）、3A竈23（476）は7m、3A竈23（476）、3A竈25（477）は9m、3A竈25（477）、3A竈26（478）は5mの距離をもつ。

3A竈22（475）は2連で、焚き口は南側へ向く。竈は底面の粘土が高さ5cm程度残存するのみである。平面形はC字形で、燃焼部径は20cmと30cmである。竈から遺物は出土していない。

3A竈23（476）は1連で、焚き口は東側へ向く。竈は底面の粘土のみが残存する。残存部は一辺50cmの方形を呈し、中央の燃焼部径は25cmである。竈から遺物は出土していない。

3A竈25（477）は2連で、焚き口は東側へ向く。竈は底面の粘土のみが高さ5cm程度残存するのみである。平面形はC字形で、燃焼部径は20cmと30cmである。竈周辺で焼塩壺、羽子板が出土する。

3A竈26（478）は3A竈25（477）と類似する。

竈のあり方および周囲をめぐる溝から、屋敷地の基本的な範囲は東西7m、南北5m前後とみられる。

（4）徳川氏による大坂城再築後（近代）の竈遺構

大形竈（図23） 6A炉1（65）、6A炉2（66）がある。6A調査区の北西に位置し、2C調査区との境に近い。約2mの間隔で、ほぼ東西方向に2基が並んで検出される。いずれも3連で、焚き口は北側へ向く。竈の全体形は直方体で、レンガとそれを覆う粘土で構築される。6A炉1（65）、6A炉2（66）は規格がほぼ同じであり、それぞれ幅2.3m、奥行き1.3m、燃焼部径40cmで残存高50cmである。燃焼部背面の煙道は横方向に貫通し、竈西側で北へ屈曲し、焚き口横に煙出し口がある。

これら煙道部および煙出し口に、炭は付着しない。焚き口の前面は3基を連結するかたちで通路状になっており、その幅は90cm～1.3m、長さ8m以上でレンガ敷きである。竈から遺物は出土していない。

周辺遺構からは「SHINAGAWA」の刻印をもつレンガが出土しているが、本竈を構築するレンガは無文であり、「SHINAGAWA」の刻印をもつレンガは含まれない［上野 2000］。

本竈は当初舎密局にともなうものかと考えたが、舎密局建物図面のなかでみられる竈とは場所が異なり、本竈の場所は空閑地となっており該当する施設はみられない［合田 2002c］。

舎密局は1869（明治2）年の開設後、理学校、大坂開成所などつぎつぎと組織、名称が変遷し、

1886（明治 19）年に第 3 高等中学校となり、1889（明治 22）年には京都に移転し、旧制第 3 高等学校となる。京都への移転にいたるまで、名称の変更とともに建物の増改築がなされ、幾枚かの図面が残存しているが、これらをみても本竈に該当する施設はみられない。また、1898（明治 31）年から 1922（大正 11）年にはこの地に陸軍幼年学校があり、これに関する図面においても本竈に該当する施設はみられない［小林 2002］。

出土遺物もなく年代の確証は得られないが、陸軍幼年学校の後、この地には軍の施設が設けられており、これについての詳細は不明であるが、本竈はこの軍の施設にともなう可能性が大きいと考えられる。

3 周辺の事例

大阪府庁舎周辺整備事業にともなう大坂城跡の調査のほか、大阪府警察本部新庁舎建設工事にともなう発掘調査が近隣でなされ、豊臣期の竈が検出されている（図 24-1）［（財）大阪府文化財調査研究センター 2000b］。

豊臣 -3 面では竈 685 が、豊臣 -1 面では 4 連の竈 527、5 連の竈 533 が検出され、ほかに豊臣 -2 面においても竈が検出されている。竈 533 は 2 回以上の作り替えがみられ、竈の開口部に木組みがみられることから何らかの施設の存在が推定されている。

屋敷にともなう竈は、府立大手前高校における発掘調査において検出されている（図 24-2）［佐

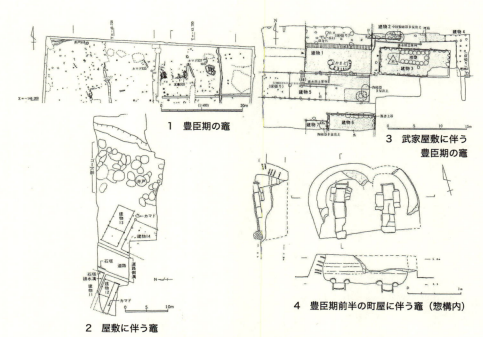

図 24　周辺の大坂城跡調査において検出された竈平面図・断面図

久間編 1989］。三の丸下層の城下町下面で検出された建物 13 と建物 14 の間に竈が 1 基、また、これと道路を挟んで対峙する建物 12 にともなう竈が 1 基検出されている。道路に面する側を建物の表とみると、竈は 2 基ともに、建物の裏手にあたる箇所に位置している。3A 屋敷 2 に伴う 3A 竈 3（1069）、3A 竈 6（1072）、3A 竈 7（1073）も屋敷 2 の北側を東西にはしる溝 36 を道路側溝とみると建物の裏手にあたり、屋敷内における竈の位置に共通点がみられる。

　惣構北西隅では、大坂夏の陣以前の豊臣政権の大名クラスとみられる武家屋敷が検出され、屋敷内では 9 棟の建物が調査されている［佐久間編 1989］。うち建物 1 の土間中央には焚き口を 10～11 もつ湾曲する多連竈が検出されている（図 24-3）。3A 竈 6（1072）は 3 連、3A 竈 7（1073）は背面を共用する東側 5 連、西側 2 連の多連竈であり、多連竈にも 3A 竈 6（1072）は 3 連、3A 竈 7（1073）のように直線に並ぶもの、建物 1 中央の竈のように弧を描く曲線に並ぶものなど多様な形態がみられるようである。

　上記以外では、豊臣期前半の惣構内の町屋にともなう竈（OS85-28 次）［第 27 回埋蔵文化財研究集会実行委員会編 1990］、三の丸築造以前の残存状況が良好な竈（OS88-56 次）（図 24-4）［伊藤 1989、第 27 回埋蔵文化財研究集会実行委員会編 1990］があげられる。後者は、東西約 2m、南北 1.4m の 2 連の竈で、焚き口から燃焼部にかけて底面および側面に平瓦を敷き並べ、側面の平瓦の上には丸瓦をのせ、焚き口前面には石を据える。竈に関連する遺構は検出されておらず、竈が何に用いられたものかは不明である。3A 竈 2（1068）と類似する遺構である。

4　大坂城跡の竈

　鈴木秀典は、織豊期の竈に関する論考の中で、竈を焚き口が 1 つのものと複数のものに分け、さらに前者を長方形と鍵穴形のものに細分した［鈴木 1987・1989］。これにならって、大坂城跡の竈をみてみたい。

　焚き口が 1 つで長方形のものは、豊臣前期の大形竈である 3A 竈 2（1068）がある。これは幅 60cm、奥行き 1m であり、直径 50cm 前後の資料が大半を占める資料のなかでは大形の竈である。鈴木は長方形の竈が鍵穴形より多いとされるが、本資料では確実に長方形の竈は 3A 竈 2（1068）のみであり、焚き口が 1 つの竈は、これ以外ほとんどが鍵穴形である。長方形の竈と鍵穴形の竈の比率は、今後大坂城周辺の竈遺構をみるにあたり注意すべき点のひとつである。このような長方形の竈は、先述した OS88-56 次の竈（図 24-4）のほか江戸時代の遺構として、伊丹郷町で酒造用の大形竈（図 25-42）として、住友銅吹所跡では銅精錬関係遺構（図 25-41）として検出されており、いずれも石を用いた大形の竈である。この 2 例をみると、長方形の大形竈は生産関連の竈とも考えられるが、類例が少なく今後の資料の蓄積をまって判断したい。

　焚き口が 1 つで鍵穴形のものは、先述したとおり本資料の大半がこれに属する。粘土のみで構築されるものが多いが、3A 竈 15（1081）のように燃焼部の壁に瓦を貼り付けるものや 3A 竈 27（665）のように石をめぐらせるものがあり、前者は平野環濠都市遺跡で検出された竈（図 25-35）に類似する。また、3A 竈 14（1080）は底面のみの検出であるが、底面に瓦片を敷くことが確認さ

れている。ほかに1A竈4（886）は前面に瓦片を敷く。これらの竈は上部が削平された状態で検出されるものが大半であり、竈の上部構造を知ることは困難であるが、図22下段（1A竈2（884））に示した断面図に明らかなように燃焼部の壁はわずかに内湾しながらたちあがっており、絵巻物資料にみられるようなドーム形になるとみられる。

焚き口が1つの鍵穴形の竈が2基並んで検出される例は3A竈15（1081）（図21）、3A竈2（1068）（図22）、3A竈22・25・26（475・477・478）（図23）など多くみられる。

いっぽう、複数の焚き口をもつ多連竈は、3A竈6（1072）や3A竈7（1073）（図20）、大阪府警察本部新庁舎建設工事にともなう発掘調査において検出された竈527、竈533、建物1の土間中央に据えられた多連竈があるものの、鈴木が指摘するように数少ない遺構しか検出されていない。数少ない遺構ながら、多連竈は屋敷に伴って検出される例が大半であり、多人数の煮炊きをまかなった竈とみられる。

奈良県今井町に残る江戸時代民家をみると、豊田家（1662年）でやや弧状に並ぶ5連の竈が、河合家（18世紀後半）では直線に並ぶ3連の竈が造られており、旧米谷家（18世紀中頃）では直線に並ぶ5連の竈が復元されている。旧米谷家の竈には大羽釜、大鍋、羽釜、羽釜小、小鍋と大きな炊爨具から小さな炊爨具へと順に並べられていたようである［林1984］。3A竈7（1073）や建物1にともなう多連竈も、燃焼部直径の大きな竈から小さな竈へと並んでおり、多連竈の基本形は豊臣前期以来のものである可能性が考えられる。しかしこの点についても、資料数が少なく、豊臣前期以前にさかのぼる可能性もあり、今後の資料の蓄積を待って判断していくべきであろう。

ほかに注目すべき点として、流し枡をともなう竈と等間隔で並ぶ竈があげられる。

3A竈15（1081）、3A竈16（1082）、3A竈17（1083）は豊臣前期の流し枡をともなう竈として貴重な資料である。流し場の遺構は、瓦や石を組み、排水用の土管列をつなげた徳川初期のものは検出されているが［第27回埋蔵文化財研究集会実行委員会編1990］、これには竈がともなわず台所にともなうものか否かは不明である。鈴木氏が大坂城周辺の竈を検討された1989年には、文献［佐久間編1989］で記されているように豊臣期の流し場遺構は検出されておらず、3A竈15（1081）、3A竈16（1082）、3A竈17（1083）は竈に流し枡がともなう例として大坂城周辺では初現になる可能性がある。

3A竈15（1081）、3A竈16（1082）、3A竈17（1083）は近接しており、長屋のような小規模な宅地が密集していた可能性がある。これは等間隔で並ぶ豊臣前期でも新しい段階に位置づけられる3A竈8（1074）、3A竈9（1075）、3A竈20（1086）、3A竈21（1087）、畑の時期とされる大坂夏の陣終結後、徳川大坂城再築直前に位置づけられる3A竈22（475）、3A竈23（476）、3A竈25（477）、3A竈26（478）にみられるように、長屋の各戸に作り付けられた竈とみられる。3A竈15（1081）、3A竈16（1082）、3A竈17（1083）はその基盤層が溝37を埋めており、3A竈8（1074）、3A竈9（1075）、3A竈20（1086）、3A竈21（1087）が溝37から一定の間隔をおきこれに平行して構築されていることを考えると、3A竈8（1074）、3A竈9（1075）、3A竈20（1086）、3A竈21（1087）→3A竈15（1081）、3A竈16（1082）、3A竈17（1083）となる可能性がある。これに3A竈22（475）、3A竈23（476）、3A竈25（477）、3A竈26（478）が後続することをみると、当初

88　第1部　原史・古代の竈

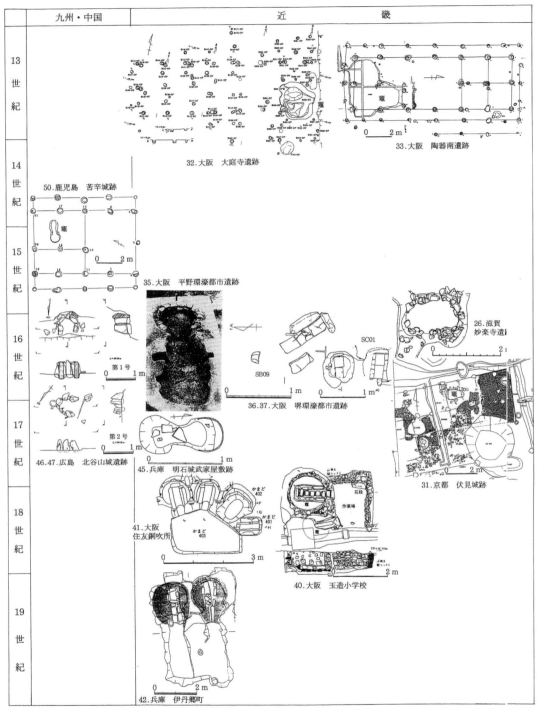

図25　中世・近世の竈

第7章 中世の竈　89

| 中　部 | 関　東 |

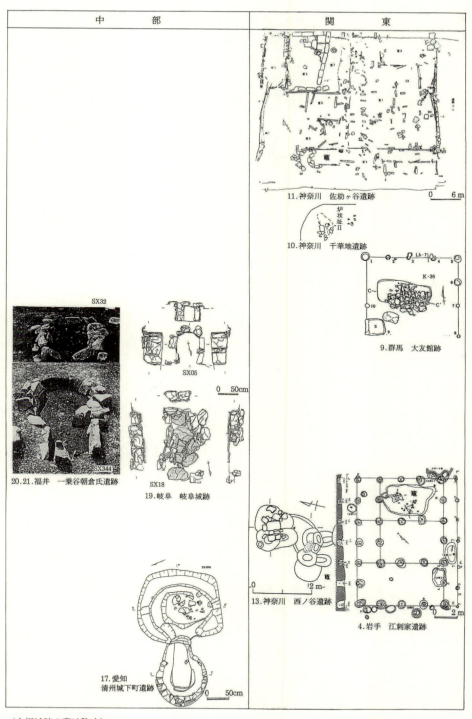

20.21. 福井　一乗谷朝倉氏遺跡
19. 岐阜　岐阜城跡
17. 愛知　清州城下町遺跡
11. 神奈川　佐助ヶ谷遺跡
10. 神奈川　千華地遺跡
9. 群馬　大友館跡
13. 神奈川　西ノ谷遺跡
4. 岩手　江刺家遺跡

（大坂城跡の竈は除く）

こうした長屋竈は各戸に1基であったのが、豊臣前期でも新しい段階では各戸に2基並列する竈が主体になった可能性がある。

　検討対象とした資料における変遷であり、普遍的にみられる事象であるか否かは周辺の資料をあたらないと判断できないが、長屋の各戸に作り付けられた竈は豊臣前期でも新しい段階からみられ、当初1基であったものが豊臣前期の最末期および大坂夏の陣終結後、徳川大坂城再築直前の段階では2基並列ものが主体となる点が本資料では指摘できる。

5　中世・近世の竈の素描

　大坂城に関わる竈は中世末～近世初頭に位置づけられ、このころの竈の様相の一端を示すことができたと考える。つぎに、大坂城の竈が中世～近世の竈のなかではどのような位置を占めるのかを考えるため、中世・近世の竈の素描をこころみたい。近年、城郭を中心とする中世・近世の遺跡の発掘件数は夥しく、すべてを網羅する力量はもち得ないため、中世末～近世の集落が集成された資料から竈資料を抽出し、これにいくつかの資料を追加したものを基とした。また、近世の竈については、山上雅弘の研究［山上 1991］を参考にした。

　集成した中世・近世竈は表5に示したとおり52例を数え、青森から鹿児島にいたる地方で13世紀から19世紀の竈がみられる。これらのうち実測図、写真の明瞭なものを地方別、年代別に並べたものが図25である。この表5、図25からいくつか気づいた点を述べてみたい。

　まず、最も年代がさかのぼる資料として13世紀の大阪府大庭寺遺跡、大阪府陶器南遺跡、大阪府上町東遺跡、神奈川県佐助ヶ谷遺跡の4資料があげられる。

　大阪府大庭寺遺跡、大阪府陶器南遺跡では掘立柱建物の一画を占める土間に粘土で馬蹄形の竈が作り付けられる。いっぽう、神奈川県佐助ヶ谷遺跡では建物の一画に一部石組みを用いた竈が作り付けられる。平安時代後期から鎌倉時代を中心とする絵巻物資料にはドーム形の竈が描かれ、考古資料ではこの4例が年代的に近い資料となる。絵巻物資料をみると、一遍聖絵や慕帰絵詞では風呂用の竈が、法然上人絵伝では茶所とみられる場所の竈が、信青山縁起では製油のためえごまを焙っているとみられる竈が、慕帰絵詞では多人数の煮炊きをまかなう台所の調理用竈が描かれている。いずれも人物の大きさと比較すると直径あるいは長辺が1～3mの大形のものであり、庶民の各戸の煮炊きにともなうものではなさそうである。

　大阪府大庭寺遺跡、神奈川県佐助ヶ谷遺跡は焚き口の幅が約3mであり、これらの竈も庶民の各戸の煮炊きにともなうものではなく、絵巻物資料でみられるような用途に用いられた可能性が考えられる。

　鎌倉の庶民の住まいとみられる遺構では、囲炉裏は検出されるが竈の検出例は皆無である［馬淵 1989］。西日本においても網羅的に探索したわけではないが、大阪府の3例以外明確な竈はみられない［浅尾 1990、伊藤 1994］。13～15世紀の竈遺構は稀少であり、とくに庶民の生活にともなうとみられる小形の竈は皆無に近い。これは、風呂や製油、多人数の煮炊きをまかなう場面では大形竈がみられるものの、一般的な煮炊きの場面の多くには囲炉裏がみられる絵巻物資料のあり方と整

表5 中世・近世の竈一覧表

No.	府県名	遺跡名	遺跡の種類	遺構名	竈の種類	年代
1	青森	根城跡本丸	城館	カマド状遺構2基	竈	15世紀前半～17世紀初頭
2	青森	根城跡東構	城館	カマド状遺構10基	竈	15世紀末～17世紀前半
3	岩手	栗田Ⅰ・Ⅱ遺跡	集落(？)	竈状の焼土遺構	竈	16世紀末～17世紀前半
4	岩手	江刺家遺跡	集落	HⅡ-2掘立柱建物跡カマド	掘立柱建物に伴う竈	18世紀
5	福島	本町遺跡	集落	竈	竈	16～19世紀
6	茨城	下新地A遺跡	集落	竈	竈	17世紀
7	茨城	沢田遺跡	製塩跡	竈・竈状遺構	製塩に関わる竈	17～18世紀
8	群馬	大胡城遺跡(三ノ曲輪)	曲輪	竈	石組竈	15～16世紀
9	群馬	大友館跡	居館	カマド	掘立柱建物に伴う竈	15～16世紀
10	神奈川	千葉地遺跡	屋敷(？)	炉址Ⅱ	竈(？)	14世紀後半以降
11	神奈川	佐助ヶ谷遺跡		建物8カマド	建物に伴う竈	16世紀後半
12	神奈川	南金目堀の内館遺跡	居館	焼土混じり粘土	竈(？)	江戸時代
13	神奈川	西ノ谷遺跡	名主屋敷	竈		
14	長野	小矢城	山城	(礎石間の)石組のカマド	竈	室町時代末期～戦国時代末期
15	長野	山崎遺跡	城	かまど状の石組遺構	竈	16世紀
16	新潟	高田城	城	竈	礎石建物に伴う竈	17世紀中葉
17	愛知	清洲城下町遺跡	城下町	竈状遺構(SX4006)	竈(煮炊きまたは風呂？)	19世紀
18	愛知	井田城跡	本丸	かまど跡	竈	15世紀後半～16世紀中頃
19	岐阜	岐阜城跡	城館	SX05・18	竈	16世紀
20	福井	一乗谷朝倉氏遺跡	城下町	SX32	石組竈	16世紀
21	福井	一乗谷朝倉氏遺跡	城下町	SX344	礎石建物に伴う石組竈	16世紀
22	福井	一乗谷朝倉氏遺跡	城下町	SX240	石組竈	16世紀
23	福井	一乗谷朝倉氏遺跡	城下町	SX709・SX710	礎石建物に伴う石組竈	16世紀
24	福井	一乗谷朝倉氏遺跡	城下町	SX3831	石組竈	16世紀
25	滋賀	大津城跡	城		礎石建物に伴う石組竈	1586年～1600年
26	滋賀	妙楽寺遺跡		SX467・SX479	石組竈	室町時代後半
27	京都	平安京左京四条三坊十三町		SX-534	竈	室町時代後葉(？)
28	京都	京都(中京)1987年度調査	町家		竈	16世紀以降
29	京都	京都(下京A)1981年度調査	町家		竈	16世紀以降
30	京都	六角堂境内	寺院		竈	桃山時代～江戸時代前期
31	京都	伏見城跡	城	礎石建物跡SB003竈SX169	礎石建物に伴う竈	1594年～1623年
32	大阪	大庭寺遺跡	集落	B329-OX	掘立柱建物に伴う竈	13世紀
33	大阪	陶器南遺跡	集落		掘立柱建物に伴う竈	13世紀
34	大阪	上町東遺跡	集落		竈	13世紀
35	大阪	平野環濠都市遺跡	都市	かまど701	竈	16世紀中葉～後葉
36	大阪	堺環濠都市遺跡	都市	SC01	竈(2連)	16世紀後半
37	大阪	堺環濠都市遺跡	都市	SB09	礎石建物に伴う竈	16世紀後半
38	大阪	堺環濠都市遺跡	都市		竈	16世紀後半
39	大阪	茶臼山古墳	徳川家康本陣	瓦と石を組み合わせた竈	本陣の台所	17世紀初頭
40	大阪	玉造小学校	町家	竈状遺構	酒造用の竈(？)	18世紀中頃
41	大阪	住友銅吹所跡	銅精錬所	かまど401～412・301～302・201～205	鋳造のための湯沸かし・炊飯	17～19世紀
42	兵庫	伊丹郷町	町家	第27次調査SX01など	酒造用の竈	19世紀
43	兵庫	御着城跡	城内の居屋敷	「くど」状遺構		16世紀
44	兵庫	豊岡藩庁跡	城下町		3連竈(石組)	1580～1590年代
45	兵庫	明石城武家屋敷跡	城下町	SK2002	五右衛門風呂の焚き口(？)	
46	広島	北谷山城跡	山城	第2郭第1号かまど跡	竈	
47	広島	北谷山城跡	山城	第3郭第2号かまど跡	建物に伴う竈	
48	佐賀	羽柴秀保陣跡	城	第二郭礫敷遺構	竈(？)	16世紀末
49	大分	守岡遺跡	城		竈	16世紀
50	鹿児島	苦辛城跡	山城	建物19竈	掘立柱建物に伴う竈	14～16世紀
51	鹿児島	上加世田遺跡	鉄器生産工房跡		竈(鉄器生産関連)	16世紀
52	鹿児島	西ノ平遺跡	屋敷		竈	18世紀

合する。

　16世紀に入ると、竈資料は多様になる。竈の多くは城や城下町、環濠都市でみられる。竈はこうした一般集落とは異なる都市部を中心とした地域で主に用いられたとも考えられるが、調査の対象となる遺跡が上記の性格をもつものにおのずと限られているためとも考えられ、16世紀に竈が都市部で主に用いられたものか否かはわからない。

　集成した16世紀の資料では、大坂城でみられた長屋にともなうとみられる等間隔で並ぶ小形の竈が他所ではみられないことから、大坂城を初源とする可能性が考えられ、少なくとも16世紀に成立した可能性が大きい。

　16世紀以降の竈をみると、石組みのものが多く、大きさは直径50cm～1mの竈が大半である。

集成した資料においても、大坂城の竈でみられたように、焚き口が1つのものと複数のもの、また形態では長方形と鍵穴形のものがそろってみられ、基本的に同じ形態のものが19世紀まで用いられるようである。

　集成した18、19世紀の竈は、酒造用や鋳造用の湯沸かし、風呂に用いられるものなど生産に関わるものが多く、炊飯用とみられる竈は東日本の西ノ谷遺跡（図25-13）、江刺家遺跡（図25-4）など少数例に限られた。西日本では、炊飯用の竈は今井町の民家に据えられた例などからその存在は明らかであるが、遺構として検出される例は少なく、近世、竈は西日本に普遍的であるとする見解を考古学的に遺構から認証することは困難である。

　中世・近世の竈は、以上のような変遷を示すものであり、このなかで大坂城の竈は、全国的に城や都市で石組みを中心とした多様な竈がみられるようになる16世紀後葉の同時期に、全国的にみても最も多様性に富む竈がみられる。とくに、長屋にともなうとみられる等間隔で並ぶ小形の竈は、大坂城を初源とする可能性が考えられる。

遺跡出典（表5　中世・近世の竈　の遺跡番号に同じ）
1～3・5～9・13・15・16・18・19・28～30・35・43・49・51・52 第27回埋蔵文化財研究集会実行委員 1990
4 （財）岩手県埋蔵文化財センター 1984
10 千葉地遺跡発掘調査団 1982
11 佐助ヶ谷遺跡発掘調査団 1993
12 平塚市教育委員会 1989
14 東海埋蔵文化財研究会 1988
17 （財）愛知県埋蔵文化財センター 1995
20 福井県教育委員会 1976
21 福井県教育委員会 1988
22 福井県教育委員会 1973
23 福井県教育委員会 1977
24 福井県教育委員会 1989
25 ジャパン通信社 1997a
26 滋賀県教育委員会・（財）滋賀県文化財保護協会 1989
27 （財）古代學協會 1984
31 （財）京都府埋蔵文化財調査研究センター 1991
32 （財）大阪府埋蔵文化財協会 1989
33 大阪府教育委員会 1997a
34 泉佐野市教育委員会 1995
36 堺市教育委員会 1990a
37 堺市教育委員会 1990b
38 堺市教育委員会 1984b
39 趙哲済 1986
40 松尾信裕 1987
41 （財）大阪市文化財協会 1998

42 伊丹市教育委員会・大手前女子大学史学研究所 1992
44 ジャパン通信社 1997b
45 兵庫県教育委員会 1992
46・47 広島市教育委員会 1986
48 佐賀県教育委員会 1983
50 鹿児島県教育委員会 1983

第8章　近世の竈
──民家の発掘調査から──

1　視点

　筆者の民家に対する視点は民家の基礎構造、すなわち、民家の上屋が朽ちた場合、どのようなものがどのような形で地面に残るのか、に向けられる。掘立柱建物の場合は柱を据えた柱穴、礎石建物の場合は柱が建つ礎石、ほかに雨落ち溝の石列、根太の痕跡、囲炉裏の基礎の石組み、土間の痕跡、台所の竈の痕跡、風呂釜の石組みなどが残るであろうとおもい、実際にある民家建築物よりも、この建物が朽ちて、上屋が完全になくなった場合の有様を考えてしまう。これは、考古学的な発掘調査では、地面に残されたものを対象としており、実際に検出された遺構、遺物を記録するなかで、この遺構は何の痕跡なのか、実用されていたときはどのような建築物や構築物であったのかを想い描きながら調査をしており、その資料として民家を視てしまうためである。

　考古学的な発掘調査において検出された遺構から建築物を復元する場合、あくまで検出された遺構を基本としながら、考古学的、民族学的、建築学的な視野を交えた総合的な見地から復元がなされる場合が多い。復元された建築物は学際的な総合的な見地の調整の上にたつ最善のものではあるが絶対的な復元物とはなり得ない。その点民家の場合、現存するものから地下構造にともなう上部構造が明らかであり、地下構造に類似するものを遺構として検出した場合、その上部構造を復元する際、たいへん参考となる。

　建築物の復元に限らず、民俗学的な住まい方を含め、考古学的視点から民家をながめると多くのヒントを見出すことができる。民家の上部構造と地下遺構のあり方を具体的に示す資料を集成することで、考古学と建築学の接点として民家をみる基礎的資料とし、とくに竈資料について注目したい。

2　民家の建築学的研究のながれ

　民家の建築学的研究は、大正時代よりはじまるが、現在行われている調査研究方法が確立されたのは、昭和30年代のことである。これは、以前より進められていた古社寺の保存修理にともなう復元的調査法と、戦後実施された民家の調査過程で行われた建築の細部形式を指標とする様式編年研究の2点を主とする。

　この方法に加え、民家の絶対年代を示す棟札、普請帳などの文献資料の探索、住まい方に関わる

民俗学的な資料が得られれば、より地理的に狭い地域における民家の歴史的変遷を精確に解明することが可能となる。

　昭和30年代、戦後の経済、社会が劇的に変化するなか、伝統的な民家の消滅が急増し、市町村において民家の建築学的調査が各地で活発に行われた。

　1966（昭和41）年、文化財保護委員会は全国規模の民家緊急調査を計画し、都道府県の教育委員会がこれを実施した。この調査により、1万棟を超える民家資料が得られ、その大半が報告書として公刊されるとともに、成果にもとづいて1985（昭和60）年には約300件約550棟の民家が重要文化財の指定を受けている。

　昭和40年代後半からは、新しく指定された民家の根本修理が本格化し、修理にともない刊行された工事報告書は、個々の建築について、解体調査でなければ得られない精度の高い情報を提供し、1984（昭和59）年には既刊の民家修理工事報告書は170冊を超えるものとなった。

　以上の経過のなかで得られた基礎的な資料をもとに、民家の建築学的研究は、狭い地域における精密な調査、歴史的考察が主体であったものから、広い地域に関する系統的な考察がみられるようになった［奈良国立文化財研究所　1985］。

3　民家の考古学的研究のながれ

　これまで、考古学においては、民家をいわゆる一般庶民の住宅としてとらえると、旧石器、縄文、弥生、古墳、古代（奈良・平安）、中世（鎌倉・室町）の竪穴、掘立柱建物、礎石建物を対象として研究が進められてきた。出土遺物、遺構の粗密などから集落のあり方や竪穴における住まい方などの考察がなされている。

　しかし、現存する民家で大半を占める近世に関しては、近世の建物遺構は、近代の撹乱、整地により遺存しない場合や、城郭、陣屋など特殊な建築物に比べ一般住宅である民家は調査の対象とならない場合が多いため、民家の発掘調査資料は他の年代に比べてきわめて少ない。また、絵図を含め描かれた資料や文献資料が多く、これらに依拠する場合も多いためか、考古学的な近世建物の研究は非常に限られたものである。

　近年、兵庫県箱木家住宅や大阪府今西家住宅など、民家の解体修理にともなう発掘調査の事例がふえており、現存する民家にいたるまでの建物遺構の変遷が解体修理にともなう建築学的な調査とともに実施される発掘調査によって明らかにされている。

4　資料の集成

　集成ではこれらの民家の解体修理にともなう発掘調査の事例などをまとめることで、民家を対象とした建築学と考古学の接点の基礎資料とし、そのなかで竈資料についても注目したい。

　考古学では、地下遺構を対象としており、その上屋復元については、建築学的な見地をもとにしながらも、あくまで推定復元とならざるをえないという限界がある。集成では上屋が明らかな地下

遺構を丹念に蓄積することで、今後遺構から上屋復元を行うにあたっての基礎資料になることが期待される。

また、遺構の変遷およびそれにともなう出土遺物の変遷から建物の変遷とその年代が明らかとなり、民家の解体修理においてある年代のすがたへと修復する場合の証左となる。これはまた、この地下遺構にともなう上部構造の細部形式の年代を決める証左ともなる。

以上のような目的をもち、以下の三様の資料の集成をこころみた。

(1) 民家建築において発掘調査がなされ、地下遺構と民家建築との対照が明白なものである。たとえば、先にあげた兵庫県神戸市箱木家住宅や大阪府豊中市今西家住宅などがある。建築学と考古学の接点となる資料として、もっとも条件が整うものである。

(2) 解体調査のなかで、地下遺構について触れられた事例である。発掘調査をともなわないまでも地下遺構の一端を知る資料となる。

(3) 中世〜近世民家の発掘調査資料である。中世については膨大な資料となるため、まとまった発掘調査がなされた近世民家発掘調査資料を中心とする。

以下、それぞれの詳細を述べていく。

(1) 民家建築において発掘調査がなされた事例

大阪府豊中市今西家住宅［豊中市教育委員会 1998］　豊中市南端を流れる神崎川と南流する天竺川、高川などの河川の沖積作用により形成された微高地と豊中台地から派生する、ゆるやかな扇状地上に広がる小曽根遺跡の南西微高地に位置する。

今西家は領主春日社より、垂水西牧榎坂郷小曽根村へ下向した目代として知られ、今西氏が保管する『今西家文書』は室町時代以降の当地の政治的状況、平安時代末〜江戸時代の村落の様相、景観を知る資料として重要である。

小曽根遺跡および今西家住宅では、これまで20数次にわたる発掘調査が実施されており、これらの調査成果より、11〜12世紀には村落が成立し、12世紀後半から13世紀にかけて村落域が拡大し、14世紀後半以降には田畑と宅地が明確に分離し村落が次第にまとまりをもつ傾向がみとめられる。16世紀以降の成果は確認されていないため、その様相は不明である。

文献より、今西家は14世紀中頃には当地に屋敷を構え、直接支配を確立しており、戦国時代には衰退する春日社にかわり、婚姻などの方法により国人層との関係を強め、春日社領の維持に努めたようである。春日社領は近世村落への再編のなかで消滅するが、今西家はその後も当地にあり、現在にいたる。

今西家住宅は、近世絵図より内外2重の堀をめぐらす方二町規模の居館と推定され、現在の住宅は元禄もしくは宝永年間の焼失後のもので近世民家として貴重である。これまでの発掘調査では、下層で13世紀末頃の湿地性堆積層がみとめられたほか、14世紀の住穴群、15世紀以前に掘削されたとみられる外堀の一部、16世紀後半の溝、18世紀の内堀が確認されており、これらの調査成果より今西家住宅は14世紀代に方二町規模の居館として成立し、江戸時代以降も居館としての様相が保たれていたことが推定される。

98　第1部　原史・古代の竈

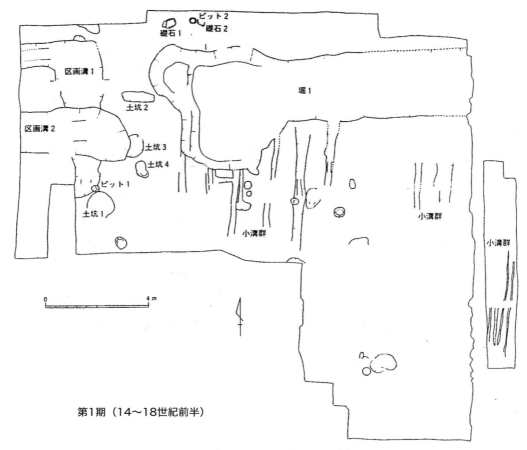

第1期（14〜18世紀前半）

図26　今西家住宅の遺構平面図（1）

　阪神・淡路大震災により全壊した今西家住宅の解体修理にともない、小曽根遺跡第22次調査として1996（平成8）年2〜3月に豊中市教育委員会により発掘調査が実施され、地下遺構の様相が明らかとなった。この成果の概要を以下に紹介する。

　基本層序は主屋部分において5層、台所周辺において6層に細分される。大きくは、18世紀初頭に建築された現今西家（第2〜5期）とそれ以前の旧今西家関連遺構（第1期）に大別される。

【第1期】旧今西家関連遺構　主屋第5層・台所第6層上面　14世紀以降18世紀前半（図26）

　堀1条、区画溝2条、礎石、礎石抜取痕を含む土坑、ピットが検出されている。

　堀は屋敷地のほぼ中央を東西にはしり、屋敷地を南北に区分する機能が推定される。

　堀の下層、ピット、土坑埋土には炭、焼土が認められ、旧今西家火災後の焼土整理により埋め戻された可能性が指摘されている。

【第2期】現今西家建築から主屋第3層による整地までの関連遺構　主屋第4層・台所第5層上面
　　　　18世紀前半以降（図27-1）

　礎石、礎石抜取痕、瓦組、埋納遺構、竈、風呂釜、洗場、落ち込みが検出されている。礎石では、大黒柱の桁行き柱列である礎石1〜4が、この時期から現位置を保つ。ただし、礎石1の東側

第8章 近世の竈 99

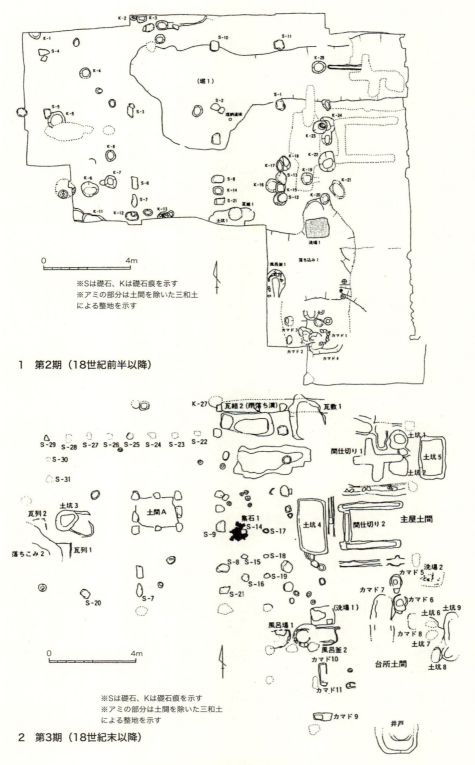

1 第2期（18世紀前半以降）

2 第3期（18世紀末以降）

図27 今西家住宅の遺構平面図（2）

には第3層上面から小さな礎石が掘り込まれており、原位置にある礎石においても改変は著しい。

竈は4基が重複して確認されている。カマド1が最も新しく、全形を残す。カマド1は、直径50cm、深さ20cmの平面円形であり、前底部は1辺約70cmの瓦や石を並べた方形区画である。燃焼部下層には炭が堆積する。

風呂釜1は台所北西部に位置する。全長1.2m、燃焼部の直径は50cmである。燃焼部の壁面は割れた平瓦を7～8枚重ね、その内側を黄白色粘土で覆う。

洗場1は台所の北側に位置し、三和土敷きである。南北0.9m、東西1.1mの長方形である。三和土の下から割れた瓦を同心円状に敷き詰める瓦敷きが検出されている。第3期以降も継続して機能した可能性がある。

【第3期】主屋第3層の整地から第2層の堆積までの関連遺構　主屋第3層・台所第4層上面　18世紀末以降（図27-2）

礎石、礎石抜取痕、間仕切り、瓦敷、瓦組、瓦列、土間、集石、竈、洗場、井戸、風呂釜、風呂場が検出されている。

主要な礎石はほぼ現位置に固定される。礎石20は機能を停止しており間取りの変更が考えられる。

礎石14～19にみられる束柱にともなう礎石がこの時期から確認できる。

間仕切りは、幅50cm、深さ45cmの布掘り状の遺構であり、間仕切り1では底に瓦や擂鉢片を敷き詰める。間仕切り1は部屋を4区画に区分し、間仕切り2は東側に開口し出入口となる可能性が考えられている。

瓦組2は中央に平瓦を小口組にして並べ、その両側は良質の砂の上に玉石を敷き詰める雨落ち溝である。瓦敷1はこれにつづく可能性があるが、残存状況が不良のため判然としない。

土間Aは、台所土間とは異なり、主星中央の押入にあたる箇所で三和土が敷き詰められた状態で検出された。神棚は隣にあることが知られるが、性格は不明である。

竈5・6は直径50cm前後の平面円形の竈である。燃焼部が深さ10～15cmで窪み、その前面の焚き口から前底部が灰のかき出しにより舟底状に窪む状態で確認される。

いっぽう、竈7・9・10は長方形であり、燃焼部の窪みとその内部に残存する炭が確認されるのみである。燃焼部以外は痕跡を残さない地上式の連房式竈と推定される。

洗場2は洗場1と同様の構造であり、第2期に設置された可能性がある。

風呂釜2は、台所と主星の境界に位置し、絵図から釜場と焚き口間には間仕切りがあったと推定される。釜場の燃焼部は平瓦を縦置きし直径35cmの円筒状の内壁をつくり、その周囲に瓦や割石を並べ釜台をつくる。焚き口から前底部は長さ1.3m、幅35cmの半地下状であり、側壁は板材を用いて壁を作っていたことが壁板の痕跡から判明している。

この風呂釜2にともなう風呂場1は、1辺70～75cmの台状の形態である。三和土の風呂床の下は一面瓦敷きであり、平瓦を周囲および中央に縦置きし内部を南北に区分し、区分された中に瓦片を詰める。南側は排水口手前に平瓦を敷き、周囲に瓦片を並べる。

【第4期】主星第3層の堆積終了前後の関連遺構　主屋第3層・台所第4層上面　18世紀末以降

第8章 近世の竈 101

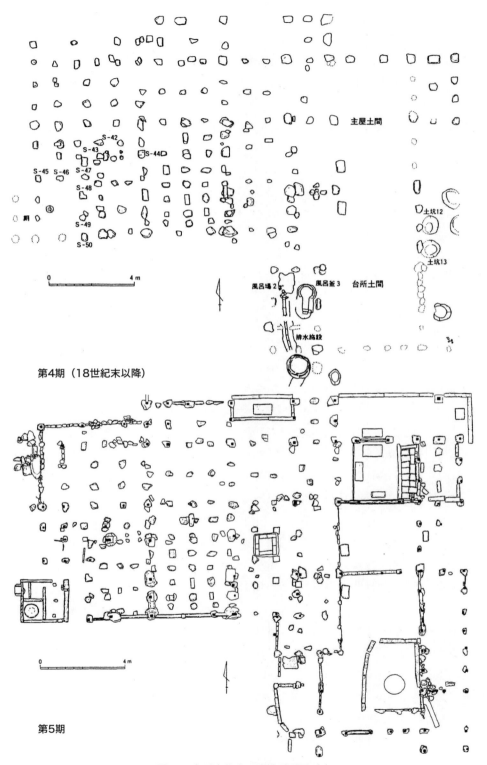

図28 今西家住宅の遺構平面図（3）

（図28）

礎石、土坑、厠、風呂釜、風呂場、排水施設が検出されている。

厠は主星南西隅部に設けられた2×1間の建物である。1辺5m四方を約20cm盛土した上面に建てられる。三和土を敷き、便甕2基を据える。

風呂釜3にともなう風呂場2が台所西側に位置する。第3期の風呂釜2にともなう風呂場1と類似する構造であるが、風呂釜3はレンガを用いた構造となり、風呂場2は三和土下部の瓦敷きがなく簡素化している。

【第5期】主星第3層上面における礎石のコンクリート化から震災による解体までの関連遺構（図28）

主星の主要な礎石がコンクリートにより固定され、台所および厠の三和土がコンクリートとなり風呂場が移動する。

群馬県桐生市彦部家住宅［萩原 2002］　関東平野の北端、赤城山麓を南流する渡良瀬川右岸の手臼山東麓に立地する。

彦部家には中世以来の古文書が多数保存され、家蔵の由緒書、系図によると、彦部家の先祖は古代にさかのぼり、平安時代以後の歴代当主名が明らかである。鎌倉時代には陸奥国菊田郡彦部郷（岩手県紫波町）の領主をつとめ、室町時代には義春、義輝の二代の将軍直参として仕え、1561（永禄4）年当地に定住したと伝えられる。

星敷地は1561（永禄4）年にこの地に居を構えた信勝の造営と伝えられる。星敷地は、手臼山麓の高台に、東西約130m、南北約100mの方形の土塁と濠をめぐらせた一郭と、その周辺に広い田畑、山林をともなう。土塁内の中央に主屋、南面中央の追手口に長屋門を配し、北隅の櫓跡西側に溺手口を設け、山麓側西端近くに八幡神と屋敷神を祀る。

敷地内には、長屋門脇に冬住みと称する隠居屋、主星北側の搦手口脇に文庫倉と穀倉、主屋周辺に織物工場とその関連施設が配置される（図29-1）。

発掘調査は主星のほか、長屋門、冬住みで実施された（図29-2・3）。主星の建設年代は明らかでないが、出土した陶磁器片および様式上からは17世紀中期（当地4代信重の造営とみられる）とみられ、長屋門はその後に建設され、冬住みと土蔵2棟は19世紀中頃と推定される。

以下、主屋の調査成果は建築学的成果とともに復元的に報告されており、年代順にみることとする。

【主屋発掘】当初・17世紀～18世紀前半（図30）

建物は当初、桁行9間半、梁間5間半の規模で、間取りは、下手の桁行4間半を土間、西側の上手5間を居室とする。土間は正面中央やや東よりの居室境に大戸を構え、大戸脇に外便所を設ける。内部は北東隅に馬屋、その西側に竈を設ける。居室部は正面側土間よりに12畳半のオモザシキ、その西側上手に10畳のオクザシキを並べ、オクザシキ上手に半間幅の縁、さらにその外側に落ち縁を設ける。落ち縁の北側は便所である。オモテザシキ正面は葺下ろしで、開放の下屋内に縁を設ける。オクザシキは北側の壁に押板を設け、正面側は東半が片袖の土壁に片引戸構え、西半が土壁の閉鎖的な構えになる。オモテザシキ裏側は土間に面して15畳大の簀子床の広間として囲炉

第 8 章　近世の竈　103

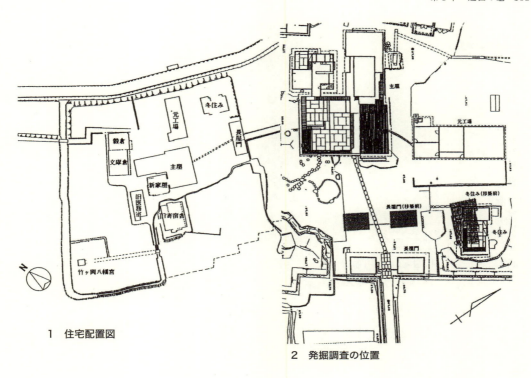

1　住宅配置図

2　発掘調査の位置

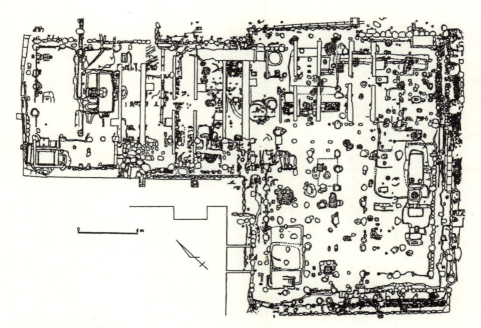

3　発掘調査全体図

図29　彦部家住宅の住宅配置図・発掘調査位置図・全体図

104　第1部　原史・古代の竈

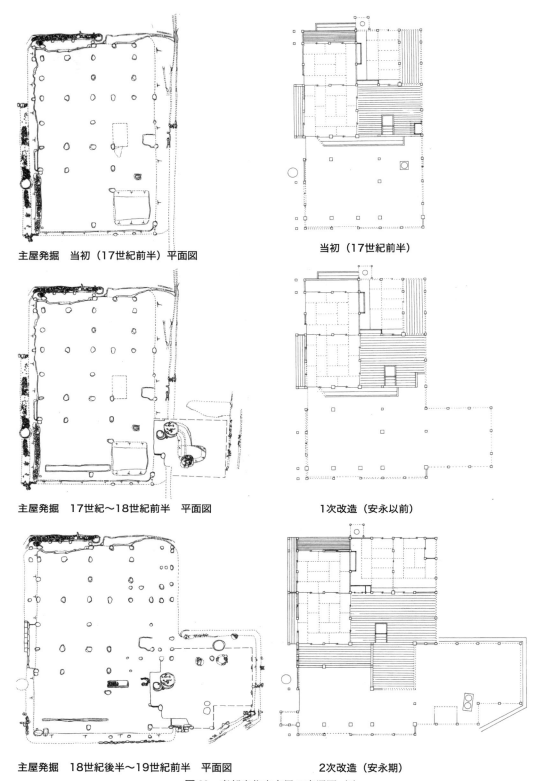

主屋発掘　当初（17世紀前半）平面図　　　　当初（17世紀前半）

主屋発掘　17世紀～18世紀前半　平面図　　　1次改造（安永以前）

主屋発掘　18世紀後半～19世紀前半　平面図　　2次改造（安永期）

図30　彦部家住宅主屋の変遷図（1）

第 8 章 近世の竈　105

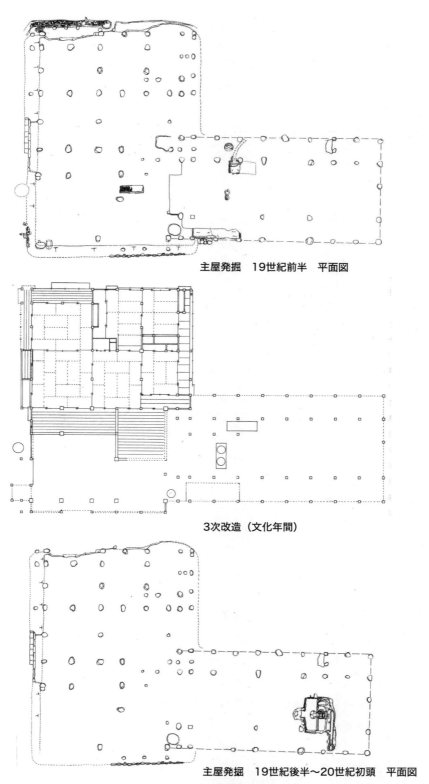

主屋発掘　19世紀前半　平面図

3次改造（文化年間）

主屋発掘　19世紀後半～20世紀初頭　平面図

図31　彦部家住宅主屋の変遷図（2）

裏を設け、北東隅の一画を流しとする。その上手、オクザシキの裏に接してウラザシキ、その背後は、背面の柱筋を上手の広間とそろえてナンドを配する。

【主屋発掘】18 世紀後半～19 世紀初頭（図30）

　安永年間（18 世紀後葉）には、オクザシキ南面の土壁を撤去して引き違い戸とし、前面に縁を設け、西面は北半を腰高の窓とする。広間およびナンドの背面を北に1間拡張し、広間、ウラザシキ境の南端間にウラザシキ側に張り出す仏壇を設ける。広間はこのころに板敷きに改められたと推測される。土間では大戸口を2間東に移し、土間、居室境に新たに板敷きを設ける。土間背面には突出部が設けられたようであり、突出部に染色に用いる流しや竈が設置される。

【主屋発掘】19 世紀前半（図31）

　1807（文化4）年には、オモテザシキ、オクザシキの境中央の柱を撤去し差し鴨居を入れる（差し鴨居には神棚が取り付き、神棚の仕口に「丁卯」の墨書が発見され、年代が判明した）。オモテザシキ前面の縁は東側1間を式台に改造し、前面の葺下ろしを桟瓦葺の庇に改める。広間、ナンドの背面半間通りを仕切って縁とし、広間はオモテザシキ境から2間北側の柱筋でナカザシキとチャノマに間仕切り、ナカザシキに神棚を設ける。チャノマはさらに土間との境を仕切り半間幅の板間とする。土間背後の突出部をさらに北へ拡張し染色のための施設を拡充する。

【主屋発掘】19 世紀後半～20 世紀初頭（図31）

　1908（明治41）年には、オクザシキの西側に桟瓦葺の庇を付け、縁を1間幅とする。土間側では、大戸口を庇前面のオモテザシキ境に移し、大戸口からナカザシキの背面まで1間幅を仕切り通り土間とする。背面突出郡は、間仕切りを設け染色施設と風呂場を整える。

　昭和期には土間を全面板敷きとした。

　長屋門は中央に間口1間半の扉口に潜門を備えた門構えをもち、両脇を大壁造の物置とし、豪農の格式を伝える。

　冬住みは2間取りの隠居屋で、東下屋に土間、台所を設ける。

　穀倉は妻入り、平屋建て、文庫倉は平入、2階建として、蔵前に土庇の付く形式である。

　彦部家は中世土豪の屋敷構えを良好に保存するとともに、主星は広い土間、閉鎖的な外観、屋敷の床構えなどに江戸時代初期の古式を伝え、関東地方で最古に属する古民家である。

（2）解体調査のなかで、地下遺構について触れられた事例

　香川県大川郡長尾町細川家住宅［（財）文化財建造物保存技術協会 1977a］　徳島県との県境に近い、阿讃山脈中の標高400mの南斜面に立地する。生活様式の変化のため改造がなされていたが、構造材がよく保存されており、解体修理工事の調査および所有者の記憶から、3期の変遷が明らかにされている。なお、現状変更により建設当初の姿に復旧整備されている。

【当初】（18 世紀中期頃）

　平入りの建物で、平面は桁行6.5間、梁間3間の寄棟造りである。内部は土間（にわ）と土座、ざしきからなる3間取り広間形の平面である。土間（にわ）には大竈、土座から使用する2口竈、からうすが、土座には囲炉裏が設けられる。

第 8 章　近世の竈　107

1　細川家住宅解体終了後の基礎の状態

2　細川家住宅大竈（左）と連房式竈（右）

3　細川家住宅連房式竈（左）と土座の囲炉裏（右）

4　境家住宅解体終了後の基礎の状態

5　境家住宅「おまえ」囲炉裏の築造状態

図32　細川家住宅・境家住宅

【第1次】（江戸末期頃）

　土間（にわ）に棚が設けられ、土座は台所とみなみざ、に分けられる。

【第2次】（1935〜45（昭和10〜20）年頃）

　正面西隅に小便所と風呂場を増築する。土座であった台所に床を設け、みなみざ、ざしき、ともに畳を敷き詰める。

　記述はないものの、解体終了後の基礎状態の写真が示されており、礎石とともに囲炉裏の下部石組み、大竈、二口の連房式竈、からうすのありかたを知る好資料である（図32-1）。大竈は土間に設けられ、焚き口を土間中央に向かって開口するが、二口の連房式竈は焚き口を「どざ」に向かって開口するため前庭部が設けられない（図32-2・3）。また、後者は石組みの台の上に箱形の構造物を組み合わせる構造であり（図32-2・3）、地下遺構のあり方は大竈と異なるものと考えられる。

熊本県玉名郡菊水町境家住宅［（財）文化財建造物保存技術協会 1977b］　熊本県北部、山村の谷あいに所在する。解体調査中に発見された墨書により1830（文政13）年に建設されたことが明らかである。建物は土間と居室部を別構造とした2棟造り系統の民家に類する。調査により、風呂場、竈、張り出し床の新設のほか、1935（昭和10）年まで大きな改造はなかったと推定されている。

　地下遺構の状態は、解体時の建物撤去後の写真によるしかないが（図32-4）、「おまえ」に設けられた囲炉裏の下部構造が興味深い（図32-5）。板石を方形に組上げ、内側を漆喰で固めているようである。また、「ざしき」「おまえ」の東側には踏み段が付くが、この場合柱礎石の脇に踏み段の束の礎石が並び、参考となる。土間の東側に竈が位置する。

宮崎県西諸県郡高原町黒木家住宅［（財）文化財建造物保存技術協会 1975］　宮崎市の南西約65kmに位置する。解体調査中に発見された墨書により1830（文政13）年から1836（天保7）年にかけて建設されたことが明らかである。建物は「おもて」と「なかえ」を「てのま」で接続する、2棟を連続して1戸として使う、別棟造りの民家である（図33-1）。「かしらのま」の床の南側に付書院を設けるなどの改変はあるものの、後世の大きな改変は少なく保存状態もよい。

　地下遺構の状態は、解体時の建物撤去後の写真によるしかない（図33-2）。「なかえ」の囲炉裏は人頭大の礫を方形に組上げ、礫の間を漆喰で埋める（図33-3）。土間の竈は横に2つ並ぶ状態であり、焚き口には割石がめぐる（図33-4）。竈後方の流しの脇には小礫が敷き詰められた状態であることがみてとれる。組立時の写真では、流しは「なかえ」の板の間と同じ高さであり、板の間に接する北側は板敷き、その南側の小礫が敷き詰められた上にあたる部分は竹が簀の子状に敷かれているようである。

（3）中世〜近世民家の発掘調査資料

大阪府枚方市福山家住宅［枚方市教育委員会 2001］　江戸時代、旧京街道筋に栄えた枚方宿の町並み遺構（枚方宿遺跡）のひとつである。京街道は1594（文禄3）年、大坂、淀、伏見に築城した豊臣秀吉が、伏見・大坂間の水陸交通路の整備を手がけ、淀川両岸の堤防を修築し（文禄堤）、その左岸堤防上を道路として利用したことに端を発する。その後、徳川家康による主要交通網の整備のなか、五街道に宿駅が設置され、京街道においても伏見、淀、枚方、守口の四宿が設けられた。

第8章 近世の竈　109

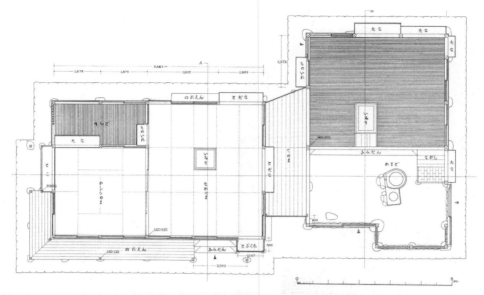

1　黒木家住宅竣工平面図

2　黒木家住宅解体終了後の基礎の状態

3　黒木家住宅　囲炉裏の築造状態

4　黒木家住宅　竈（手前）と流し（後ろ）

図33　黒木家住宅

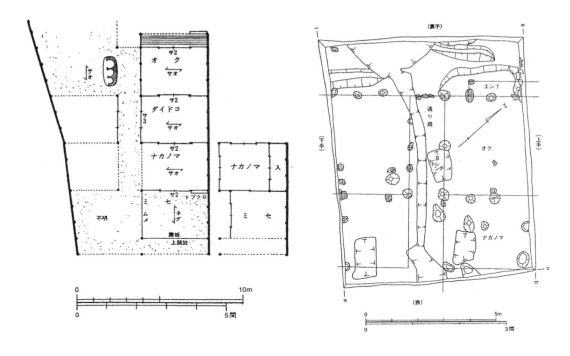

1 福山家住宅0面復元平面図
2 福山家住宅1面復遺構配置図

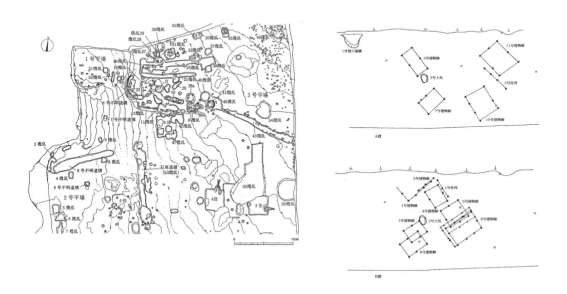

3 屋敷前遺跡遺構図
4 石坂遺跡中近世遺構の変遷

図 34 福山家住宅・屋敷前遺跡・石坂遺跡

調査は、旧福山家住宅を0面（図34-1）、これ以前の面を1面として実施された。

1面では、礎石建物が検出された（図34-2）。調査区北東辺では漆喰が幅1.5mみられ流しであった可能性がある。敷居の土台石列を境として、主星中央には幅1.35mの三和土土間がのびており、これを通り庭として両側に居室を振り分ける間取りとみられる。検出面上面には火災にあったことを示す炭灰、焼土の広がりがあり、出土遺物から18世紀第3四半期に第1面の建物は火災により焼失したようである。したがって0面の旧福山家住宅は18世紀後葉～末葉の建築と建築学的に推定されていたが、考古学的にもその年代が妥当であることが証明された。

福島県いわき市屋敷前遺跡［いわき市教育委員会 1999］　阿武隈山地をくだり低地に出た好間川により開析された、河岸段丘の北側低位台地上に立地する。

屋敷地は緩傾斜地に位置し、石垣により3ヵ所の平場に区画される（図34-3）。

第1号平場は南西部に建物の礎石とみられる礫が2×3間分残存する。昭和時代の隠居の跡である。

第2号平場では多くの柱六が検出されたが建物として確認されたものはない。平場中央北側から竈状遺構（9号不明遺構）が検出されたが、周囲に建物の存在は認められない。柱穴はないが平場中央の遺構のない空間に礎石建物があったと考えられる。出土遺物から17世紀後葉から18世紀前葉に建てられ19世紀前半まで存続したとみられる。

第3号平場では、2条の排水溝とこれにともない風呂場、流しの跡が検出された。柱穴は検出されるが建物は確認されていない。東西棟の礎石建物が推定され、出土遺物から17世紀後葉から18世紀前葉に建てられ19世紀前半まで存続したとみられる。

福島県いわき市石坂遺跡［いわき市教育委員会 1987］　前述の屋敷前遺跡と同様、好間川により開析された河岸段丘の南側低位台地上に立地する。

中世から近世の掘立柱建物11棟が検出され、重複関係からA群→B群の2期の変遷が考えられている（図34-4）。掘立柱建物は1尺前後の円形の掘方、柱痕5寸前後の丸柱が最も多い。

5　民家における竈

以上の資料をみるなかで、興味深い点、今後の発掘調査において注意を要すると考えられた点について列挙する。

①今西家の調査からは、中世後半から近世にかけての民家の詳細な変遷が発掘調査で明らかにされている。とくに興味深い遺構として、竈、風呂釜と風呂場、厠があげられる。

竈では燃焼部や焚き口部、前底部が窪んだ状態で検出される床面に直接設けられた竈（カマド5・6）と燃焼部の窪みのみで焚き口部、前底部が検出されない竈が（カマド7・9・10）あり、後者は連房式となる可能性が高い。第3期、18世紀末以降より後者がみられる（図27-2）。この2者の竈のあり方は細川家住宅の大竈と連房式竈のあり方が参考になる（図32-2）。すなわち、床面に直接設置される大竈では、燃焼部、焚き口部、前底部が窪んだ状態であり今西家カマド5・6のような地下遺構になると考えられるが、連房式竈は基礎の上に箱形の構造物がのる状態であり、土座

に向いて開口することから大竈に比べて極端な灰のかき出しはなく、床面に焚き口部、前底部の痕跡は比較的残らないと考えられ、今西家カマド7・9・10にみられる長方形の基礎部分と燃焼部の窪みのみの地下遺構になると考えられる。また、第2期カマド1（図27-1）のように前底部に石がめぐる構造は黒木家住宅の竈（図33-4）と類似する。

　今西家の調査における風呂釜と風呂場の基本的な構造は第2期にみられるが（図27-1）、第3期には風呂釜の構造が円形の燃焼部に長方形の焚き口部、前底部が付く形態となり（図27-2）、第4期にはレンガを構築材として用いるものの基本的に形態は継承される（図28）。

　厠は第4期に主屋に付随するようになる（図28）。

　今西家住宅では、第2期（18世紀前半以降）の住宅内間取りが基本的にその後も継承されており、第3期〜第4期（18世紀末以降）に個々の施設が定型化し整備された後、現在の住宅にいたったという変化がみてとれる。

②解体修理にともなう地下遺構の状態をみると、黒木家の調査では囲炉裏の下部状態が明らかであり（図32-5）、また、流しにおいても、小礫が敷き詰められた地下遺構の上部構造が簀の子状に竹を敷いた形態がみられ、今後の発掘調査で類似する遺構を検出した場合、参考となる。

　囲炉裏の下部構造をみると、今西家住宅第3期集石遺構は囲炉裏を廃棄した状態である可能性が考えられる。

③中世の掘立住建物を調査するなかで、よく火処が検出されないことが話題にのぼる。実際、竈や囲炉裏の検出例はきわめて少数であり、絵巻物などにみられる竈や囲炉裏の実態については、考古学的には明らかにされていない状況である。これは後世の削平により当時の地表面が遺存しない場合が多いことも要因のひとつであろう。また、民族例より掘立柱建物に付属する囲炉裏は高床の床下に付随する施設であるため、遺構として残らないと考える場合も多い。民家資料において、囲炉裏の下部構造が方形の石組みである例（境家、黒木家）や「どざ」に囲炉裏をきる例（細川家）を知り、このような構造の囲炉裏であるならば遺構として検出されるであろうと考えられた。こうした下部構造をもつ囲炉裏の出現がいつなのか、地域は限定されるのかについて、今後資料を蓄積するなかで注視したい。

④本資料中、江戸時代、主屋に風呂釜をもつ例は今西家住宅のみであり、民家資料では近現代になりはじめて風呂釜を屋内に備える住宅がほとんどであった。近世以降の主屋内風呂の普及のありかたについてみることも竈を考えるうえで重要となろう。

第9章　中世・近世の竈の絵画資料

1　本項の目的

　竈は、古墳時代前期には日本列島に出現し、古墳時代中期以降、竪穴建物において、西日本、東日本ともに広く用いられた。古墳時代後期には、東西日本において竈が付設された竪穴建物が盛行する。しかし、飛鳥時代から奈良時代に入ると、西日本では、竪穴建物が減少し、これに付設される竈も確認できる数が減少する［合田幸 2011］。これは、高床建物の広がりとともに、竈のあり方も変化したためかと考えられる。そして、平安時代以降、中世には、竪穴建物自体が希少となり、これに付設される竈もきわめて限られたものとなり、高床建物にともなう竈遺構は、極少数例を知るのみである［合田幸 2002c］。いっぽう、東日本では、飛鳥時代以降、平安時代には、竈が付設される竪穴建物が広く分布し、竈が暮らしのなかで存在していたことがわかる。しかし、中世以降になると、竪穴建物がみられなくなり、これに付設される竈も確認できず、高床建物にともなう竈遺構の様相については寡聞にして知らない。つまり、西日本では平安時代以降、東日本では中世以降の竈の様相が、考古学的な資料からはよくわからない状況にある。

　古代・中世の竈については、煙出しに注目した絵画資料による研究がある［小泉・玉井・黒田 1997］。ここでは、絵巻、絵図などの絵画資料にあらわれた竈をとり上げ、建築の中での位置づけや形態はもとより、用途や竈で用いられる炊爨具、何を煮炊きしたのか、などを明らかにしたい。

2　中世の絵画資料

　『信貴山縁起絵巻』（図 35-1）［澁澤他 1984］は、この絵巻が描かれた当時に行われていた民間の信仰説話を絵に描いたものである。1157（保元2）年から 1180（治承4）年までの間に描かれたとする説があり、平安時代末頃の成立とみられる。

　竈は、淀川の川港として栄えた山崎にある長者の家に描かれる。この地は石清水八幡宮内殿灯油備進の任にあたる神人が、荏胡麻を原料とする油締めと販売の権利をもっていたことから、おおいに栄えた。

　長者の家は礎石建ちの高床建物が主屋とみられ、竈はこれに隣接する、板壁と板塀に区切られた土間にある。竈の上には竹の柱で支える簡単な屋根があり、半ば屋外でありながら雨に濡れないよう工夫されている。竈には釜が掛けられている。近くには、油締木があることから、釜は、荏胡麻を蒸すためのものであろうか。

114 第1部 原史・古代の竈

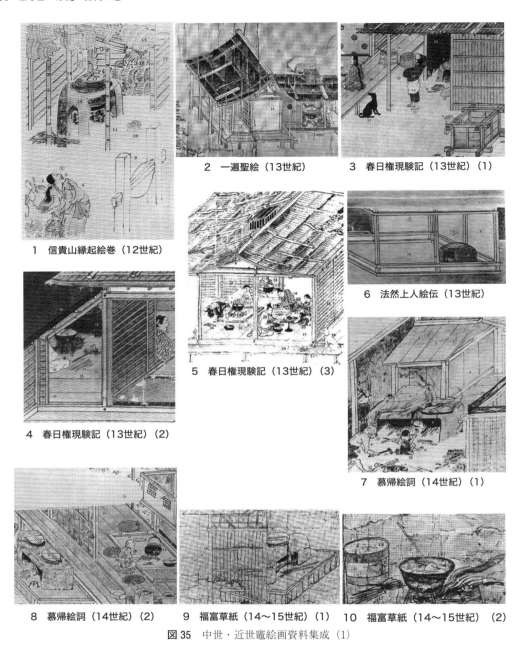

図35 中世・近世竈絵画資料集成（1）

　竈は壁がほぼ垂直に立ち上がり、上面の角は丸く、天井は平らなドーム形である。竈の大きさはわからないが、油締木と同様な幅に描かれていることから直径が1mをやや超える大きさで、高さが70cm前後と推定される。焚き口は板塀と反対側の土間を向いており、焚き口とは別に竈側面に逆U字形の穴があけられている点が注意される。通風孔であろうか。
　主屋とみられる礎石建ちの高床建物には、床上に囲炉裏がある。
　『一遍聖絵』（図35-2）［澁澤他 1984］は、時宗の開祖である一遍上人の生涯を描いたものであ

る。一遍は、伊予国に 1239（延応元）年に生まれ、諸国遊行のすえ、摂津兵庫津において 1289（正応 2）年に没した。第十二巻の巻末に 1299（正安元）年とあり、13 世紀の諸国の有様が描かれたものとみてよい。

竈は、第三巻、筑紫の聖達上人の禅室の風呂の場面で描かれる。風呂と湯屋は別のものであったようで、風呂は湯をわかして湯気をたて、その中に入って発汗する方法であり、湯屋は湯を湯船にとり、湯にひたる方法である。この絵では、湯気を湯殿に送る風呂が描かれている。

風呂の施設は、右側から、井戸とはね釣瓶、竈がある土間、高床建物の大きく 3 つからなる。竈がある土間は左側の高床建物とは別棟であり、竈上方の屋根には煙出しが付く。井戸からはね釣瓶を用いてくみ上げた水は、竈に掛けられた釜に入れられる。湯気は釜の後方にある筒を通り、丸窓のついた湯殿とみられる建物に満たされ、ここで蒸気浴がなされたのであろう。湯殿の左側の漆喰壁の建物は、湯殿へ向かうための着替えの施設であろうか。

竈は壁がほぼ垂直に立ち上がり、上面の角は丸く、天井は平らなドーム形である。焚き口に座る少年とみられる人物から、竈は子供が座ったぐらいの高さであり、70cm 前後であろうか。直径もほぼ同様であろう。焚き口は前面の土間を向く。

『春日権現験記』（図 35-3〜5）［澁澤他 1984］は、春日明神の神徳の高さを描いたものであるが、民衆の生活の様子に関連する場面も多く描かれている。左大臣西園寺公衡が、1309（延慶 2）年に春日神社に奉納したもので、鎌倉後期の生活様式が描かれている。

竈は、2 つの場面で登場する。

竈（図 35-3）は、高床建物脇の土間にある。土間にかかる屋根は、隣接する高床建物の屋根とは別の簡単なものであり、竈は別棟にあることがわかる。竈の左側は土壁によって高床建物と仕切られている。竈には釜が掛けられる。焚き口前方には円座が置かれ、その脇に薪があることから、ここに座って薪をくべるのであろう。竈の前に立つ女性は水桶をもっている。竈のある建物（竈屋）の前には井戸があり、竈と井戸は近接する。

竈は壁がほぼ垂直に立ち上がり、上面の角は丸く、天井は平らなドーム形である。竈の高さは前に立つ人物の腰ほどであり、70cm 前後と推定される。

竈（図 35-4）は、屋根の様子から、高床建物とは別棟の建物にある。竈には釜が掛けられる。竈に火はなく、この場面で竈は使用されていない。焚き口前方には、五徳に鍋が置かれ、席に座った人物が薪を横に置いている。竈と五徳が近接して用いられた様子がうかがえる。

『春日権現験記』にはほかに、台所が描かれる。台所は、礎石建ちの高床建物の床に囲炉裏があり、囲炉裏には五徳の上に鍋が置かれ、煮炊きがされている（図 35-5）。奥に鍋をもつ女性が立っており、奥は土間になっている様子である。竈はこの絵にはみえないが、奥の土間にあるのかもしれない。囲炉裏の脇の人物達は食材を切ったり、盛りつけたりしており、この床上の台所では、食膳を供する直前の作業がなされているようである。竈では、この作業以前の食材の基本的な加工がなされているのかもしれない。

『法然上人絵伝』（図 35-6）［澁澤他 1984］は、1133（長承 2）年に美作に生まれ、専修念仏の教えを説き、建歴 2（1212）年に入滅した法然上人の絵伝であり、鎌倉時代末ごろに完成したものと

みられている。

　竈は、法然が比叡山へ登る場面に見える1軒の建物に描かれており、この建物は茶所のようなものかと考えられている［澁澤他 1984］。土壁の建物であり、竈は土間の隅に置かれる。奥には懸樋と水槽があり、竈では湯か茶を沸かしているのであろう。竈には鍋が掛けられ、鍋蓋が置かれる。焚き口は土間を向き、竈の背面は土壁である。

　竈は壁がほぼ垂直に立ち上がり、上面の角は丸く、天井は平らなドーム形である。周辺に人物が描かれず、竈の大きさなどはわからない。

　竈はもっぱら台所に置かれることでもなく、こうした茶所のような単独の建物においても用いられる場合があったことがわかる。

　『慕帰絵詞』（図35-7・8）［澁澤他 1984］は、親鸞の曾孫の覚如の伝記を描いたもので、覚如の死後、10ヵ月後の1351（観応2）年10月に完成している。第一巻と第七巻は1482（文明14）年に補作されており、この二巻については室町時代中期の世相が、他巻については南北朝のころの世相がうかがえる。

　竈は、第二巻と第八巻にみえることから、南北朝のころの様子を示す。

　第二巻に描かれる竈（図35-7）は、風呂を描いた場面にみえる。土間に置かれた竈は焚き口に鍋と釜とみられる底部が2つみえており、二口の掛け口があることがわかる。一方には鍋が掛けられ、一方には釜か鍋で沸かした湯気を送る口が直接掛け口に置かれている。湯気は板葺き屋根と板壁、床からなる湯殿へと送られる。竈と湯殿の脇には土壁が立つ。

　竈は壁がほぼ垂直に立ち上がり、上面の角は丸く、天井は平らな直方体である。周辺の人物から、竈は高さ70Cm程度、幅は二口のため広く180cmを超える大きさであろう。

　二口の竈があったことが明らかであり、規模の大きな竈が存在したことがわかる。

　第八巻では、寺院の台所の場面に竈（図35-8）が描かれる。

　台所は、高床建物とこれにつづく土間からなり、建物には囲炉裏が、土間には竈がある。

　囲炉裏では、自在鉤に掛けられた茶釜に坊主頭の人物が薪をくべている。茶釜の脇には鍋がおかれ、囲炉裏ではこれらを用いた煮炊きがされている。

　いっぽう、竈は背を床に向け、焚き口は土間を向く。竈は、低い板囲い中に置かれる。竈は1つの焚き口に二口の掛け口をもち、掛け口には金輪をおいて鍋が掛けられる。焚き口の前には五徳があり、竈の傍らで五徳を用いた煮炊きがなされていたようである。

　竈は壁がほぼ垂直に立ち上がり、上面の角は丸く、天井は平らな直方体である。高さは高床の建物の床の高さをやや超える程度であり、70～80cm程度か。全体の幅は180cmを超える程度とみられる。

　竈に掛かる鍋は、囲炉裏に置かれた鍋よりも大形であり、竈では囲炉裏に比べて大容量の煮炊きがなされていたようである。

　『福富草紙』（図35-9・10）［澁澤他 1984］は、秀武という貧しい老人がおもしろい屁をひることにまつわる、「屁ひり爺」をモチーフとした物語である。奥書もないことから年代も不詳であるが、描かれたものから室町時代初期のものと推定されている。

竈（図35-9）は、土間の隅に置かれている。屋根がみられることから建物（竈屋）の中であることがわかる。竈は、低い板囲いの中にあり、脇には板壁が立つ。竈には、鍋が掛けられている。

竈は壁がほぼ垂直に立ち上がり、上面の角は丸く、天井は平らなドーム形である。焚き口は前面の土間を向く。この竈は掛け口が1つであるが、天井の幅がやや広く、2つあってもよいような大きさである。ほぼ同年代の絵巻である『慕帰絵詞』には二口の竈が描かれており、二口の竈がこの時代に存在したことは明らかである。

『福富草紙』［澁澤他 1984］には、五徳にのせた鍋での煮炊きが描かれる（図35-9・10）。左後方にある曲物は、こしきであろうか。こしきが用いられるところ、すなわち蒸す調理法が普遍であるところでは、鍋、釜の上にこしきをのせるため、自在鉤を用いず、竈や五徳が発達するという［澁澤他 1984］。この視点は、東西日本の竈のありかたを考える上で重要である。

3　織豊期の絵画資料

『祇園社大政所絵図』（図36-1）［京都国立博物館 1966］は、祇園社の御旅所である大政所を描いたものである。大政所は、桃山時代初期まで烏丸高辻付近に所在した。構図や部分的にみられる金箔押しの手法から室町時代最末期から桃山時代初期のものと考えられている。

竈は、通りに面した茶店の店先にある。茶店は掘立柱建物とみられる簡単な小屋がけの板壁、板屋根の建物であり、店先が土間、奥が低い床となっている。

竈は店先の土間にあり、壁際からやや離れた場所に、焚き口を奥の低い床に向けて位置する。竈の裾をみると、短い足があるものと無いものの2種類がある。掛け口には釜が掛けられ、傍らに水桶が置かれる。竈で湯もしくは茶を沸かして客に供したものであろう。

竈は壁がほぼ垂直に立ち上がり、掛け口に向けてやや内傾するドーム形で、釜が掛けられる。平らな天井部はみられない。焚き口の背面には小さな孔があり通気孔とみられる。高さは周辺の人物が腰掛けた膝上、腰ぐらいであり、50〜60cm程度のものか。全体の幅は高さをやや超える程度であり、60〜70cmとみられる。

4　近世の絵画資料

『人倫訓蒙図彙』（図36-2）［朝倉編 1990］は、1690（元禄3）年に刊行されたもので、著者は不明であるが絵師は蒔絵師源三郎ということがわかっている。当時の世情や職業を多くの図を用いて著したものであり、元禄年間前後の風俗、文化を知るにあたり有用な資料である。

竈は、「焼餅師」「飴師」「餅師」「練物張物師」「竈師」の箇所で描かれる。

「焼餅師」は、床と同じ高さに土間上にしつらえた台の上に竈が二口並ぶ。焚き口は土間側を向き、土間では箱形の椅子に座った少年が薪をくべるなどするようである。竈には両側に取っ手が付いた平たい鍋が二口ともに置かれ、床に座り煙管を口にした女性が作業をする。竈が置かれる台は座った少年の肩の高さであり、70cm前後、竈の高さは座った女性の胴の高さであり40〜50cm前

118 第1部 原史・古代の竈

1 祇園社大政所絵図（16世紀）

2 人倫訓蒙図彙（17世紀）
焼餅師　　飴師　　餅師　　練物張物師　　竈師

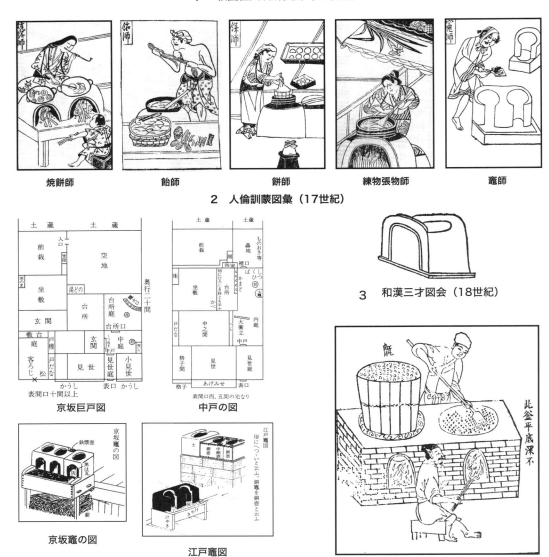

3 和漢三才図会（18世紀）

京坂巨戸図　中戸の図

京坂竈の図　江戸竈図

4 守貞謾稿（19世紀）

5 天工開物（17世紀）

図36　中世・近世竈絵画資料集成（2）

後となろうか。

　「飴師」は、おそらく土間に置かれた竈に鍋が掛けられ、飴が煮られている。傍らの男性は飴をのばしており、竈の手前にある台の上には浅い桶の隣にさまざまな形の飴が並ぶ。竈の焚き口の向きはわからない。その高さは男性の膝を少し超えるくらいであり、50〜60cm前後となろうか。

　「餅師」は、土間にドーム形の竈が2基並び、ひとつには釜が、もうひとつには鍋が掛けられる。釜の上には桶がすえられ、その中の餅を女性がのばし、丸めようとしている。竈は焚き口を土間奥の床の方に向け、その高さは女性の膝を少し超えるくらいであり、50cm前後となろうか。

　「練物張物師」は、土間に置かれた竈に釜が掛けられ、釜の中の液体を土間に立つ女性が櫂を使ってかき混ぜる。染物または洗濯物にともなう作業のようである。竈の高さは70cm前後となろうか。

　「竈師」は、二口の竈を製作している。奥には一口の竈があり、一口と二口の両方を製作していることがわかる。竈は膝上の高さであり、高さ50cm前後であろうか。後述の『守貞漫稿』にみる台上の竈に類似しており、台上の竈は17世紀には存在したとみえる。

　この5様の竈をみると、竈は土間に置かれる場合と、床の高さに土間上にしつらえた台上に置かれる場合があり、前者は焚き口を床側に、後者は焚き口を土間側に向ける。後者の様子は『守貞慢稿』にみる同種竈と共通しており、台上の竈の使用方法を具体に知ることができる。

　『和漢三才図会』（図36-3）［寺島 2010］は、江戸時代、寺島良安が図解で記した辞典であり、同時代の和漢の学説に依拠し、網羅的に当時の生活文化が示される。出版年は詳らかでないが、1712（正徳2）年の自序により年代の1点が明らかである。

　竈は、全百五巻のうち、巻第三十一庖厨具の1つとしてあげられる。

　『和名抄』『淮南子』『続事始』など古今の和漢書から竈について記しており、竈神についての記述が多くある。「竈神は天に上り、人の罪過を申告する」という内容が共通し、古くは漢代の『淮南万畢術』から唐代の『酉陽雑俎』、明代の『五雑組』まで連綿と記されており、竈神の有様が一貫する。良安は「修験業者が竈の前に奉幣して真言を誦し荒神祓いをするが、これは『酉陽雑俎』、『淮南万畢術』などに記載されたでたらめな話に基づいている」とみながらも、「竈は飲食を炊き、生命を維持するための大切な道具であるので恐らく神も存在するであろう。いつも清浄にしておくべきものである」とまとめている。

　『守貞慢稿』（図36-4）［喜田川 2008］は、喜田川守貞が著した江戸時代の風俗についての考証的随筆である。喜田川は1810（文化7）年に生まれ、1837（天保8）年以降の見聞を記し、記述の終わりには1853（嘉永6）年とあることから、江戸時代の終わり頃、19世紀の様子を伝えるものである。

　竈は、巻之三、家宅の項において、住宅の平面図と京阪と江戸の竈を比較した項目に記される。

　「京阪巨戸図」とする住宅の平面図では、「巨戸にも竈の右図ごときは稀なり。多くは普通の竈が八つあるいは十一（二）ばかりなり。必ず陽数にするなり。別に大竈を土間に造るなり。石竈は土上五、六寸を手島石にして、その上に造るなり」とあり、図に台所竈とあるように、台所脇の土間に、焚き口（竈火口）を壁際として、十二の掛け口が並ぶ。土間にまず石を敷き、その上に土で竈

を造ったことがわかる。

「京阪巨戸図」では、巨戸より規模の小さい表間が4、5間の家の平面図も描かれる。ここでの竈は、「竈は必ず口を土場の方に、床を背にす。大中戸には別に大竈を築くなり。銅壺の制、はなはだ稀なり」と記される。ここでは、竈は土間に独立することなく、台所の床を背にして並び、焚き口は土間を向く。

挿図にある「京阪竈の図」をみると、床の高さに作り付けられ、竈は床を背にして、焚き口は土間を向く。土間には三口の竈がのる台がせりだし、これを2本足で支える。台の下には、薪が置かれる。

「家内人数三、五口の家、大略これを用ふ。多人数の家には竈口五口、七口、九口あり（中略）竈土色黄なり。黒ぬりこれなし。また銅竈を用ひず、（中略）また竈の前および竈底等平瓦を敷く。竈口の周りもまた瓦を用ふ。また竈台、多くは杉材なり」とある。

いっぽう、「江戸竈図」は、土間を背にして、焚き口は床を向く。挿図からは不明瞭であるが、下図をみると二口の竈が台ごと床の上にのるようである。もしくは上図にあるように、石台に銅製竈がのる場合もある。これもおそらく図にあらわれないが、床に焚き口を向けているのであろう。

江戸の竈は、二口を用い、人数2、3人から6、7人でも二口であり、多人数でも20人、もしくは40人でも三口の竈である。江戸は「地価貴く民居自ずから広からず。故に竈を減じても諸羹等は七輪という石膏を用ふ」とある。

また、江戸では図にあるように、銅製の竈が用いられ、銅壺といわれたようだ。土製竈とともに銅壺を用いる場合が多い。上図にあるように端に土製竈、ほかに銅壺二口があり、銅壺二口の間の分銅形のところに水を入れ、ここで沸いた湯を洗いなど様々な用途に用いるとある。江戸では非常に合理的な工夫が竈においてなされていたようである。

ほかに中国の資料であるが、『天工開物』［宋應星 2010］（図36-5）が絵画資料としてあげられる。宋應星が明代、1637（崇禎丁丑）年に刊行した中国における産業、技術の百科全書というべきものである。

産業、技術に関わる内容であり、竈というよりも窯がさまざまな技術のなかで用いられる様相が描かれている。製塩、製陶、鍛造、焙焼、製油、製紙、墨作りの工程の一場面に描かれて窯は、その規模や形態が多様であることを示す。

日本の絵画資料では、産業、技術に関わる竈が製油、鍛冶などに限られるが、実際には日本においてもさまざまな産業、技術の分野で竈、窯が用いられたことが類推できる。

5　絵画資料からみた竈の諸形態

中世の絵画資料では、竈は、荏胡麻を材料とする製油、風呂、調理の場面で描かれる。調理では、多くが台所の竈であるが、『法然上人絵伝』は茶店の竈を描く。

中世末の絵画資料では、竈は、都市における通りに面した茶店の場面で描かれる。

近世の絵画資料は、竈は餅屋、焼餅屋、飴屋といった店の場面で描かれる。

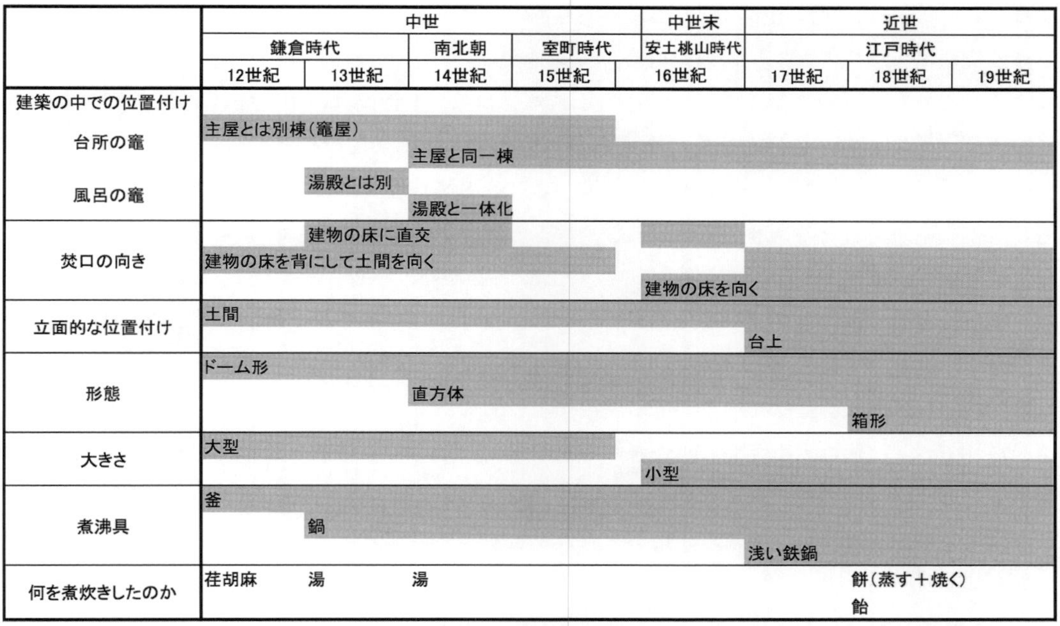

		中世				中世末	近世		
		鎌倉時代		南北朝	室町時代	安土桃山時代	江戸時代		
		12世紀	13世紀	14世紀	15世紀	16世紀	17世紀	18世紀	19世紀
建築の中での位置付け 台所の竈		主屋とは別棟（竈屋）							
				主屋と同一棟					
風呂の竈			湯殿とは別						
				湯殿と一体化					
焚口の向き			建物の床に直交						
		建物の床を背にして土間を向く							
						建物の床を向く			
立面的な位置付け		土間							
							台上		
形態		ドーム形							
				直方体					
							箱形		
大きさ		大型							
						小型			
煮沸具		釜							
			鍋						
						浅い鉄鍋			
何を煮炊きしたのか		荏胡麻	湯		湯		餅（蒸す＋焼く）		
							飴		

図37 中世・近世竈の変遷模式図

　上述のように、さまざまな場面の竈が描かれていたが、ここで絵画資料からみた中世・近世の竈の諸形態をまとめておく（図37）。

　まず、建築の中での竈の位置づけについて概観すると、竈は大きく主屋とみられる高床建物とは別棟、すなわち竈屋に置かれる場合と、主屋とみられる高床建物の中に置かれる場合の2通りがある。『春日権現絵巻』（13〜14世紀）にみる2つの竈は、双方ともに竈にかかる屋根は別であり、竈は主屋とみられる高床建物に接して設けられるものの、竈がある建物は別棟であることがわかる。ただし、『慕帰絵詞』（14世紀）では、主屋とみられる高床建物の中に竈があり、竈が建物の中にとりこまれ、調理の場と機能が同一棟に収斂していく。

　いっぽう、風呂をみると、風呂は施設として一連の独立した建物であり、竈はその一部として機能する。『一遍聖絵』では、竈は湯殿脇の土間に置かれ、竈と湯殿は湯気を釜から送る筒でつながるものの、竈と湯殿は別棟である。いっぽう、『慕帰絵詞』では竈と湯殿は直結しており、竈は土間にあるものの建物にとりこまれ、ここでも場と機能が収斂していく。

　焚き口の向きは、基本的には土間など空閑地に向ける場合が多い。これは、焚き口前で薪を入れ火力を調節しながら煮炊きをするため、焚き口前に作業場が必要なためであろう。そのため、焚き口は建物の床を背として土間に向く、あるいは建物の床に直交して土間を向く場合が一般的である。これが16世紀以降には土間におかれた竈が、やや距離をおいて焚き口を床に向けるものが存在することが、『祇園社大政所絵図』茶店の絵画からうかがえる。店先の竈であり、限られた空間の有効利用という特殊な例かもしれないが、中世末には焚き口の向きに多様性が認められる。

　次に、竈の立面的な位置づけをみると、基本的に竈は土間に設置され、地面の上で煮炊き作業がなされている。これが17世紀以降、土間と離れ、床の高さに設けられた台上で機能する竈が登場

する。このことは、次に述べる竈の形態や大きさの変化とも関連する。

　竈の形態は中世以降、ドーム形や直方体であったものが、近世後半18世紀には箱形のものが登場する。この変化は竈の大きさとも関連する。すなわち、中世には幅1～2m、高さ70cm前後の大形のドーム形や直方体の竈が通有であったが、中世末、安土桃山時代には幅1m弱、高さ50～60cmのやや小形のドーム形の竈が都市部に登場する。その後、近世に入ると土間にある竈は中世末の竈と大差ないが、台上の竈は小形化が進む。台上の竈はドーム形で掛け口が複数のもののほか、箱形で掛け口が複数のものが一般的である。台上にあるため、小形、軽量化が進んだものとみられる。また、台上の竈は、鉄漿や湯沸し専用の小形の掛け口が存在するなど、掛け口の増加とともに機能分化が進む。

　竈で用いられる炊爨具は、中世には釜、鍋が一般的である。鍋は囲炉裏においても五徳にのせて用いられており、鍋は大小存在したことが『慕帰絵詞』から明らかである。釜は、金輪を用いて調節することで、大小の掛け口に用いたことが、『慕帰絵詞』からうかがえる。17世紀には釜、鍋のほかに浅い鍋がフライパンのように用いられたことが『人倫訓蒙図彙』の焼餅師の絵画から明らかである。

　竈で煮炊きされた内容物は、中世においては『信貴山縁起絵巻』で荏胡麻、浴室では湯、茶店では湯または茶であることがわかるほかは不明である。近世は職業案内という絵画資料の性格上特殊とみられるが、餅と飴がわかる。

　中国の資料ではあるが、『天工開物』では竈というより窯とみたほうが的確かもしれないが、窯業や鉱業、製油の場面で竈が描かれ、さまざまな産業において竈が用いられたことを知る。日本においても近世にはさまざまな産業で竈が用いられた可能性があろう。

6　絵画資料における竈の変遷

　以上、絵画資料の竈を集成し、そこからみえる竈の姿について考えた。竈の絵画から得られた以上の内容は、今後、平安時代あるいは中世以降の竈遺構を検討する際、参考になろう。

　竈は、中世には独立した建物、すなわち竈屋で火処として機能していたものが、しだいに台所や風呂などの一部として建物の中にとりこまれ、場と機能が同一棟に収斂していく。

　中世末から近世には、竈の大きさや形のほか、焚き口の向き、立面的な位置づけ、用途、煮炊き具が多様になる。都市の成長とともに店や小住宅の登場など建物自体が多様化し、生業も多様化することから、竈もあらゆる属性が多様化する。

　17世紀以降の台上の竈の出現は、長年土間上にあった竈が、初めて土間上から離れた画期的なことであり、竈の形態や大きさのほか、機能や材質が大きく変化する。その後継続する床上で火を扱う生活の端緒となったと考えられる。

　台所として用いられる空間は、炉を中心としたオープンスペースから、竈周辺に限定された空間へと変化したことが説かれている［山口 1983］。竪穴建物内部においてみるならば、炉は竪穴建物の床面中心に設けられ、これにともなう炭の広がりは、建物の主柱内側までもおよぶことから、竪

穴内部のかなり大きな空間が台所として利用されていたことがうかがえる［西川 1987］。このことは炉で使用される土器についても、炭と同様の広がりをみせることから首肯される。竈が登場すると、竈は竪穴建物の壁際ほぼ中央に設けられる。竈にともなう炭は竈内部に集中し、一部掻き出された炭も竈前面の限られた空間で収束する。竈で使用される土器についても、竈の両脇に集中して置かれ、竈の登場により竪穴建物では、台所として使用される空間が限定される。

　中世以降の絵画資料で竈をみると、高床建物へと生活の場が変化したときに、竈は地面の上に残り、独立した建物、すなわち竈屋として高床建物の傍らにあったが、しだいに高床建物と同一棟の中に取り込まれたことを知った。古墳時代に、竈の登場とともに成立した竪穴建物における限定された台所空間は、高床建物では、その空間が独立して別棟の竈屋となるが、その後建物内へ移行し、建物の一画で台所空間は継続したといえよう。

第10章　朝鮮半島の竈

1　資料の収集

　朝鮮半島と日本の文物の交流に関する研究が進展し、墓制や韓式土器はもとより甲冑・鉄鏃・胡籙などの武器・武具類、装飾品類など多くの文物が4～5世紀朝鮮半島から日本へと流入した様相が明らかになってきた。竈もまた、これらと同じく朝鮮半島から日本へ流入したもののひとつとする見方が主流となっている。

表6　朝鮮半島の竈一覧表

遺跡番号	遺跡名	所在地	性格	年代	分類	灶の分類	分類	備考
1	大谷里遺跡	全羅南道昇州郡松光面大谷里	集落	原三国～百済（～A.D.5C初）	竪穴	焼土	①	
2	洛水里遺跡	全羅南道昇州郡松光面落水里	〃	原三国～百済（A.D.3初～4C中後半）	〃	〃	①	
3	府院洞遺跡	慶尚南道金海市	〃	原三国（A.D1～4C）	〃	煙道無し	②	
4	大也里遺跡	慶尚南道居昌郡	〃	伽耶～新羅（A.D.4C）	〃	〃	②	
5	中島遺跡	江原道春川市	〃	原三国（A.D.1～2C）	〃	縦煙道	③	
6	渼沙里遺跡	京畿道河南市	〃	青銅器～鉄器（無文～原三国）	〃	縦煙道？	③？	
7	夢村土城	ソウル市江東区	城郭	原三国→百済→高句麗～朝鮮（A.D.14C末～）	〃	縦煙道	③	
8	苧浦里C地区遺跡	慶尚南道陝川郡	集落	伽耶～新羅（A.D.2C後半～4C末）	〃	横煙道	④	
9	月城垓字遺跡	慶尚北道慶州市	城郭	新羅（A.D.4C）	〃	〃	④	
10	西屯洞遺跡	京畿道水原市	集落	初期鉄器（B.C.1～3C）	〃	煙道土板	⑤？	
11	扶蘇山城	忠清南道扶余	城郭	百済	〃	煙道石組	⑥	
12	魯南里南波洞	慈江道時中郡	集落	初期鉄器（B.C.4～3C～A.D.1C）（B.C.IC）			⑥	鉄竈模型
13	土城里遺跡	〃	〃	初期鉄器（高句麗初期）（B.C.4～3C～A.D.1C）	平地		⑥	
14	細竹里遺跡	平安北道寧辺郡	〃	初期鉄器（B.C.4～3C）			⑥	
15	松坪洞遺跡	咸鏡北道慶興郡雄基	集落？	初期鉄器（R.C.4～3C～）？			⑥	
16	蓮花堡	遼東半島旅大市		初期鉄器（R.C.4～3C～）？			⑥	
17	大坪里遺跡	平安南道北倉郡	集落	初期鉄器（B.C.1～3C）			⑥	
18	東台子遺跡	中国吉林省集安県	建物	高句麗（後期 A.D.392）	建物		⑦	
19	定稜寺跡	平壌市力浦区域	寺院	高句麗（5C初）			⑦	
20	九宜洞遺跡	ソウル市城東	？	百済→高句麗→百済→新羅	建物？		⑦？	
21	夢村土城	ソウル市江東区	城郭	高句麗			⑦？	
22	上京龍泉府	黒竜江省寧安県	宮殿	渤海（8C中葉）	建物		⑦	
23	梧梅里寺洞遺跡	咸鏡南道新浦市		渤海			⑦	
24	出土地不詳					竈形土器		
25	熊川貝塚	慶尚南道鎮海市	貝塚	伽耶～新羅			⑧	
26	雁鴨池	慶尚南道慶州市		統一新羅			⑧	
27	養洞里5号墳	鳳山	古墳	楽浪（A.D.2～3C）	明器	舟形	⑨	
28	石巖里99号墳	平壌市			〃		⑨	
29	万宝汀1368号墓	中国吉林省集安県	〃	高句麗（A.D.4C前半）	〃	横形	⑨	
30	山城下983号墓	〃	〃	高句麗（A.D.4C後半）	〃		⑨	黄釉
31	麻線溝1号墓	〃	〃	高句麗（A.D.4C後葉）	〃	横形	⑨	
32	長川2号墓	〃	〃	高句麗（A.D.5C前葉）	〃		⑨	
33	禹山下41号墓	〃	〃	高句麗（A.D.5C後葉）	〃		⑨	黄釉
34	三室塚	〃	〃	高句麗（A.D.5C末）	〃	横形	⑨	
35	万宝汀78号墓	〃	〃	高句麗	〃		⑨	
36	山城下217号墓	〃	〃	〃	〃		⑨	
37	通溝17号墓	〃	〃	〃	〃		⑨	
38	集安鉄道工事中			〃	〃	横形	⑨	鉄製
39	龍湖洞1号墓	平安北道雲山郡	〃	〃	〃		⑨	
40	平壌駅前壁画古墳	平壌市中区域	〃	高句麗（A.D.4C初）	壁画		⑩	
41	安岳3号墓	黄海南道安岳郡	〃	高句麗（A.D.357）	〃		⑩	
42	通溝12号墓	中国吉林省集安県	〃	高句麗（A.D.4C後葉）	〃		⑩	
43	台城里1号墓	平安南道南浦市	〃	高句麗（A.D.4C末～5C初）	〃		⑩	
44	舞踊塚	中国吉林省集安県	〃	高句麗（A.D.5C前葉）	〃		⑩	
45	薬水里壁画古墳	平安南道南浦市	〃	高句麗（A.D.5C後半）	〃		⑩	

126 第1部 原史・古代の竈

※数字は表6の遺跡番号と同じ

図38 朝鮮半島出土の竈資料位置図

　ここでは、朝鮮半島における竈資料を収集・分類し、この分類にそって朝鮮半島にみられる竈を概観したのち各分類の竈の分布・年代についてまとめることとする。なお、資料は1995（平成7）年段階のものである。

収集した朝鮮半島の竈資料は表6のとおりであり、その分布は図38のとおりである。

収集に際しては朴天秀・高橋潔・南秀雄・高正龍 1992「朝鮮半島」『第32回埋蔵文化財研究集会　古墳時代の竈を考える』（財）和歌山県文化財センター、申鉉東 1993『朝鮮原始古代竪穴建物址と日本への影響―朝鮮原始・古代竪穴建物址の主要調査報告―』、李弘鍾 1993「竈施設の登場と地域的様相」『嶺南考古学』12に負うところが大きい。その他、張慶浩 1987「わが国の暖房施設である温突（オンドル装置）形成に対する研究」『考古美術』165を参照し、これに韓国での収集資料、文献・報告書掲載の資料をあわせた。

2　竈の分類

朝鮮半島の竈の分類は表7のようになり、これを整理すると①～⑩の10分類となる。これにそって資料をみていきたい。

①竪穴建物竈―焼土（図39-1～7）　大谷里遺跡、洛水里遺跡例がある。

大谷里遺跡は、住岩ダム水没地区の遺跡である。宝城江沿いの平坦な河岸台地上に形成された大規模な集落で、無文～三国時代の竪穴建物跡が数百棟検出されている。遺跡は川をはさんで南西側の道弄地区、北東側のハンシル地区に二分されている。

ソウル大学による調査地では、原三国～三国時代の竪穴建物25棟、窯1基などが検出されている。竪穴建物中央に炉があり、その外郭では炭と焼土が確認される。焼土からは2次焼成を受けた長胴甕が出土しており、最下部からは鉢が転倒した状態で出土している。支脚であろうか。調査者は、炊纂具は長胴甕と甑である点を指摘し、暖房用の中央炉と炊事用の壁際の竈は分離していた可能性が高いとみている。報告書では、竪穴建物の下限を5世紀初とする。

ソウル大学による別地点の調査地では、三国時代初期の竪穴建物跡が25棟が検出されている。竪穴建物の平面形は隅丸長方形、隅丸方形、楕円形である。焼土は壁際もしくは壁際よりやや離れ

表7　朝鮮半島の竈分類表

竈関係資料の区分内容					分類	竈関係資料の区分呼称
竪穴住居作り付け竈	煙道無し	焼土	（構造物無し）		①	竪穴住居作り付け竈・焼土
		粘土	（構造物有り）		②	竪穴住居作り付け竈・煙道のない竈
	煙道有り	粘土	縦（直進）		③	竪穴住居作り付け竈・縦に煙道がのびる竈
			横（屈曲）		④	竪穴住居作り付け竈・横に煙道がのびる竈
		石組	横（屈曲）		⑤	竪穴住居作り付け竈・煙道が石組みの竈
平地住居作り付け竈	煙道有り	石組み	縦（直進）		⑥	平地住居作り付け竈・煙道が石組みの竈
			横（屈曲）	単煙道		
				複煙道		
建物（宮殿・寺院・城郭等）作り付け竈	煙道有り	石組み	横（屈曲）		⑦	建物（宮殿・寺院・城郭等）作り付け竈・煙道が石組みの竈
竈形土器					⑧	竈形土器
明器の竈		舟形			⑨	明器
		横型				
壁画に描かれた竈					⑩	壁画

128 第1部 原史・古代の竈

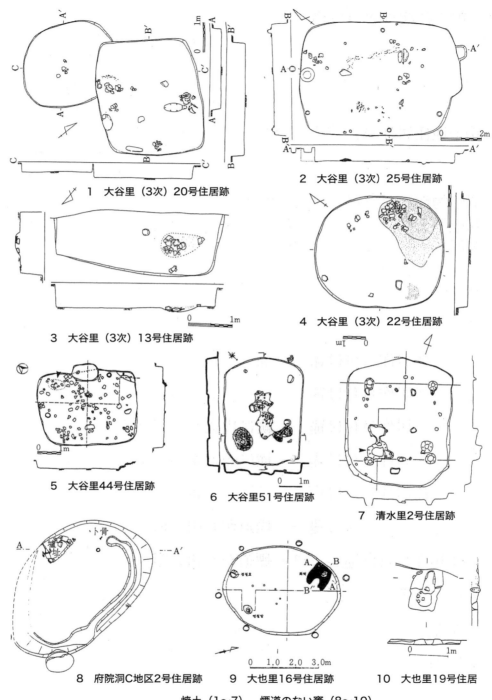

焼土（1～7） 煙道のない竈（8～10）

図39 竪穴建物の竈跡（1）

た箇所にあり、炭、土器が多く出土する。焼土の広がりは、直径 0.5〜1.5m であり、直径 1.0m 前後のものが多い。8 号竪穴建物は隅丸で歪んだ方形の平面形を呈する。竪穴建物隅部からやや離れた箇所に直径 50cm の焼土があり、その反対側の隅部から竪穴建物中央に向かって石が並んだ状態で出土する。13 号竪穴建物では、隅部からやや離れた箇所に、平面短辺 0.5m×長辺 1.0m の西洋梨形を呈する深さ 10cm の舟底状の窪みに焼土が堆積する。14 号竪穴建物には焼土を挟む 2 組の立石が認められる。年代は 3 世紀を中心として 4 世紀を下限とする。

洛水里遺跡は、大谷里遺跡同様住岩ダム水没地区に含まれる。宝城江を臨む河岸段丘の先端に位置する集落跡である。15 棟の竪穴建物が検出された。2 号竪穴建物は、隅丸長方形を呈し 4 本の主柱穴が配される。南西の主柱穴内側に粘土でつくられた 8 の字形の遺構が多くの炭とともに検出された。調査者はこれを特別な竈として注目する。他の竪穴建物からは焼土のみが検出される。竪穴建物の年代は 3 世紀初〜4 世紀中後半とされる。

②**竪穴建物竈**―煙道のない竈（図 39-8〜10） 府院洞遺跡 C 地区 2 号竪穴建物は、平面楕円形の竪穴建物で竪穴の深さは 50cm を測る。西壁に竈が作り付けられている。竈は竪穴建物の床面を若干掘りくぼめ、石を芯として壁体としていたらしい。3 号竪穴建物でも平面円形竪穴建物の西南壁際に竈痕跡とみられるものがある。無文土器系統の赤褐色土器、陶質土器、軟質の灰青色土器の出土から原三国時代、1〜4 世紀と考えられている。西谷正は同竪穴建物を弥生時代後期ごろに対応するとし、『三国志』魏書弁辰伝の「施竈皆在戸西」から原三国時代の竪穴建物における竈の存在は間違いなかろうと指摘する［西谷 1983］。

大也里遺跡は、陝川ダム水没地区の遺跡である。黄江に面する狭い平野に立地する、竪穴建物からなる集落遺跡である。三国（加耶）時代の竪穴建物跡が 5 棟確認され、うち 7 号・12 号・16 号・19 号竪穴建物で竈が検出された。竈は、楕円形を呈する竪穴建物の北西壁にあり、粘土を馬蹄形に厚くまわしたもので、中央の窪んだ部分に礫を 1 個立てる。大きさは長さ 1.06〜1.1m、幅 80〜90cm、高さ 8.7〜14cm 程度である。竪穴建物からは、長胴甕、甑などが出土しており、調査者は竪穴建物の年代を 4 世紀代とする。

③**竪穴建物竈**―縦（後方）に煙道がのびる竈（図 40-1〜6） 中島遺跡は、北漢江内の小さな島にある。初期鉄器時代の竪穴建物が 2 棟検出されている。第 1 号竪穴建物は、平面隅丸方形を呈し、東西 5.4m、南北 5m を測る。竪穴建物中央では炉が、東壁際では「粘土構造物」と報告される竈とみられる遺構が検出されている。炉は 95×120cm の楕円形を呈し、床に河原石を敷きその上に粘土をかぶせ、周囲を河原石で囲んだ上に粘土をかぶせたものである。粘土、敷石ともに二次的な被熱痕跡がある。炉の周辺からは完形の壺形土器 2 個体が出土し、うち 1 個体には炭化粟が入っていた。この炉から約 1m の東壁際で幅 1.5m の粘土帯が検出される。粘土構造物は、竪穴建物壁際で幅を狭めながら上がり、幅 70cm、長さ 1.5m、高さ 30cm を測る。東壁沿いには、高さ 23cm、幅 50cm の煙道部がのびる。年代は下層のオンドル構造と鍛鉄製鉄器を根拠として細竹里遺跡より若干遅れるものとみて B.C.2〜1 世紀に推定されている。層位からは A.D.1〜2 世紀を超えない時期が推定されている。

渼沙里遺跡は、漢江中の砂地の島に立地する。竪穴建物跡は 87 棟が調査され、内訳は新石器時

130 第1部 原史・古代の竈

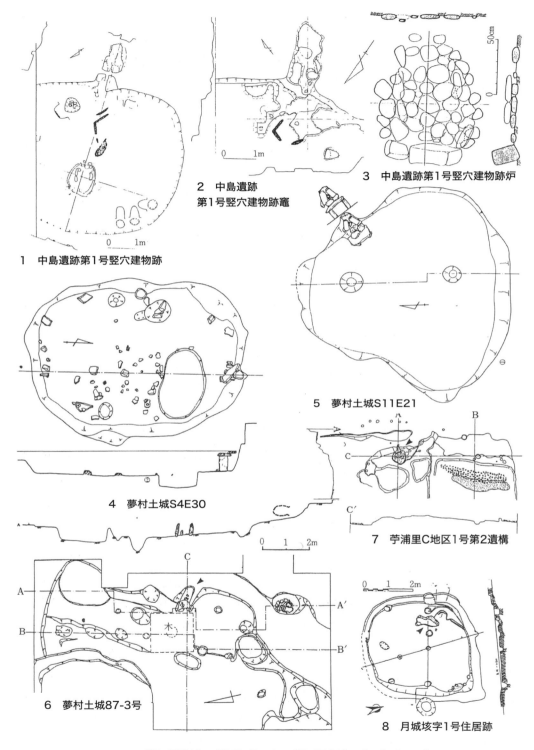

縦に煙道がのびる竈（1〜6）　横に煙道がのびる竈（7・8）

図40　竪穴建物の竈跡（2）

代 1、無文土器時代 35、原三国時代 38、百済時代 13 棟である。とくに第 035・040 号竪穴建物は楕円形の竪穴建物の壁際に竈が良好に残存する。035 号竪穴建物の竈は幅 1.1m、長さ 1.8m、高さ 50cm を測る。袖部は石と粘土で構築し、天井部をみると掛け口前面は粘土のみ、掛け口後面は石を渡し粘土で補強する形である。

夢村土城は、百済廃城時代の都城である。475 年の高句麗による漢城支配後も引き続き使用される。東北、東南、西南地区と年度を違えて調査されている。東北地区では 5 棟の竪穴建物跡が検出され、うち 3 棟で竈が検出されている。残存状況が良好な 87-3 号竪穴建物は竪穴建物の平面形は不明瞭であるが、東壁に竈が付設されている。竈は焚き口に 60cm の幅をもたせて板石をたて袖部の先端とし、袖部は地山である花崗岩を削り出す。図面では明確な煙道はみられないが、竪穴建物の壁をやや削り煙出し口にしていた可能性がある。東南地区では 88-1・4 竪穴建物で竈がみられるようであるが詳細は不明である。S4E30、S11E21 は、14 世紀末以降の朝鮮時代に下る可能性をもつ竪穴建物である。S11E21 の竈は焚き口に板石を立て天井を板石で覆う。煙出し口にあたる竪穴建物壁部分には丸瓦が 2 個体立てかけられている。

④**竪穴建物竈**—横（側方）に煙道がのびる竈（図 40-7・8）　苧浦里遺跡は、陝川ダム水没地区中の遺跡であり、黄江を臨む丘陵上に立地する集落遺跡である。1・2 次にわたる調査で 10 数棟の竪穴建物跡が検出されている。1 次調査第 1 地区第 1 号竪穴建物は 13×6m の不整形な竪穴建物であり、赤色粘土からなる竈状の遺構が北壁西寄りで確認されている。

月城核字遺跡は、台地上に立地する遺跡であり、数棟の竪穴建物跡が検出されている。250 地域 1 号竪穴建物は 1 辺約 3m の隅丸方形を呈し、西壁やや北寄りに竈が付設される。煙道は焚き口から横（側方）にのびており、竪穴建物西壁から北西隅部をめぐり北壁へとつづくようである。

⑤**竪穴建物竈**—煙道が石組みの竈　西屯洞遺跡は、丘陵上に立地する竪穴建物からなる集落遺跡である。無文土器が出土する平面長方形を呈する竪穴建物跡と、金海式土器と無文土器および鉄器が出土する平面方形を呈する竪穴建物跡が検出されている。竈は、方形を呈する第 7 号竪穴建物にみられる。その構造は「北壁に一辺約 30cm の薄い土壁石を 30cm 間隔で両側に立てて、その上にちょうど同じ大きさの壁石をおおいかぶせ、方 30cm の大きさのトンネル形のオンドル装置を構築して、西端で再び四壁に沿って折れ曲がり、焚口を作って東端で壁につけられ煙突を高く積み上げて屋根の上に引き上げられていたもの」であり、「熱を多く受ける焚き口側は田土を使用していて装置側は赤い真土を使用」、「火の坑道内部は土が焼成され土器のごとく固くなって煙突が竪穴内部を通り越していた」［張慶浩 1987］ものである。鍵形の煙道が推定されるが不明。真土には稲藁が混ぜられており稲作がなされていた時期と考えられている。竪穴建物の年代は出土遺物より初期鉄器時代と推定されている。

扶蘇山城は、百済泗比城時代の王宮跡の裏山に位置する城郭である。竪穴建物跡 3 棟などが検出されている。第 3 号竪穴建物跡（図 41-10）は 1 辺約 4m のほぼ正方形の竪穴建物で南辺には約 2m の階段部分があり出入口となっている。竈の焚き口は東辺中央にあり、竪穴建物内にある 4 本の主柱穴のうち東側 2 本の主柱穴間に向かって開いている。煙道は東辺に沿って底面を上げながら 80cm の比高差をもって竪穴建物外に向かってまっすぐのびる。燃焼部、煙道ともに割石を芯と

132 第1部 原史・古代の竈

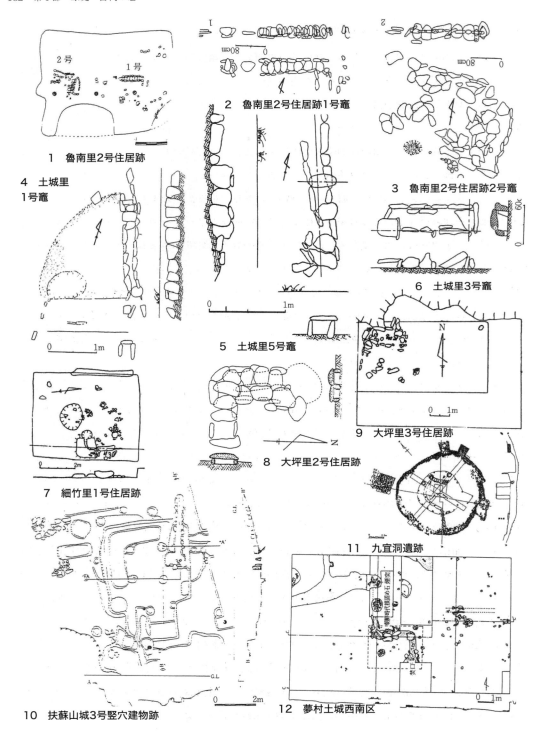

図41 竪穴建物の竈跡（3）・平地建物の竈跡・その他建物の跡竈

し、それを粘土と砂質土を混ぜたもので固めて壁体としている。燃焼部中央には石を数個立て支脚とする。天井部は燃焼部、煙道ともに残存しない。煙道の長さは約3m、幅約30cm、高さ約3m、燃焼部幅約70cm、奥行き約1mを測る。

⑥**平地建物竈**──煙道が石組みの竈（図41-1〜9）　魯南里遺跡は、禿魯江沿いに位置し北岸に間坪遺跡、南岸に南波洞遺跡がある。このうち初期鉄器時代の竪穴建物が調査されたのは南波洞遺跡である。南波洞遺跡の層位は、青銅器時代の下層と初期鉄器時代の上層に区分され、上層では竪穴建物2棟と製鉄炉1基が調査された。2棟の竪穴建物中1棟（2号住居跡）のみが明確な輪郭をもつ。魯南里遺跡2号住居跡は、ほとんど地上家屋に近い切妻形竪穴建物で東西約14m、南北約11mの長方形を呈する竪穴建物である。床には粘土が敷き固められ、床面の周辺は中央より20cmほど低く黒色腐食土層が堆積する。この建物を東西に分け、東側、西側で1基ずつ鍵形の石組みの竈が検出され、竈の南側には建物の長軸にしたがい4個の柱穴が1列に並んでいる。東側の1号竈は河原石を集めて作られ、東西部分が長さ3m、幅30cm、高さ30cm、東端が南に屈曲する南北部分が長さ50cm、幅40cm、高さ30cmを測る。南端部分に炭が深さ20cmほど堆積することからこの部分が燃焼部であり、東西部分の西端がふさがりその先にのびない状況から、ここに煙突部分が推定されている。石組み内部の底は粘土で固く突き固められ燃焼部の底の高さは煙道より低いという。施設の西側は崩れて不明だが、西側端と70cmほどの間隔をおき、さらに煙道がつづいている。1号竈の北側からは鉄器、砥石、釧、鉄斧片、土製の紡錘車などが出土する。また煙道北側のくぼみの底から五銖銭が1枚出土する。南側からは錐、小刀、小鉄板、魚網錘、褐色磨研土器、黒色磨研土器、灰色土器が出土する。西側の2号竈は西南側に焚き口をもつL字形の竈である。焚き口から南北に長さ50cm、ここより屈曲する東西部分が長さ3m、東端で再び屈曲し南北に1.5mのびる。床面では錐、鉄片、土器片が出土する。ひとつの建物で2ヵ所に竈がみとめられる点において特徴的である。年代は出土遺物よりB.C.1世紀と報告される。魯南里遺跡では1号竪穴建物の東北側で鉄鉱石、鉄滓をともなう2ヵ所の石造施設からなる製鉄跡が出土している。

　土城里遺跡は鴨緑江中流の土城の内部に位置する。初期鉄器時代の遺構は2・3・4区で調査された。建物は粘土床面と粘土層のみの残存であり、平地建物であろうか。石組み竈は4区の南側から2ヵ所、北側と南側から各1ヵ所が検出されている。4区北側の1号竈は、L字形に屈曲した竈である。河原石を2列に立てその下を粘土で固めたものである。煙道幅は20cm、高さ20〜25cm、長さは南北に3.6mであり南端から西側へ直角に屈曲する。薄く平らで長めの石を40cmの幅をもたせて両横に立て、その上に平らな石を置く。立てられた石の外面には粘土を1〜1.5cmの厚みに塗ってあり、煙道内部の床と石は火に焼けて赤くなっている。この施設の西側から鉄塊が多量に出土し、野外の製錬施設の可能性も指摘されている。南側竈は破壊され一部分のみの残存である。北側竈のように煙道部に粘土を塗った痕跡はない。調査者は魯南里遺跡同様、高句麗初期に編年する。

　細竹里遺跡は、清川江沿岸に立地する。遺跡の東・西・北側の3面は低い山に囲まれ、南側に清川江を臨む。河岸一帯は400〜500mの幅をもつ河岸沖積層で、遺跡はこの沖積層に立地する。27棟の竪穴建物が検出され、そのうち初期鉄器時代の竪穴建物は3棟調査された。しかし、このなか

で全体の形態がよくわかるものは1号住居跡のみである。1号住居跡は南北5.8m、東西5m、残存高15cmを測る長方形を呈する竪穴建物である。床には粘土を敷き固め、幅20cmで両側に平たい河原石を立てその上を石で覆って作った石組みの煙道と、その先端に位置する燃焼部がある。燃焼部は1辺120cm、高さ40〜50cmの粘土塊中にある。燃焼部前面には焚き口とみられる50×60cmの楕円形土坑があり、炭と灰がつまっている。燃焼部、石組みの煙道ともに被熱の痕跡がある。竪穴建物からは無文土器、金海式土器、鉄斧、鉄刀子、鉄繋などが出土した。B.C.3〜4世紀と報告される。

　松坪洞遺跡は、龍水湖東岸砂丘の低い台地と、その傾斜面に位置する。自然石を長方形のトンネル形に積んだ石組み施設と数条の石列上に板石をかぶせて作った石組み施設が調査され、煙道とみられる。後者は細竹里、土城里、魯南里の直線形、L字形の煙道がさらに発達したものとされる。

　大坪里遺跡は、大同江岸の沿岸堆積土に位置し、遺跡東側第1地点では青銅器時代包含層が、西側第2地点では初期鉄器時代包含層が調査された。第2地点の層位は3層からなり初期鉄器時代の竪穴建物はⅠ層で5棟、Ⅱ層で4棟が調査された。竪穴建物中比較的残存状況が良好なものはⅠ層（B.C.2〜1世紀）の2・8・9号、Ⅱ層（B.C.3〜4世紀）の1・3号住居跡である。Ⅰ層2号住居跡は、南北5m、東西3m、残存高10cmを測る長方形竪穴建物跡である。床は粘土を厚く敷き固めている。東壁近くに偏平な石で石組み施設をL字形に作る。その北側端には直径80cmほどの2つの焚き口があり、2列の煙道が南へ直進した後、東へ1列となって屈曲する。石組み施設の幅は35cm、高さは10cmである。Ⅱ層3号住居跡は、地上家屋かと推定されている。床土は燃焼部付近が厚く、それ以外は薄く粘土を敷き固められる。燃焼部は床面の西北側にあり、東西2.5m、南北1.2mの複式の石組み施設が直角に曲がり1m程度の単式の石組み施設に連結するL字形の煙道である。

　⑦**建物竈**—煙道が石組みの竈（図41-11・12、図42-1〜4）　東台子遺跡では、2000m²が発掘され4棟の建物が確認されている。中央に東西に並ぶ建物があり、東がⅠ室、西がⅡ室とされる。西北と東南に配される建物がⅢ室、Ⅳ室とされる。

　Ⅰ室、Ⅱ室は東西約35m、南北約21mの同一基壇上にあり、2室とも4周に石敷き中に置かれた礎石がめぐり、歩廊があったようである。2室とも礎石建ちの建物で床面には石が敷かれる。2室ともにL字形のオンドルが付設される。

　Ⅰ室は東西約15m、南北約11mであり、幅2mほどの石敷きが四周をめぐり石敷き中に礎石が等間隔に配される。オンドルの焚き口は東辺の中央にあり、直径2m、深さ60cmの土坑状である。焚き口周辺からは鉄鍋や陶片が出土する。煙道は幅70cm、深さ25cmを測り、焚き口から東辺、北辺沿いにはしり、北西隅で北へ屈曲し歩廊と考えられる礎石より北側までのびることから、屋外に煙出し口があったようである。室内部分の煙道は薄く整った板石が用いられ、天井石はみられないが、北西隅から室外へと伸びる煙道は厚く不整形な板石で覆われる。煙道の全長は22mである。Ⅰ室中央には0.8×0.6m、高さ1mの方形石座が置かれる。

　Ⅱ室は西南部分が撹乱をうけ、北東部分のみの残存である。Ⅱ室には2列の煙道をもつオンドルが2ヵ所ある。ひとつは、東壁中央よりやや南に焚き口があり煙道が東辺、北辺沿いにはしり、北

第10章 朝鮮半島の竈 135

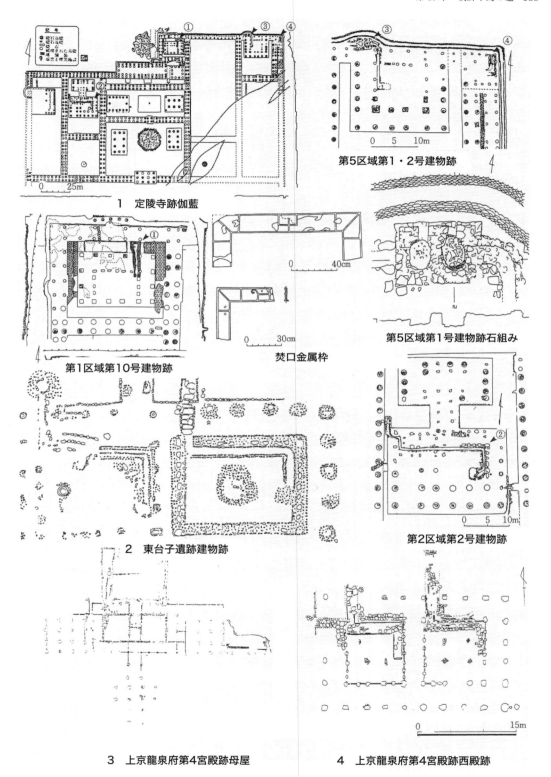

図42 その他建物の石組み煙道の竈跡

辺中央でもうひとつのオンドルと連結して室外にのびる。煙道は全長11m、幅2mである。焚き口周辺では鉄鍋、陶片が出土する。もうひとつのオンドルは北辺中央の室内に焚き口があり、先のオンドルの煙道に連結する。煙道は北辺よりやや斜方向に室外に向けてのび、撹乱のため不明瞭ではあるが建物西辺の延長上で北折し建物外の煙突にむけてのびる。煙突は直径約1mをはかり、周囲には厚さ1〜2mの石と土による壁がめぐる。

いずれも煙道は瓦片等で構築される。西川宏はこの建物を故国壤王9(392)年春3月に王室の宗廟として建立されたものとしている［西川 1985］。

定陵寺跡は、東明王陵の前方150mに広がる寺院跡であり、王陵のために建立された墓寺と推定されている。南北132.8m、東西233mの範囲内に八角基壇跡を中心にして建物遺構18、回廊等10余りが検出されている。これらの建物群は回廊によって5区域に区分される。オンドルをもつ建物は4棟が確認されている。

第1区域第10号建物跡は、中心伽藍が並ぶ第1区域の北東隅に位置する。4周を2列柱回廊に囲まれ、回廊と建物の間には礫が敷かれる。建物は東西16m、南北11.8mの5×4間の礎石建ち建物で、建物内部南側には3×2間の範囲に東西7個、南北には棟持柱と考えられる礎石のほか3個の礎石様の石列が並ぶ。オンドルはこの建物内部の石列に囲まれた部分の北東隅部に焚き口があり、煙道は北に直進し碑敷き部分が煙出し口となる。焚き口から煙道は瓦片と碑で構築され、煙道の長さは約8m、幅約1.3m、高さ1.2m前後、煙道壁の厚さは30〜45cmを測る。煙出し口は幅約2mである。

第2区域第1号建物跡は、第2区域の北側に位置する。この建物は廊でつながれた前殿(第1号建物跡)と後殿(第2号建物跡)があり、オンドルは前殿である第1号建物跡に付設される。第1号建物跡は東西26.1m、南北18.2mの低い基壇上に6×5間(23×16m)の礎石建ち建物がある。外1間分と内部は壁で仕切られた可能性が指摘されている［林 1992］。オンドルは建物中央やや東寄りに焚き口をもち煙道は建物をほぼ横断するものである。焚き口は室内である西側に向かって開口する。煙道は東壁に沿って2間分北にのびた後、北壁沿いに西に屈曲し、建物西端でL字形に屈曲して建物外に北にのびる。煙道は石で構築される。第2区域第1号建物跡の煙道や東側の溝からはL字形やコ字形の鉄片が出土しており、焚き口にとりつけられた金属枠と推定されている。第1・2号建物跡は厨房と考えられている。

第5区域第1号建物跡は、第5区域の北端に位置する。東西21.4m、南北15.6mの低い基壇上の5×5間(18.7×15.1m)の礎石建ち建物である。オンドルは建物の中央よりやや西にある、焚き口は室内である東側に開口し、煙道は北に直進し建物外で西に屈曲する。煙出し口の煙溜は瓦片を積み上げたもので、長径約1m、短径約60cmである。すぐ西側にも煙溜があり長径80cm、短径50cmである。煙道が西へとのびるが撹乱のため焚き口は不明である。第5区第1号建物跡の東北に接して第2号建物跡がある。建物は4×2間(7.3×7.4m)の平面ほぼ正方形のものである。オンドルは建物東壁に付設される。焚き口は明確ではないが、室内中央部東寄りにあり西に開口したものと想像される。煙道は東壁に沿ってのび北端に煙溜がある。

九宜洞遺跡では、円形の基壇状石組みのなかにつくられた建物から竈が検出されている。建物は

直径7.6mの円形であるが、一部出入口とみられる部分が突出する。竈は建物の北東隅部に付設される。室内中央よりやや東側に位置する焚き口から煙道が北側に直進し、建物北壁で河原石を8段積んで煙出し口とする。煙道は割石を立て側壁とし、板石を天井とする。板石の上にはスサ入りの粘土を塗った痕跡がある。煙道は長さ3.4m、幅0.4m、高さ0.4mである。焚き口からは鉄釜が出土する。

夢村土城遺跡は、西南区で石組みの煙道をもつ竈が検出されている。建物は不明である。南側に焚き口をもち、約2m北進したのち西折し約3m西進したのち北折し約5m北進して煙出し口にいたる。側壁は板石で、一部板石の天井石が残る。

上京龍泉府は、渤海国の宮城である。宮城は中心区域、と東側、西側、北側区域に区分され、中心区域は中区、東区、西区に区分される。オンドルは中心区域中区の第4宮殿跡と西殿跡、西区の寝殿跡の3つの建物で検出される。

第4宮殿跡は低い基壇上に3棟の礎石建ち建物からなる。中軸線上に並ぶ中央の母屋とその両脇の建物であり、オンドルは母屋に付設される。母屋は9×5間（21.6×15m）で外周1間分は歩廊であり、壁で仕切られた内側は東西3部屋となる。東・西室が大きく、中室は狭い。オンドルは東・西室に各1基ある。東室では東屋中央付近に焚き口があり東壁に沿って北に直進し屋外の煙出し口に通じる。西室ではこれと対称になるように付設されている。煙道は2列で、幅約1.5mである。

第4宮殿跡西側に西殿がある。建物は9×5間（27×15m）で、第4宮殿跡同様、外周1間分が歩廊であり、内側に東室、西室、中室がある。オンドルは東、西室に各1基と東、西室の北壁に接する北側歩廊部分に各1基、西室の西壁に接する西側歩廊部分に1基の計5基が付設される。東室のオンドルは東壁のほぼ中央部分に焚き口があり、煙道は東壁に沿って北上し西折して北壁に沿ってのび、西壁に当たったところで北折し歩廊部分へのびる。歩廊部分では、東室の北壁に沿って北側歩廊に付設されたオンドルの煙道が西へのびたものと連結し、煙道は北上し建物外へのびる。西室とその北側歩廊のオンドルもこれと同様である。両者ともに煙道は2列であるが、東室のオンドル側壁が塼で構築されるのに対し、西室のそれは平瓦で構築される。西側歩廊のオンドルは東壁中央付近に焚き口をもち、煙道は壁に沿って北上したのち西室北壁部分で西折し建物外へのびる。

西区の寝殿跡は、東西28.9m、南北17.31mの粘土と砂質土によって版築された低い基壇上に建てられた9×5間（26.7×15m）の瓦葺建物である。外周1間分は歩廊である。内側は東、西、中室の3室からなる。オンドルは東室に1、中京に1、西室に2、北側歩廊に2、西側歩廊に1の計7基が付設される。建物の北側には1辺約6mの平面方形を呈する石組みによる煙出し口が東西2ヵ所あり、東側の煙出し口は東室とその北壁に接する北側歩廊からのびる煙道に連結し、西側の煙出し口は西室の東壁中央と北西隅の焚き口からのびる煙道とその北壁に接する北側歩廊の焚き口からのびる煙道に連結する。西側歩廊の焚き口からのびる煙道は建物外北西隅の別の煙出し口に通じる。煙道は北側歩廊の2基は1列であり他は全て2列である。煙道は塼を高さ0.3mに4枚積み重ねその上に板石を敷き、この外面に石灰を塗ったもので、2列の場合幅約1.4mを測る。

⑧**竈形土器**（図43）　朝鮮半島のいわゆる明器以外の竈形土器は、現在昔州博物館に展示されてい

138　第1部　原史・古代の竈

1　竈形土器（出土地不明・国立晋州博物館蔵）

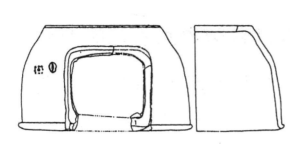

2　竈形土器（雁鴨寺出土1）

3　竈形土器（雁鴨寺出土2）

図43　竈形土器

る竈具土器、熊川貝塚で出土したとされる赤褐色と灰青色の爐形土器、時期が統一新羅時代と新しくなるが雁鴨池出土の瓦質土器のものがある。

　晋州博物館に展示されている竈具土器は、竈、羽釜、甑、把手のない釜、蓋の5点からなるものである。竈形土器は平たいドーム状のもので焚き口は不整形に切り取られたような形状を示す。底径約30cm、高さ約9cm、掛け口は直径約15cmを測り羽釜がすっぽりと据えられ鍔部が掛け口にかかる。底から約4cmのところにタガが1条めぐる。大きさが小さいため実用というよりも副葬品である可能性が高いとされる。

　熊川貝塚出土の赤褐色爐形土器は、「底部は中を欠失しており全体はわからないが、中の部分が円形に穴があけられたものか、平底でふさがれたものかは不明である。下から約5.3cmの部位に幅約1.5cmの凸部がまわる。口縁部にそって8個の三角形の穴をつくる。口径22.4cm」[西谷1983]である。灰青色の爐形土器は、赤褐色のものと形態は同様であり、口径14.8cmとひとまわり小形のものである。

　雁鴨池出土の竈形土器は瓦質のものが2点ある。1つは、底部から直立したのち内傾し平坦な上面に至るドーム形を呈するもので、焚き口には庇がまわる。掛け口は平坦な上面をくり抜く形で設けられる。底径約27cm、上部径約17cm、掛け口径約13cmを測る。他の1つは形状、大きさともに類似するが、焚き口の庇は無く、上面の平坦面は縁取られ直径約10cmと約6cmの掛け口が2ヵ所設けられる。焚き口の対面にはラッパ状の煙出し口が付けられる。

　⑨明器（図44）　⑨明器・⑩壁画の年代は東　潮　1993「朝鮮三国時代における横穴式石室墳の出

第10章　朝鮮半島の竈　139

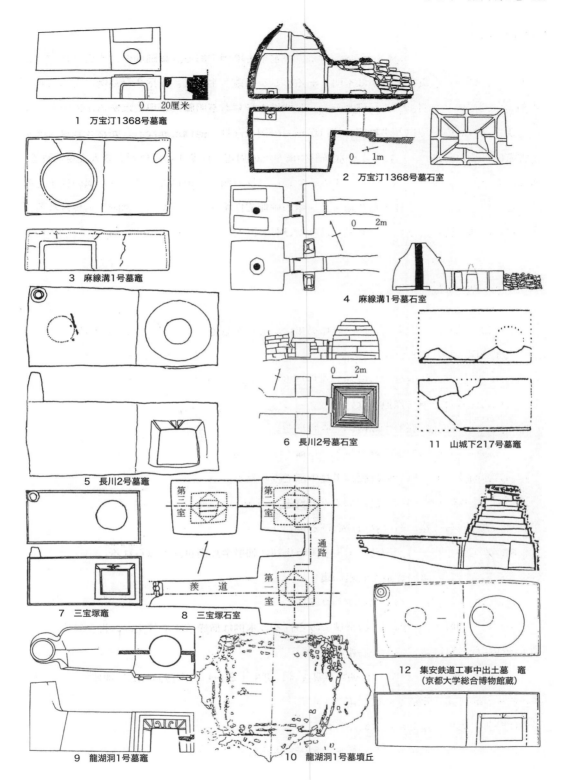

図44　竈の明器

140　第1部　原史・古代の竈

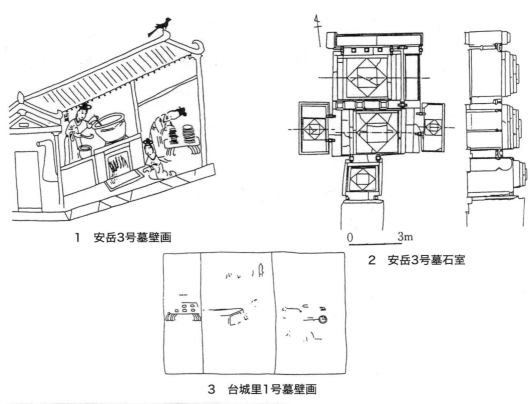

1　安岳3号墓壁画

2　安岳3号墓石室

3　台城里1号墓壁画

4　舞踊塚壁画

5　舞踊塚石室

6　薬水里古墳壁画画

7　薬水里古墳石室

図45　竈の壁画

現と展開」『国立歴史民俗博物館研究報告第47集』を参照した。

　石室から副葬品として出土する明器の竈には2形態のものがある。1つは中国の明器の竈に似る舟形のもの、1つは高句麗特有の形態ともいえる横形の長方形のもので、焚き口が横面に付き、長辺に煙道がのびて短辺に煙出し口が付くものである。煙出し口は龍湖洞1号墓のように短辺で一度くびれながらも短辺よりやや小さい程度の口径をもって立ち上がるものと、長川2号墓、三宝塚、京都大学所蔵資料にみられるような隅部に小さな口径をもって立ち上がる2形態がある。焚き口には長川2号墓、三宝塚、龍湖洞1号墓、京都大学所蔵資料では、定陵寺址例の金属枠の焚き口にあるような縁飾りがみられる。土製で黄釉のものが多いが、灰色または黒色瓦質土器製も数例みられ、万宝汀1368号墓例は石製、龍湖洞1号墓例は鉄製である。龍湖洞1号墓例は長さ66.7cmを測り、実用品とされている。出土状況は不明のものが多いが、万宝汀1368号墓例は石室の隅部に作り付けられている。

　⑩**壁画**（図45）　竈の様子がわかりやすい例は、安岳3号墓、薬水里古墳例である。舞踊塚例は煙出し口状のものが表現されているが竈かどうかは不明である。しかし竈とすれば、安岳3号墓例とともに竈が建物内にあることを明示する好例となる。台城里1号墓も不明瞭な表現ではあるが、中央部分に表現されるものが焚き口とすれば、焚き口が正面の例となり、他例と異なる。安岳3号墓、薬水里古墳例では、明器にみられるような横形の竈とその周辺で作業する女性が各3人表現される。横面にある焚き口で火を取り扱う人が1人、焚き口とは反対側から掛け口に掛けられた鍋の様子をみる人が1人、この2人の様子が共通する。竈の両側で作業することから、壁画に表現されるような横形の竈は壁に作り付けたものではなく、周辺で作業するスペースがあったようである。焚き口の方向は異なるが、漢代の竈と同様に3面での釜甑の操作が可能だったようだ［浅川1987］。

3　竈の年代と分布

　以上、朝鮮半島における竈の諸形態をみた。つぎにその年代と分布をまとめておく（図46）。
①竪穴建物竈―焼土
　　原三国～三国時代に朝鮮半島南部でみられる。
②竪穴建物竈―煙道がない竈
　　原三国～三国時代に朝鮮半島南部でみられる。
③竪穴建物竈―縦（後方）に煙道がのびる竈
　　初期鉄器時代～原三国時代に朝鮮半島中部でみられる。
　　原三国～三国時代に朝鮮半島南部でみられる。
④竪穴建物竈―横（側方）に煙道がのびる竈
　　1例のみであるが、原三国時代末～三国時代初に朝鮮半島南東部でみられる。
⑤竪穴建物竈―煙道が石組みの竈
　　初期鉄器時代に朝鮮半島中部でみられる。

142　第1部　原史・古代の竈

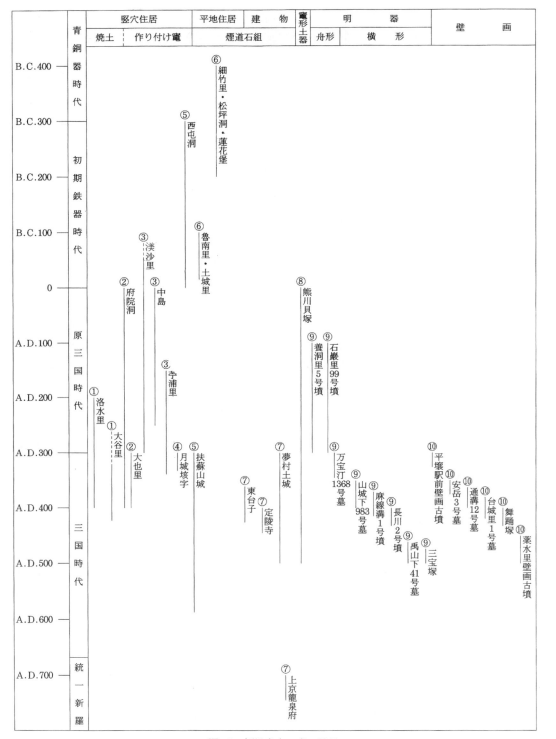

図46　朝鮮半島の竈の消長

三国時代に朝鮮半島中西部、百済域でみられる。本例は横（側方）煙道であり④との折衷形態。
⑥平地建物竈—煙道が石組みの竈
　青銅器時代末〜初期鉄器時代に朝鮮半島北部、遼東半島から日本海側の広い地域でみられる。
⑦建物竈—煙道が石組みの竈
　三国時代に朝鮮半島北部の宮殿や寺跡でみられる。
　三国時代に朝鮮半島中部、高句麗域の城郭でみられる。
　8世紀、渤海の宮殿でみられる。
⑧竈形土器
　原三国〜三国時代に朝鮮半島南部でみられる。
　統一新羅時代に朝鮮半島南東部でみられる。
⑨明器
　原三国時代に舟形のものが朝鮮半島北部、楽浪域でみられる。
　三国時代に横形のものが朝鮮半島北部、高句麗域でみられる。
⑩壁画
　三国時代に朝鮮半島北部、高句麗域でみられる。
　まず、①〜⑤の竪穴建物作り付けの竈であるが、西谷の指摘どおり、府院洞C地区2号竪穴建物や中島Ⅰ竪穴建物に明らかなように、原三国時代には、日本においてみられる竈同様の遺構が朝鮮半島においてみられ、三国時代まで継続する。渼沙里遺跡の上限は李弘鍾論文［李弘鐘 1993］によるとB.C.1世紀中頃とされ、原三国時代に朝鮮半島中部および南部において竈が存在したことは明らかである。その伝播については、朝鮮半島の中部から南部へという経路が推定されるが、詳細は今後の資料の蓄積で明らかになると考える。
　次に⑥⑦の平地建物および建物に作り付けられる、煙道が石組みの竈をみてみたい。青銅器時代末〜初期鉄器時代に、朝鮮半島北部の広い地域で平地建物に作り付けられた煙道が石組みの竈がみられる。これらが同地域で原三国時代まで継続するかどうかは、現在の資料では空白であり不明である。ただし、三国時代に入ると、宮殿や寺跡といった特殊な性格をもつ建物に付随する資料ではあるが、東台子遺跡や定陵寺跡例があり、かなり整備された形態の、煙道が石組みの竈が存在することがわかる。こうした整備された形態をもつ煙道が石組みの竈は、上京龍泉府例にみられるように少なくとも8世紀においても継続していることがわかる。朝鮮半島北部においては煙道が石組みの竈が大きくは青銅器時代から三国時代、統一新羅時代まで連綿と継続していたらしい。
　では朝鮮半島中・南部ではどうであろうか。これを考えるにあたっては、⑤との折衷形態である扶蘇山城3号竪穴建物と夢村土城西南地区例が資料となる。両者とも城郭であり、一般の竪穴建物例ではない。夢村土城は百済漢城時代の都城のひとつであるが、高句麗による475年の漢城占領後もひきつづき使用されており、石組みの煙道をもつ西南地区例は高句麗期の遺構である。したがって、石組みの煙道をもつ高句麗形ともいえる竈が、城という出先で点的に採用されている可能性がある。そしてこれが、百済泗沘城時代の宮殿裏山の城郭である扶蘇山城3号竪穴建物においても波及し、点的に採用されているとは考えられないだろうか。

すなわち、朝鮮半島中・南部においては基本的に煙道が石組みの竈は採用されず、わずかに異文化との最前線ともいえる城郭など特殊な性格をもつ箇所でしか採用されなかったと考える。竈全体の資料が限られたものではあるが、煙道が石組みの竈が朝鮮半島中・南部では特異な形態の竈であることは違いないと考えられる。今後の資料の蓄積を見守りたい。

　⑧の竈形土器は最近百済時代の例を1例知った［ジャパン通信社　1995］。国立晋州博物館例の年代が不明であるが、少なくとも三国時代には朝鮮半島南部において竈形土器が存在することは明らかである。これと直接つながるかどうかはわからないが、雁鴨池例にみられるように統一新羅時代にも竈形土器は存在する。新例と雁鴨池例は形態が類似しており直接的な系譜は十分考えられる。

　⑨明器と⑩壁画資料は三国時代、朝鮮半島北部の高句麗で集中してみられる。⑨明器では漢代の竈形明器を稚拙にしたような舟形の竈が楽浪でみられるが、大半は横形の竈で高句麗形といってもよい。これは壁画資料でもみられ、両者は密接に関連する。

4　朝鮮半島の竈

　朝鮮半島の竈を分類し、各類の年代と分布をみてきた。以上より考えられることを箇条書きで記す。

a. 朝鮮半島においてみられる竈で最も年代的にさかのぼるものは、煙道が石組みの竈で、青銅器時代末〜初期鉄器時代、朝鮮半島北部に広範囲に分布する。
b. いっぽう、原三国〜三国時代には朝鮮半島中・南部で日本においてみられるような竪穴建物竈がみられる。
c. 煙道が石組みの竈が原三国時代以降、朝鮮半島中・南部ではほとんどみられず、また竪穴建物竈の初期鉄器時代以前にさかのぼる例が朝鮮半島北部でほとんどみられないことを考えると、煙道が石組みの竈→竪穴建物竈の直接的な系譜は考えがたく、一部影響を受けることはあっても、両者は系譜を異にする可能性が大きい。
d. 竪穴建物竈の直接的な系譜を朝鮮半島北部に求めることが困難であるとするとどこにそれを求められるか。朝鮮半島北部からの影響を一部受けつつも朝鮮半島中・南部のオリジナルである可能性が皆無とはいえないが、東アジアにおける文化の流れからみると中国中南部の可能性も捨てがたい［合田幸　2000］。具体的にどこの地域であるかの特定は今後の課題である。
e. 煙道が石組みの竈、明器にみられる横形の竈、壁画に表現される竈、この三者は朝鮮半島北部、高句麗特有のものである。

5　日本列島の竈との比較

　朝鮮半島の竈に日本列島の竈の系譜が求められるのか、が本項の出発点である。各分類に日本列島でみられる主要な出現期の竈を対照させると次のようになる［埋蔵文化財研究会　1992］。
①竪穴建物竈─焼土

福岡県小郡市　三沢地区北松尾目Ⅱ地点（弥生時代中期前半）
熊本県阿蘇郡　宮山遺跡第1号竪穴建物（弥生時代中期後半）
佐賀県鳥栖市　荻野遺跡SB2（弥生時代中期末）
福岡県福岡市　西新町遺跡F地区第1号・第2号・SC09竪穴建物（庄内式期）
兵庫県加古川市　東溝遺跡竪穴建物2（弥生時代後期）
兵庫県明石市　鴨谷池遺跡（弥生時代後期）
大阪府枚方市　鷹塚山遺跡A地区A竪穴建物・C地区C竪穴建物（弥生時代後期）
滋賀県高月町　唐川遺跡Ⅵ区3号竪穴建物（弥生時代後期）
大阪府堺市　四ツ池遺跡SA1竪穴建物（庄内式期）

②竪穴建物竃―煙道のない竃
　福岡県浮羽郡　塚堂遺跡A地区1号・6号竪穴建物（古墳時代前期）

③竪穴建物竃―縦（後方）に煙道がのびる竃
　福岡県浮羽郡　塚堂遺跡D地区2A竪穴建物（古墳時代中期・5世紀前半）

④竪穴建物竃―横（側方）に煙道がのびる竃
　福岡県福岡市　西新町遺跡SC03（布留式期）
　和歌山県和歌山市　田屋遺跡SB53（古墳時代中期・5世紀前半）
　大阪府堺市　小阪遺跡L地区竪穴建物3（古墳時代中期・5世紀前半）
　滋賀県神崎郡　西ノ辻遺跡（布留式期）

⑤竪穴建物竃―煙道が石組みの竃
　長野県諏訪市　金鋳場遺跡34号竪穴建物（7世紀前半）

⑥平地建物竃―煙道が石組みの竃
　なし

⑦建物作り付け竜―煙道が石組みの竃
　滋賀県大津市　穴太遺跡SX22（7世紀初）

⑧竃形土器
　福岡県北九州市　長野A遺跡（古墳時代中期）
　大阪府堺市　伏尾遺跡（古墳時代中期・5世紀前半）
　大阪府四條畷市　岡山南遺跡（古墳時代中期）
　大阪府寝屋川市　長保寺遺跡（古墳時代中期）
　大阪府東大阪市　神並遺跡（古墳時代中期）

⑨明器
　なし

⑩壁画
　なし

　①の「類カマド」といわれる資料は、最もさかのぼるものでは三沢地区北松尾口Ⅱ地点の弥生時代中期前半例があり、ここでは焼土を壁際にもつ竪穴建物が長方形に限られる点が興味深い。

「類カマド」は弥生時代後期には北部九州や近畿地方で増加する。西谷は、府院洞遺跡C地区第2号竪穴建物が弥生時代後期頃に対応することから、弥生時代後期に竈の概念が朝鮮半島南東部から北部九州や近畿地方へもたらされた可能性を指摘している［西谷 1983］。朝鮮半島中部では渼沙里遺跡にみられるように原三国時代以前にさかのぼる可能性をもつ竈もあり、弥生時代後期のはじまりがほぼ原三国時代のはじまりと対応すると考えると［日本考古学協会編 1994］、弥生時代後期の早い時期に竈の概念がもたらされている可能性が考えられる。

②③④の明らかに竈といえる資料中、日本列島で最も時期がさかのぼる資料は布留式期の西ノ辻遺跡例である。本例は石組みをともなわない煙道が横（側方）にのびる形態であり、朝鮮半島では月城垓字遺跡例を知るのみである。古墳時代中期、初期須恵器がともなう時期になると塚堂遺跡をはじめとして日本列島においても形態が明らかな竈の例が増える。塚堂遺跡で明らかなように出現期より煙道がある竈、ない竈の二者が存在し、設置箇所も竪穴建物の隅部、壁の中央部の二者が存在し、須恵器が出現するこの時期には、完成されたさまざまな形態をもつ竈がもたらされていることは明白である。

ここで注目されるのは④の横（側方）に煙道がのびる竈が須恵器出現およびそれをややさかのぼる時期に北部九州、瀬戸内、近畿地方で散見されることである［亀田 1993］。横（側方）に煙道がのびる竈は「長炕」とも呼称される竈である［張慶浩 1985］。この形態の竈は出現期に北部九州、近畿地方で幾例かみられたのちは、古墳時代後期以降奈良時代を中心とする時期に京都府由良川流域の限られた地域でみられるいわゆる「青野型」竈があるのみで、出現期以降普遍的な竈にはならない。

出現期にみられる④の竈がある遺跡は、韓式土器が多く出土するなど渡来者との関係が密接な遺跡である場合が多い。④の竈は出現期にいったん採用されたものの特定の地域を除いては、次世代には継続しなかった竈と考えられる。

⑤⑥⑦の煙道が石組みの竈は、穴太遺跡例を除いて明らかなものはない。竪穴建物竈で煙道が石組みのものは長野県を中心とする地域で7世紀にわずかに集中してみられるほかは、古墳時代後期以降竪穴建物竈が一般的となる東日本で散見される程度であり、これらを朝鮮半島の煙道が石組みの竈と関連付けるのは困難かと考える。先述したとおり、朝鮮半島においても、原三国時代以降、煙道が石組みの竈がみられるのは宮殿や寺跡といった特殊な性格をもつ建物である。穴太遺跡は穴太廃寺と密接に関連しており、日本列島においても特殊な性格をもつ建物で、なおかつ渡来者が直接的に関連する遺跡に限って採用されたものと考えられる。今後の資料の蓄積を待たねばならないが、煙道が石組みの竈は横（側方）に煙道がのびる竈同様普遍的な竈にならなかったようである。気候・風土に起因するのであろうか。

竈形土器は、晋州博物館所蔵資料と伏尾遺跡例が大きさは異なるものの形態的には共通する。朝鮮半島における資料数が少なく、日本列島の竈形土器との対比は難しい。日本列島の竈形土器は出現期に北部九州と近畿地方で数例みられたのち、5世紀後葉から6世紀、7世紀初頭にかけ竪穴建物や河川、谷部で出土し、竈をもつ竪穴建物で出土する場合には実用、河川部から出土する場合には祭祀関連と考えられる場合が多い。日本列島では、古くは5世紀末、多くは6世紀後半～7世紀

にかけては横穴式石室からミニチュアの竈形土器が出土する。これは⑨明器との関連を考えねばならないが、これまでみてきたように朝鮮半島における明器は横形の竈であり、一方日本列島で、とくに滋賀県で顕著であるが横穴式石室に副葬される竈形土器はドーム形のいわゆる日本列島の竈形土器のミニチュアであり、形態は全く異なる。しかし、朝鮮半島においても日本列島においても限られたものではあるが、竈形土器を副葬することは共通し、横穴式石室に竈形土器を副葬するという概念のみが移入した可能性がある。しかしこの点については年代にやや隔たりがあることを考えると、朝鮮半島南部の横穴式石室を整理したうえで再考したい。

⑩壁画資料の竈は、日本列島では現在知られていない。

6　施設としての竈の受容

以上、朝鮮半島の竈を分類・概観し、日本列島における出現期の竈資料と比較した。

今後の課題でもあるが、竈が作り付けられる竪穴建物の平面形を概観し、まとめにかえたい。

韓国の竪穴建物平面形の変遷を概観すると、新石器時代は円形、青銅器～初期鉄器時代は長方形である、水原西屯洞遺跡では無文土器が出土する竪穴建物は長方形、金海式土器が出土する竪穴建物は方形である。原三国時代、府院洞遺跡では楕円形、原三国～三国時代、大也里遺跡では楕円形を呈する。

いっぽう、日本の竪穴建物平面形の変遷を概観すると、北部九州では弥生時代後期に円形主体から方形の竪穴建物へと変化し、古墳時代前期に長方形の竪穴建物が散見されるものの古墳時代前～中期には方形の竪穴建物が主体となる。これは、近畿地方においても、古墳時代前期の竪穴建物例がかぎられるもののほぼ北部九州と同様な変遷がみられる。

韓国・府院洞遺跡、大也里遺跡では日本の竈に類似する竈が検出されているが、竪穴建物の平面形は楕円形である。いっぽう、北部九州、近畿地方の出現期の竈をみると、類カマドは円形竪穴建物にみられるものの、構築物が明らかな竈が作り付けられる塚堂遺跡、西ノ辻遺跡はともに方形竪穴建物であり、出現期の竈を作り付けた楕円形の竪穴建物は現在のところみられない。これより朝鮮半島から日本へは竈が竪穴建物とセットになってもたらされたものではないらしい。地域差、細かな年代差を考慮する必要があるが、まず、竪穴建物が朝鮮半島南部の影響を受けつつ日本で変化しているなかで、竈という竪穴建物内の装置がワンクッションおいた後に採用され設置された可能性が高いと考える。もちろん、とくに北部九州においては三沢地区北松尾口Ⅱ地点の長方形竪穴建物に顕著であるが、竪穴建物とセットになって竈がもたらされた可能性をもつ数少ない遺跡も存在する。しかし、大きな視野でみれば、竪穴建物と竈はセットではなく別々にもたらされた可能性が大きいと考える［李弘鍾 1993］。

いっぽう、竈で使用する道具である炊饌具については、甑の出現に代表されるように、竈にともない新しい器種が採用される。ほかに長胴甕や鍋についても、大阪府大庭寺遺跡や和歌山県鳴神遺跡のように直接みられる遺跡もあるが、一般的には布留式甕に代表される在地の土器とともに使用されながら在地化していくようである。

竈は、それを設置する竪穴建物とは別々に導入されたが、そこで使用する炊爨具は密接に関連しながら導入されたと考える。

遺跡出典（行頭の番号は、表6　朝鮮半島の竈一覧表の遺跡番号と同じ）

1　［崔夢龍・李根旭・金庚澤　1990］
2　［崔夢龍・金庚澤　1990］
3　［沈奉澤　1981］
4　［林孝澤・郭東哲・趙顧福　1988］
　　［林孝澤・郭東哲・趙顧福　1989］
5　［国立中央博物　1980］
6　［高麗大学校発掘調査団篇　1994］
7　［ソウル大学校博物館　1988］
8　［李殷昌　1987］
　　［李殷昌・李盛周　1987］
9　［李凡泓　1991］
10・11　［張慶浩　1985］
12〜16　［申鉉東　1993］
17　［申鉉東　1993］
　　［国立中央博物館　1982］
18　［西川宏　1985］
19　［金日成綜合大学編（呂南喆・金洪圭訳）1985］
　　［林博通　1992］
20　［張慶浩　1985］
　　［朴天秀・高橋潔・南秀雄・高正龍　1992］
21　［朴天秀・高橋潔・南秀雄・高正龍　1992］
22・23　［林博通　1992］
24　［国立晋州博物館　1984］
25　［西谷正　1983］
26　［文化財管理局　1978］
27　［大阪府立弥生文化博物館　1993］
28　［国立中央博物館　1986］
29・30　［東潮　1988］
　　　　［李殷福　1983］
31・32　［東潮　1988］
33　［東潮　1988］
　　［吉林省博物館文物工作隊　1977］
34　［池内宏・梅原末治　1940］
35　［永島暉臣愼　1988］
　　［吉林省博物館文物工作隊　1977］
36　［耽鉄華・林至徳（緒方泉訳）1987］
37・42　［東潮　1988］

　　　　　［黒田原次 1961］
38　［京都大学文学部 1963］
　　　［岡崎敬 1979］
39　［関野貞 1929］
　　　［岡崎敬 1979］
　　　［国立中央博物館 1986］
40・43・45　［朱栄憲（永島暉臣愼訳）1972］
41　［朱栄憲（永島暉臣愼訳）1972］
　　　［金元龍 1989］
44　［東潮 1988］
　　　［池内宏・梅原末治 1940］

第 11 章　中国の壁灶

1　本項の目的

　日本の竈の系譜を求めて、朝鮮半島の竈を集成するなかで、朝鮮半島中・南部に日本の竈の類例が多くみられることから、日本の竈の直接的な系譜は朝鮮半島中・南部に求められると推定した［合田幸 1995］。いっぽう、朝鮮半島北部の竈は煙道が石組みの抗、オンドルが主体であり、構造が異なることから、朝鮮半島中・南部の竈の系譜は、朝鮮半島北部ではなく中国に求められるのかとの疑問をもった。

　これまで、中国のカマド形明器については渡辺芳郎のまとまった論考によりその様相が明らかにされており［渡辺 1987・1993］、渡辺は中国の住居竈についても一部論及したことがある［渡辺 1992］。また、浅川滋男は民族学的、建築学的なアプローチのなかでカマド形明器とともに中国の竪穴建物作り付け竈にも言及する［浅川 1987・1992］。沿海州周辺の資料については大貫静夫の成果が詳しい［大貫 1989、Onuki 1996］。本項では、中国の竪穴建物竈資料を集成、概観することを目的とし、今後、朝鮮半島中・南部の竈の系譜が中国に求められるか否かを検討する一助としたい。

2　資料の収集

　『中国先史・古代農耕関係資料集成』［古川・渡部編 1993］、「中国新石器時代資料集成』第一冊～第五冊［羅二虎 1995］および新石器時代の『新中国の考古学』［中国社会科学院考古研究所編 1988］と 1980 年以降の『考古』『文物』をもとに新石器時代以降の資料を収集した。竪穴建物については、『中国の住居』［劉敦楨 1976］、『建築考古学論文集』［楊鴻勛 1987］、「中国の穴居―類型と展開―」［田中 1995］を参考とした。各地域の年代区分と併行関係は、「中国新石器時代の文化区系と分期」［羅二虎 1995］を基準とし、詳細は各報告書の年代観を参考とした。

　つぎに、中国考古学における、竈・炉をあらわす用語を整理しておく。《灶》は、竈の意味をもつが、中国考古学では日本の竈・炉ともに《灶》と表現し、両者とも土間上にあるため《地灶》ともいう。《灶》は、土間床面に築かれた高さ 5cm 程度の台状の《灶台》と、床面を深さ 10～20cm 掘り下げその周縁を盛り上げた《灶坑》に大別される［浅川 1987］。《灶》の竪穴建物内の位置は、竪穴建物中央など壁から離れた箇所と壁際があり、中国考古学では後者を《壁灶》と呼称する。前者、日本でいう「炉」を意味する用語はなく、床面の竈・炉を包括する用語として《灶》を

用いる。《地灶》《壁灶》ともに《灶台》《灶坑》の両タイプがある。また、構造が不明で、詳細な報告がなく、《焼土》とのみ報告される例も多い。各用語を箇条書きにまとめると次のとおりとなる。

　　《灶》　：日本における竈および炉を指す。
　　《地灶》：《灶》と同義。土間床上にある《灶》を《地灶》という。
　　《灶台》：土間床面に築かれた高さ5cm程度の台状の《灶》を指す。
　　《灶坑》：床面を深さ10～20cm掘り下げその周縁を盛り上げた《灶》を指す。
　　《壁灶》：竪穴建物の壁際にある《灶》を指す。

　本項では、竪穴建物壁際の火処である壁灶を資料として収集し、そのうち、灶（土および石で構築される長い煙道が1条のもの）、オンドル（土および石で構築される長い煙道が複数条のもの）については「その他」として灶台、焼土、灶坑とは別にまとめた。集成した資料の一覧と詳細は表8、資料の位置は図47のとおりである。

　灶台、焼土、灶坑、その他の順に、壁灶の位置、形態と大きさ、竪穴建物との関連、用いられる器種、分布と消長について整理する。分布には、図47に示したように、Ⅰ長江流域、Ⅱ渭水流域、Ⅲ黄河中流域、Ⅳ黄河下流域、Ⅴ太行山脈東麓、Ⅵ遼河流域（遼河以西）、Ⅶ遼河以東、Ⅷタリム盆地の地域区分を用いる。資料名は表8の1～73の資料番号にて表記する。なお、表8と図48～51の資料番号1～73は共通し、各分類中、年代の古いものから新しいものへと並べている。

（1）灶台（図48）

位置　灶が位置する方位と灶と出入口との関連についてみる。

　方位は、南はなく、北東、北西を含めて、11例中8例が北である。

　出入口との関連をみると、2～4・6・7・10から灶台は出入口正面の壁に設置される場合が多く、焚き口全面が作業空間として利用された可能性が高い。7は、防火壁、遺物の出土状況から、部屋の西側が作業空間と考えられる。

形態と大きさ　平面形は、円形（C字形、箕形を含む）、方形（正方形、長方形を含む）、その他（帯状）がある。

　円形の灶台は4例あり、おのおの異なる形態である。1は、焼土の帯がC字形に竪穴建物内に張り出してめぐる。2は、西袖が竪穴建物内に張り出す。断面図をみると、西袖の東側が被熱の度合いが大きく、焼土は竪穴建物東壁まで広がる。3は、焚き口が南にあり、北・東・西に袖部がある。10は、円形の台上に周提がめぐる。大きさは、直径60～80cm、高さ10～25cmである。

　方形の灶台は6例あり、壁が3方にめぐるものと方形台状のものがある。壁が3方にめぐる4は、大小の灶台が並列する形状で、ひとつの防火壁を共有する2ヵ所の灶台の3方に防火壁がめぐる。方形台状のものは、正方形と長方形があり、正方形の灶台は、1辺70～90cm、高さ4～5cm、長方形の灶台は、長辺80～168cm、短辺27～80cm、高さ4～6cmである。正方形の灶台のうち5・7には防火壁があり、7には柱洞がみられる。6・7の灶台の隅には円形中空の焼土柱があり、その用途は、焼土台の外側を区切り、台状の土器を保護したものかと報告される。灶台の平均的な

第11章　中国の壁灶

表8　壁灶の一覧表

資料番号	壁灶の分類	所在地（省・自治区名）	遺跡名	遺構名	年代	建物構造	建物平面形	建物規模	設置位置	壁灶形状	壁灶構造	壁灶大きさ	出土遺物包含層の出土遺物（　）内は遺物
1	灶台	湖南省	澧県彭頭山	F2	彭頭山 B.P.8000-9000	竪穴	不定形な円形	1.6×1.3m, 深さ15cm	北壁	C字形	粘土混焼土	幅20cm, 壁からの長さ50cm, 高さ10cm	深形鉢（筒形釜）
2	灶台	河南省	密県莪溝北崗	F3	磁山 B.P.7240	竪穴	円形	直径 2.4～2.64m, 深さ10～37cm	北壁	箕形	スサ入粘土	1.0×0.6m, 高さ10cm	広口鉢・三足鉢・大口罐・壺
3	灶台	河南省	密県莪溝北崗	F4	磁山 B.P.7240	竪穴	円形	直径 2.4～2.72m, 深さ18～28cm	北東壁	円形	黄砂土で三面築く、南側に焚き口あり	直径80cm, 高さ13～18cm	
4	灶台	河南省	鄭州後庄王	F3	仰韶（大河村二期）	平地（木骨泥障）	方形	4.5×4.5m	北東部に大小二箇所	正方形	三方に小壁	一辺1.3mと一辺70cm	罐・瓮・鉢・鼎・尖底瓶
5	灶台	河南省	鄭州大河村	F16	仰韶	竪穴	長方形	3.5×1.7m, 壁高6～36cm	東壁	正方形		一辺78cm, 高さ5cm	
6	灶台	河南省	鄭州大河村	F19	仰韶晩期	平地（木骨泥障）	方形	3.3×3.2m, 壁高15～30cm	北西隅部	正方形	隅に焼土円柱	78×70cm, 高さ4cm	鼎・鉢・盆・罐・壺
7	灶台	河南省	鄭州大河村	F20	仰韶晩期3期	平地（木骨泥障）	長方形	4.13×3.7m, 壁高20～40cm, 壁幅35～40cm	北東部、壁から離れる	正方形	防火壁・焼土柱	95×90cm, 高さ4cm	鼎・罐・鉢・杯・飯
8	灶台	河南省	鄭州大河村	F5	仰韶晩期4期	平地（壁建ち）	長方形	4.6×3.3m, 壁高10cm, 壁幅20～30cm	北西隅部	長方形		1.68×0.8m, 高さ6cm	鼎・罐・鉢・盆
9	灶台	河南省	鄭州大河村	F10	仰韶晩期5期	平地（壁建ち）	長方形	3.2×2.5m	北西隅部	長方形		80×27cm, 高さ4～5cm	鼎・盆・杯・豆
10	灶台	山東省	曲阜南興埠	F1	大汶口晩期 B.P.4055±80	竪穴	隅丸方形	2.84×3.2m, 深さ30cm	東壁	円形	約10cmの厚さ, 高さの周堤あり	直径46～60cm	把手付杯1・鼎2・盆1・罐5
11	灶台	遼寧省	北票豊下	F2		竪穴、内側に土壁、周囲に石列	円形	直径約2m, 深さ67cm	西壁	不定形			（鼎・飯・鬲）
12	焼土	河南省	密県莪溝北崗	F1	磁山 B.P.7240	横穴	方形	南北辺2.4m, 東西残存長1.32m, 深さ35～40cm	北壁	不定形		長さ70cm	飯器器・罐
13	焼土	山西省	石楼岔溝	F3	龍山（B.C.2450）	平地（壁建ち）	円形	4.15×3.1m	北西壁	長方形	露天、両側壁に板石貼付け	長さ70cm, 幅40cm, 高さ67cm	鬲・罐
14	焼土	河南省	永城王油坊	F13	龍山（B.C.2300）	方形	3.05～3.25×3.45～3.6m, 幅30～40cm, 残存高25～35cm	南西隅部	不定形	直径28cm, 高さ7cm円柱形焼土	1.3×0.7m	罐2（鼎・飯）

154　第1部　原史・古代の竈

資料番号	壁炉の分類	所在地（省・自治区名）	遺跡名	遺構名	年代	建物構造	建物平面形	建物規模	設置位置	壁炉形状	壁炉構造	壁炉大きさ	出土遺物　（ ）内は遺物包含層の出土遺物
15	焼土	河南省	永城王油坊	F14	龍山（B.C.2300）	平地（壁建ち）	方形	3.6×4.0m	南西隅部	不定形		1.1×0.4m	（鼎・甗）
16	焼土	河南省	永城王油坊	F21	龍山（B.C.2300）	平地（壁建ち）	方形	5.0×4.7m	南西隅部	不定形		1.5×0.8m	杯
17	焼土	山東省	濰県魯家口	F105	龍山		不定形な楕円形	3.5×3.2m、残存高8cm	西壁	馬蹄形		幅20cm、長さ30cm、厚さ4～5cm	（鼎・甗・甑）
18	焼土	陝西省	長安客省庄	H98	龍山（客省庄2期）	竪穴	方形（呂字形）	内室3.17×2.92m、外室5.35×2m、残存壁高1.65m	北壁	不定形	底部中央に1筋の土梁	長さ65cm、幅90cm	（高・罐が主、鼎・甑が少数）
19	焼土	内蒙古自治区	赦漢小河沿塔山	F1	夏家店下層	竪穴	方形	2.0×1.9m、深さ70cm	北東隅部	不定形		20×60cm	高・罐・盆
20	焼土	内蒙古自治区	赦漢小河沿南台地	F12	夏家店下層	竪穴	方形	一辺2.4m、深さ85cm	南西隅部	不定形		直径60cm	高
21	焼土	内蒙古自治区	赤峰東山咀	F1	夏家店下層	竪穴	円形	直径2.9～3m、壁高60～70cm	東壁	不定形		40cm	罐
22	焼土	内蒙古自治区	赤峰東山咀	F6	夏家店下層	竪穴	長方形二室連結	全長4.4m、幅1.8～2m、壁高1.2m	前室南隅、後室北隅	不定形	竈から煙道	前室高さ35cm、幅65cm	高・罐・盆・甕
23	焼土	遼寧省	北票豊下	F5	夏家店下層	平地（壁建ち）	円形	直径3.8m、残存壁高62cm	中央～入口	円形	長炕状、上面に土甎	長さ1.5m、高さ25cm、幅80cm	（鼎・甑・甗）
24	焼土	河南省	臨汝煤山	F1	龍山後期（煤山2期）	平地（木骨泥障）	長方形	東3.8×2.5m、西4.2×2.0m、残存高2～8cm	東・北隅部、西・北隅部	東形、北東部形、西北・精円形	焼土堆積、西側の部屋で厚さ0.5m	直径70、東側65cm、西側65cm×40cm、厚さ50cm	罐・足が短い鼎・甗
25	焼土	河南省	臨汝煤山	F6	龍山後期（煤山1期）	平地（木骨泥障）	長方形	東3.7×3.8m、西3.8×2.2m、残存高10～19cm	東・北隅部、西・北壁	不定形	厚さ1cmの焼土が8～9層堆積	東側1.4×0.7～0.9m、西側1.4×0.4～0.8m	罐（鼎・口・飯）
26	焼土	河南省	登封王城崗	WT43F2	龍山後期（王城崗3期）	竪穴	円形	南北長3.24m、東西長2.7m、残存壁高36cm	北壁	円形	突出部内、小ピット	長さ70～74cm、幅65～70cm	鼎・罐
27	焼土	陝西省	洛水村白薬庄	F1	西周早期	竪穴	不定形な長方形	1.7×2.8m、深さ60cm	東半部	円形		直径1.6m	罐（高・飯）
28	焼土	河南省	鄭州薫砦		西周	竪穴	長方形			正方形			罐
29	焼土	内蒙古自治区	赤峰蜘蛛山	F1	夏家店上層	竪穴	方形	東壁2.2m、北壁残存長80cm、高さ30～50cm	北西隅部	不定形	灰残存	60×50cm	鼎・盆・高・鉢・豆

第11章 中国の壁灶 155

資料番号	壁灶の分類	所在地（省・自治区名）	遺跡名	遺構名	年代	構造	建物 平面形	建物 規模	設置位置	形状	壁灶 構造	壁灶 大きさ	出土遺物包含（）内は遺物包含層の出土遺物
30	焼土	内蒙古自治区	赤峰莱王廟	F5	夏家店上層	竪穴	円形	直径2.5m、深さ90cm	北西壁	不定形		1.7×1.0m、厚さ5cm	(鬲・飯)
31	灶坑	甘粛省	天水師趙村	F31	仰韶半坡類型	竪穴	隅丸長方形	7.4×7.0m、最大深さ1.25m、壁高0.6m	門道先端	馬蹄形	竈北壁は洞状で紅陶罐すえつけ	直径1.5〜2.0m、深さ0.3m	紅陶罐（火種入）（鉢・盆・罐・瓶）
32	灶坑	山西省	芮城東庄村	F201	仰韶	平地	不定形な円形	東西の直径1.9m、南北の直径1.7m	南東壁	不定形		直径15〜20cm、深さ15cm	(罐・瓮・盆・鬲)
33	灶坑	甘粛省	秦安王陰窪	F1	B.P.5500-5800	竪穴	長方形	3.8〜3.9×2.7m、深さ8〜10cm	門道前面	円形	門道対に火種入れ（カ）小穴あり	直径74cm、深さ40cm	丸底彩陶盆・鉢・平底紅陶罐
34	灶坑	山東省	長島北庄	F11	大汶口B.P.5100-5400	竪穴	隅丸長方形	4.4×4m、深さ40cm	東壁南寄り	箕形	周堤帯	長さ1.1m、幅1m	(鼎・罐・鉢・杯)
35	灶坑	山東省	長島北庄	F16	大汶口B.P.5100-5400	竪穴	隅丸長方形	6.2×5.2m、深さ60〜70cm	門道両側（南壁）・北壁中央	箕形	周堤帯	長さ70cm、幅65cm、長さ1.6m、幅1.1m	(鼎・罐・鉢・杯)
36	灶坑	河南省	孟県西冶津	F1	龍山	竪穴	長方形	3.6×2.0〜2.2m、深さ65cm	北壁東端	不定形	壁を掘り込む	幅62cm、高さ62cm、長さ1.6m、幅1.1m	罐・盆・蓋・碗
37	灶坑	河南省	孟県西冶津	F10	龍山	竪穴	長方形	3.36×2.32m、深さ1.3m	東壁、南壁、北東壁隅部	不定形	壁を掘り込む	幅60cm、長さ（奥行）54cm、高さ54cm	罐・豆・蓋・缸・盆・碗
38	灶坑	陝西省	長安花楼子	F1	龍山（客省庄二期）	竪穴	方形二室	3×3.3m、深さ45〜73cm	南壁西隅	馬蹄形	硬い粘土で構築、スサ入り粘土外面塗布	袖部長さ38〜60cm、残存高15cm、焚き口の幅55cm	
39	灶坑	陝西省	長安花楼子	F2	龍山（客省庄二期）	竪穴	方形二室	3.4×1.3〜1.92m、残存高35cm	西壁通路北側	楕円形		直径60cm	罐
40	灶坑	河南省	湯陰白営	F51	龍山中期	平地（木骨泥障）	円形	直径2.96m、壁の厚さ8〜15cm、残存高25cm	東壁	舟形		長さ78cm、幅34cm、深さ18cm	(罐・鼎)
41	灶坑	河南省	赤峰東山咀	F5	夏家店下層	竪穴	楕円形	長さ1.98m、幅1.5m	南壁	楕円形	鬴	高さ90cm、幅52cm、深さ50cm	
42	灶坑	内蒙古自治区	赤峰莱王廟	F1	夏家店下層	竪穴	円形	直径2m、深さ1m	北壁	不定形		長さ80cm、幅45cm、深さ10cm	(鼎・飯)
43	灶坑	河北省	藁城台西	第11号房子	商	竪穴	長方形	長さ5m、幅1.6m、深さ20〜70cm	東室北西隅部	正方形	後半部は覆い（スサ入り粘土）	長さ60cm、幅50cm、煙道を含めての残存高60cm	鬲

156　第1部　原史・古代の竈

資料番号	壁灶の分類	所在地（省・自治区名）	遺跡名	遺構名	年代	建物 構造	建物 平面形	規模	設置位置	形状	壁灶 構造	大きさ	出土遺物 （）内は遺物包含層の出土遺物
44	灶坑	山東省	平陰朱家橋	F19	商	竪穴	円形	直径 2.7～2.9m	南西隅部	半円形	住居壁を25cm 掘り込む	直径 38cm、深さ 25cm	魚骨、蛤の殻
45	灶坑	山東省	平陰朱家橋	F3	商	竪穴	方形	2.8×2.5m、深さ 30cm	南東隅部	半円形		長さ 55cm、幅 45cm、深さ 20cm	鬲
46	灶坑	山東省	平陰朱家橋	F5	商	竪穴	長方形	3.74×2.5m、深さ 30cm	北壁中央よりやや西側	半円形	坑内には焼土粒が顕着	直径 50cm、深さ 8cm	
47	灶坑	山東省	平陰朱家橋	F9	商	竪穴	L字形	2.2～3.6×2.5～3.8m	北西隅部と南東隅部	半円形	住居壁を25～30cm 掘り込む	直径 60～90cm	罐
48	灶坑	陝西省	長安澧西張家坡	HA	西周	竪穴	楕円形	長径 5.8m、短径 3.8m、深さ 1.2～0.3m	東南部	不定形	坑周囲に被熱赤色土、坑底に炭化物	長さ 1.2m、幅 60cm	（鬲・甑）
49	灶坑	河北省	下潘汪	F5	西周	竪穴	円形	直径 2m、深さ 1.44m	南東部	瓢形	壁を掘り込み煙出し口有り	長さ 46cm、幅 30cm、深さ 54cm	鬲
50	灶坑	河北省	下潘汪	F6	西周	竪穴	円形	直径 2.48m、深さ 1.07m	南壁	円形	燃焼部上部にススり粘土	直径 26cm、深さ 45cm、底面直径 11cm	鬲・豆・罐・盆
51	灶坑	内蒙古自治区	赤峰夏家店	F4	夏家店上層・西周～春秋	竪穴	円形	直径 3.2m、深さ 56cm	南西壁	楕円形	支脚（カ）石 3個、周縁にスス入り粘土	長さ 70～80cm、幅 30cm、深さ 13cm	鬲・高杯
52	灶坑	新疆維吾爾自治区	民豊尼雅	92A11（N8）部屋e	後漢	平地（木骨泥障）	長方形	3×3間 (3.3×4.7m)	北壁中央西寄り	正方形	粘土構築、掛け口無、天井部前面張り出し	一辺 1m 弱	
53	その他	新疆維吾爾自治区	輪臺老河深	F1	戦国後期～漢初	竪穴	長方形	3×5m、深さ 30cm	北西隅部	長方形	北壁沿いの焼土面が煙道	煙道長 3.08m、幅 1.34m、燃焼部長 88cm、幅 80cm、深さ 30cm	鼎
54	その他	吉林省	三道壕	第1居住址	漢	平地		20×13m	東壁中央部	円形、不定形			
55	その他	新疆維吾爾自治区	民豊尼雅	92A1（N9）	後漢	平地（木骨泥障）		3×2間 (5.2×5.1m)		長方形		幅 1.9m	
56	その他	新疆維吾爾自治区	民豊尼雅	92A10（N12）	後漢	平地（木骨泥障）		東壁 6.3m、南壁 4.8m 残存	南東隅部	円形	床面掘り込み、周囲は粘土、被熱	内径 50cm、粘土の厚さ 20cm、深さ 50cm	(罐・瓶・盆・豆・銅器・鉄器)

第11章 中国の壁灶　157

資料番号	壁灶の分類	所在地（省・自治区名）	遺跡名	遺構名	年代	建物 構造	建物 平面形	建物 規模	設置位置	形状	壁灶 構造	大きさ	出土遺物 包含層の出土遺物
57	その他	新疆維吾爾自治区	民豊尼雅	93A18(N1)	後漢	平地（木骨泥障）		南東壁4m、南西壁5.4m残存	南東壁中央やや西寄り	半円形	粘土で構築	坑の内径58cm	
58	その他	新疆維吾爾自治区	民豊尼雅	93A23(N41)	後漢	平地（木骨泥障）		3×3間(5×4.5m)	東壁中央	半円形	粘土で構築	一辺80cm	
59	その他	吉林省	集安東台子	Ⅱ室	高句麗	平地（礎石）			東壁北半部から北壁	L字形	2列の煙道、煙突あり	長さ11m、幅2m	
60	その他	吉林省	集安東台子	Ⅰ室	高句麗	平地（礎石）		15×11m	東壁北半部から北壁	L字形	室内煙道薄い板石、室外煙道厚い不整形板石	長さ22m、幅70cm、深さ25cm	
61	その他	黒龍江省	寧安渤海上京龍泉府城	第4宮殿母屋東室	渤海	平地（礎石）		母屋9×5間(21.6×15m)	東壁から北、建物外へ	L字形（カ）	煙道は2列	煙道2列、幅は約1.5m	
62	その他	黒龍江省	寧安渤海上京龍泉府城	第4宮殿母屋西室	渤海	平地（礎石）		母屋9×5間(21.6×15m)	西壁から北、建物外へ	L字形（カ）	煙道は2列	煙道2列、幅は約1.5m	
63	その他	黒龍江省	寧安渤海上京龍泉府城	第4宮殿西殿西室	渤海	平地（礎石）		母屋9×5間(27×15m)	西壁中央から北、東折、北折、建物外へ	L字形	煙道は2列、側壁は平瓦		
64	その他	黒龍江省	寧安渤海上京龍泉府城	第5宮殿西殿東室	渤海	平地（礎石）		母屋9×5間(27×15m)	東壁中央から北、西折、北折、建物外へ	L字形	煙道は2列、側壁は磚		
65	その他	内蒙古自治区	額済納旗黒城		元	平地（壁建ち）		4×8.7m	北室南西隅部	長方形	掛け口2箇所、煙道4列	幅1.2m、長さ7m	
66	その他	北京市	元大都后英房	東院東	元	平地（木骨泥障）		1×1間(3.5×3.5m)(部屋の大きさ)	東壁	L字形	土磚で囲み中をレンガが積み	東長さ約2m、幅1m	
67	その他	北京市	元大都后英房	主院	元	平地（木骨泥障）		1×1間(4×5m)(部屋の大きさ)	南壁と東（西）壁	L字形	土磚で囲み中をレンガが積み	南長さ1m、東長さ5m、幅約80cm	
68	その他	北京市	元大都后英房	東院東	元	平地（木骨泥障）		1×1間(3.5×3.5m)(部屋の大きさ)	東、南、西壁	L字形	土磚で積み、前面には土磚を積む	長さ約3.5m、幅44～86cm	

158　第1部　原史・古代の竈

資料番号	壁炉の分類	所在地（省・自治区名）	遺跡名	遺構名	年代	建物 構造	建物 平面形	建物 規模	壁灶 設置位置	壁灶 形状	壁灶 構造	壁灶 大きさ	出土遺物（）内は遺物包含層の出土遺物
69	その他	北京市	元大都后英房	東院西	元	平地（木骨泥障）		1×1間（3×4m）（部屋の大きさ）	東、南、西壁	コ字形	土磚レンガ積み、上にスサ入り粘土、灰を塗り光沢、棒木で縁取り、前面に木板	長さ約3〜4m、幅0.5〜1.04m、高さ28cm	
70	その他	北京市	元大都后英房	東院東	元	平地（木骨泥障）		1×1間（3.5×3.5m）（部屋の大きさ）	北、西壁	コ字形	土磚で囲み中をレンガで積み、上・前面には土磚を敷く、煙道有り、煙出し口なし	北長さ約3.5m、幅1.07m、西長さ約3.5m、幅62cm	
71	その他	遼寧省	蓮華堡	1・2	戦国晩期〜漢初	平地（カ）				円形	横方向の筒状の煙道	直径52cm、煙道は高さ30cm、幅12cm、長さ18cm	鑵（釜）
72	その他	黒龍江省	団結	77F1	秦〜漢	竪穴	長方形	9.3×7.2m、深さ35cm	西壁北半部から北東壁	L字形	土で構築、北東隅部は板石で覆われる	煙道長さ11m、床面50cm、床面からの高さ30cm	鑵・飯碗・盆・皿・鉢・甕・高杯
73	その他	黒龍江省	大城子	F2	秦〜漢	竪穴	長方形	8×6.1m、高さ17〜27cm	北壁西半部から西壁	L字形	板石で構築、煙出し口、焚き口、燃焼部直径27cm をもつ	煙道長さ9m、直径燃焼部27cm	鑵・飯

図47 中国出土の竈関連資料位置図

大きさは、1辺70〜100cm、高さ5cm であり、防火壁、焼土柱などの施設をともなうものがあるといえる。

　その他、11は帯状の灶台であり、幅5〜15cm、長さ70cm である。円形竪穴建物に設置される。

　竪穴建物との関連　灶台が設置される竪穴建物は、円形竪穴建物（1・2・3・11）、方形平地建物（4・5〜9）、方形竪穴建物（10）がある。C字形、箕形を含む円形または帯状の灶台は円形竪穴建物に、方形の灶台は方形平地建物に設置される傾向がある。方形竪穴建物には円形の灶台が設置されている。

　用いられる器種　1では、丸底深腹鉢が出土する。2では、竪穴建物埋土に罐が含まれる。4では、灶台上から鼎2点（報文では罐、遺物図版では鼎）、彩陶鉢1点が出土する。6では、遺物が22点出土し、鼎、罐、壺、瓮、盆、鉢がある。灶台上から鼎2点が出土し、ほかに罐が出土することから、鼎、罐が炊爨具として使用されたと考えられる。7では、遺物が38点出土し、鼎、甑、罐、壺、鉢、杯、豆がある。灶台上から鼎2点と杯1点が出土する。鼎、罐、甑が炊爨具として使用された可能性がある。10では、灶台対面の出入口両脇に遺物が集中し、鼎、甑が出土する。11では、包含層から甗、鼎、鬲、罐が出土する。

　年代順にみると、円形竪穴住居の円形灶台では丸底の深腹鉢、罐が、方形平地建物の方形灶台では鼎、罐、甑が、方形竪穴建物の円形灶台では鼎、甑が、やや年代が離れる円形竪穴建物の帯状灶台では甑、鼎、鬲、罐が、炊爨具として使用されたようである。

　分布と消長　分布は、Ⅰ長江流域（1）、Ⅲ黄河中流域（2〜9）、Ⅳ黄河下流域（10）、Ⅵ遼河流域

160　第1部　原史・古代の竈

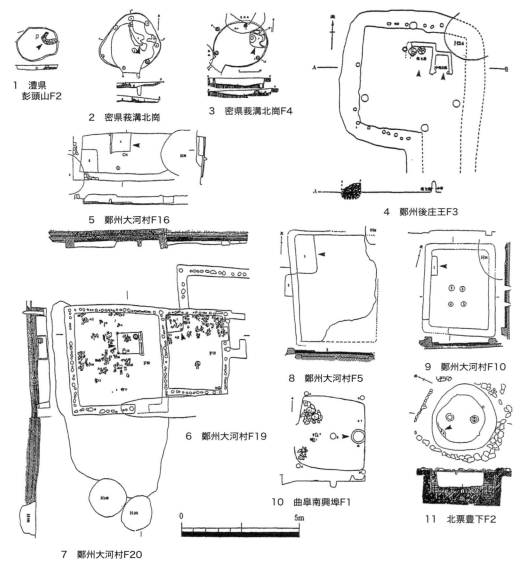

図48　灶台

（遼河以西）（11）の4ヵ所に大きく分けられる（図47）。

　年代は、1が彭頭山、2・3が磁山、やや年代をあけて4～9が仰韶晩期、10が大汶口晩期、11がやや年代が下り夏家店下層である（図52）。

　年代順にみると、1が彭頭山期にⅠ長江流域に、2・3が磁山期にⅢ黄河中流域に、4～9が仰韶晩期に同地域に、10が大汶口晩期にⅣ黄河下流域に、11が夏家店下層期にⅥ遼河流域（遼河以西）に位置する。

　彭頭山期は、花粉分析から暖性針葉樹林帯に属する、温暖湿潤で、現代よりやや低い気温であったと考えられており、1が他の資料に比べ南に位置する点は、これを考慮しなければならない。4～9の平地（木骨泥障・壁立ち）竪穴建物に方形灶台を設置する仰韶晩期の竪穴建物は、他地域に

比べ先進的な竪穴建物となる可能性が考えられる。10は、年代的にはやや新しいが、Ⅲ黄河中流域の諸例に比べやや周辺部の竪穴建物例を示すようである。11は、年代的には新しいが、周辺寒冷地の様相を示すと考えられる。

（2）焼土（図49）

位置　方位は、北東、北西を北に、南東、南西を南に含めれば、11例が北、5例が南である。

出入口との関連をみると、焼土は出入口脇または出入口正面の壁に位置する場合が多い。とくに前者は、入口が壁中央よりやや片側に寄る場合、寄った側の空間の狭い方に焼土が位置しており、焼土とこれにともなう作業空間は比較的小さくまとまるようである。

形態と大きさ　平面形は、円形、楕円形、長方形、馬蹄形、不定形な方形がある。整った円・方形はなく、不定形な形が多い。大きさは、直径または幅が60cm以下、60cm前後、60cm以上に大別できる。

14の焼土上には円柱形焼土が2ヵ所あり、直径28cm、高さ7cmを測る。焼土との関連が考えられるが性格は不明である。18では壁灶の底部中央に土梁があり、炊爨具をのせる支脚のような用途が考えられている。22は竈をともなう。竈は、焼土が接する壁がドーム状に抉られたもので、底には焼けた痕跡があるという。竈から上方に煙道がのびる。23の焼土上の施設は、上面に土磚を1段敷く。灶状の施設は焼土上に一部かかり、出入口の可能性がある竪穴建物壁の途切れた箇所に向かってのびる。

竪穴建物との関連　円形平地建物、円形竪穴建物、方形平地建物、方形竪穴建物がある。不定形なものが多く、焼土の形態と竪穴建物平面形、構造との関連はとくにみられない。焼土の大きさとの関連をみると、12・27・30の小形竪穴建物では、床面積に対して大きな焼土の広がりがみられ、焼土はあまり区画されない可能性が考えられる。これに対し、方形平地建物の14〜16・24・25では出入口脇に、14・15では竪穴建物ほぼ中央に、18では出入口正面に焼土があることから、竪穴建物内における火処が区画されている可能性が考えられる。円形竪穴建物に比べ方形平地建物では、床面利用の規制が強い可能性が考えられる。

用いられる器種　年代順にみると、12では深腹罐、三足甑形器、大口罐が使用され、19・20以降は、罐、鬲、鼎のほか甑、甗が、竪穴建物形態や地域を問わず、炊爨具として使用された可能性がある。

分布と消長　分布は大きくⅡ〜Ⅳ渭水、黄河中〜下流域とⅥ遼河流域（遼河以西）の2ヵ所である（図47）。

年代は、12が磁山、13〜26が龍山、27が西周早期、28が西周、29・30が夏家店上層〜春秋に位置づけられる（図52）。

年代順にみると、12が磁山期にⅢ黄河中流域に、13〜26が龍山期にⅡ〜Ⅳ渭水、黄河流域に、27が西周早期にⅡ濁水流域に、28が西周期にⅢ黄河中流域に、29・30が夏家店上層〜春秋にⅥ遼河流域（遼河以西）に位置する。

龍山晩期、Ⅲ黄河中流域の14〜16・24・25は方形平地建物であり、同時期、Ⅵ遼河流域（遼河

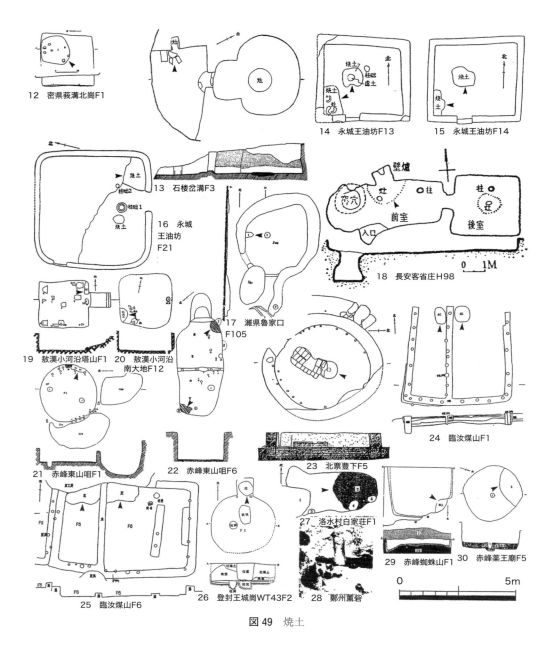

図49 焼土

以西）の21は円形竪穴建物、23は円形平地建物である。Ⅲ黄河中流域の方形平地建物は、他地域に比べ先進的な建物例となる可能性がある。しかし、14〜16・19・22・24・25でみられる、入口脇に焼土が位置する床面利用は共通する可能性がある。その他、23は床面中央の地灶上に坑状の施設が存在する特異な例である。

（3）灶坑（図50）

位置 方位は、北東、北西を北に、南東、南西を南に含めると、9例が北、16例が南である。灶

第11章 中国の壁灶 163

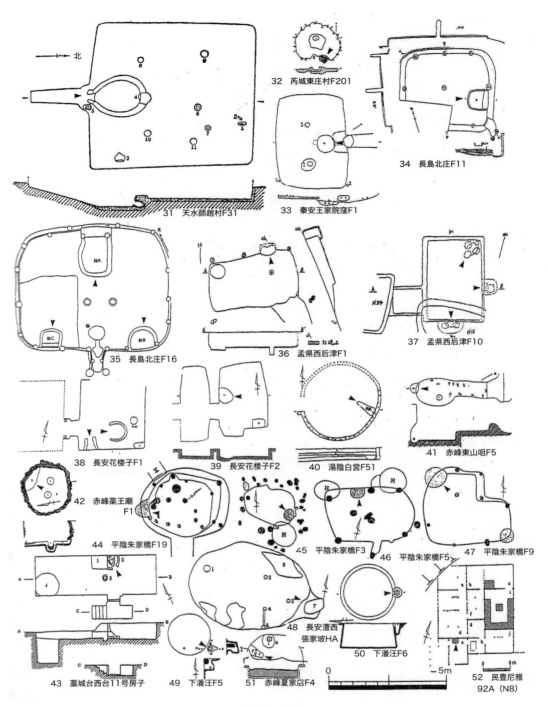

図50 灶坑

坑は、灶台、焼土と異なり北ではなく南が多く、これは後述するように、出入口周辺に位置する例が多いためと考えられる。

　出入口との関連をみると、灶坑は、出入口のすぐ正面（31・33）、出入口の正面（35・36・37・38・40・41・43）、出入口脇（34・35・38・39・48）にある。35・37は3ヵ所の灶坑があり作業空間を特定できないが、出入口すぐ正面や出入口脇に灶坑がある場合、これにともなう作業空間は出入口周辺にまとまり、灶坑の位置の設定には出入口が意識された可能性が考えられる。32・44・45～47・49・50・51など楕円形建物の多くは出入口の施設が明確ではないため、灶坑の出入口との関連はよくわからない。しかし、32・42では、灶坑は楕円形建物のなかでもやや直線的な辺の一端にあり、竪穴建物築造時より灶坑の設置箇所が決められていた可能性が考えられる。

　形態と大きさ　平面形、構造から分類すると、①出入口前面に楕円形、円形の坑を設ける（31・33）、②箕形の周堤帯がめぐる（34・35）、③馬蹄形の袖部をもつ（38・43・52）、④壁を掘り込む竃（36・37・41・44・47・49・50）、⑤坑（32・39・40・42・45・46・48・51）がある。

　①は坑が1ヵ所（31）と2ヵ所（33）のものがあり、後者は坑道で連結され《連通坑》と呼称される。両者とも最奥部が洞状で罐が据え付けられ、火種窖と報告される。大きさは、31が直径150～200cm、深さ30cm、33が直径74cm、深さ40cmである。

　②は燃焼部周囲に黄土で周提帯が構築される。周提帯は、幅10～20cm、高さ2～7cmである。周提帯は上部構造をもつものではなく燃焼部を区切る施設と考えられる。

　③は細部のみ（38）、半分覆い（天井部）をもつ（43）、天井部をもつ（52）がある。38は、竪穴建物の残存状況から袖部の削平は考えられず、上部構造をもたない袖部のみの形態とみられる。43は、覆い（天井部）後方から煙道が上へのびる。52は掛け口をもたず焚き口のみで、直方体で囲む形態である。

　④は、床面で壁を掘り込むもの（36・37・41・44・47）と床面から上の壁面を掘り込むもの（49・50）がある。両者とも上へ煙道がのびるものが多い。

　⑤は、壁際（32・39・42・45・46・48）、壁からのびる（40・51）形態がある。51は、周縁にスサ入り粘土がみられ、支脚石3個がある。

　竪穴建物との関連　円形平地佳居、円形・楕円形竪穴建物、方形・長方形竪穴建物、平地（木骨泥障）建物がある。灶坑は竪穴建物に設置される場合が多い。①～⑤の形態と竪穴建物との関連をみると、①②は方形・長方形竪穴建物と関連する可能性が考えられ、④は竪穴建物との関連が明確で、③⑤はとくに関連がみられない。ただし③は、方形竪穴建物であり、作業空間が限定され、竪穴建物内利用の規制が強い可能性が考えられる。また⑤のうち壁からのびる形態（40・51）は、円形竪穴建物と関連する可能性がある。灶坑の大きさと竪穴建物との関連をみると、1辺5m以上の竪穴建物では長さ2mの大きな灶坑がみられるが、1辺または直径5m以下の竪穴建物では灶坑は1m以下である。

　用いられる器種　年代順にみると、仰韶半坡類型では罐・鼎が、仰韶半被類型晩期では罐が、大汶口中期～夏家店上層では罐、鬲、鼎、甑、甗が炊爨具として使用される。形態との関連をみると、①は罐、②は罐、鼎、③は鬲、罐、④は鬲、鼎、罐、甗、甑、⑤は鬲、鼎、罐、甗、甑が使用

される。①は年代が古く三足器はないが、その他の形態はいずれも罐とともに三足器が使用され、灶坑で使用される炊爨具は丸底に限られることはない。

分布と消長 分布は、Ⅱ～Ⅳ渭水～黄河中～下流域、Ⅴ太行山脈東麓、Ⅵ遼河流域（遼河以西）、Ⅷタリム盆地に分かれる（図47）。

年代は、31～33が半坡類型晩期、34・35が大汶口中期、36～39が河南龍山中晩期、40が二里頭早期、41・42が夏家店下層、43～47が商代、48～50が西周～西周末期、51が夏家店上層、52が後漢である（図52）。

年代順に形態を加味してみると、①が半被類型晩期にⅡ渭水流域で、②が大汶口中期にⅣ黄河下流域で、③④が龍山期にⅢ黄河中流域で、④⑤が夏家店下層期にⅥ遼河流域（遼河以西）で（⑤は春秋時代にもみられる）、③④⑤が商～西周代にⅣ黄河下流域～Ⅴ太行山脈東麓で、③が春秋時代以降後漢代にⅧタリム盆地でみられる。

③④といった火を覆う構造物をもつ形態は、龍山期にⅢ黄河中流域で出現し、Ⅲ～Ⅳ黄河中～下流域からⅤ太行山脈東麓で商～西周代末期まで存続し、一部は竪穴建物形態は異なるもののⅥ遼河流域（遼河以西）にも分布する。Ⅵ遼河流域（遼河以西）では春秋時代まで存続するが、Ⅲ～Ⅴ黄河中～下流域から太行山脈東麓ではみられず、点的に後漢代にⅧタリム盆地でみられるのみである。

（4）その他（図51）

灶、オンドルを中心とする。建物の構造が多様であるため、竪穴建物（53・72・73）、平地建物（54・71）、平地（木骨泥障）建物（55～58）、平地（礎石）建物（59～64）、平地（壁立ち・木骨泥障）建物（65～70）ごとに検討し、竪穴建物との関連は省略する。

位置 竪穴建物との関連が不明確な54、灶のみ検出される71を除いた資料についてみる。

竪穴建物は、西壁から北壁にかけて炕が付設される。西壁南半に焚き口をもち、北西隅部で煙道が屈曲し、北東部に煙出し口がある。53は東壁北端に門道があり、焚き口は出入口正面に位置する。

平地（木骨泥障）建物の壁灶の方位は、東が2例、南東が2例、北が1例である。形態と方位の関連はみられない。

平地（礎石）建物では、オンドルを付設する場合、焚き口の設置箇所が東壁、西壁の違いはあるが、煙出し口は北へ設ける。出入口は不明確だが、北・東・西壁に煙道が設けられる場合が多いため、出入口は南にある可能性が高い。

平地（壁立ち・木骨泥障）建物では、出入口を避けた軒、庇の下に煙道が設けられ、オンドルの設置箇所は出入口と強く関連する。このようなあり方は、近代北方民族、とくに吉林省満族の竪穴建物と共通する［中国社会科学院考古研究所・北京文物管理所元大都考古隊 1972］。

形態と大きさ 竪穴建物の炕は、L字形に屈曲する。73は板石で、53・72は煙出し口に板石が用いられる以外は土で構築される。72の坑は、煙道が燃焼部より低い点が特異である。

平地建物の壁灶は、54では1ヵ所が馬蹄形、71は円形である。71は壁灶後壁に横方向の筒状煙

166 第1部 原史・古代の竈

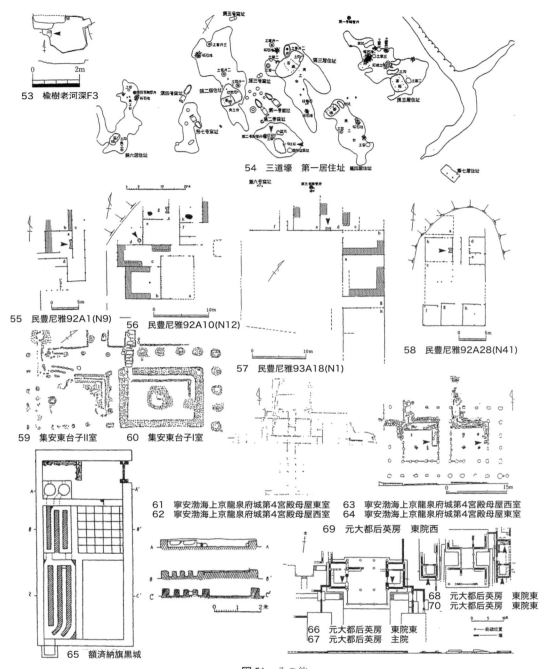

図51 その他

道がある。
　平地（木骨泥障）建物の壁灶は、「地上式竈」「地下式竈」「壁炉」「地床炉」の4種類がある［中日共同尼雅遺跡学術考察隊・日中共同ニヤ遺跡学術調査隊 1996］。
　平地（礎石）建物では、59・60のオンドルは、瓦片等で構築された煙道が建物の2辺をL字形

第11章 中国の壁灶 167

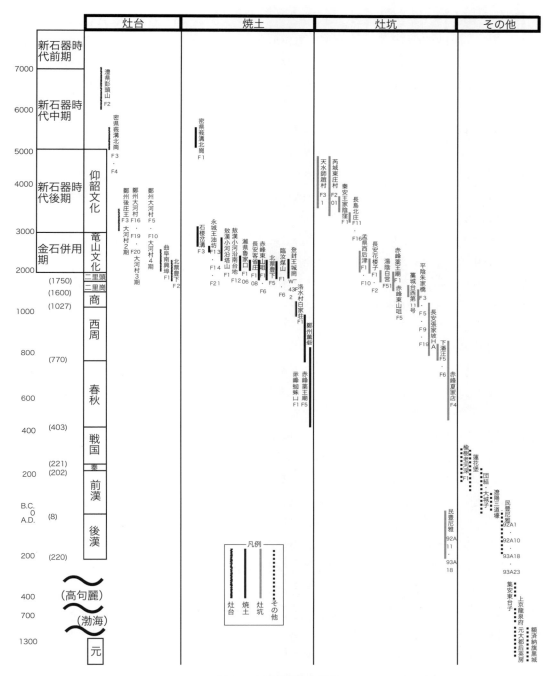

図52 中国の壁灶の消長

に屈曲し、室外へ延びた煙道の先に煙出し口、または煙突を設ける。室外へ延びた煙道は天井石で覆われる。63・64のオンドルは、煙道が2列で、側壁が磚または平瓦で構築される。

平地(壁立ち・木骨泥障)建物の66〜70のオンドルは、煙道が4本あり、煙道は土磚、煉瓦で構築される。煙道上はスサ入り粘土が塗られ平坦であり、灰が塗られ光沢をもつ。

168 第1部 原史・古代の竈

用いられる器種 竪穴建物では、53で鼎が出土する以外は、72・73では罐、甑が出土し三足器はみられない。平地建物では、54、71で罐、甑が出土し、三足器はみられない。平地（木骨泥障）建物の出土遺物は不明である。平地（礎石）建物では、59・60のオンドル焚き口で鉄鍋が出土する。61～64の出土遺物は不明である。平地（壁立ち・木骨泥障）建物では、66～70で缸が出土する。

年代が戦国後期以降と新しいためか、戦国後期の53で鼎が出土する以外、三足器はみられず、罐、甑から鉄鍋、缸が炊爨具として使用される。73では丸底の器はなくすべて平底の器である点が注意される。

分布と消長 Ⅶ遼河以東に大部分が、一部がⅤ太行山脈東麓、Ⅷタリム盆地に分布する（図47）。竪穴建物、平地建物は、すべてⅦ遼河以東にある。平地（木骨泥障）建物は、タリム盆地の尼雅川流域にある。平地（礎石）建物は、すべてⅦ遼河以東にある。平地（壁立ち・木骨泥障）建物はⅤ太行山脈東麓にある。

年代は、竪穴建物、平地建物が戦国後期から前漢、平地（木骨泥障）建物が後漢、平地（礎石）建物が高句麗、渤海、平地（壁立ち・木骨泥障）建物が元代である（図52）。

3　壁灶の概要

壁灶の位置についてみると、方位は、灶台、焼土は北、灶坑は南が多く、その他とした壁灶は、東・西壁から北壁にかけて煙道が屈曲してのび、北壁に煙出し口がある場合が多い。出入口との関連をみると、灶台は出入口正面、焼土は出入口脇、灶坑は出入口正面または出入口脇に位置する場合が多い。その他は、出入口が不明のため関連が不明確である。ただし、平地（壁立ち・木骨泥障）建物では、出入口以外の部分に煙道がめぐる。

壁灶の形態と大きさおよび竪穴建物との関連をみると、灶台は円形（直径60～80cm、高さ10～25cm）、方形（1辺70～100cm、高さ5cm）があり、前者は円形または方形竪穴建物に、後者は方形平地建物に設置される場合が多い。焼土は不定形な円形（短径20～80cm、長径60～1.7m）で、竪穴建物との関連はみられない。焼土には支脚の可能性がある円柱形焼土や土梁、甕をともなうもの、土磚を敷く施設がある。灶坑は円形、箕形の周提がめぐるもの、馬蹄形の袖部をもつもの、甕をともなうものがある。大きさは、長さ80cm、深さ15cm前後が多く、長さ2m、深さ20～30cm以上のものもある。円形平地建物、円形・方形竪穴建物、平地（壁立ち・木骨泥障）建物に付設され、竪穴建物の割合が高い。その他とした壁灶は、建物の構造によりその形態も異なり、L字形に屈曲する炕は竪穴建物、平地建物、「地上式竈」「地下式竈」「壁炉」「地床炉」は平地（木骨泥障）建物、オンドルは平地（礎石）建物、平地（壁立ち・木骨泥障）建物に付設される。

用いられる器種についてみると、灶台では、新石器時代中期に深腹鉢、罐、新石器時代後期に罐、鼎、甑、金石併用期に罐、鼎、鬲、甗が炊爨具として使用される。焼土では、新石器時代中期に罐、金石併用期～春秋に罐、鼎、鬲、甗、甑が炊爨具として使用される。灶坑では、新石器時代後期に罐、鼎、新石器時代後期後半に罐、新石器時代後期後半～春秋に罐、鼎、鬲、甗、甑が炊爨

具として使用される。その他とした壁灶では、戦国後期に鼎が出土する以外、三足器はみられず、戦国後期〜前漢に罐、甑が、高句麗に鉄鍋、元に缸が炊爨具として使用される。秦〜前漢代の73は、丸底の器はなくすべて平底の器であり、亜寒帯近くに立地することとの関連が注意される。

　新石器時代後期〜金石併用期には、灶台、焼土、灶坑の区別なく、罐とともに三足器が使用され、いっぽう、その後出現するその他とした壁灶では、基本的に三足器は用いられず丸底の器が主に炊爨具として用いられるようである。

　分布と消長については、各分類の消長については図52に、分布の基本単位とした地域区分ごとの消長については図53にまとめた。

　灶台は、新石器時代中期（彭頭山）にⅠ長江流域、新石器時代中期（磁山）〜新石器時代後期（仰韶晩期）にⅢ黄河中流域、金石併用期（大汶口晩期）にⅣ黄河下流域、金石併用期〜二里頭期（夏家店下層）にⅥ遼河流域（遼河以西）に分布し、年代が新しくなるにつれて、黄河中流域から下流域、遼河流域へと分布を移す。

　焼土は、新石器時代中期（磁山）にⅡ渭水流域、金石併用期（龍山）〜二里頭期にⅢ黄河中流域、西周にⅣ黄河下流域、夏家店上層〜春秋にⅥ遼河流域（遼河以西）に分布する。新石器時代中期に黄河中流域にはじまり、金石併用期（龍山）〜西周には黄河流域および遼河流域でみられるが、夏家店上層〜春秋には遼河流域へと分布を移す。

　灶坑は、新石器時代後期（仰韶半坡類型（廟底溝）、大汶口中期）にⅡ〜Ⅳ渭水〜黄河　中・下流域、金石併用期（龍山）から二里頭早期にⅢ黄河中流域、夏家店下層にⅥ遼河流域（遼河以西）、商〜西周にⅢ〜Ⅴ黄河中・下流域〜太行山脈東麓、夏家店上層（西周晩期〜春秋（秦））にⅥ遼河流域（遼河以西）、後漢にⅧタリム盆地に分布する。新石器時代後期に黄河上〜中流域と山東半島北側を含む黄河流域ではじまり、金石併用期（龍山）〜西周には黄河上〜中流域から太行山脈東麓、遼河流域でみられ、夏家店上層〜春秋時代には遼河流域へ分布を移し、後漢にタリム盆地で点的にみられる。

　その他とした壁灶は、戦国後期から前漢、後漢、高句麗、渤海にかけてⅦ遼河以東に分布し、後漢にⅧタリム盆地、元にⅤ太行山脈東麓とⅧタリム盆地でみられる。

　その他のうち炕は、ザバイカル地方の匈奴の遺跡、南カザフスタンの青銅器時代末期の遺跡にもあり、この2遺跡の炕が無関係か伝播によるものかは不明であるが、もし伝播によるものであれば極東がその原郷であろうとされる［デ・エリ・ブロヂャンスキー　1982］。前漢に匈奴の西への移動があったことを考えると［杉山　1997、林　1998］、大貫が指摘するように［大貫　1989］、民豊尼雅遺跡例をはじめとするタリム盆地周辺でみられる炕も匈奴の移動と共に伝播した可能性が考えられる。

　以上、壁灶について集成、整理を行った。ここで壁灶が竪穴建物内火処としてどの程度みられるものかを概略ながらみてみたい。表9および図54は新石器時代遺跡資料［羅二虎　1995］から、地灶、壁灶を付設する竪穴建物が検出された遺跡を各省、自治区ごとに集計したものである。これより地灶、壁灶は、黄河または遼河流域に多く、長江流域以南ではあまりみられないことがわかる。275遺跡中、地灶を付設する竪穴建物が検出される遺跡は76遺跡、27.6％であり、壁灶を付設す

170　第1部　原史・古代の竈

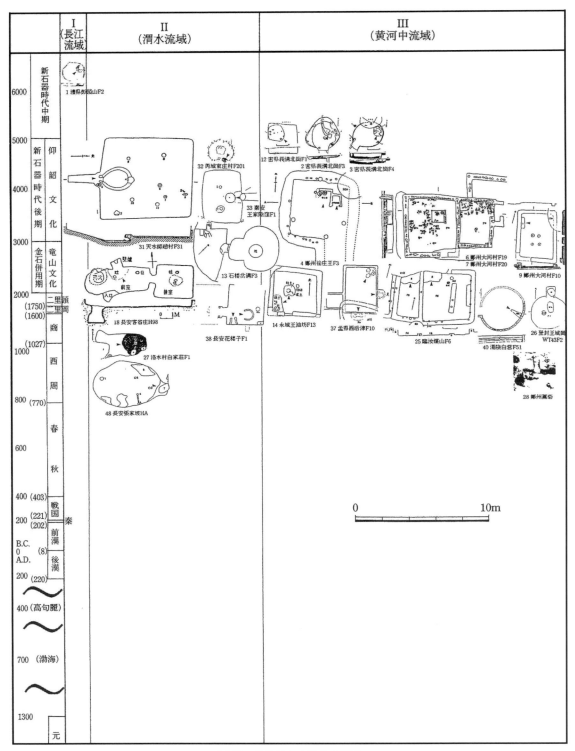

図53　地域ごとの壁灶の消長

第 11 章　中国の壁灶　*171*

IV (黄河下流域)	V 太行山脈東麓	VI (遼河流域 遼河以西)	VII (遼河以東)	VIII (タリム盆地)

表9 省ごとの壁灶・地灶出土遺跡数一覧表

省名	壁灶を付設する住居を検出した遺跡数	地灶を付設する住居を検出した遺跡数	壁灶・地灶を付設する住居を検出した遺跡数	合計
湖北省	0	2	14	16
湖南省	1	0	11	12
広東省	0	1	9	10
広西壮族自治区	0	0	6	6
雲南省	0	1	1	2
貴州省	0	1	1	2
四川省	0	0	5	5
江蘇省	0	0	15	15
上海市	0	0	4	4
浙江省	0	3	2	5
安徽省	0	2	7	9
江西省	0	2	4	6
福建省	0	0	5	5
山西省	3	4	4	11
河北省※	2	3	9	14
山東省	3	4	19	26
河南省	12	9	8	29
陝西省	5	10	8	23
黒竜江省	1	2	2	5
吉林省	1	2	0	3
遼寧省	3	9	4	16
内蒙古自治区	6	8	1	15
寧夏回族自治区	0	1	6	7
甘粛省	2	8	11	21
青海省	0	2	3	5
西蔵自治区	1	1	0	2
新疆ウイグル自治区	0	1	0	1
合計	40	76	159	275

※北京市・天津市を含む

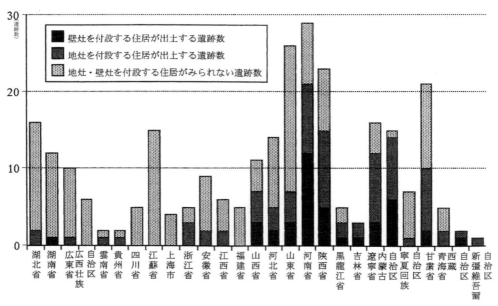

図54 省ごとの壁灶・地灶出土遺跡数

る竪穴建物が検出される遺跡は40遺跡、14.5％である。地灶に比べ壁灶を付設する竪穴建物の割合は低いといえる。

　このように、壁灶は、竪穴建物内火処としてあまり多くはみられない遺構であり、こうした限られた資料のなかで、朝鮮半島中・南部や日本でみられる竈に類する遺構は非常に少ない。18長安客省庄H98、28鄭州薫砦、38長安花楼子F1、43藁城台西台1号房子など数少ない資料が比較的類似すると考えられるが、年代的に隔絶しており、直接的な系譜を追うことは困難である。当初、朝鮮半島中・南部に近い山東半島周辺に類似資料がみられることを期待したが、集成では該当する資料はみられなかった。年代的なつながりからいえば、遼河以東に分布する、その他の壁灶とした炕、オンドルが最も近く、数少ない集成資料からは推定するしかないが、遼河以東から朝鮮半島北部に分布する炕、オンドルが朝鮮半島中・南部へと伝播し、朝鮮半島中・南部で受容し変容した竈が日本へともたらされた可能性が高いと考えられる。資料の蓄積がいまだ不十分な現時点では、推定の域を出るものではないが、予察としてしるしておきたい。

遺跡出典（表8の遺跡番号に同じ）
1　［湖南省文物考古研究所・澧県文物管理局　1990］
2・3・12　［河南省博物館・密県文化館　1981］
4　［河南省文物研究所　1988］
5～9　［鄭州市博物館　1973］
　　　［鄭州市博物館　1979］
10　［山東省文物考古研究所　1984］
11・23　［遼寧省文物乾部培訓班　1976］
13　［中国社会科学院考古所山西工作隊　1985］
14～16　［中国社会科学院考古研究所河南二隊等　1987］
17　［中国社会科学院考古研究所山東工作隊等　1985］
18　［中国科学院考古研究所編　1963］
　　　［中国科学院自然科学史研究所編　1985］
19・20　［遼寧省博物館等　1977］
21・22・41　［遼寧省博物館・昭烏達盟文物工作站・赤峰県文化館　1983］
24・25　［中国社会科学院考古研究所河南二隊　1982］
26　［河南省文物研究所・中国歴史博物館考古部　1992］
27　［中国科学院考古研究所豊鎬考古隊　1963］
28　［渡辺芳郎　1992］
29　［中国社会科学院考古研究所内蒙古工作隊　1979］
30・42　［中国科学院考古研究所内蒙古工作隊　1974］
31　［中国社会科学院考古研究所甘粛考古隊　1990］
32　［中国科学院考古研究所山西工作隊　1973］
33　［甘粛省博物館大地湾発掘小組　1984］
34・35　［北京大学考古実習隊・煙台地区文管会・長島県博物館　1987］
36・37　［河南省文物研究所他　1984］

38・39［鄭洪春・穆海亭 1988］
40［河南省安陽地区文物管理委員会 1983］
43［河北省博物館・文物管理所 1973］
　［河北省博物館等 1973］
　［河北省博物館等 1974］
　［河北省文物管理所台西考古隊 1979］
　［河北省文物研究所編 1985］
44〜47［中国科学院考古研究所山東発掘隊 1961］
48［陝西省文物管理委員会 1964］
49・50［河北省文物管理処 1975］
51［中国科学院考古研究所内蒙古工作隊 1975］
52・55〜58［中日共同尼雅遺跡学術考察隊・日中共同ニヤ遺跡学術調査隊 1996］
　　　　［史樹青 1960］
　　　　［新疆吾爾自治区博物館考古隊 1961］
53［古林省文物考古研究所編 1987］
54［東北博物館 1957］
59・60［西川宏 1985］
61〜64［林博通 1992］
　　　［中国社会科学院考古研究所 1988］
65［渡辺芳郎 1992］
66〜70［中国社会科学院考古研究所・北京文物管理所元大都考古隊 1972］
　　　［中国社会科学院考古研究所 1988］
71［王増新 1964］
　［申鉉東 1993］
72［楊虎・譚英杰・張泰湘 1980］
　［匡瑜 1982］
73［黒龍江省博物館 1979］

第 12 章　竈形土器

1　竈形土器とは

　竈形土器は、前面に焚き口、上に掛け口の穴があいたドーム形の土器で、背面に煙出しの穴があいたものもある。古墳時代中期、竪穴建物に竈が作り付けられることが広がるとともに、竈形土器もみられるようになる。長胴の甕や鍋、甑もこの頃ともにみられるようになることから、これらの土器はセットで用いられるものであり、朝鮮半島からもたらされたものと考えられている。本格的な甑があることから、これまで煮ることが主であった調理法に蒸すことが加わったようである。

　竈形土器は、高さ40cm ほどの実用的な大きさのものがあるほか、高さ10cm ほどのミニチュアの竈形土器もみられる。ミニチュアの竈形土器は集落近くの河川で出土するほか、古墳の横穴式石室から出土する例が多く、祭祀に用いられた可能性が高い。

2　古墳時代中期の竈形土器

　竈形土器は、古墳時代中期に出現する。この時期の竈形土器は、古墳時代中期後葉〜古墳時代後期以降に広がる竈形土器とはやや異なる形をしている。古墳時代中期後葉〜古墳時代後期以降の竈形土器は、次項で多くの例を挙げているように、ドーム形でもやや上方の径が小さく、裾広がりの形をしている。庇の形や付き方、把手の形や付き方がやや異なるものの全体の形としては同じようなものがみられる。これに比べ古墳時代中期前半〜中頃の出現期の竈形土器は、数少ない資料のみではあるが、さまざまな形態があり、なかでも堺市伏尾遺跡［大阪府教育委員会・（財）大阪府埋蔵文化財協会 1990］出土の竈形土器は全体の形が明らかな希少な例である（図 55-1）。

　堺市伏尾遺跡は、非常に古い段階の須恵器が多く出土したことで著名な遺跡である。須恵器は窯を用いて高温で焼かれた灰色の土器であり、須恵器の製作には窯を作る技術、土器を作り焼く技術など多様な技術が必要とされる。こうした技術は古墳時代中期に朝鮮半島から日本にもたらされ、各地で須恵器窯が築かれ、須恵器の生産がはじまる。伏尾遺跡はこうして作られた須恵器のなかでも、ごく初期の段階に位置づけられる須恵器がまとまって出土した遺跡である。竈形土器はこうした非常に古い段階の須恵器とともに集落の縁辺に位置する谷から出土した（図 55-2）。

　堺市伏尾遺跡出土の竈形土器は、天井がやや平坦なドーム形をしている。側面は直立しており、天井部との境に突帯が一条めぐる。突帯は側面下部の底から 3cm 程度上の部分にもめぐり、この二条の突帯をつなぐように焚き口両脇に縦方向の突帯がみられる。焚き口の上には幅 6〜7cm の庇

176 第1部 原史・古代の竈

1 堺市伏尾遺跡　古墳時代中期　出現期の竈形土器・長胴甕・甑

2 堺市伏尾遺跡　出現期の竈形土器が出土した谷

3 堺市伏尾遺跡　出現期の竈形土器の出土状況

4 堺市伏尾遺跡　出現期の竈形土器・長胴甕・甑の使用法推定図

5 四條畷市岡山南遺跡　古墳時代中期　竈形土器

6 寝屋川市長保寺遺跡　古墳時代中期　竈形土器

7 東大阪市鬼塚遺跡　古墳時代中期　竈形土器

8 東大阪市・八尾市池島・福万寺遺跡　古墳時代中期～後期　竈形土器

9 東大阪市山畑遺跡　古墳時代後期末　竈形土器

図55　竈形土器（1）

が付き、焚き口の後方にあたる背面には直径 5cm の円形の孔があり、煙出し口とみられる。竈形土器の厚さは 8mm 前後と薄く、全体の構造からみても強度は非常に弱いようである。使用にあたっては火を用いることから煤の付着がみられるはずだが、煤の付着も少なく、頻繁に使用されたわけではないようである。この竈形土器に類似する例は現在のところ国内ではみられず、韓国の晋州博物館に高さ 7cm 前後のミニチュアの竈形土器が所蔵されており、これが唯一の類似例とみられる。

　ほかに古墳時代中期の竈形土器は、四条畷市岡山南遺跡（図55-5）［四条畷市教育委員会 1976・1982］、蔀屋北遺跡［大阪府教育委員会 2004］、寝屋川市長保寺遺跡（図55-6）［寝屋川市教育委員会 1993］、東大阪市鬼塚遺跡（図55-7）［東大阪市立郷土博物館 1999］で出土している。いずれも河内湖沿岸の韓式系土器をはじめとする渡来系遺物が多く出土する遺跡である。

　蔀屋北遺跡と長保寺遺跡出土の竈形土器は掛け口に平坦面をもつなど形態が類似しており、また、後述する竈の枠となる可能性をもつ土製品がともに出土することから両遺跡の強い関連がうかがえる。

　この竈形土器の出現期ともいえる古墳時代中期の諸例において掛け口に注目すると、蔀屋北遺跡と長保寺遺跡出土の竈形土器は掛け口に平坦面をもち、岡山南遺跡、鬼塚遺跡の竈形土器は掛け口が断面三角形状に肥厚する。伏尾遺跡の竈形土器の天井部が平坦であることを鑑みると、竈形土器の掛け口は、平坦な天井部→平坦面をもつ掛け口→断面三角形状に肥厚する掛け口から古墳時代後期に普遍的にみられる端部が丸くおさめられた掛け口への変遷が追える可能性が考えられないだろうか。ただし、断面三角形状に肥厚する掛け口は東大阪市・八尾市池島・福万寺遺跡（図55-8）［（財）大阪府文化財センター 2002b］、東大阪市山畑遺跡（図55-9）［東大阪市立郷土博物館 1999］など生駒西麓に点在する諸遺跡において古墳時代後期においてもみられることから地域性に帰結する可能性も考える必要がある。いずれにせよこの時期の竈形土器は出土例が限られ、また定型化以前のさまざまな形態がみられることから今後の資料の蓄積のなかで考えていきたい。

　ほかに、福岡県北九州市長野 A 遺跡（図56-1）［（財）北九州市教育文化事業団埋蔵文化財調査室 1986］では竪穴建物跡に作り付けられた竈の横で竈形土器が出土している。部分の出土であり全体形は推定の域を出ないが、掛け口に比べ体部が大きく広がる変形な形態に復元されている。

　古墳時代中期には、竈形土器ではないが、竈の枠になる可能性をもつ土製品がみられる［田中 2003、濱田 2004］。堺市野々井西遺跡・ON231 号窯出土資料（図56-2）［大阪府教育委員会・（財）大阪府埋蔵文化財協会 1994］のほか、寝屋川市長保寺遺跡（図56-4）、四条畷市蔀屋北遺跡出土資料［大阪府教育委員会 2002・2004］などがあり、韓国においても同様の資料が出土している（図56-5）［ソウル歴史博物館 2002、全南大學校博物館・光州広域市 1996、徐賢珠 2004］。

3　古墳時代後期以降の竈形土器

　古墳時代後期に入ると、畿内を中心に西日本では竈形土器が多く出土しており、東日本においても関東を中心に出土例が増す。竈形土器は集落において、竪穴建物跡から出土するほか、竪穴建物

178　第1部　原史・古代の竈

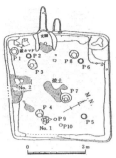
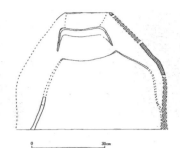
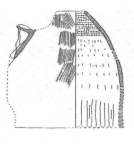

1　北九州市長野A遺跡　古墳時代中期　竪穴住居跡と竈形土器

2　堺市野々井西遺跡　ON231号窯
　　古墳時代中期　竈の枠

3　堺市野々井西遺跡　ON231号窯　灰原

4　寝屋川市長保寺遺跡　古墳時代中期　竈の枠

5　韓国　風納土城　竈の枠

6　阪南市亀川遺跡　古墳時代後期　竈形土器

7　阪南市亀川遺跡
　　竈形土器が出土した焼土坑

8　貝塚市畠中遺跡　古墳時代後期　竈形土器

9　貝塚市畠中遺跡
　　竈形土器が出土した竪穴住居跡

図56　竈形土器（2）および関連資料（1）

跡以外でも出土する場合が多く、集落縁辺の河川で出土する例が多くみられる。

　阪南市亀川遺跡（図56-6・7）［（財）大阪府文化財調査研究センター 2002b］では、古墳時代中期末～古墳時代後期前半の集落がみつかり、竪穴建物跡12棟（うち7棟に竈有り）をはじめとする多くの遺構の広がりが明らかにされている。竈形土器は炭や焼土が多く混じり火を使用していたと考えられる土坑から、須恵器、土師器甕、甑、砥石、土玉などとともに出土している。竈形土器は把手が付き、把手の位置に突帯がめぐる。亀川遺跡では焼けた土坑が多くみつかっており、祭祀的な性格をもつもの、屋外の竈、竪穴建物が削平されて竈部分が残ったものなど多くの可能性が考えられている。

　貝塚市畠中遺跡（図56-8・9）［（財）大阪府文化財調査研究センター 2002c］は、古墳時代後期後半の集落であり、竪穴建物6棟中4棟に竈が作り付けられている。竈形土器は竈が作り付けられた竪穴建物中2棟から出土しており、うち1棟は1辺7mという最大の規模をもつ竪穴建物である。この竪穴建物からは2個体分の竈形土器が出土しており、規模はもとより出土遺物からも他の竪穴建物とはやや異なるものと考えられている。竈形土器は、竈の右側に設けられた土坑から竈前方の主柱穴にかけて出土しており、竈形土器とともに土師器甕・甑も出土している。

　堺市日置荘遺跡（図57-1・2）［大阪府教育委員会・（財）大阪文化財センター 1995］では、段丘の端から西除川西岸にかけて古墳時代後期の土器がまとまって出土しており、そのなかに竈形土器が含まれる。土器は緩やかな斜面に散乱した状態で出土するものの、集中する箇所もあり、意図的に置かれた可能性がある。とくに竈形土器周辺では須恵器杯・高杯が完形に近い状態でまとまって出土しており、意図的な配置がうかがえる。竈形土器は、焚き口に庇がめぐり、掛け口からやや下がった箇所と底面上方に突帯がめぐる。段丘上には掘立柱建物からなる集落が広がり、竈形土器は、この集落の縁辺で行われた祭祀にともなう可能性も考えられる。

　茨木市溝咋遺跡（図57-3～5）［（財）大阪府文化財調査研究センター 2000a・2000d］では、古墳時代後期の掘立柱建物からなる集落が安威川左岸の微高地上に広がる。竈形土器は集落から安威川へと向かうやや低い湿地状の地点で出土した。竈形出器は、焚き口に庇がめぐり、下方向に向く把手が両脇に付き、背面には煙出し口とみられる円形の孔がある。竈形土器周辺には炭が集中してみられ、須恵器杯・甕・甑・提瓶・捏鉢・土師器羽釜・甕・高杯など多様な土器がともに出土していることから、生活にともなう土器の廃棄場の可能性が指摘されている。

　ほかに古墳時代後期の竈形土器は、柏原市大県遺跡（図57-6）［柏原市教育委員会 1984］、東大阪市・八尾市池島・福万寺遺跡、東大阪市山畑遺跡で出土している。こうした生駒西麓沿いに点在する諸例は、先述したように掛け口端部がやや肥厚し緩やかに屈曲するか、断面三角形状に肥厚する点が特徴である。また東大阪市・八尾市池島・福万寺遺跡例をもとに江浦洋が指摘しているように［江浦 1991a］、この特徴的な掛け口端部外面には、同心円タタキなどのタタキが施されるものが多いことから、特定の製作地が存在する可能性が考えられる。この場合、東大阪市・八尾市池島・福万寺遺跡では古墳時代中期後半～後期という年代幅があるものの「生駒西麓産のものに注目すると、竈にしては小さなものが106個、竈の可能性が考えられるものが178個ある。（中略）古墳時代集落の継続期間中に50個体以上の竈が存在していた可能性が高い」とあり他遺跡に比べ出

180　第1部　原史・古代の竈

1　堺市日置荘遺跡　古墳時代後期　竈形土器とともに出土した土器

2　堺市日置荘遺跡　竈形土器ほか出土状況

3　茨木市溝咋遺跡　古墳時代後期　竈形土器・長胴甕・甑

4　茨木市溝咋遺跡　竈形土器が出土した集落跡と河川跡

5　茨木市溝咋遺跡　竈形土器の出土状況

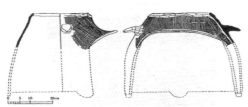

6　柏原市大県遺跡　古墳時代後期　竈形土器

7　東大阪市神並遺跡　飛鳥時代　竈形土器

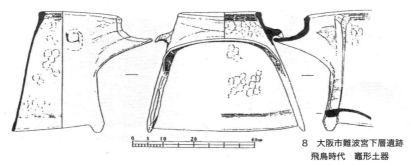

8　大阪市難波宮下層遺跡　飛鳥時代　竈形土器

図57　竈形土器（3）および関連資料（2）

第 12 章 竈形土器　*181*

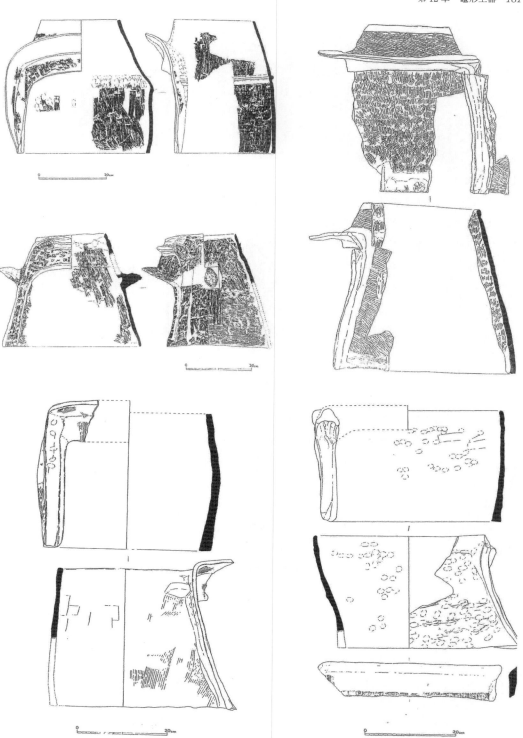

図 58　竈形土器（4）（五反島遺跡）

土点数が多く、「炊飯具セットの多くに煤の付着など、使用した痕跡がみとめられるため、こうした炊飯具のセットは日常的に使用されていたと推定されている」とするが、「竈が存在しており、この居住域出土の竈のすべてがこの区域で使用されるためのものであったかどうかについては、問題が残る」［江浦 1991a・1991b］とされ、竈形土器の他地域への搬出を示唆されているように受け取られる。

　飛鳥時代には、東大阪市神並遺跡（図57-7）［（財）東大阪市文化財協会 1984］、大阪市難波宮下層遺跡（図57-8）［難波宮址顕彰会 1975、（財）大阪市文化財協会 1992］などで竈形土器が出土している。

　吹田市五反島遺跡（図58）［吹田市教育委員会 2003］では、古墳時代中期以降の河川が重複して検出されており多くの竈形土器が出土している。河川出土のため年代の確定が困難なものも多いが、古墳時代中～後期から平安時代、中世にいたるさまざまな竈形土器が出土している。伴出遺物からは祭祀に関わる遺物とする見方が有力であり、その立地からは八十嶋祭との関連も示唆されている。

　以上、古墳時代後期以降の竈形土器について、いくつかの事例を概観した。竈形土器の用途は集落内における日常の炊飯と集落縁辺における祭祀の2つの用途が考えられる。

4　竈形土器と祭祀―ミニチュアの竈形土器―

　これまでみてきたような、実用的な大きさの竈形土器のほかに、ミニチュアの竈形土器がある。ミニチュアの竈形土器は集落近くの河川で出土するほか古墳の横穴式石室や平城京や平安京などの都城から出土する例も多く［金子編 1988］、祭祀に用いられたものと考えられている。集落近くの河川から出土したミニチュアの竈形土器について、まずみてみたい。

　大阪市から八尾市にかけて広がる亀井北遺跡（図59-1～3）［大阪府教育委員会・（財）大阪府文化財調査研究センター 2000］では、現在、南東から北西方向に流れる平野川の北側約200mの地点で、奈良時代の平野川と考えられる河川がみつかった。河岸には杭列が2列平行して打ち込まれ、土留めの杭の可能性がある。この河川を埋めた砂の中から多くの奈良時代の土器が出土した。土器は土師器皿・杯・高杯・甕、須恵器杯・壺・甕など多岐にわたり、都の平城京で出土する土器とほぼ同じ種類の器がそろってみられる。なかでも、ミニチュアの竈形土器が6個体出土したほか、墨書が認められる土器がまとまって出土したことが特徴的である。土器は砂の中から均一に出土しているが、土師器皿・杯は重なって出土するものもあり、これらは一括して投棄されたようである。土器はいずれもあまり摩耗しておらず、これらの土器を使用した集落が周辺にあったと考えられる。

　堺市小阪遺跡（図59-4～6）［大阪府教育委員会・（財）大阪文化財センター 1992］は、泉北丘陵の谷間に位置する。谷間を流れた幾筋もの河川が埋まった状態でみつかった。そのなかのひとつ、奈良時代末に埋まった河川からミニチュアの竈形土器が出土している。河川は東西方向に流れ、幅21～30m、深さ3mほどの規模である。旧石器から奈良時代までの遺物が出土しており、奈

第12章　竈形土器　183

1　大阪市・八尾市亀井北遺跡　奈良時代
　　竈形土器（ミニチュア）

2　大阪市・八尾市亀井北遺跡　奈良時代
　　竈形土器（ミニチュア）

4　堺市小阪遺跡　奈良時代
　　竈形土器（ミニチュア）

3　大阪市・八尾市亀井北遺跡
　　竈形土器（ミニチュア）が出土した河川

5　堺市小阪遺跡　奈良時代
　　竈形土器（ミニチュア）

6　堺市小阪遺跡
　　竈形土器（ミニチュア）が出土した河川

図59　ミニチュアの竈形土器（1）

184 第1部 原史・古代の竈

1 堺市・松原市・大阪市大和川今池遺跡
　奈良時代末〜平安時代初頭
　竈形土器（ミニチュア）

2 堺市・松原市・大阪市大和川今池遺跡
　奈良時代末〜平安時代初頭
　竈形土器（ミニチュア）

3 堺市・松原市・大阪市大和川今池遺跡
　奈良時代末〜平安時代初頭
　甑（ミニチュア）

4 堺市・松原市・大阪市大和川今池遺跡
　奈良時代末〜平安時代初頭
　人面墨書土器

5 堺市・松原市・大阪市大和川今池遺跡
　竈形土器（ミニチュア）が出土した河川

図60　ミニチュアの竈形土器（2）

良時代の土器はミニチュアの土器のほか、土師器皿・杯・高杯・甕、須恵器杯・壺がある。ミニチュアの竈形土器とともにミニチュアの鍋も出土しており、ミニチュアの竈形土器の掛け口にミニチュアの鍋が合わさることからセットで用いられたとみて間違いないようである。やや上流で祭祀が行われ、流されたと考えられる。

　大和川今池遺跡（図60）［（財）大阪府文化財センター 2003］は、堺市、松原市、大阪市にまたがって広がる。現在の大和川の河岸にあたり、旧西除川の河岸にあたる位置でもある。このような立地から、洪水にみまわれることも多くあったようで、ミニチュアの竈形土器が出土した河川もまた、洪水によって削られ埋没している。河川内の洪水砂からは、奈良時代末～平安時代初頭を中心とする時期の遺物が多く出土している。土師器の甕が多くみられ、人面を墨書したものが2点含まれる。また、「東」の墨書が認められる土師器皿が1点ある。ミニチュアの竈形土器は3点出土しており、いずれも庇をもたない。鉢形土器の底に孔があけられたミニチュアの甑もともに出土している。

　これら集落縁辺の河川からミニチュアの竈形土器が出土する例をみると、人面墨書土器や墨書土器とともに出土する例が多いことがわかる。奈良時代～平安時代、集落ではミニチュアの竈形土器にミニチュアの鍋、甕、甑を組み合わせ、これとともに人面や文字を墨書した土器を用いて、何らかの"まじなひ"を行っていたようである。

　ミニチュアの竈形土器は、古墳時代後期から飛鳥時代初頭にかけて、古墳の横穴式石室から出土する例がよく知られている。大阪府では、二上山の西側の裾野に広がる近つ飛鳥の地にある一須賀古墳群［大阪府教育委員会 1992］や飛鳥千塚古墳群［大阪府教育委員会 1984、羽曳野市教育委員会 1990］の出土遺物に多くみられる。ミニチュアの竈形土器にはミニチュアの鍋、甕、甑が組み合わさる。周辺では、奈良県桜井公園2号墳出土［網干 1959］のミニチュアの竈形土器が古墳時代中期後半とやや年代がさかのぼるほか、古墳時代後期以降では、奈良県沼山古墳［奈良県立橿原考古学研究所 1985b］、寺口忍海古墳群［島本 1937b］、小林古墳群［御所市教育委員会 1986］、滋賀県大通寺古墳群［水野 1978］、福王子古墳群［滋賀県教育委員会 1969］、太鼓塚古墳群［大津市教育委員会 1992］、和歌山県船戸山古墳群［古田 1977］、兵庫県城山古墳群［兵庫県教育委員会 1982］、三条古墳群［芦屋市役所 1976］からミニチュアの竈形土器が出土している。石室内から出土する例が多く、とくに隅部から出土する例が多くみられるが、特定の位置はないようである。石室の内部は死者の住む世界をあらわし、ミニチュアの竈形土器は黄泉戸喫の儀礼に関わるものと一般的に考えられている。

　また、瀬戸内海に浮かぶ岡山県大飛島遺跡［鎌木・間壁 1964］では、奈良時代のミニチュアの竈形土器が複数出土しており、海上交通の祭祀に関わるものと考えられている。

　いっぽう、平城京跡、長岡京跡、平安京跡など都城においてもミニチュアの竈形土器が出土するほか、三重県の斎宮跡においても平安時代のミニチュアの竈形土器が出土している。

5 竈形土器の概要

　古墳時代中期、竈形土器は北部九州、畿内を中心とした地域においてみられ、また、中村畑遺跡、高田遺跡など能登半島にも点在する［東大阪市立郷土博物館 1999］。古墳時代後期には西日本を中心に関東地方をはじめとする東日本にまでその分布は広がる。竈形土器が出土する遺跡は、竪穴建物に竈が多くみられ、韓式系土器が出土するなど朝鮮半島からの影響が強い遺跡が多く、竪穴建物に作り付ける竈と同じく、竈形土器も朝鮮半島からもたらされた可能性が大きいと考えられる。実用的な大きさの竈形土器は、竪穴建物に作り付けられる竈に比べ、出土する頻度は低く、また煤の付着がほとんどみられないことから、先述した池島・福万寺遺跡を例外として、そのすべてを日常の炊飯に使用したと確定することは困難である。竪穴建物において、竈のそばから竈形土器が出土する例は、先に挙げた大阪府畠中遺跡のほか、福岡県長野A遺跡などがある。また、佐賀県杉町遺跡［三日月町教育委員会 1983］では掘立柱建物に隣接する土坑から、佐賀県天神軒遺跡［小城町教育委員会 1982］では竪穴建物周辺の土坑から竈形土器が出土しており竈屋的な性格が考えられている。これらの例をみるとすべての竈形土器が祭祀に関わると断定することもできず、実用的な炊飯に使用する竈形土器のあり方については、今後も注意してみていく必要がある。

　古墳時代後期以降には、ミニチュアの竈形土器が、古墳の横穴式石室や都城、そして集落の縁辺にあたる河岸でみられ、葬送や儀式のなかで竈形土器が用いられたようである。これら仮器としての竈形土器の地域をまたいだ出土は、竈形土器を用いた一定の儀礼が共有されていることを示す。

　竈形土器が、日本列島において何らかの祭祀に広く用いられたことは、905（延喜5）年に完成した『延喜式』においても竈形土器をさす「韓竈」が頻繁に出てくることからも確認できる。

　竈形土器の系譜は、朝鮮半島に求められる可能性があるが、朝鮮半島出土の竈形土器は、近年ようやく日本で出土する竈形土器に類似する資料が得られたものの、竈形土器の出土例は少なく、年代的にも、その形態からも確実に系譜を追える状況にはいまだない［合田幸 1995・森本 1996］。

　また、竈形土器の墓への副葬という点をみると、中国では漢代に墓室に副葬される竈形の明器がよく知られている。山東省では漢代のミニチュアの竈形土器が出土している。高句麗では横穴式石室に副葬された方形の鉄製竈がみられる［国立中央博物館 1986］。しかし、朝露半島中部〜南部では、墓に副葬された竈形土器の例は現在のところ明らかになっておらず、日本でみられる横穴式石室に竈形土器を副葬する系譜がどこに求められるのかはよくわからない状況である。

第13章　竈形土器は韓式系土器であろうか

1　本項の目的

　韓式系土器とは、「朝鮮半島からもたらされた土器、あるいはその影響下で渡来人および在地の者が日本で製作し、彼地の土器の諸特徴を如実に表す土器の総称。軟質土器に限ることなく瓦質・陶質土器を含めた名称」と定義されている［植野 1987］。

　平底鉢や長胴甕、甑、鍋などの韓式系土器は、朝鮮半島にそのもととなる土器が多数認められ、実際に日本においてその影響下で製作された土器もまた多数認められることから、この定義は納得できるものである。しかし、竈形土器については、朝鮮半島にそのもととなる土器が多数認められるかというと、やや疑問を抱くところがある。どちらかというと、日本における出土例の方が多いのではないだろうか。

　こうした状況からか、植野が示した当初の韓式系土器に竈形土器が加わることはなかった。しかし、近年刊行された大阪府寝屋川市に所在する蔀屋北遺跡の報告書は、竈形土器が韓式系土器のひとつとして取り上げられている［藤田 2009］。

　このように竈形土器が韓式系土器であろうか、という問題については、ここ20数年来の発掘調査成果の蓄積のなかで、しだいに認識が変化してきたようにみえる。とくに蔀屋北遺跡において、古墳時代中期から後期に及ぶ、多様な韓式系土器が大量に出土したことが、韓式系土器研究に多大な影響と刺激を及ぼすことになったことはいうまでもない。本項もまた、蔀屋北遺跡で集中して出土した竈形土器に触発されたところが大きい。

　以上のような状況のなか、本項では、「竈形土器は韓式系土器であろうか」という疑問について、つぎの2つの方法で検討してみたい。

a　竈形土器が韓式系土器であるとすれば、朝鮮半島から共に渡来した他の韓式系土器とともに出土すると考えられることから、日本で竈形土器が出土する遺跡で韓式系土器が出土しているかどうかについて確認する。

b　竈形土器は、炊飯具とともに使用するものであることから、竈形土器に組み合わされる炊飯具はどのような土器であるのかを確認する。組み合わされる炊飯具が韓式系土器であれば、竈形土器も韓式系土器としてとらえることができる。

　大阪府下における古墳時代中～後期の竈形土器を中心に扱いたい。

表10 大阪府下の竈形土器一覧表

	遺跡名	所在地	須恵器の型式	年代	竈形土器（単位：cm）掛け口直径	高さ
1	陶邑・伏尾遺蹟	堺市	TK208	5C 中頃	20.0	30.0
2	讃良郡条里遺跡	寝屋川市	TK208〜TK47（〜TK217）	5C 後半（〜7C 前半）	17.5 (3口)	15.0 以上
3	讃良郡条里遺跡	寝屋川市	TK208〜TK47（〜TK217）	5C 後半（〜7C 前半）	20.8	18.0 以上
4	神並遺跡	東大阪市	TK208〜TK47	5C 後半	22.0（推定）	8.0 以上
5	蔀屋北遺跡	四條畷市	TK208〜TK47	5C 後半	16.0 (2口)	14.8 以上
6	蔀屋北遺跡	四條畷市	TK208〜TK47	5C 後半	22.0	32.0
7	蔀屋北遺跡	四條畷市	TK208〜TK47	5C 後半	22.0	35.6
8	蔀屋北遺跡	四條畷市	TK208〜TK47	5C 後半	22.0	34.0
9	蔀屋北遺跡	四條畷市	TK208〜TK47	5C 後半	20.0	32.0
10	蔀屋北遺跡	四條畷市	TK208〜TK47	5C 後半	19.2	31.2
11	蔀屋北遺跡	四條畷市	TK208〜TK47	5C 後半	22.0	22.8 以上
12	蔀屋北遺跡	四條畷市	TK208〜TK47	5C 後半	22.0	35.2
13	蔀屋北遺跡	四條畷市	TK23〜TK47	5C 後葉	18.8（推定）	31.2
14	萱振遺跡	八尾市	TK23〜TK47	5C 後葉		
15	長保寺遺跡	寝屋川市	TK47〜MT15	5C 後葉〜6C 前葉	20.0	34.0
16	長保寺遺跡	寝屋川市	TK47〜MT15	5C 後葉〜6C 前葉	21.6	32.8（推定）
17	岡山南遺跡	四條畷市	TK47〜MT15	5C 後葉〜6C 前葉	18.0	20.0
18	蔀屋北遺跡	四條畷市	MT15（〜TK10）	6C 前葉	20.4	20.0 以上
19	蔀屋北遺跡	四條畷市	MT15〜TK10	6C 前半	18.4（推定）	38.8
20	蔀屋北遺跡	四條畷市	MT15〜TK10	6C 前半	20.8	28.8 以上
21	蔀屋北遺跡	四條畷市	MT15〜TK10	6C 前半	18.0	33.6（推定）
22	蔀屋北遺跡	四條畷市	MT15〜TK10	6C 前半	19.2	36.8（推定）
23	蔀屋北遺跡	四條畷市				
24	池島・福万寺遺跡	八尾市・東大阪市	MT15〜TK10	6C 前半	24.0	35.4
25	大県遺跡	柏原市	MT15〜TK10	6C 前半	25.0	45.6（推定）
26	難波宮下層遺跡	大阪市	MT15〜TK10	6C 前半	25.0	34.0
27	畠中遺跡	貝塚市	MT15〜TK10	6C 前半	28.2	28.2
28	溝咋遺跡	茨木市	TK23〜MT85	5C 後葉〜6C 中葉	22.4	37.6
29	溝咋遺跡	茨木市	TK23〜MT85	5C 後葉〜6C 中葉	20.4	32.8
30	中野遺跡	四條畷市	TK208〜TK43	5C 後半〜6C 後葉	22.0	42.0
31	難波宮下層遺跡	大阪市	TK217	7C 前半	25.0	44.0
32	難波宮下層遺跡	大阪市	TK217	7C 前半	27.5	30.5
33	難波宮下層遺跡	大阪市	TK217	7C 前半	24.0	40.5
34	高宮遺跡	寝屋川市	TK217	7C 前半	30.4	32.8
35	高井田	柏原市	TK217〜	7C か？	22.0	24.0 以上
36	ホウケン塔山2号墳	羽曳野市	MT15〜TK217	6C 前葉〜7C 前半		
37	大谷2号墳	羽曳野市	TK209	6C 末〜7C 初頭		
38	切戸2号墳	羽曳野市	TK209〜TK217	6C 末〜7C 前半		

2 大阪府における竈形土器出土遺跡

　表10は、大阪府下で出土した竈形土器を集成したものである。
　竈形土器が出土した各遺跡において、韓式系土器が出土しているものには、韓式系土器の項目に○を記入した。その結果、竈形土器が出土している遺跡の多くで、韓式系土器が出土していることがわかった。したがって、aであげた視点については、竈形土器は韓式系土器である蓋然性が指摘できる。

韓式系土器	甑	羽釜	鍋 把手付き	鍋 把手無し	長胴甕	中胴甕	球胴甕	平底甕	その他
○	○		◎	○	◎?	○	◎	◎	U字形土製品（平板）出土
○	○		○	○		○?	◎	○	U字形土製品出土
○	○		◎	◎		○?	◎	○	U字形土製品出土
○	○	○	○	◎	○	○	◎	○	U字形土製品出土
○	○	◎	◎	◎	◎?	○	◎	○	U字形土製品出土
○	○	◎	◎	◎	◎?	○	◎	○	U字形土製品出土
○	○	◎	◎	◎	◎?	○	◎	○	U字形土製品出土
○	○	◎	◎	◎	○	◎	○	○	U字形土製品出土
○	○	◎	◎	◎	○	◎	○	○	U字形土製品出土
○	○	◎	◎	◎	◎?	○	◎	○	U字形土製品出土
○	○	◎	◎	◎	◎?	○	◎	○	U字形土製品出土
○	○	◎	◎	◎	○	◎	○	○	U字形土製品出土
					○				
○	○				○		○		U字形土製品出土
○	○				○		○		U字形土製品出土
	○?	○	○	◎	○		○		
○		◎	○		○	○	○		
○		◎	○		○	○	○		
○		◎	○		○	○	○		
	○	◎							
○									
○									
	○			◎	○				
○		◎				○			U字形土製品出土
○									
○									
	○			◎					
	○		◎					◎	
	○		◎						

　つぎに、竈形土器を年代順に配列したものが図61である。番号は表10の資料番号と同じである。集成した竈形土器では、その年代を絞って提示できるものは少なく、年代に幅をもつものが多い。図61はその資料を順に並べたものであるが、竈形土器の変遷の概要は、これにより把握することができると考える。

　この作業のなかで、23は、年代不詳の資料であるが、1との形態の類似から、ここに掲載した。また、3は、TK47～TK217の年代幅をもつ資料であるが、18～20との形態の類似からここに掲載した。

　図61から、竈形土器の変遷について、注意すべき点を6つ、次に列挙する。

190 第1部 原史・古代の竈

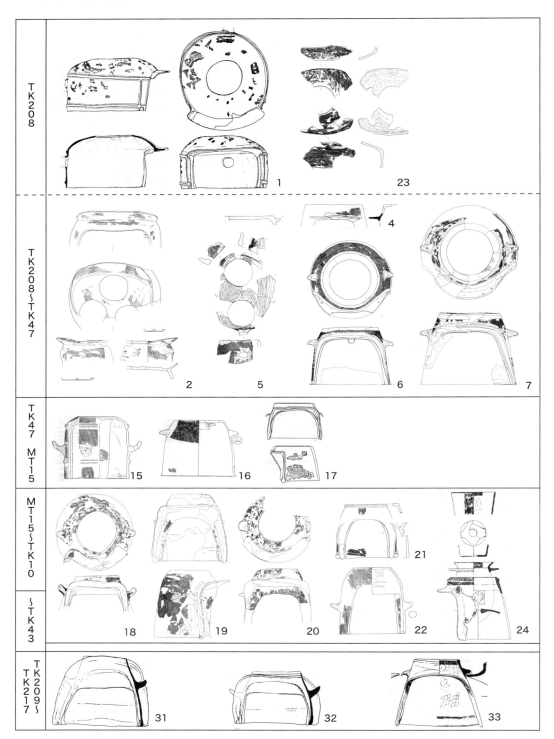

図61 竈形土器の変遷

第13章　竈形土器は韓式系土器であろうか　191

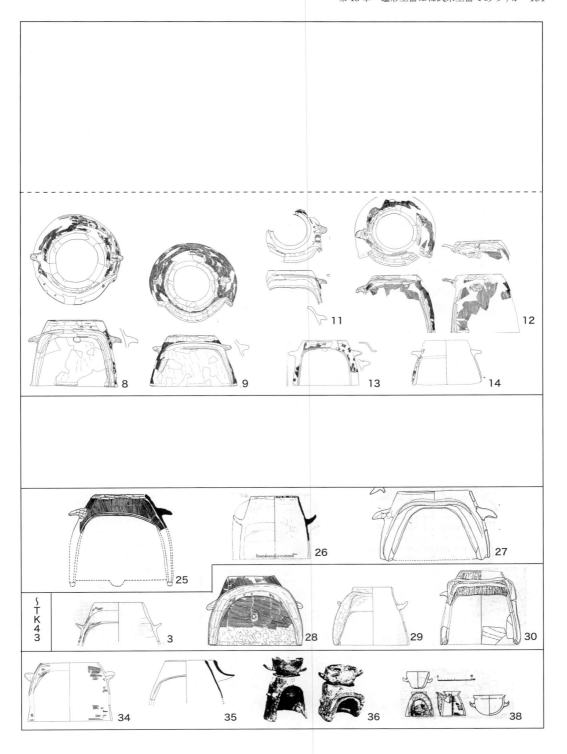

①掛け口平坦面の減少。掛け口周縁の平坦面はTK208〜TK47段階までは顕著であるが、TK47〜MT15段階には掛け口周縁に曲面が残る15、MT15〜TK10段階には掛け口周縁が肥厚する21にその名残をみることができる。おおむねTK47〜MT15段階以降は、掛け口周縁の平坦面は消失する。
②複数の掛け口をもつ竈形土器はTK208〜TK47段階に集中する。複数の掛け口をもつ竈形土器は、掛け口周縁に平坦面をもつことが注意される。
③庇が直線的なものから曲線的なものへと変化する。これは、竈形土器を正面からみた場合、庇上部の形が隅丸方形から半円形を呈するものの割合が増す、ともいえる。とくにTK208〜TK47段階とMT15〜TK10段階を比較すると明瞭であり、TK208〜TK47段階に比べ、MT15〜TK10段階では庇上部の形が半円形を呈するものがみられるようになる。
④庇の大型化。MT15以降、庇の幅が広いものが出現する。これはとくに曲線的な庇に顕著である。
⑤形態の多様化。TK208〜TK47段階では、比較的形態が均一であるが、MT15〜TK10段階では形態が多様化する。ひとつには付け庇が主体であったところに曲げ庇が出現するという点である。また、TK208〜TK47段階では、上面：下面：高さの比が一定であるが、MT15〜TK10段階では高さのあるものが増えており、こうした面でも多様化がうかがえる。また、24〜26にみられるように掛け口端部にタタキをもつものがみられるなど、形態だけではなく、製作技法においても多様化をうかがうことができる。
⑥MT15〜TK10段階には、高さのある曲げ庇をもつ竈が多くみられるようになる。表10の高さの項目に顕著なように、TK208〜TK10の段階では、高さが30cm台であるが、TK43〜TK217段階には、高さが40cm台のものが出現する。

3　竈形土器と組み合わされる炊爨具

これまで、竈形土器と組み合わされる炊爨具については、大阪府堺市伏尾遺跡や同茨木市溝咋遺跡など、いくつかの遺跡で復元が試みられている。たとえば伏尾遺跡では、竈形土器に長胴甕と甑が組み合わされており、溝咋遺跡においても、同じく長胴甕に甑が組み合わされている。溝咋遺跡では多数の炊爨具が出土しているものの、完形に復元できる土器は限られており、そのなかで、竈形土器の掛け口の直径に合う土器を探すと、2点ほどの長胴甕しかなかった。

他遺跡においても、同様な状態であろうことが予測され、そのため、竈形土器と組み合わされる炊爨具の復元は試みられなかったものと推察する。

こうしたなか、寝屋川市蔀屋北遺跡では、先述したように古墳時代中期から後期にわたる韓式系土器とともに、竈形土器、多様な炊爨具が多数出土しており、より多様な、広い視点での復元が可能である。そこで、蔀屋北遺跡出土資料をもとに、竈形土器に組み合わされる炊爨具について検討したい。

表10にあるように、蔀屋北遺跡の竈形土器は、大きくTK208〜TK47段階（蔀屋北3期）のものと、MT15〜TK10段階（蔀屋北5期）の2群のものがある。

第13章 竈形土器は韓式系土器であろうか

　TK208〜TK47段階（蔀屋北3期）の竈形土器のなかで、掛け口の直径と竈形土器の高さが明確なものをみると、掛け口の直径は19.2〜22.0cmで、なかでも22cmのものが多い。また、竈形土器の高さは31.2〜35.6cmで、32cm前後が平均値であることがわかる。したがって、この段階については、この2つの値がもっとも平均値に近い個体である表10-6の竈形土器（図61-6）を用いて、これに組み合わされる炊爨具について検討する。同様に、MT15〜TK10段階（蔀屋北5期）の竈形土器は、掛け口の直径は18.0〜20.4cmで、高さは推定の個体が多いが、33.6〜38.8cmであり、この2つの値がもっとも平均値に近い個体である表10-22の竈形土器（図61-22）を用いて、これに組み合わされる炊爨具について検討する。

　報告書に掲載されたTK208〜TK47段階を中心とする蔀屋北2〜4期の炊爨具を概観し、器種ごとに抽出したものが図62である。炊爨具の器種は表10にも示したように、羽釜、把手付き鍋、把手無し鍋、長胴甕、中胴甕、球胴甕であり、これらのほかに平底鉢にも外面に煤が付着するものがあることから平底鉢も炊爨具に含めた。把手無し鍋は、その名のとおり、鍋の器形で把手をもたないものであり、頸部から胴部がややふくらむ器形と頸部から胴部が直線的に連続し鉢形を呈する器形の2種類がある。中胴甕は長胴甕と球胴甕の中間的な胴部をもつ器形のものである。これらの土器は、同一器種のなかでも土器の胴部の直径や高さを考慮し、6番の竈形土器に比較的組み合わせ可能な個体を抽出した。こうして抽出した炊爨具をTK208〜TK47段階の竈形土器である6番の竈形土器に組み合わせたものが図63である。同様にMT15〜TK10段階を中心とする蔀屋北4〜5期の炊爨具を概観し、器種ごとに抽出したものが図64であり、抽出した炊爨具をMT15〜TK10段階の竈形土器である22番の竈形土器に組み合わせたものが図65である。なお、蔀屋北4期はTK47〜MT15段階に位置づけられるため、両段階ともにこれを含めており、そのため蔀屋北4期の炊爨具は両段階ともに掲載している。

　図63と図65から、竈形土器と炊爨具の組み合わせについて、指摘できる点を次に列挙する。

　羽釜は、TK208〜TK47段階、MT15〜TK10段階の竈形土器に合致し、組み合わせて使用したと考られる。

　鍋は、把手付き、把手無しとも、MT15〜TK10段階の竈形土器との組み合わせよりTK208〜TK47段階の竈形土器に合致する。

　長胴甕、中胴甕、球胴甕は、TK208〜TK47段階、MT15〜TK10段階の竈形土器に掛けることはできるが、いずれも浅く、胴部最大径まで入るものはないことから、竈形土器に組み合わせて使用した可能性は小さい。

　平底鉢は、TK208〜TK47段階の複数の掛け口をもつ竈形土器に組み合わせて使用した可能性を考えたが、掛け口の直径が16.0cmであるのに対し、平底鉢の最大腹径はこれ以下であることから、組み合わせて使用した可能性は考えられない。

　蔀屋北遺跡出土竈形土器と炊爨具を資料とした以上の検討結果が、図61の下段に示した古墳出土のミニチュア土器にみられる竈形土器と炊爨具の組み合せと同様であることは、この結果が蓋然性をもつ証左となろう。

　以上のことから、竈形土器に組み合わされる炊爨具は羽釜や鍋といった韓式系土器であり、この

194 第1部 原史・古代の竈

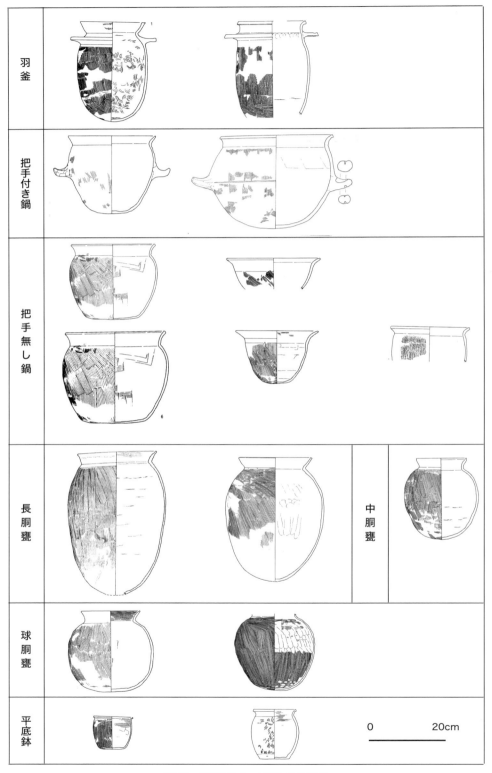

図62 「蔀屋北2~4期」の炊爨具

第13章 竈形土器は韓式系土器であろうか　195

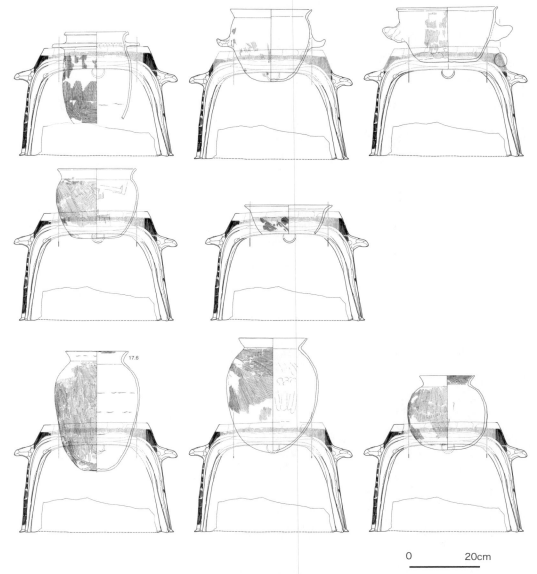

図 63　「蔀屋北 2〜4 期」の竈形土器と炊爨具の組み合わせ

ことからも竈形土器は韓式系土器と考えられる。

　竈形土器に羽釜が組み合わされることは、古くは中尾芳治が難波宮跡の調査において報告している［中尾 1965］。その後、生駒西麓産の羽釜の研究のなかで中西克宏は「羽釜は、当初から竈や甑などの他の調理具とともに組み合わせて使用することを前提として製作している」と指摘し［中西 1988］、これを受け江浦洋は、八尾市、東大阪市にまたがる池島・福万寺遺跡出土の竈形土器の口縁部にみられる同心円文圧痕を探求するなかで「集落を構成する一単位の建物群内において竈形土器と羽釜は 1：1 であった可能性が推定される」と指摘した［江浦 1991b］。

196　第1部　原史・古代の竈

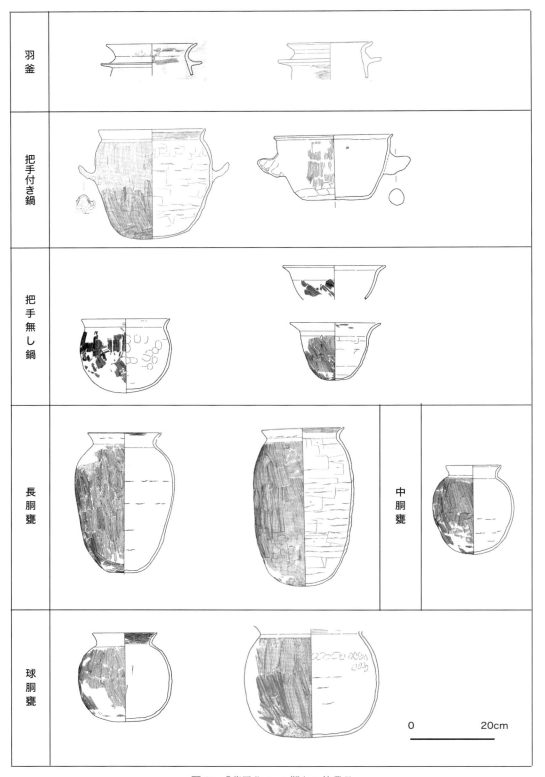

図64　「蔀屋北4〜5期」の炊爨具

第 13 章 竈形土器は韓式系土器であろうか　197

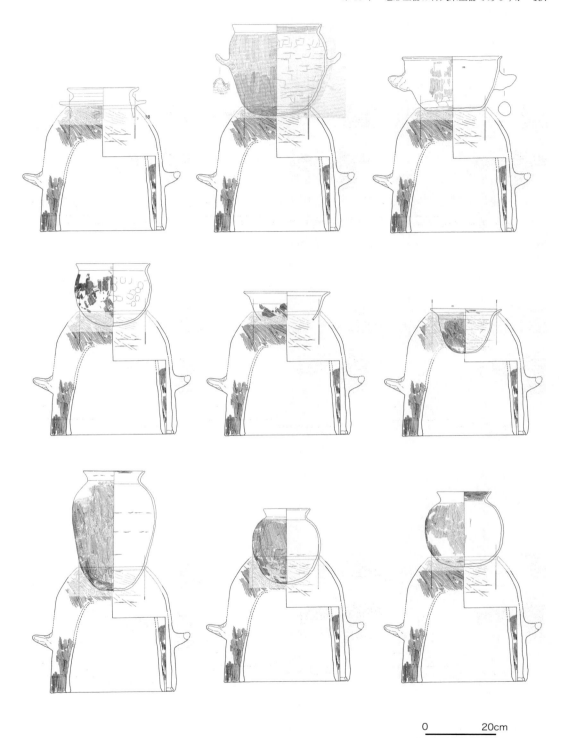

図 65　「蔀屋北 4〜5 期」の竈形土器と炊飯具の組み合わせ

4 竈形土器は韓式系土器

　以上より、竈形土器が出土する遺跡では韓式系土器が出土しており（検討の方法 a）、竈形土器に組み合わされる炊爨具は韓式系土器である（検討の方法 b）ことから、冒頭に挙げた韓式系土器の定義である「朝鮮半島からもたらされた土器、あるいはその影響下で渡来人および在地の者が日本で製作し」［植野　1987］た土器という点で竈形土器は韓式系土器ということができると考える。

　今後の課題としては、朝鮮半島における竈形土器の出土事例にあたるほか、派生した問題として、長胴甕、中胴甕、球胴甕が竈形土器で使用された可能性が小さいとすると、これらは竪穴建物作り付けの竈で使用された可能性が考えられ、竈形土器では羽釜、鍋、竈では長胴甕、中胴甕、球胴甕といった使い分けがあった可能性を検証することである。後者については出土状況や煤の付着状況などを検討することで一定の成果が期待できると思う。

第14章　小型炊飯具の分布と消長
―― 渡来系集団との関連 ――

1　本項の目的

　2016年、大津市歴史博物館で催された文化庁主催の『発掘された日本列島2016』にともなう地域展示「渡来した人々の足跡―大津の古墳群と集落跡―」において、ミニチュアの竈形土器とこれに組み合わさる小型の釜、甑、鍋が多数集成されており［大津市歴史博物館 2016］、展示担当者のご苦労を思いつつ、興味深く観察させていただいた。

　小型炊飯具は、竈形土器とこれに組み合わさる釜、甑、鍋の小型品であり、多くが横穴式石室の副葬品として出土する。奈良県、大阪府、滋賀県、兵庫県、和歌山県の後期群集墳で、石室平面形が方形または長方形で天井がドーム形を呈する古墳から出土しており、滋賀県の資料を検討した水野正好の研究以来、渡来系集団との関連が指摘されてきた［水野 1969］。

　本項では、小型炊飯具を集成、概観し、その分布と消長を確認する。そして、この分布と消長が何を意味するのか、渡来系集団との関連について考えたい。

2　研究史

　小型炊飯具は、高橋健自や島本一により資料紹介がなされ、その存在については古くから注目されてきた［高橋 1918、島本 1937a・1937b］。小型炊飯具が耳目を集めた契機としては、先述した水野が滋賀県大津市周辺で出土する小型炊飯具を漢人系氏族と結びつけて論じたことが挙げられる［水野 1969］。これ以降、小型炊飯具が出土する奈良県［阪口 1985、関川 1988、田中 2003］、大阪府［岩崎他 1993、大阪府教育委員会 1984、宮崎 2006、安村 2008、鈴 2012］、滋賀県［大津市教育委員会 2010・2011、大津市歴史博物館 2016］で資料の集成、出土する古墳や副葬品との関連について研究が進められた。ほかにも、事例は少数だが兵庫県［森岡 2002］や和歌山県［黒石 2005］でも同様の研究が進められた。各地での研究の進展にともない、小型炊飯具全般を視野に入れた型式分類、分布や消長についての研究も進んだ［松浦 1984、近野 1990、卜部 1991、大橋・花田 2005、京都橘大学文学部 2008、坂 2018］。本項では、小型炊飯具と渡来系集団との関連に注目することから、これについて花田と坂の見解をもとにまとめておきたい。

　花田は、『ヤマト王権と渡来人』において網羅した各地の最新の研究をもとに、小型炊飯具から読み取れるさまざまな見解を示す。ひとつは、滋賀県で最古となる6世紀前葉の大通寺3号墳の炊

飯具は、実用品とみられ、河内からの製品であることを示した。また、小型炊飯具の形態は把手の上下の違いを除くと、近江のものは河内のものに他の器種を含めて類似し、石室も志賀古墳群の横穴式石室は一須賀古墳群の古相の横穴式石室の墓道や石室構造に類似することから、近江への河内系渡来人の移住が考えられる。また、小型炊飯具の把手の差異から、摂津の城山・三条古墳群や播磨の袋尻浅谷3号墳も河内系渡来人からの系譜が考えられる［花田 2005］。

　坂靖は、小型炊飯具は近畿地方の滋賀県、大阪府、奈良県の渡来人居住地近傍の特定古墳群から出土することから、渡来人の証と説明されることが多く、奈良県においても6世紀代の飛鳥周辺の古墳でドーム形天井の横穴式石室に小型炊飯具が副葬され、東漢氏との関連が指摘されてきたことをふり返る。東漢氏は蘇我氏のもとにあった渡来人集団であり、その場合故地である朝鮮半島に小型炊飯具の事例がみられるべきであるが、移動式竈を古墳に副葬する事例は新羅の領域である浦項冷水里古墳、慶山林堂D-Ⅱ-215号墳などに限られ、小型炊飯具の副葬についても百済の領域に含まれる群山余方里82号墳のほかソウルの南、城南の横穴式石室から出土した瓦質小型炊飯具の2例にとどまることから、朝鮮半島南部にその故地を求めることは現状では困難である。しかし、死者のために炊飯を行い、食物を供えるという思想は日本列島にはなく外来のものであり、竈における炊飯自体が外来のものであることから、この思想は渡来人によってもたらされたものと考えられる。小型炊飯具を古墳に副葬することは近畿地方で発達したものであり、日本列島への渡来後に渡来人がそのアイデンティティーを示すために発展させたものと考えられている［坂 2018］。

3　分布と消長

　小型炊飯具が出土する古墳について、139例を集成した。小型炊飯具は竈、釜、甑、鍋があり、そのいずれかが出土している古墳を集成した（表11・図66）。

　奈良県33例、大阪府22例、滋賀県73例、兵庫県5例、和歌山県3例、三重県2例、岐阜県1例がある。奈良県、大阪府、滋賀県に集中し、周辺の兵庫県、和歌山県、三重県に数例が、その外側の岐阜県に1例が認められることから、奈良県、大阪府、滋賀県を中心に同心円状に分布することがわかる（図67）。

　奈良県では、桜井市を中心とした大和盆地南東部、磐余の地域に6例、高市郡を中心とした飛鳥の貝吹山周辺に8例、御所市を中心とした葛城周辺に11例、他に榛原市1例、不明1例がある。

　大阪府では、大和川が奈良県から大阪府へ流れ出る地点より北側、柏原市、八尾市を中心とした生駒山西麓沿いの平尾山古墳群に5例、大和川を挟んで南側、二上山麓、羽曳野市の飛鳥千塚古墳群に6例、その南側、南河内郡の一須賀古墳群に13例がある。

　滋賀県では、大津市の北部から中部、琵琶湖南西岸の坂本、穴太、滋賀里、南滋賀、錦織の比叡山麓沿いに74例が集中する。とくに、穴太の穴太野添古墳群に7例、穴太飼込古墳群に11例、滋賀里の大通寺古墳群に11例、太鼓塚古墳群に29例、南滋賀の福王子古墳群に5例が集中する。

　兵庫県では、たつの市の揖保川沿い、袋尻に1例、芦屋市の城山・三条古墳群に4例がある。

　和歌山県では、那賀郡岩出町の紀ノ川に面した船戸山古墳群に2例、田辺市に1例がある。

表 11 小型炊飯具が出土した古墳一覧表

古墳名	所在地	時期	小型土器器種	高さ(cm)※	備考	文献
稲荷西（桜井児童公園）2号墳	奈良県桜井市（大和東南部）	5C後葉	飯1、鍋1		初期横穴式石室、釵子	奈良県教育委員会 1959、埋蔵文化財研究会 1992、大津市歴史博物館 2016
出土地不明（稲荷西古墳群？）	"	5C後葉	竈1、飯1	7.5		埋蔵文化財研究会 1992、大津市歴史博物館 2016
稲村山	奈良県高市郡高取町（飛鳥）	5C後葉	飯1	8.8		島本 1937a、長谷川 1985
巨勢山408号墳	奈良県御所市（葛城）	6C前半（MT15）	竈1			御所市教育委員会 2005
浅古	奈良県桜井市（大和東南部）	6C前半	竈1	16.5		伊達 1978、長谷川 1985、埋蔵文化財研究会 1992
鳳呂坊4号墳	"	6C後半	竈1	13.2		大津市歴史博物館 2016
珠城山1号墳	"	6C後葉	飯1			奈良県教育委員会 1966
植松東4号墳	奈良県高市郡明日香村（飛鳥）	6C後葉	竈1、飯1	9		坂 2018
真弓鑵子塚1号墳	"	6C後半	竈1、鍋1、甑3	16	釵子	
上5号墳	"	6C後半	竈1、飯1			
沼山	奈良県橿原市（飛鳥）	6C後半	竈1、飯1、鍋2	14		大津市歴史博物館 2016、奈良県立橿原考古学研究所 1985
カイワラ1号墳	奈良県高市郡高取町（飛鳥）	6C	竈1、羽釜1、鍋1	10		坂 2018
カイワラ2号墳	"	6C	竈1、飯1、甑2	15		
与楽鑵子塚	"	6C	竈1、飯1、甑2	13		
与楽ナシタニ1号墳	"	6C後半	竈1、鍋1、甑1	11.4		奈良県立橿原考古学研究所 1987、大津市歴史博物館 2016
与楽ナシタニ2号墳	"	6C後半	竈1、飯1、鍋1、甑2		釵子	奈良県立橿原考古学研究所 1987
与楽ナシタニ5号墳	"	6C後半	竈1、飯1、鍋1、甑2	10.7	釵子、銀製指輪	奈良県立橿原考古学研究所 1987、大津市歴史博物館 2016
与楽タニ6号墳	"	6C後半	竈2	23.4		奈良県立橿原考古学研究所 1987
ラギタ2号墳	"	6C?	竈1、飯1、鍋2			奈良県立橿原考古学研究所 1987
寺口・忍海古墳群	奈良県北葛城郡新庄市（葛城）	6C後葉	飯1、鍋1			埋蔵文化財研究会 1992
小林古墳群（壁ノ木支群）	"	6C後葉	竈1			
北窪ナラス㭴1号墳	"	6C後葉	竈1（円孔）、筒形土器	14.4		埋蔵文化財研究会 2005
巨勢山414号墳	奈良県御所市（葛城）	6C後葉	竈1（円孔）、釜1			帝室博物館 1937、長谷川 1985
巨勢山415号墳	奈良県（葛城）	6C後葉	釜1	15.6		島本 1937b、長谷川 1985
巨勢山420号墳	奈良県五條市（葛城）	6C後葉	竈1、飯1、甑2			高嶋 1918
笛吹遊ケ岡	奈良県榛原市	7C	竈1、釜1、飯1	15.6		谷川 1985
オイダ山	奈良県	7C後半	竈1、飯1			奈良県立橿原考古学研究所 1980、長谷川 1985
北葛城郡						
勒定山						奈良県立橿原考古学研究所附属博物館 1981
石田1号墳						
不明						
一須賀118号墳	大阪府南河内郡河南町・太子町	5C葉（TK47）	飯1		銀製指輪、金栗、ガラス小玉	岩崎他 1993
一須賀119号墳	"	5C後葉（TK47）	竈1、釜1、飯1、甑2、鉢2	7.2	釵子、銀線	岩崎他 1993
高安郡口4号墳 WA11号墳	大阪府八尾市	6C前半（MT15～TK10）	竈1、釜1	14	釜孔	鈴城 2012
平野大県16号	大阪府柏原市（平尾山古墳群）	6C前半（MT15～TK10）	竈1、飯1、鍋1			埋蔵文化財研究会 1992
平野大県10-1号墳	"	6C後半～7C前半（MT85～TK217）	竈釜1体、飯1、鍋1、甑1、鉢1	9.8	釵子、銀製指輪	柏原市教育委員会 1995
平野大県20-3号墳	"	6C後半～7C前半（MT85～TK217）	竈1			安村 2008

※小型竈形土器の高さ

202 第1部　原史・古代の竈

遺跡名	所在地	時期	内容	サイズ	備考	文献
高井田3-5号墳		6C後半～7C前半 (MT85～TK217)				柏原市教育委員会 1995
飛鳥千塚A-4号	大阪府羽曳野市 (飛鳥千塚)					羽曳野市教育委員会 1990
飛鳥千塚A-2号	〃					〃
切戸2号墳 (飛鳥千塚F-11号墳)	〃	6C後半～7C初頭	竈1、釜1、甑1	7.5		埋蔵文化財研究会 1992、大阪府教育委員会 1990
大谷2号墳	〃	6C末		14		羽曳野市教育委員会 1990
宝献塔山1・2号墳	大阪府南河内郡河南町・太子町					埋蔵文化財研究会 1992、羽曳野市教育委員会 1990
一須賀D10号墳	〃	6C前半～7C前半	竈1、鍋1	16		大阪府教育委員会 1984、羽曳野市教育委員会 1990
一須賀D4号墳	〃	6C後半	竈1、飯1、鍋1	17		鈴 2012
一須賀WA1号墳	〃	6C後半	竈1、鍋1	17.6		大津市歴史博物館 2016
一須賀WA6号墳	〃	6C後半	竈1、釜1、鍋1	20		〃
一須賀Q1号墳	〃	6C後半	竈1、飯1、鍋1	12		鈴 2012
一須賀O5号墳	〃	6C後半～末	竈1、釜1	14		〃
一須賀L4号墳	〃	6C末	竈1、甑1	13		
一須賀Q9号墳	〃	7C前半	竈1、釜1	17.5		
一須賀WA20号墳	〃	?	竈1、飯1	10.5		
一須賀WA19号墳	〃	5C後葉 (TK47)	長頭壺1	38.7		
袋2号墳	滋賀県大津市	6C前半 (MT15～TK10)	竈1、羽釜1、甑1			大津市教育委員会 2010・2011
穴太飼込16号墳	〃	6C後半～末	竈1、飯2、甑1		三ミニ高杯	大津市歴史博物館 2016
穴太飼込1号墳	〃	6C後半 (TK43)	竈1、飯1、甑1			大津市教育委員会 2010・2011
穴太野添2号墳	〃	6C前半	竈1、飯1、鍋1			未報告
穴太野添4号墳	〃	6C前半	竈1、飯1、釜1			大津市歴史博物館 2016
穴太野添10号墳	〃	6C前半	竈1、飯1、鍋1	16.5		大津市教育委員会 2010・2011
穴太野添18号墳	〃	6C前半	竈1、飯1、鍋1	10		〃
穴太野添20号墳	〃	6C前半	竈1、飯1、鍋1、鉢1	9.8		大津市歴史博物館 2016
穴太野添24号墳	〃	6C前半	竈1、釜1	9.3	釵子	〃
穴太飼込1号墳	〃	6C前半～7C前半	竈1、羽釜1、鍋2 (把手付・把手無)	19.7		大津市教育委員会 2010・2011
穴太飼込4号墳	〃	6C前半～7C前半	竈1、釜1	15.1		〃
穴太飼込5号墳	〃	6C前半～7C前半 (TK43～TK209)	竈1、飯1	10.3		大津市歴史博物館 2016
穴太飼込10号墳	〃	6C前半～7C前半	竈1、釜1	9.4		〃
穴太飼込11号墳	〃	6C前半～7C初頭 (TK43～TK209)	竈1、釜1	8.2		大津市教育委員会 2010・2011
穴太飼込15号墳	〃	6C中頃～後半 (TK10～TK43)	小型甑1			未報告
穴太飼込18号墳 (大道口)	〃	6C末～7C初頭 (TK209)	竈1、飯1、釜1、鍋1、甑1)			大津市歴史博物館 2016
穴太飼込1号墳 (穴太廃寺)	〃	6C末～7C初頭 (TK209)	竈1、飯1、釜1、鍋1、甑2			〃
大谷3号墳	〃	6C後半	甑1	8.5		大津市教育委員会 2010・2011
大谷4号墳	〃	6C後半	竈1	12.6		大津市歴史博物館 2016
大谷南6号墳	〃	6C後半	竈1			未報告
小山4号墳	〃	6C後半	竈1、釜1	33		大津市歴史博物館 2016
小山8号墳	〃	6C後半	飯1、釜一体	34.5		大津市歴史博物館 2018
大通寺5 (C-2) 号墳	〃	6C後半～7C初頭 (TK43～TK209)	甑1	6.6		大津市歴史博物館 2016
大通寺12号墳	〃					〃
大通寺15号墳	〃					〃
大通寺16号墳	〃					〃
大通寺30号墳	〃	6C末				〃

第14章 小型炊飯具の分布と消長

古墳名	所在地	時期	出土遺物	法量	備考	文献
大通寺31号墳		7C前半	甕1			〃
大通寺32号墳	〃	7C前半	甕1			〃
大通寺36号墳	〃	6C中頃	鍋1			〃
大通寺39号墳	〃	6C前半	長頸壺1			〃
大通寺42号墳	〃	6C前半～中頃	甕1、長頸壺1			〃
熊ヶ谷1号墳	〃	6C	甑1			〃
太鼓塚2号墳	〃	6C末	釜1			〃
太鼓塚3号墳	〃	6C末	竃1、釜1、甑1、甕1		台付き小型壺8、小型高杯5	大津市歴史博物館2016
太鼓塚5号墳	〃	6C前半～末	竃1、釜1、甑2、鍋1			大津市教育委員会2010・2011
太鼓塚6号墳	〃	6C後半～末	竃1、甑1			〃
太鼓塚7号墳	〃	6C後半～末	竃1、甑1			〃
太鼓塚8号墳	〃	6C末	甕1			〃
太鼓塚10号墳	〃	6C末	竃1、甕1			〃
太鼓塚12号墳	〃	6C末	竃1、甑1		釵子	〃
太鼓塚15号墳	〃	6C末	竃1		釵子	〃
太鼓塚16号墳	〃	6C末	竃1、甑1、鍋2			〃
太鼓塚18号墳	〃	7C前半	甕1			〃
太鼓塚19号墳	〃	6C末	竃1			〃
太鼓塚20号墳	〃	6C末	竃1、釜1、甑1、甕4	21.2	紡錘車	大津市歴史博物館2016
太鼓塚22号墳	〃	6C後半～末	竃1、釜1、甑1、鍋2	22		〃
太鼓塚23号墳	〃	6C後半～末	竃1、釜1、甑1、甕1	11.5		〃
太鼓塚24号墳	〃	6C末	竃1			〃
太鼓塚25号墳	〃	6C後半～末	竃1、釜1、甑1、鍋1	23		〃
太鼓塚26号墳	〃	6C後半～末	竃1、釜1、長頸壺1、甕1		百済壺	〃
太鼓塚27号墳	〃	6C中葉～後半	竃1、甑1			〃
太鼓塚29号墳	〃	6C中葉～後半	鍋1			〃
太鼓塚30号墳	〃	6C末	竃1、甑1			〃
太鼓塚32号墳	〃		竃1、釜1、鍋1、甕1	6.3	銀製釧1、金銅製釧1	大津市教育委員会2010・2011
太鼓塚33号墳	〃		竃1、甑1	13.3		大津市歴史博物館2016
太鼓塚B-2号墳	〃		竃1、甑1、鍋1	21		大津市教育委員会2010・2011
太鼓塚B-3号墳	〃		竃1、釜3、甑1、鍋1	14.5		〃
太鼓塚C-2号墳	〃		竃1、羽釜1、甑1、甕1	11.6		〃
太鼓塚C-6号墳	〃		竃1、釜1、甑1	12.7		〃
太鼓塚D-4号墳	〃		竃1、釜2	15.2		〃
福王子2号墳	〃	6C後半				〃
福王子6号墳	〃	6C中葉～後半	竃1、釜1、甑1、甕1			大津市教育委員会2010・2011
福王子8号墳	〃	6C後半	甑1、甕1			大津市歴史博物館2016
福王子16号墳	〃	6C後半	甑1、甕1			〃
福王子19号墳	〃	6C後半 (TK43)		9.9		〃
城山南麓	兵庫県芦屋市					森岡2002
三条塚ノ内B墳						
城山10号墳	兵庫県たつの市					埋蔵文化財研究会1992
袋尻浅谷3号墳						
船戸山古墳群3号墳	和歌山県那賀郡岩出町	6C	竃1、釜1、甑1	16		〃
船戸山古墳群6号墳	和歌山県田辺市	6C	釜1、鍋1			〃
後田口谷1号墳		6C末～7C初頭	竃1、釜1、鍋1	19		〃
奥郷浦1号墳	三重県三重郡菰野町	6C後半	竃1、甑1	10		〃
久米山51号墳	三重県伊賀市	6C～7C	竃1、甑1	18.5		〃
釜石古墳	岐阜県下呂市萩原町	6C後半～末	甑1			〃

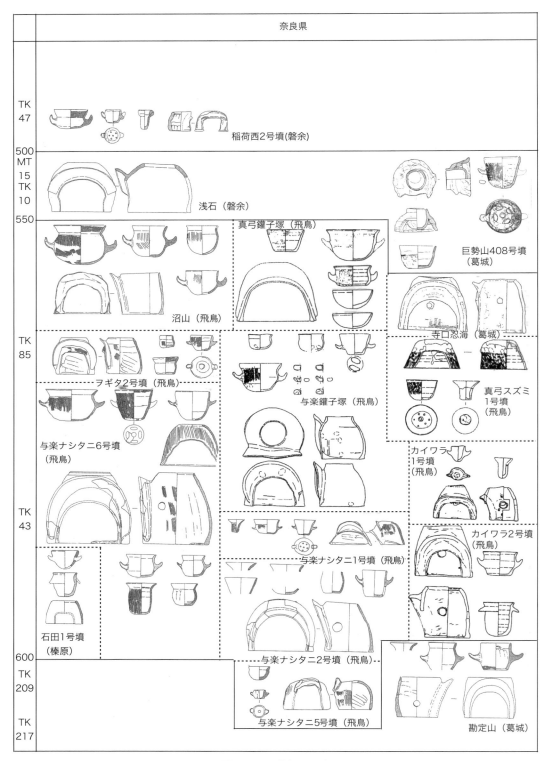

図66 小型炊飯具一覧

第 14 章 小型炊飯具の分布と消長　205

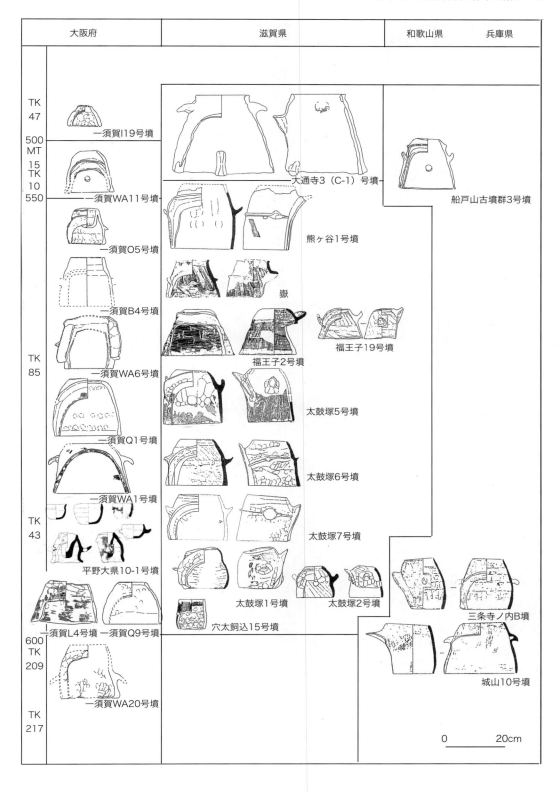

206 第1部 原史・古代の竈

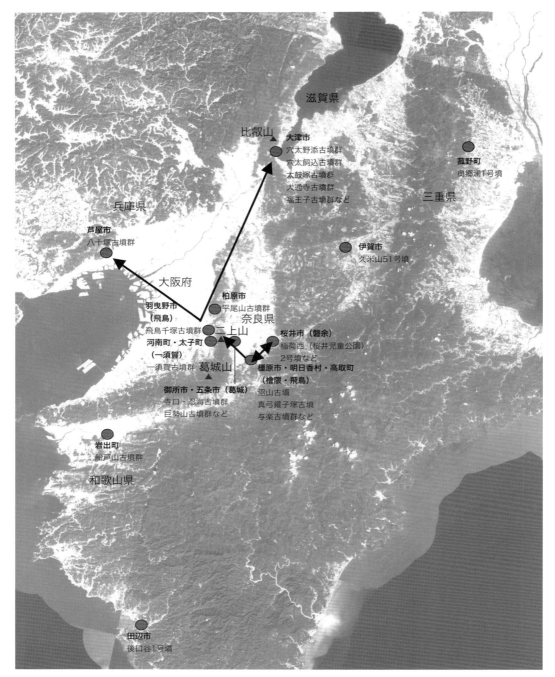

図67 小型炊飯具が出土した古墳

　三重県では、三重郡菰野町に1例、伊賀市に1例がある。
　ほかに、岐阜県下呂市に1例がある。
　各県における小型炊飯具の消長をみていきたい（図66）。年代については、副葬品から年代を特定できる例もあるが、ある程度の幅をもって示される場合が多い。ここではTK47を5世紀後葉、

MT15 を 6 世紀前葉、MT15〜TK10 を 6 世紀前半、TK85〜TK43 を 6 世紀後半、TK43 を 6 世紀後葉、TK209 を 6 世紀末〜7 世紀初頭、TK217 を 7 世紀前半とする。

奈良県では、5 世紀後葉に磐余に位置する稲荷西（桜井児童公園）2 号墳、出土地不明（稲荷西古墳群？）の 2 例が出現し、甑のみではあるが、5 世紀後半の飛鳥に位置する稲村山の例がある。その後 6 世紀前葉の葛城に位置する巨勢山 408 号墳、6 世紀前半の磐余に位置する浅古の 2 例がこれに続く。6 世紀後半〜後葉には磐余（3 例）、飛鳥（8 例）、葛城（4 例）で盛行し、7 世紀の葛城に位置する勘定山の例をもって終焉する。

大阪府では、5 世紀後葉に大和川の南側、二上山麓に位置する一須賀 I 18、19 号墳の 2 例が出現する。その後、6 世紀前半には一須賀 WA11 号墳のほか、大和川の北側、生駒山麓に位置する高安郡川 16 号墳の 2 例がこれに続く。6 世紀後半には 5 例、6 世紀末には 3 例、6 世紀後半〜7 世紀初頭には 4 例と 6 世紀後半〜7 世紀初頭に 12 例があり、うち大和川北側が 4 例、同南側が 8 例である。6 世紀後半〜7 世紀初頭に盛行し、大和川南側の一須賀古墳群にとくに集中することがわかる。7 世紀前半の一須賀 WA20 号墳をもって終焉する。

滋賀県では、5 世紀後葉に穴太飼込 16 号墳が出現し、6 世紀前半には大通寺 3（C-1）号墳など 6 例が、6 世紀中葉には大通寺 36 号墳が、6 世紀後半には 16 例、6 世紀末には 14 例、6 世紀後半〜7 世紀初頭には 5 例、7 世紀前半には 5 例がある。6 世紀後半〜7 世紀初頭に盛行し、7 世紀前半をもって終焉する。古墳群ごとの動向をみると、穴太飼込古墳群と大通寺古墳群では、出現期から終焉までを通じて事例があり、穴太野添古墳群では 6 世紀前半、大谷、太鼓塚、福王子古墳群では 6 世紀後半の事例が多い。このことから、滋賀県では、穴太飼込古墳群、大通寺古墳群を中心に、穴太野添古墳群→大谷、太鼓塚、福王子古墳群への変遷がみてとれる。

兵庫県では、6 世紀後半に袋尻浅谷 3 号墳が、和歌山県では、6 世紀に船戸山古墳群 3 号墳、同 6 号墳が、6 世紀末〜7 世紀初頭には田辺市後口谷 1 号墳が、三重県、岐阜県では 6 世紀後半〜7 世紀に各事例がある。

奈良県では貝吹山麓の与楽古墳群を含む飛鳥周辺、大阪府では二上山麓の一須賀古墳群、滋賀県では比叡山麓の穴太飼込古墳群、大通寺古墳群が出現期から終焉まで継続し、事例も多いことから、これらの古墳群が各地域の中心になると考えられる。

小型炊飯具の分類については、これまで多くの先学が試みてきた［卜部 1991、近野 1990、中西 1999］。分類の視点としては、竈の大きさ、形態、庇、把手、孔、タガがある。

大きさは、実用とみられる大型のものと、当初より副葬品として作成されたとみられる小型のものがある。大型のものは高さ 35〜40cm、小型のものは高さ 14cm 前後の一群と 10cm 以下の一群があり、10cm 以下の一群は竈と釜を一体成形するものと、別々に作るものがある。

形態は、細部まで作り込んだものと簡素な作りのものがある。

庇は、焚き口上方または周縁に庇を貼り付ける「付け庇」と焚き口上辺または周縁からそのまま庇を上方または外側へ湾曲させる「曲げ庇」に大別できる。このほか庇を付けないものがある。

把手は、その有無で大別でき、把手が有るものは、上向と下向きのものがある。

孔は、その有無で大別でき、孔が有るものは背面に穿たれたものと側面に穿たれたものがある。

タガは、その有無で大別できる。
　以上の分類の視点から、先学の指摘［近野 1990、卜部 1991、花田 2005］をもとに年代を含めて検討すると、各項目については次のことがみてとれる。
①大きさをみると、小型の一体成形のものは、5世紀後葉の出現期にみられ、実用の大きさのものは、6世紀前葉の滋賀県でみられる。
②形態をみると、作り込んだものは5世紀後葉の出現期のものであり、6世紀には簡素な作りのものが主体となる。
③庇は奈良県では付け庇が主であり、大阪府、滋賀県では付け庇、曲げ庇共にみられる。庇を付けないものは奈良県と大阪府にある。
④把手は奈良県で無いものが多く、大阪府、滋賀県で有るものが多い。大阪府では下向きの把手が多くみられ、滋賀県では上向きの把手が主であるが、下向きの把手もみられる。
⑤孔の有無をみると、奈良県に多く、大阪府、滋賀県では少ない。
⑥タガは滋賀県で主にみられる。
　以上より、把手と孔に着目すれば、把手を付けずに孔を穿つ奈良県の独自性と把手を付ける大阪府と滋賀県の類似性が指摘できる。ただし、大阪府では把手が下向き、滋賀県では上向きが多い。また、タガに着目すれば、タガをもたない奈良県とタガをもつ大阪府と滋賀県の類似性が指摘できる。とくに滋賀県ではタガを多用する。このように、大阪府と滋賀県は類似することが明らかであり、兵庫県もまた把手を付けることから大阪府と類似する。いっぽう、和歌山県では把手と孔がみられることから、奈良県と大阪府の双方に類似するようである。
　小型炊飯具は5世紀後葉に奈良県で複数例が出現し、ほぼ同時期に大阪府においても出現する。滋賀県ではやや遅れて6世紀初頭に出現する。滋賀県の例は大阪府の例に類似することから、大阪府から滋賀県への伝播が考えられる。兵庫県では6世紀中頃には出現し、滋賀県同様に大阪府からの伝播が考えられる。奈良県、大阪府で5世紀後葉に出現した小型炊飯具は、6世紀には大阪府から滋賀県、大阪府から兵庫県へ伝播し、和歌山県へも奈良県、大阪府から伝播する。6世紀後半〜7世紀初頭には、奈良県、大阪府、滋賀県で盛行し、その後7世紀後半にかけて三重県、岐阜県、和歌山県田辺市へと伝播したと考えられる（図67）。

4　渡来系集団との関連

　以上の小型炊飯具の分布と消長からは、何がうかがえるのだろうか。小型炊飯具は、水野の指摘により漢人系渡来人との関連が考えられているが、この漢人系渡来人とはどのような人びとであろうか。小型炊飯具が副葬される石室の構造は、平面方形もしくは長方形で天井がドーム形を呈するものであり、このような石室は朝鮮半島における百済の地にみられることから、その故地の候補のひとつとして百済が挙げられる。
　5世紀後葉に奈良県としてみてきた飛鳥、貝吹山周辺の檜隈の地、大阪府としてみてきた石川右岸、二上山麓の一須賀、飛鳥の地にあった百済系渡来人の人びとの習俗が、6世紀初頭には滋賀県

としてみてきた琵琶湖の南西、比叡山麓へ、そして6世紀後半には摂津、播磨へ伝播し、6世紀後半〜7世紀初頭に各地で盛行したと考えられる。詳細にみると、「遠つ飛鳥」と称される檜隈の地と「近つ飛鳥」と称される一須賀の地は、葛城山麓に広がる葛城の地を介して結びついていたことが小型炊飯具の分布からうかがえ、檜隈（遠つ飛鳥）─葛城─一須賀（近つ飛鳥）は、葬送儀礼およびその背景となる墓葬に関する思想を同じくする人びとが集住していたとみられる。

　小型炊飯具の類似性から考えられる、一須賀から比叡山麓への伝播は、石川、大和川を北上し、河内湖から淀川、宇治川を介して琵琶湖へいたるルートが考えられる。一須賀から兵庫県八十塚への伝播は、河内湖から大阪湾岸沿いのルートであろう。和歌山県船戸山古墳群へは檜隈、葛城から紀ノ川沿いに伝播したとみられる。

　小型炊飯具の分布は、檜隈─葛城─一須賀から石川、大和川、河内湖、淀川、宇治川をへて比叡山麓の琵琶湖南西岸を結ぶ百済系渡来人のネットワークが6世紀から7世紀前葉にかけて存在したことを物語る。

　さて、小型炊飯具が出現した檜隈の地とは、どのようなところであろうか。文献にこれを求めると、『日本書紀』雄略天皇八年二月条に「身狭村主青（むさのすぐりあお）　檜隈民使博徳（ひのくまのたみのつかいはかとこ）を遣はして呉国に使はせしむ」とあり、檜隈の地が外国への使節を輩出する環境にあったことがうかがえる。また、注目すべき記述が『坂上系図』所引の『新撰姓氏録』逸文にある。これによれば阿知使主は誉田天皇（諡は応神）の御世に「大和国高市郡檜前郷」に居所を与えられ一帯に「今来郡」（のちに高市郡）を建都したところ、高市郡には東漢氏の一族が多くあり、後に居地が狭くなったため高市郡から三河、摂津、播磨、近江、阿波へ拡散したとする［大橋 2005・加藤 2002］。そして高市郡に東漢人が集中的に居住していたことは『続日本紀』宝亀三年四月条の記述においてもみられる［大橋 2005］。檜前郷とは明日香村檜前、野口、平田、栗原（呉原）、高取町土佐、子島、清水谷にあたり［加藤 2002］、この地に渡来系集団である東漢人が集住していたが、その後近江、摂津、播磨を含む各地へ拡散したとするものである。

　これまで述べてきたように、小型炊飯具が集中する貝吹山周辺の檜隈の地は、まさしくこの東漢人が集住した檜前郷に含まれる。山崎信二は後期古墳を検討するなかで、明日香村真弓から高取町与楽にかけての貝吹山南麓が広義の檜隈の地、倭漢氏の宗家である東漢直氏族の墓とする［山崎 1983］。このことからは小型炊飯具を副葬する習俗は東漢人による可能性が考えられる。そして、一歩踏み込んでみるならば、東漢人が檜前郷から近江、摂津、播磨へ拡散したという記述は、小型炊飯具が檜隈から一段階遅れて近江、摂津、播磨へと分布する事象と関連しないだろうか。

　東漢氏の「アヤ」は朝鮮半島南部伽耶諸国の一国である安羅と一致することから、東漢氏は安羅方面（近隣の南部伽耶諸国も含めて）から日本列島に移住し、後に今来に配置された渡来集団が統合的に形成した擬制的な同族組織であり、磐余の大王の宮に出仕することを前提として成立したと推定されている［加藤 1998］。小型炊飯具をもつ人びとは朝鮮半島より渡来した人びとに系譜をたどることができる人びとの集団であり、百済もしくは伽耶の地から日本列島への移住者を共通の祖先とする人びとの集団であることは間違いないであろう。それを「擬制的」な同族組織と言い換えることも可能であろう。

ところで、東漢人といえば、蘇我氏との関連がよく取り沙汰される。檜隈から西へ葛城山を越えると石川流域にいたり、その流域は二上山麓、一須賀の地である。ここに広がる磯長谷古墳群は蘇我系の皇陵群とされており、一須賀古墳群もこの傘下の被葬者集団と考えられている［花田 2005］。一須賀古墳群の北に連なる飛鳥千塚古墳群や宝献塔山古墳群の近隣には、百済王族の昆岐王を祭神とする飛鳥戸神社が鎮座し、ここ安宿郡は百済系渡来人の居住が色濃いところである［田中 2005］。石川流域の二上山麓、一須賀の地は、おそらく蘇我氏のもとにある東漢人、西漢人の居住地もしくは葬送の地が広がっていたのであろう。加藤謙吉は「6世紀中葉以降、欽明朝以降、蘇我は大伴、東漢氏の基盤であった軽から小墾田、石川流域へ本格的に進出する」［加藤 1983］と指摘するが、小型炊飯具が石川流域の一須賀の地に5世紀後葉に出現し、6世紀後半に盛行することは、これを補完する。さらに、奈良県におけるもうひとつの小型炊飯具の出現地である桜井市、磐余（桜井市谷、阿倍、戒重）の地は、大伴氏の氏神である鳥坂神社、十市郡城上郡（もとは高市郡来目邑、築坂邑）がその後移った地であり、大伴氏および高市郡との関連がうかがえる。磐余に分布する5世紀後葉の小型炊飯具は、大伴氏のもとにあった東漢人によるものかもしれない。大伴氏は蘇我氏の進出以前には石川流域をも傘下に置いており［加藤 1983］、磐余、石川流域（一須賀）ともに大伴氏から蘇我氏へとその主たる支配者は変遷する。小型炊飯具が、大伴氏から蘇我氏のもとにあった東漢人のものとみれば、6世紀後半の小型炊飯具副葬の盛行は、欽明朝の蘇我氏のもとで行われたものであろう。

　加藤は、「5世紀後半～末に渡来人が移住し、6世紀中頃～後半には大和政権の統治機構の中、渡来人が組織的、計画的に配置され、機能するようになった」［加藤 1998］とする。その組織性・計画性はただちに明らかにすることはできないが、特定の地域に限って分布する古墳出土の仮器としての小形炊飯具は、朝鮮半島を経て渡来した集団やそれに系譜をたどる人びとの集団が、特定の葬送儀礼を共有していたことを示していることは疑いがないであろう。

遺跡出典（集成で用いた文献）

大阪府柏原市・平野大県10-1号墳［柏原市教育委員会 1995］『平野・大県古墳群―高尾山創造の森に伴う調査―』

奈良県御所市・北窪ナラズ垣1号墳、巨勢山414・415・420号墳［御所市教育委員会 2005］『巨勢山古墳群V』

奈良県桜井市・浅古古墳［伊達宗泰 1978］「桜井市浅古の一古墳の調査」『奈良県古墳発掘調査集報Ⅱ』

奈良県葛城市・笛吹遊ケ岡［帝室博物館 1937］『古墳発掘品調査報告』

奈良県桜井市・稲荷西（桜井児童公園）2号墳［奈良県教育委員会 1959］『奈良県史跡名勝天然記念物調査抄報』第11輯

奈良県桜井市・珠城山1号墳［奈良県教育委員会 1966］『珠城山古墳』

奈良県五條市・勘定山古墳［奈良県立橿原考古学研究所 1980］『勘定山古墳』

奈良県橿原市・沼山古墳［奈良県立橿原考古学研究所 1985b］『沼山古墳』

奈良県榛原市・石田1号墳［奈良県立橿原考古学研究所 1985a］『石田一号墳』

奈良県高市郡高取町・与楽ナシタニ1・2・5・6号墳、ヲギタ2号墳［奈良県立橿原考古学研究所 1987］『高取町与楽古墳群』

奈良県・不明［奈良県立橿原考古学研究所附属博物館 1981］『特別展葛城の古墳と古代寺院展示図録』
大阪府羽曳野市・飛鳥千塚 A-4・A-2・F-11、大谷 2 号墳、宝献塔山 1・2 号墳［羽曳野市教育委員会 1990］『第 8 回テーマ展示　河内飛鳥の千塚』
兵庫県たつの市・袋尻浅谷 3 号墳、和歌山県岩出市・船戸山古墳群 3・6 号墳、和歌山県田辺市後口谷 1 号墳、三重県三重郡菰野町・奥郷浦 1 号墳、三重県伊賀市・久米山 51 号墳、岐阜県下呂市・釜石古墳［埋蔵文化財研究会 1992］『古墳時代の竈を考える』

第15章　U字形土製品からみた竈遺構の復元
──蔀屋北遺跡を事例として──

1　本項の目的

　大阪府立狭山池博物館平成28年度特別展「河内の開発と渡来人」において、蔀屋北遺跡の資料が数多く展示された［大阪府立狭山池博物館 2016］。これまで蔀屋北遺跡については製塩土器や馬具をはじめ、興味深い資料を個別にみる機会はあったが、この展示では貴重な資料が一堂に展観され、おそらく多くの観覧者が魅了され、古墳時代の渡来人集落の景観を思い描いたことであろう。
　これら展示品のなかでもとくにU字形土製品の完形品が並ぶ箇所は圧巻であり、あらためてその大きさに驚いた。通常目にする、竪穴建物の竈遺構に比べて幅が大きい感じがした。また、完形品で高さがわかることから、西日本の竈遺構ではなかなかわからない、竈遺構の高さを知る手がかりになるのではないかと思った。
　U字形土製品は、韓国のソウル特別市にある風納土城で示されたとおり、竈遺構の焚き口に装着された状態で発見されたことから、竈遺構の焚き口を補強する部品であることが判明した［ソウル歴史博物館 2002］。日本で出土するその多くは破片資料であるが、出土例は増し、田中清美［田中 2003］、濱田延充［濱田 2004］、徐賢珠［徐賢珠 2004］により集成、検討されている。
　本項では、これらU字形土製品が出土した蔀屋北遺跡［大阪府教育委員会 2009］の資料を用いて、U字形土製品がどのように竈遺構で用いられたのかを復元し、また、炊饌具が出土している竈遺構をもとに、炊饌具を掛けた状態の竈遺構を復元してみたい。そして、これらの作業のなかで気づいたことを記しておきたい。

2　蔀屋北遺跡のU字形土製品

　蔀屋北遺跡では、破片を含め多数のU字形土製品が出土しており、そのうち大きさが明瞭なほ

表12　蔀屋北遺跡出土のU字形土製品一覧表

図1番号	出土地点	調査区	全体の幅(cm)	焚き口内側の幅(cm)	脚部底面の幅(cm)	脚部中位の幅(cm)	全体の高さ(cm)	天井部の高さ(cm)	焚き口内側の高さ(cm)	器壁の厚さ(cm)
1	南西居住域	(E)	84.6	68.8	6.4	10.4	40	12	28	1.2
2	北東居住域	C	90.6	72.4	7.2	11.2	47.4	15.8	31.6	1.1
3	南西居住域	A	114.8(復元)	83.2(復元)	9.2	14	50.4	16	34.4	1.4
4	北東居住域	C	86.4	64.8(復元)	7.6	11.2	43.4	15.8	27.6	1
5	西居住域	F	80(復元)	56.4(復元)	8(復元)	13.6	44.4	16.4	28	1.4

214 第1部 原史・古代の竈

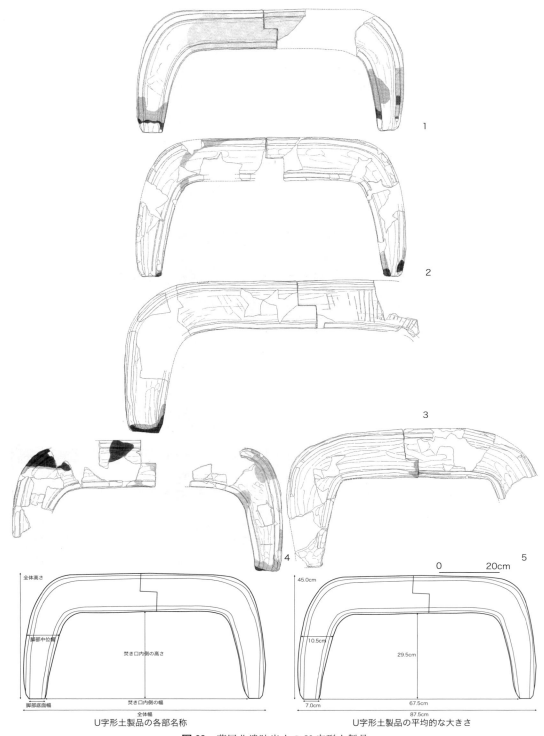

図 68　蔀屋北遺跡出土の U 字形土製品

ぼ完形の資料を扱うこととする。該当する資料は表12、図68の5点である。これらの資料の年代は、蔀屋北遺跡報告書をまとめられた藤田の見解によるとすべて蔀屋北遺跡3期、5世紀後半に位置づけられる［藤田 2009a・2009b］。

　出土地点は、南西居住域が1と3の2点、北東居住域が2と4の2点、西居住域が5の1点であり、ひとつの居住域に集中することなく、それぞれの居住域から出土している。全体幅は、80cm（復元）～114.8cm（復元）であり、85～90cmのものが3点を占める。焚き口内側の幅は56.4cm（復元）～83.2cm（復元）であり、65～70cm前後のものが3点を占める。脚部底面の幅は6.4～9.2cmであり、6.5～7.5cm前後のものが3点を占める。脚部はいずれも上に向かって幅が広がり、焚き口高さの半分の位置を脚部中位幅とすると10.4～14cmであり、10～11cm前後のものが3点を占める。ほぼ中央の高さである全体の高さは40～50.4cmであり、43～47cm前後のものが3点を占める。焚き口の高さは27.6～34.4cmであり、28cm前後のものが3点を占める。全体の高さから焚き口内側の高さを引いたものが天井部の高さとなるが、これをみると12.0～16.4cmであり、15.8～16cm前後のものが3点を占める。土製品の厚さは1.0～1.4cmである。

　以上5点の資料から平均的なU字形土製品の大きさを図68右下に示した。

3　蔀屋北遺跡の竪穴建物跡と竈遺構

　U字形土製品の使用方法を復元するには、U字形土製品が竪穴建物の竈遺構から出土している事例があることが望ましいが、残念ながら蔀屋北遺跡では竪穴建物埋土から破片が出土する事例はあるものの、そのような事例はみあたらない。そこで、U字形土製品と年代が同じ竪穴建物で、竈を作り付けている事例を検討してみたい。竪穴建物はその多くが後世に削平されているため、作り付けられた竈本来の高さを残す遺構は望めない。また、竈の構築にあたっては、竪穴建物近辺の土を用いることが多いためか、竈本体と竪穴建物埋土の識別は困難であり、竈袖部の外側の検出は非常に難しい。そのため、ここでは竈の焚き口の内側の幅を中心にみていきたい。先述したとおり、U字形土製品は蔀屋北遺跡3期、5世紀後半に位置づけられることから、この時期の竪穴建物で竈を作り付ける事例について抽出した。また、この時期に先行する蔀屋北遺跡2期もまた5世紀後半の範疇に含まれることから、蔀屋北遺跡2期の事例も含めて検討することとする。対象となる事例は表13のとおり15例である。

　焚き口内側の幅をみると、38.0（復元）～66.0cmであり、64～66cm前後のものが6例を占める。燃焼部の幅をみると、38～70cmであり、46～52cmが9例を占める。燃焼部の奥行きは残存しているものをみると56～126cmであり74～88cmが6例を占める。また、先述したとおり、袖部の幅の確定は困難であるが、実測図をみると、袖部の裾は10～22cmであり、16～22cmのものが7例を占める。また、袖部の残存する高さをみると、2～12cmであり、これは竪穴建物の残存する高さとほぼ一致するものである。このことから竈の高さは12cm以上であることは推定できる。

　なお、報告書では、U字形土製品はその出土状況から屋外の竈にともなう可能性が指摘されている。屋外の竈遺構は3例が報告されているが、いずれも蔀屋北遺跡5期に位置づけられており、

表13 蔀屋北遺跡2・3期の竈一覧表

資料No.	居住域	調査区	時期	調査区内建物No.	遺構No.	長辺×短辺(m)	竪穴建物の残存高(cm)	平面形	竈No.	焚き口内側の幅(cm)	燃焼部の幅(cm)	燃焼部の奥行き(cm)	袖部の幅(cm)	袖部の残存高(cm)
1	南西	E	3期	6	90710	4.3×4.18	16	隅丸方形	90720	―	40	44～	裾16 12	
2	南西	E	3期	8	90358	5.5×5.4	8	方形	90442	66	70	74	裾20 8	10
3	北西	D	3期	18	1113	4.9×(4.2)	―	方形	1534	64	50	74	裾8 6～10	6
4	北西	D	3期	25	1378	5.25×(4.8)	15	方形	1598	64	52	112	裾10 8	4
5	北西	D	2,3期	1	984	4.1×4.1	10	隅丸正方形	1645	―	46	30～	6	8～12
6	北西	D	2,3期	3	1070	5.85×5.8	20	隅丸方形	1646	38(復元)	48	88	裾18 10	12
7	北西	D	2,3期	5	901	(5.0×3)	18	隅丸方形	1647	―	44	56	裾10～ 6～	2
8	西	F	3期	12	1099	4.18×3.72	24	隅丸方形	1068	64(復元)	52	126	裾12(復元)	20
9	南西	E	2期	1	90040	4.4×3.8	14	隅丸方形	90600	―	50(復元)	70(復元)	―	―
10	北西	D	2期	8	1222	5.78×5.42	10	隅丸方形	1573	64	46	74	裾12 10	8
11	西	F	2期	7	930	4.06×4	12	隅丸方形	931	54	44	80	裾16 10	9
12	西	F	2期	8	935	3.5×3.18	20	隅丸方形	1133	50	38	82	裾22 10	10
13	西	F	2期	9	755	4.35×4.25	17	方形	1105	60(復元)	50(復元)	70(復元)	裾20	4
14	西	F	2期	10	1000	3.4×3.1	24	隅丸方形	1117	64	―	30～	裾14 8	7
15	西	F	2期	16	1289	4×3.84	―	方形	1303	57(復元)	46	100	裾20 10	12

U字形土製品の年代と合致しないことから、屋外の竈については除外する。

4 U字形土製品と竈遺構の比較と復元

　以上みてきたU字形土製品と竈遺構について、実際に竈の焚き口にU字形土製品を組み合わせることが可能であるかどうか、焚き口内側の幅をもとに検討する。

　U字形土製品の焚き口内側の幅は65～70cm、竈遺構の焚き口内側の幅は64～66cmのものが多くあり、65～66cm前後での組み合わせが可能である。個別に資料をみると、U字形土製品では表12および図68の1（焚き口内側幅68.8cm）、4（同64.8cm（復元））、竈遺構では表13の3（焚き口内側幅64cm）、4（同64cm）が該当し、さらに絞ると、U字形土製品の4と竈遺構の3、4であれば組み合わせが可能となることから、各々を図上で組み合わせてみたものが図69の1（U字形土製品4と竈遺構3）と2（同4と同4）である。

　図69の1をみると、U字形土製品を取り付けた竈遺構の焚き口内側の幅は64cm、竈遺構の袖部の幅は8cm、U字形土製品の脚部底面の幅は7.6cmで、竈遺構の袖部の幅とU字形土製品の脚部底面の幅は近似値であることから、竈遺構の袖部の幅が8cm前後であると推定できる。竈遺構は6cmの残存高を測るのみであるが、U字形土製品の高さが43.4cmであることから竈焚き口部の外側の高さはこの高さが推定できる。また、この資料では竈遺構の燃焼部から、口縁部から底部にかけて復元できる長胴甕が出土しており、この甕がこの竈で使用されていたと考えられる。長胴甕の大きさを復元すると口縁部直径25cm、頸部直径20cm、最大腹径28cm、器高36cm、頸部以下の高さ32cmである。

　燃焼部中央には支脚として口縁部を下に反転して据えられた小形甕があり、この小形甕を復元した支脚の上に長胴甕を図上で置くと、丁度、長胴甕の頸部がU字形土製品の上端にあたる。このことから、竈遺構の掛け口はU字形土製品の高さと同じであり、その後方の天井部はドーム状ではなくほぼ平坦なもので、燃焼部の上方を覆っていたと復元できる。また、長胴甕は頸部以下が竈内にすっぽりと入り、頸部より上の口縁部のみが掛け口上方に出ている使用状態の復元が可能であ

第 15 章　U字形土製品からみた竈遺構の復元　217

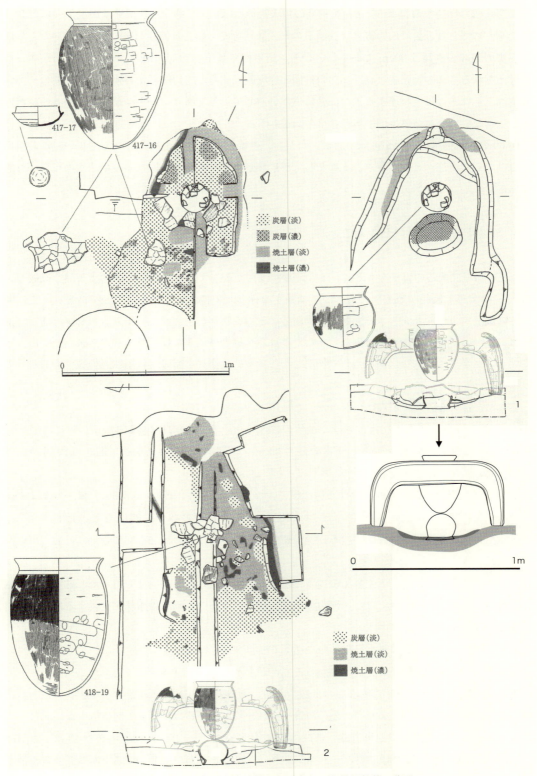

図 69　U字形土製品と竈遺構の組み合わせと使用状態の復元

る。竈遺構の燃焼部の幅は 50cm、長胴甕の最大腹径は 28cm であり、炊籑具は燃焼部のほぼ 3 分の 2 を占めており、掛け口の直径は長胴甕の最大腹径をやや超える直径 30cm 前後と推定できる。長胴甕の頸部の直径は 20cm であることから、掛け口と長胴甕頸部の間には 5cm の隙間があったと考えられる。この長胴甕（417-16）の外面の煤を観察すると、口縁部から頸部にかけての一部分と胴部上半にある最大腹径より下の部分に煤が付着しており、掛け口から一部炎が上がっていたのかもしれない。なお、燃焼部の奥行きは 74cm を測る。

　図 69 の 2 も同様の復元が可能である。ただし、燃焼部の奥行きは 112cm とやや長い。この事例においても燃焼部から長胴甕が、支脚として小形甕が出土しており、同様の使用状態の復元が可能である。

5　U 字形土製品からわかること

　以上、蔀屋北遺跡の資料をもとに、ほぼ完形に復元できる 5 世紀後半の U 字形土製品を概観し、これら U 字形土製品が竈遺構の焚き口を補強する枠として使用されていたことを前提として、同遺跡の竈遺構を年代と大きさをもとに検討することで、U 字形土製品との組み合わせが可能な竈遺構 2 例について、竈の復元を試みた。また、これら 2 例の竈遺構では、燃焼部から長胴甕が出土していることから、これを炊籑具として使用したと考え、炊籑具を掛けた使用状態の復元もあわせて試みた。

　こうした作業を通して明らかになったことは以下の通りである。

①U 字形土製品の平均的な大きさは、全体の幅 87.5cm、焚き口内側の幅 67.5cm、脚部底面の幅（竈遺構では袖部の幅）7cm、全体の高さ 45cm、天井部の高さ 15.9cm、焚き口内側の高さ 29.5cm、器壁の厚さ 1.2cm である。
②U 字形土製品と組み合わせが可能な竈遺構の大きさは、焚き口内側の幅 64cm、袖部の幅は 8cm であり、U 字形土製品により竈の高さは 43.4cm、焚き口内側の高さは 27.6cm と復元できる。
③竈で用いられる炊籑具は長胴甕であり、燃焼部中央の小形甕を反転した支脚の上に置いて用いたと復元できる。
④こうした復元から、U 字形土製品の高さと竈遺構の掛け口の高さは同じであったと推定され、竈遺構の天井部はドーム状ではなく平坦であり、竈の掛け口に長胴甕の頸部が位置する使用状態の復元が可能である。
⑤掛け口の直径は長胴甕の最大腹径をやや超える直径 30cm 前後と推定できる。
⑥長胴甕外面の煤の観察から、掛け口から一部炎が上がっていた可能性が考えられる。

　西日本の竪穴建物は、深く残るものは数少なく、残存高 10cm 前後までのものが多い。そのため、竈遺構も残存状態が悪いため、竈の構造や高さ、使用状態を復元できる例は数少ない。そうしたなかにあって、豊中市蛍池東遺跡［（財）大阪文化財センター　1994］の竪穴建物 13 は、古墳時代中期、5 世紀中頃の竈に球胴甕の下半部が掛かった状態で出土した希有な例であり、一定の復元が可能である。焚き口内側の幅は 45cm、袖部の幅は 20cm、竈の残存高は 15cm、支脚である河原

石の長さは 13cm、残存する球胴甕の最大腹径は 25cm を測る。上半部は削平により残存しないため、竈の掛け口と球胴甕口縁部から頸部にかけての位置関係は不明であるが、燃焼部の窪みが床面から深さ 5cm、そこに長さ（高さ）15cm の支脚が据えられ、その上に高さ 28cm の球胴甕が載り、先例のように竈の掛け口が球胴甕の頸部にあたると仮定すると、竈の高さは 35cm 前後と推定できる。蔀屋北遺跡に比べ、やや小形の竈が復元できる。

　移動式竈をみると、蔀屋北遺跡出土の 5 世紀後半の移動式竈の高さは 31～35cm 前後、6 世紀前半のそれは 33～38cm 前後であり、他遺跡の例をみても同様である。なお、7 世紀に入ると移動式竈の高さは 40cm を超える例が増える［合田幸 2015］。竈遺構に比べ、同年代の移動式竈の高さが 5cm 前後低いのは、組み合わせる炊爨具によるものではないかと考える。すなわち、移動式竈では羽釜が、竈遺構では長胴甕が用いられ、長胴甕に比べ羽釜は高さが低く小形であるためではないだろうか。この組み合わせについては、蔀屋北遺跡では、竪穴建物跡およびその竈遺構から羽釜が出土していないことが消極的ながらひとつの証左となろう。

　いずれにしても、U 字形土製品から竈遺構を復元すると、5 世紀後半の竈の高さは高さ 40cm 前後とみられ、長胴甕を炊爨具として用い、その頸部までが竈内部にすっぽりと入った状態で使用された状態が復元できる。長胴甕の煤の観察からは掛け口の一部から炎が上がる可能性が考えられたが、蔀屋北遺跡出土長胴甕の煤の観察からは長胴甕頸部と竈掛け口との「ゆるい固定」が推定されており［妹尾 2016］、長胴甕が竈から掛け外しで使用されたのか、竈に固定されて使用されたのか、今後の検討が必要である。

　なお、U 字形土製品は高句麗出土の横（側方）煙道の鉄製竈明器や同じく高句麗の薬水里壁画墓に描かれた横（側方）煙道の竈にみられる焚き口枠との類似が指摘されている。蔀屋北遺跡では、横（側方）煙道の竈遺構はみられないことから、本遺跡において U 字形土製品は横（側方）煙道ではない竈で使用されたと考えられる。

第2部

原史・古代の住まいと建物

第1章　丘陵上に立地する弥生時代集落の景観
――兵庫県仁川五ヶ山遺跡の遺構群――

1　遺跡の概要

（1）位置と年代
　仁川五ヶ山遺跡は、兵庫県の東部、六甲山地の背後から南へ回り込んで瀬戸内海に南流する武庫川の支流、仁川の左岸、丘陵性山地・通称北山山塊の標高130mから140m付近に立地する（図70）。1958年以降、小規模な発掘調査を積み重ねて、丘陵尾根上に東西約300m、南北約200mの範囲に、遺物包含層や建物跡等の遺構を確認するにいたっている。遺跡の存続期間は弥生時代中期中頃から後期にわたる。抄報は以前、『兵庫県史』に記した［合田茂 1992b］。本章ではそれを補いながら概要を述べる。なお、6世紀末以降には石室長10mを前後する横穴式石室古墳4基以上からなる仁川五ヶ山古墳群が営まれる。

（2）弥生時代の遺構と遺物の概要
　弥生時代の遺構は、竪穴住居跡（本章では、竪穴建築を既報告との整合によりすべて竪穴住居と表記する。）11棟、斜面における造成面6基、炭と灰が堆積する方形土坑1基、土器集積をともなう方形土坑1基、土器集積をともなう円形土坑1基、柱穴列などが複数の丘陵尾根部および斜面において検出されている。竪穴住居跡のうち、平面形や規模が十分に明らかなものは3基である。3号住居跡は、直径約3mの竪穴の外側に柱穴がめぐる特殊な平面形である。8号住居跡は5主柱で直径6.5mの円形平面である。11号住居跡は、6ないし7主柱で長径8m・短径6mの長円形平面である。斜面における造成面6基のうち4基には明瞭な柱穴列がともなう。1号造成面は、長さ約6mで10基の柱穴列をともなう。2号造成面は、幅1.5mないし2m、長さ9.3m、いわゆる切り土の深さ0.75mの規模である。法面裾の一部に溝跡があり、18基の柱穴ををともなう。1号造成面を一部削平・整地して築かれている。3号・4号・5号・6号造成面は、規模および形状が互いに類似する。いずれも、幅2m、長さ7m程度の規模で、法面裾の一部に溝跡ををともなう。炭と灰が堆積する方形土坑は、東西3m、南北2m、深さ0.3mの規模で南に開口する。土坑内には炭、灰、土砂が堆積し、土坑の床面・壁面には焼土面はない。土器集積方形土坑は、幅0.9m、長さ1.4m、深さ0.15mで壺形土器を主体とする後期初頭の土器が出土した。斜面下方の土器集積円形土坑は、南北1.5m・東西1.1m、深さ0.4mで、後期後半の土器が出土した。柱穴列は2列からなる。両列の挟み角は84度である。柱穴はやや大形で掘形の直径は0.5m前後である。東西方向に4基以上、

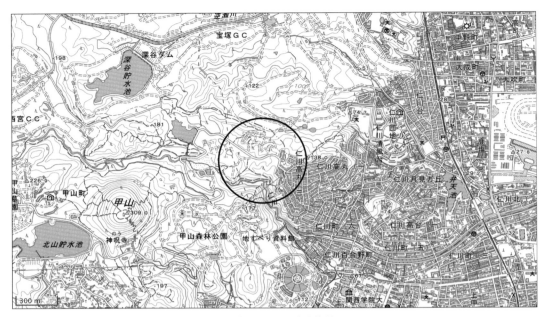

図70　仁川五ヶ山遺跡位置図

南北方向に3基以上の柱穴からなる。
　遺物には、土器・石器・石製品がある。弥生土器は、大部分が第Ⅳ様式および第Ⅴ様式である。石器には、石鏃、柱状片刃石斧、扁平片刃石斧、石庖丁、大形石庖丁、叩石、台石がある。

２　検出された主な遺構――1986年および1990年の調査の概要――

　1986年の発掘調査は仁川五ヶ山遺跡においてもっとも広域な調査で、遺跡内の最高所の調査となった（写真1）。1990年調査はそれの南側斜面地で、比高差10mの下方にあたる（図71）。丘陵上の遺跡にもかかわらず斜面における遺物包含層は厚さ1mを超える場所がある。

（1）竪穴住居跡
　仁川五ヶ山遺跡では11棟の竪穴住居跡が検出されている。いずれも、円形系（円形または長円形）平面形の竪穴住居跡である。それらのうち、容易に長円形平面を確認できる2棟を示す。
　8号竪穴住居跡　円形平面・5主柱の弥生時代中期後半の竪穴住居跡である（図72）。南向き斜面に立地する。周溝は谷側で若干失われているが、長径は6.5m前後に復元できる。復元平面形は、柱穴の配列からみると、斜面傾斜方向の直径がやや短い。中央には直径0.8m・深さ約0.3mの炉跡があって炉坑側面には6個の小穴が検出された。炉壁には焼土面はない。山側を深く切り土を行うことにより竪穴平坦面が造成されていて、竪穴の山側最高所と床面との比高差は1mを超える。周溝は山側のみで検出され、谷側は流出したとみられる。周溝内には部分的に小穴が連続して検出された箇所があり、杭または矢板状の壁であった可能性がある。床面には台石（作業台）とみられる

第1章　丘陵上に立地する弥生時代集落の景観　225

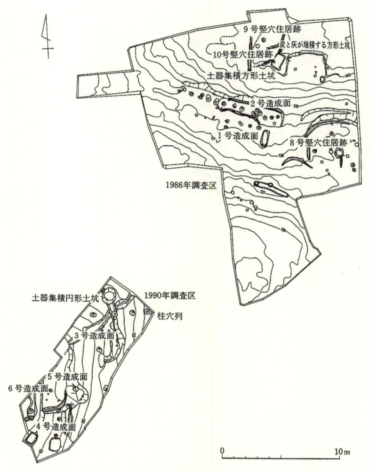

図71　仁川五ヶ山遺跡検出遺構配置図（1986年・1990年）

写真1　仁川五ヶ山遺跡（1986）検出遺構

226　第2部　原史・古代の住まいと建物

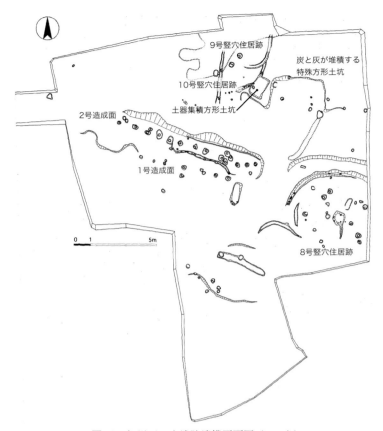

図72　仁川五ヶ山遺跡遺構平面図（1986年）

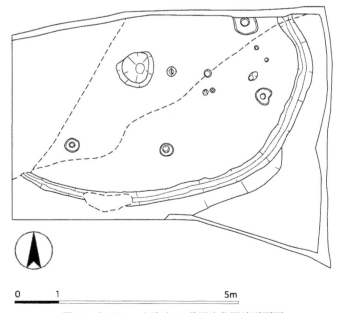

図73　仁川五ヶ山遺跡11号竪穴住居跡平面図

人頭大の亜角礫が2点、炉跡近くと周溝近くに検出された。床面上の遺物はごく少なかった。

11号竪穴住居跡 南東斜面に設けられた竪穴住居跡で、遺存状況は良くなく、道路建設などで約半分を失っている（図73）（写真2）。中央に炉跡がある。全形を復元すると著しく歪んだ傾斜方向に短い長円形平面をなす。6ないし7主柱で長径約8m・短径約6mである。出土土器から中期後半と

写真2　仁川五ヶ山遺跡11号竪穴建物跡

みられるが、床面上の遺物は少なかった。床面中央に直径約0.9m・深さ0.4mの炉跡がある。検出された主柱穴は4基で、掘形の直径は0.3mないし0.5m、柱穴の深さは0.2mないし0.3mである。主柱の建て直しはない。床面西半部に小穴が散在するが相互の関連性は不明である。山側には残存高で0.5m以上の切土がある。

（2）造成面（段状遺構）

段状遺構、あるいは斜面における造成面などと呼ばれる遺構が6基検出されている。

柱列をともなう1号造成面 7基以上の柱穴からなる掘立柱列と山側の溝をともなう（図72）。丘陵の傾斜に沿って、南南西に面している。規模は長さ約6m、溝と柱穴列の間隔は1mを前後する。柱穴のうち、掘立柱の掘形が判明するものは掘形の直径0.3mないし0.4m、柱痕の直径0.15m前後の規模である。2号造成面設置時に削平・整地されている。

柱列をともなう2号造成面 1号造成面の跡を整地し、それの山側1mにほぼ同じ方向に築かれている（図72）。長さは9.3m、切土裾の一部に溝をともなう。切土は東端で直角に谷側に折れ曲がる。その幅は、約1.5mである。柱列はそのほぼ中間に並ぶ。比較的規模の大きな掘立柱柱穴が15基検出され、そのうち11基がほぼ直線に並ぶ。柱穴の規模は、掘形の直径が0.3mないし0.5m、柱痕の直径は約0.15m・深さは0.2mないし0.3mである。8号竪穴住居跡とは約1.5mの間隔がある。そこには掘削をともなう遺構はないが、遺構面上に壺形土器を主体とした土器溜まりが2ヵ所検出されている。

これらふたつの柱列跡は対になる谷側の柱列が流出で失われているとすると、1間×9間程度までの長大な掘立柱建物跡であった可能性がある。

（3）方形特殊土坑・土器集積方形土坑

方形特殊土坑 2号造成面の山側（北側）約5mの位置に炭と灰が堆積する「方形特殊土坑」と「土器集積方形土坑」が検出された（図72）。「方形特殊土坑」は東西3m・南北2m・深さ0.3mの

写真 3 仁川五ヶ山遺跡土器集積方形土坑

規模で南に開口する。土坑には炭・灰を含む土層が堆積していた。土層の上層ほど炭・灰の含有率が高い。土坑底面（床面）および東・西・北の壁面は火炎を受けた痕跡はない。また、焼土層も検出されなかった。土器等その他の遺物は検出されなかったため、年代は不明である。土坑床面は平坦で、床面には直径約0.2mの2つの小さな柱穴状遺構が検出された。標高は140mで仁川五ヶ山遺跡内では最高所にあたる。

土器集積方形土坑　方形特殊土坑の西に接するように土器集積土坑が検出された（図72）（写真3）。両遺構の四辺は平行していない。東西0.9m・南北1.4m・深さ0.15mで、壺形土器を主体とする第Ⅴ様式初頭の土器（土器集成分類・長頸壺形土器Aおよび広口壺形土器Bを含む）が出土した。高杯形土器は転倒して杯部と脚部が折損した状態で、長頸壺形土器Aは転倒して内部に土砂が詰まった状態で出土した。このことから、土坑の上部は屋根や蓋をされることなく開放状態で、土器はそこに置かれたまま転倒、緩やかな土砂の流入を受けながら徐々に埋没していったと考えられる。土器は立てて並べられたまま放置されたのであろう。土器以外の遺物は検出されなかった。土坑の外形が浅い方形であることから木箱状の枠があった可能性もある。浅い小さな方形の土坑に土器を立て並べていた状況が想像できる。この土坑の北側には竪穴住居跡とみられる溝と柱穴群が検出されているが、全体を復元できない。土器集積土坑からこの竪穴住居跡との関連を想定するか、炭と灰が堆積する方形特殊土坑との関連を想定するかにより土坑の評価は分かれると思うが、両土坑は西方に見下ろす柱列遺構と至近にある。住居跡や墓跡、土器などの廃棄坑などではなく、特定の用途、目的のために遺跡最高所から西方の柱列群を見下ろす位置に設けられた施設であり、「特殊」と呼んで差し支えないであろう。

（4）土器集積円形土坑・掘立柱列

1号・2号造成面の南方約20mの1990年調査区でも4基の造成面が検出された（図74）（写真4・5）。この調査区付近では斜面は東に高く西に低い。柱列をともなう4号・5号造成面とともなわない3号・6号造成面がある。3号・5号・6号造成面は南側で直角に折れ曲がる。3号と6号では切土の法面裾に溝がともなう。いずれの造成面も調査区を超えて広がるため、全長は不明であるが、調査範囲では3号が長さ6mを超える。調査区の北半部に挟み角84度で交わるやや大形の柱穴列が検出された。柱間距離が最小で1.3m、最大で3mを測り、掘立柱建物としては、柱間距離が大きい。大形掘立柱建物跡あるいは柵状の柱列を想定することができる。柱穴は掘形の直径が0.5m、柱痕の直径が0.15mで、他の遺構に比べて掘形はやや大形である。柱穴列の北側に、長円

形平面の土坑が検出された。土坑は長径 1.4m・短径 1m の長円形で、深さは約 0.5m である。土坑からは第五様式後半期の土器が多数出土したが、それらは上方で検出された土器集積土坑とは異なり、土器が投棄されたような状態で検出された。土坑の規模と土器の出土状況からみると井戸跡である可能性がある。

3 仁川五ヶ山遺跡の遺構群と景観

仁川五ヶ山遺跡の初期の発掘調査では、関西学院大学を中心とした調査が『西宮市史』編纂を契機に行われた。成果は武藤誠、石野博信によりまとめられ、『西宮市史』第1巻［武藤 1959］および第7巻［武藤 1967］に収載されている。その後、西宮市教育委員会による発掘調査も行われて、起伏の多い丘陵上に竪穴住居跡などが点在する集落遺跡であることが知られるようになった［合田茂 1992b］。出土した土器をみると、大部分が中期後半期から後期に該当するもので、後期前半期が中心である。周辺の弥生時代遺跡には、仁川五ヶ山遺跡の東方、仁川の河岸段丘面の標高 40m 付近に第4様式期の集落遺跡、仁川高台遺跡がある。また、西方には特異な型式の銅戈（銅剣）を出土した甲山銅戈出土地・甲山山頂遺跡がある。甲山山頂（標高 309.0m）からは旧石器時代にさかのぼる可能性がある安山岩製の剥片や石鏃のほか、第5様式期の壺形土器口縁部破片が採集されている。

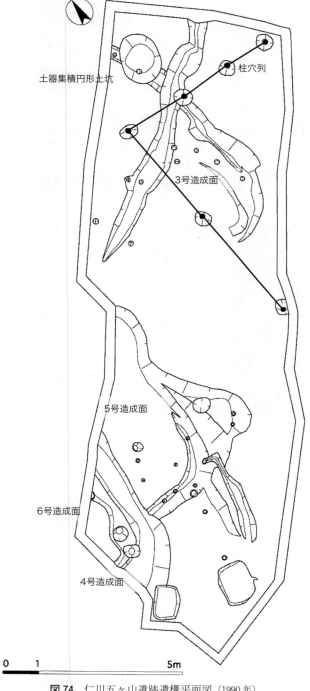

図74 仁川五ヶ山遺跡遺構平面図（1990年）

仁川五ヶ山遺跡は、標高 140m を最高所とする弥生時代中期後半から後期の集落遺跡で、いわゆ

写真4　仁川五ヶ山遺跡（1990）検出遺構（1）

写真6　仁川五ヶ山遺跡から甲山を望む

写真5　仁川五ヶ山遺跡（1990）
　　　　検出遺構（2）

る高地性集落としてとらえられてきた。集落全体の状況としては小丘陵ごとに竪穴住居跡などの遺構が集合して立地する点からみて大阪府・東山遺跡［大阪府教育委員会 1980］との類似性を指摘できる。炭・灰が堆積する「方形特殊土坑」は奈良県・六条山遺跡［奈良県立橿原考古学研究所 1980b］に類例を求めることができる。また、「土器集積土坑」とともに祭祀をうかがわせる側面を見出すならば近在の兵庫県・会下山遺跡［芦屋市教育委員会 1964］との共通性を指摘することができる。遺跡最高所において、竪穴住居の跡地を整地して「方形特殊土坑」、「土器集積遺構」、長大な柱列をともなう造成面が近接して設けられていることは、仁川五ヶ山遺跡全体の評価に関わる景観上の特色であると考える。1km 西方に特異な山容を見せる標高 309m の甲山を望む、仁川五ヶ山遺跡内の最高所に特殊な遺構が集まっている場所があり、その周囲の丘陵尾根や斜面に竪穴住居や段状遺構などが分布する集落景観を復元できる（写真6）。仁川五ヶ山遺跡では、沖積平野の低平な場所や平坦な台地状の地形立地とは異なる丘陵の顕著な起伏が、それら諸遺構の集落内における立地や段状遺構のような平地では認識できない遺構を顕在化させ、その存在を際立たせている、と考える。

　そのような集落の景観、丘陵斜面に立地する集落遺跡における柱列を有する造成面（段状遺構）や長円形平面をなす竪穴建物跡などについて、次項以下で詳述する。

　なお、本章の写真は筆者が撮影し、西宮市から提供を受けた。

第 2 章　斜面の建築

1　竪穴建物の地形立地と形態

（1）集落の地形立地と竪穴建物の規模および平面形

　竪穴建物は、竪穴として一定の面積の平坦面を作り出してこれを床面とする建築であるから、竪穴建物の形態差に最も大きく影響する地形立地の要件は、竪穴建物が立地する場所の、傾斜と広さであると考えることができる。そこで、竪穴建物の集合としての集落の地形立地を次の3種に分類してその違いを検討する（図75）。

　A型　広大な面積を有する沖積平野や段丘などの、低地や台地の平坦地に立地する集落。
　B型　丘陵の傾斜地に立地する集落。比較的広い面積の傾斜地に立地する。
　C型　丘陵の山頂や尾根上に立地する集落。狭隘な傾斜地にのみ立地する。

　以上の分類にもとづいて、近畿地方における弥生時代中・後期の竪穴建物の規模と平面形について考える。なお、竪穴建物の平面形を大きく分けると「円形系」と「方形系」の2者がある。以下で、円形と記した場合にはこの「円形系」を指すことにする。さらに、「円形系」を「正円形」と「長円形」の2者に分けて記述する。

　竪穴建物跡の規模は、その床面としていわゆる周溝や周壁に囲まれた竪穴部分の面積に最もよくあらわれると考えるので、その直径または長径および短径を測定しグラフ化した（図76）。なお、グラフ中の右斜め上がりの直線は、短径／長径＝1/1の補助線である。その中で最大の竪穴建物跡は大阪府枚方市長尾谷遺跡検出資料で、直径は15m、面積は約176m^{2}である。いっぽう、最小の竪穴建物跡は兵庫県神戸市久留主谷遺跡C-1区竪穴建物址で、長径3.5m、短径3.1m、面積約8.5m^{2}で、最大・最小の面積比はおよそ20対1である。これは、近畿地方全体として弥生時代中期の集落が、床面積の大きく異なる住居の集まりであるという石野の指摘［石野 1975］を傍証する。竪穴建物跡の直径の平均値はおよそ7m付近にあって、5m以下が小形、9mから10m以上は大形であるといえる。また、補助線より右下に分布する一群の資料は、長円形平面をなす竪穴建物跡であって、このグラフでは、正円形と長円形の数の比は、84対49と、長円形竪穴建物跡の遺存例は意外に多いと感じる。

　同じ資料を用いて、集落の地形立地ごとにグラフを作成した（図77-79）。
　平地に立地するA型立地の集落の竪穴建物跡（図77）は、直径4mから15mにおよぶ。資料の集中は6mから8mの間にある。正円形と長円形の数の比は55対9で圧倒的に正円形が多い。少

232　第2部　原史・古代の住まいと建物

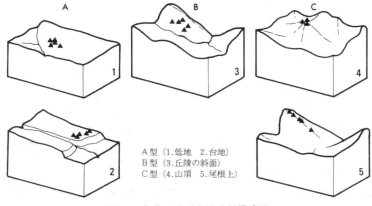

A型（1.低地　2.台地）
B型（3.丘陵の斜面）
C型（4.山頂　5.尾根上）

図75　集落の地形立地分類模式図

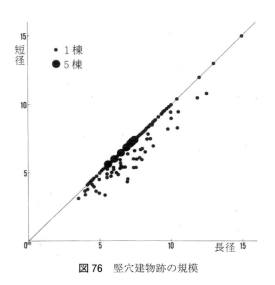

図76　竪穴建物跡の規模

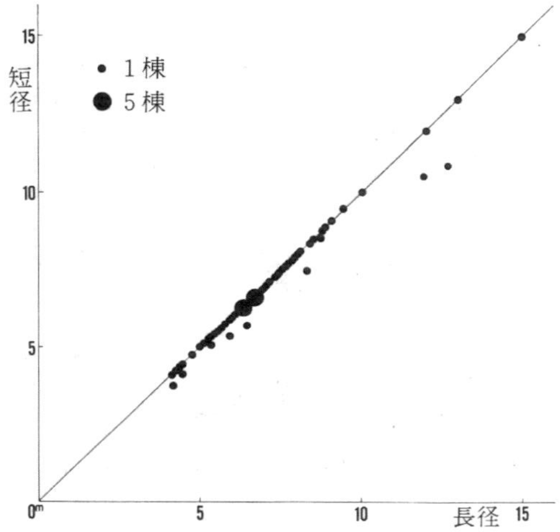

図77　A型立地の集落における竪穴建物跡の規模

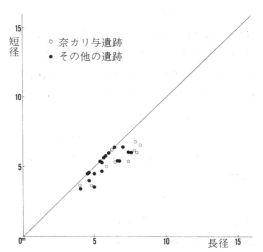

図78　B型立地の集落における竪穴建物跡の規模

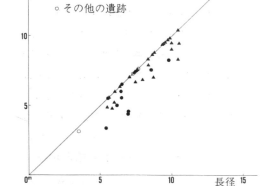

図79　C型立地の集落における竪穴建物跡の規模

数の長円形も、グラフの補助線から大きく逸脱するものはなく、平地に立地する集落における円形竪穴建物跡のほとんどが正円形に近い平面形をなす。

　丘陵の斜面に立地するＢ型立地の集落（図78）では小形・中形の竪穴建物跡から成り立っていて、直径9mを超えるものはない。平面形をみると長円形のものが多く、正円形8に対して長円形20とその数の割合はＡ型集落のそれを逆転する。長円形の長径と短径の差も平地に立地する集落のそれよりもはるかに大きく、兵庫県三田市奈カリ与遺跡東谷区7号住居址［兵庫県教育委員会 1983］（長径7.9m、短径6m）のように約2m差のものもある。集落ごとに、グラフ上の分布に差が生じることも考えられるため、奈カリ与遺跡とそれ以外の集落とを異なる形の点であらわしてみた。○が奈カリ与遺跡の竪穴建物跡、●がその他の遺跡のそれである。これをみると、点の分布状況は奈カリ与遺跡とその他の遺跡とはほぼ一致していて、グラフは丘陵の斜面に立地する集落の一般的な傾向を示しているとみられる。

　丘陵地の山頂や尾根上に立地するＣ型集落には、兵庫県芦屋市会下山遺跡［芦屋市教育委員会 1964］や大阪府東山遺跡［大阪府教育委員会 1980］のようないわゆる高地性集落がある（図79）。グラフでは、竪穴建物跡は小形から大形まで広く分布しているが、10mを大きく超えるものはない。正円と長円の数の比は21対20で相半ばしていて、長円形建築跡数は平地に立地するＡ型集落のそれよりも多く、斜面に立地するＢ型集落のそれよりも少ない。ただし、長円形住居跡の歪みの度合いは、斜面に立地するＢ型集落のそれよりも大きいものがあり、会下山遺跡Ｊ地区住居址（長径7m、短径4.5m）では、2.5mの差がある。そこで、同図では、会下山遺跡の竪穴建物跡を●、東山遺跡の竪穴建物跡を▲、それ以外の遺跡を○であらわしてみた。これをみると会下山遺跡では正円形竪穴建物跡に比べて小形・中形の長円形竪穴建物跡がかなり多いのに対し、東山遺跡では中形・大形竪穴建物跡が多いことがわかる。狭長なひと筋の尾根上に立地する会下山遺跡と、なだらかな緩斜面をなす複数の尾根上や頂上に立地する東山遺跡との違いであろうか。

（２）竪穴建物の地形立地と規模、平面形

　竪穴建物の規模と平面形は、それが含まれる集落の地形立地条件によって大きく異なっていた。いっぽう、同じ集落内にあっても、竪穴建物そのものの地形立地条件が異なれば、竪穴建物の規模や平面形も変化することが予想されるので、竪穴建物そのものの地形立地条件を次の2種に分類する。

　ａ型　平坦面に立地する竪穴建物
　ｂ型　斜面に立地する竪穴建物

　竪穴建物の規模と平面形をこの2者に分けて考えてみる。

　図80は、平坦面に立地するａ型竪穴建物跡の規模と平面形をあらわす。グラフ上におけるａ型竪穴建物跡の分布は、集落立地Ａ型の竪穴建物跡の分布と近似している。正円形竪穴建物跡の数は80、長円形竪穴建物跡の数は17であるが、長円形竪穴建物跡の大部分は長径と短径の差がほぼ1m以内におさまる。しかし、集落立地Ｂ型・Ｃ型で、かつ、ａ型立地竪穴建物跡の大半は東山遺跡の竪穴建物跡である。したがって、東山遺跡のように、集落全体としては傾斜や高低差のある地

図 80 a 型立地の竪穴建物跡の規模

図 81 b 型立地の竪穴建物跡の規模

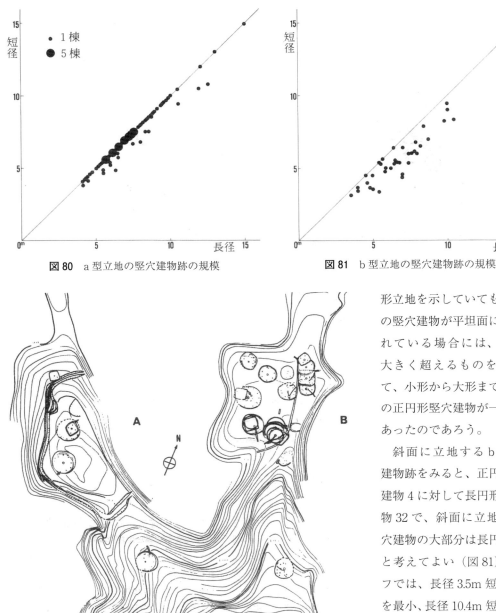

図 82 東山遺跡 A 地区・B 地区平面図

形立地を示していても、個々の竪穴建物が平坦面に設けられている場合には、10m を大きく超えるものをのぞいて、小形から大形までの規模の正円形竪穴建物が一般的であったのであろう。

斜面に立地する b 型竪穴建物跡をみると、正円形竪穴建物 4 に対して長円形竪穴建物 32 で、斜面に立地する竪穴建物の大部分は長円形平面と考えてよい（図 81）。グラフでは、長径 3.5m 短径 3.1m を最小、長径 10.4m 短径 8.3m を最大として、長径 6～7m 短径 5～6m 付近を中心に分布する。これらのうち、短径 7m を超える大形の竪穴建物跡 6 例中 5 例までが東山遺跡の建物跡である。それらは斜面に立地するとはいっても、丘陵山頂における平坦面の周縁付近、言い換えると平坦面から斜面への地形変換点付近に立地するものばかりである（図 82）。よって、一般に、地形立地 b 型の竪穴建物跡は小形・中形の長円形平面のものが多い、といえる。

（3）竪穴建物跡の平面形と主柱穴

前段までに、集落や竪穴建物の地形立地と竪穴建物の規模や平面形とは一定の関係にあることがわかった。竪穴建物跡の形態は、その平面形以外にもいくつかの要素によってあらわすことができる。それらには、周溝、主柱、炉跡、焼土、ベッド状遺構、竪穴内の溝、遺物などがある。以下では、竪穴建物の上屋構造を支えた、竪穴内の主柱について述べてみたい。主柱の配置や数と平面形とは関連がある、と予想するからである。

図83は、横軸に竪穴建物跡の直径（長円形の場合は長径と短径の平均値）を、縦軸に主柱穴数をとり、正円形竪穴建物跡を○、長円形竪穴建物跡を●であらわしたグラフである。また、表14はその結果をまとめたものである。なお、竪穴建物跡平面形と主柱穴数を組み合わせた竪穴建物型の呼称として、石野の用語［石野 1975］にならい、「正円4型」、「長円8型」などを用いる。

主柱穴数は、1、3、10を除いて11までみられた。グラフ（図83）は右上がりで、全体として竪穴面積が大きいほど、主柱穴数が多い。このことは都出比呂志の指摘に合致する［都出 1985］。主柱穴数4の竪穴建物跡数が最多で、6、5、8と続き、それらで全体の9割近くを占める。竪穴平面形ごとのグラフ上の分布は、正円形が右方、上方に、長円形が左方、下方に多い。

正円形竪穴建物跡で、4主柱穴のものが21で最も多く、その竪穴の直径は4mから8.5mにわたっていて、換言すると、正円4型は竪穴の規模の変異によく適応する建築型であるといえる。た

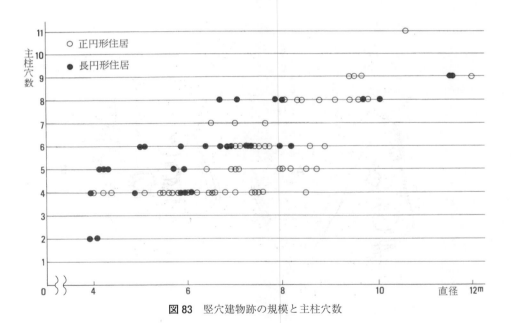

図83 竪穴建物跡の規模と主柱穴数

表14 竪穴建物跡平面形と主柱穴数対応一覧表

主柱穴数	11	10	9	8	7	6	5	4	3	2
正円形平面竪穴建物跡数（棟）	1	0	4	8	3	8	9	21	0	0
長円形平面竪穴建物跡数（棟）	0	0	1	6	0	12	5	5	0	2
合計数（棟）	1	0	5	14	3	20	14	26	0	2

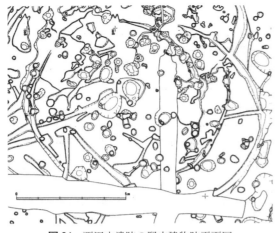
図84 西田中遺跡の竪穴建物跡平面図

だし、直径6m未満の資料を除くと正円4型の数は12で、正円5型、正円6型との数の差は縮まる。正円5型住居の規模は直径約6.5m〜9m、正円6型では7m〜9m、正円8型では8m〜10mの範囲にある。よって、正円形竪穴建物跡にあっては、直径4m〜6mの小形は正円4型、6m〜9mの中形は正円4型、正円5型、正円6型、9m以上の大形は正円8型が、特定の規模に対する基本的な竪穴建物型式であると考える。ただし、中・大形竪穴建物の場合には、奈良県大和郡山市西田中遺跡の住居跡のように、中央の炉跡から等距離の位置に、周溝に並行して並ぶ主柱列のほかに中央の炉跡に近い位置に4個の主柱穴がみられるものがある（図84）［大和郡山市教育委員会 1985］。

長円形竪穴では、6主柱、すなわち長円6型が最も多い。竪穴全体で、主柱穴数4と6が極大値を示したのは、実は、正円4型が正円形竪穴建物の、長円6型が長円形竪穴建物の、それぞれ基調をなしていることをあらわしているのである。長円形竪穴建物の基本型と考える長円6型は、正円4型同様に竪穴の規模の変異によく適応していて、平均直径5mから8.2mの範囲にわたっている。長円竪穴建物では、竪穴の規模と主柱穴数との関係において、正円形竪穴建物のそれとは若干の違いがある。4m〜6mの小形竪穴建物は長円2型、長円4型、長円8型、6m〜8mの中形竪穴は長円6型、8mを超える大形竪穴建物は長円8型が、特定の規模に対する基本的な建築の型式であろう。

正円形竪穴建物と長円形竪穴建物にみる竪穴建物の規模と主柱穴数との関係には若干の違いがあった。すなわち、中形竪穴建物は、正円形竪穴建物では直径6m〜9mの正円4型、5型、6型であることに対して、長円形竪穴建物では平均直径6m〜8mの長円6型であるという違いである。これは、全体として長円形竪穴建物の面積が正円形竪穴のそれよりも小さいことと、長円形竪穴建物が正円形竪穴建物と同じ竪穴面積を得るためにはより多くの主柱を必要としていたことを示している。また、前項まででみたように、正円形竪穴建物＝平坦地の竪穴建物（地形立地a）、長円形竪穴建物＝斜面の竪穴建物（地形立地b）と考えることができるので、地形立地b型竪穴建物の平均像は約40m^{2}の竪穴面積で長円形平面をなす6主柱の建築である、といえる。

（4）斜面の竪穴建物

前項で、斜面に立地する竪穴建物は平均直径6m〜8mの長円6型を基調とすることがわかった。ここでは、その実例を奈カリ与遺跡［兵庫県教育委員会 1983］と大阪府泉南市滑瀬遺跡［（財）大阪府埋蔵文化財協会 1987a］に求め、長円6型竪穴建物についての理解の一助とする。

奈カリ与遺跡は、武庫川の形成する狭長な氾濫低地を東方に望む丘陵上にある。竪穴建物跡は山頂と、北東と南東方向にのびる2筋の尾根の南北両斜面に検出されていて、なかでも、両尾根に挟

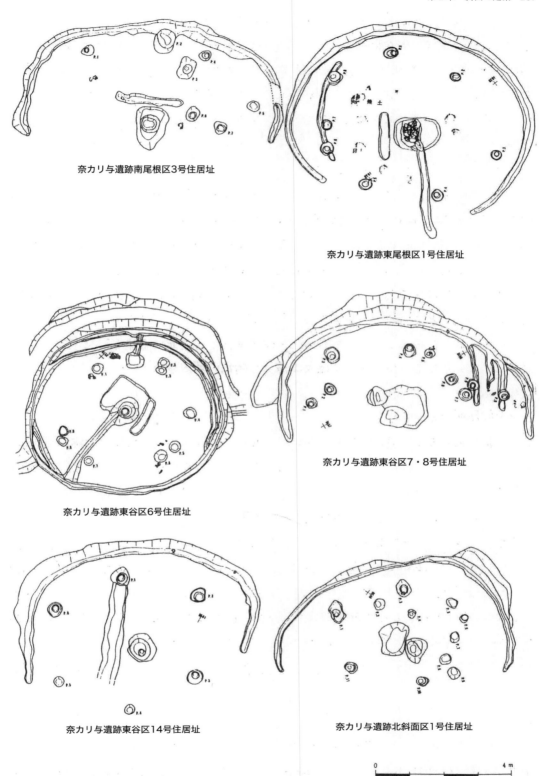

図 85 「長円 6 型」竪穴建物跡平面図（1）

まれた谷の斜面に多く検出された。竪穴建物跡は重複するものを含めて合計 30 棟検出されていて、そのなかで、確実に円形竪穴建物跡と考えられるものは 13 棟である。主柱穴数の明らかな竪穴建物跡 11 棟のうち、長円 6 型と考えられるものは次の 6 棟（図 85）、南尾根区 3 号、東尾根区 1 号、東谷区 6 号、東谷区 7 号、東谷区 14 号、北斜面 1 号である。その他の型式では、長円 7 型、長円 2 型、方 4 型などが 1、2 棟ずつあるに過ぎない。

　南尾根区 3 号は、遺存長 8m の胴張りのある隅丸方形と報告されるが、「胴張り」が著しく、長円形あるいは多角形ならば隅丸六角形というような平面形と考える。主柱穴は東西に 3 列が並ぶ 6 主柱と想定される。東尾根 1 号は、東西長 7.7m、復元南北長は床面で 6m と推定されている。等高線に沿って地山を掘り込んでいる。主柱穴は斜面の谷側と山側それぞれに、等高線に平行して 2 基、中央土坑を挟んで対象位置に 2 基ある。中央土坑からは谷方向にのびる溝がある。東谷区 6 号は、拡張前床面長径 6.3m 短径 4.9m、拡張後床面長径 6.3m 短径 5.4m の規模で、6 主柱穴である。山側の周壁は 75°の角度をもって約 1.2m の高さがある。斜面の傾斜と中央土坑・炉とされる方形土坑・主柱穴の相互関係は、東尾根区 1 号と同様である。東谷区 7 号は、長径 7m 短径 5m の隅丸方形と報告されるが、南尾根 3 号と同じく長円形と考える。斜面の傾斜と主柱穴・中央土坑の相互位置関係は、東尾根 1 号と同じである。東谷区 14 号は、山側は等高線に沿って地山を掘り込み谷側は盛土によって長径 7.5m 短径 7m の長円形床面を作り出している。斜面と中央土坑・主柱穴の位置関係は東尾根 1 号とは異なり、斜面山側・谷側方向に主柱をそれぞれ 1 基配する。北斜面 1 号は、最大長 7m の隅丸方形もしくは長円形と推定されるが、南尾根 3 号の場合と同様に長円形と考える。主柱穴は 4 ないし 6 と報告されるが、東谷区 14 号に近い配置の 6 主柱穴と考える。

　滑瀬遺跡は、和泉山地より派生する丘陵の先端にあって、北東に金龍寺川を望む。竪穴建物跡は丘陵先端頂部の平坦面の周縁部、丘陵の斜面、丘陵裾の傾斜変換点に立地する。長円 6 型の竪穴建物跡には、1 号、4 号、6 号がある（図 86）。それらはいずれも「円形」と報告されるが、後述のように、残存する周溝の湾曲や平面図から炉を中心として反転復元すると長円形をなすものである。重複竪穴建物跡を含めて 15 棟の竪穴建物跡のうちの長円形竪穴建物跡はすべて 6 主柱である可能性が高い。1 号は、谷側を半分近く失っているが、およそ、長径 7.4m 短径 6m の長円形をなすものと考えられる。主柱穴数は報告されていないが、実測図と写真から判断して、図中の矢印で示した 4 柱穴および失われた 2 柱穴が主柱穴と考えることができる。4 号も約半分を失っている。規模は推定長径 7.2m 短径 6.5m の長円形と推定する。主柱穴数は 5 ないし 7 と報告される。6 号は長径 4.7m・短径 4m の長円形竪穴建物跡である。小形であるが、中大形の竪穴建物跡同様に斜面を掘削して床面となる平坦面を作り出す。主柱穴は 5 ないし 6 である。7 号は正円形平面であるが、参考として挙げた。6 主柱穴で、直径は 4.8m である。1 号、4 号、6 号同様の主柱穴数であるが、丘陵頂部の平坦面周縁に立地する正円 6 型竪穴建物跡である。

　以上、奈カリ与遺跡と滑瀬遺跡の長円 6 型竪穴建物跡をみてきた。規模は長径 7m・短径 5m 前後が中心で、短径長の変動幅がやや大きい。奈カリ与遺跡では、「中央壙」は炉跡とは考えられていないが、東谷区 6 号のそれには隣接する「炉」からの灰の流入が認められるから、竪穴建物使用中の主柱のための土坑（主柱穴）ではない。主柱の配置には東尾根区 1 号のように斜面の等高線に

第2章　斜面の建築　239

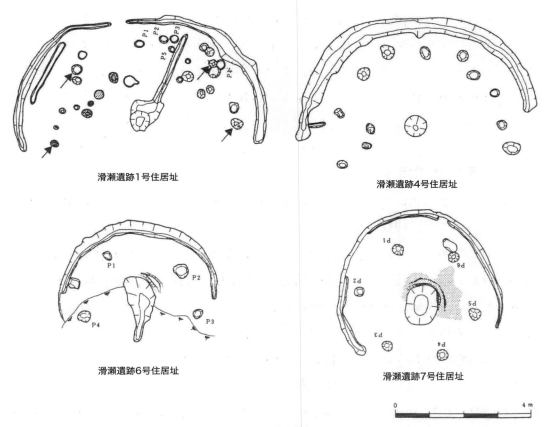

図 86　「長円6型」竪穴建物跡平面図（2）

平行して主柱穴が2基ずつ3組ある場合（山側・谷側にそれぞれ2基ずつ、炉を挟んで2基）と、東谷区14号のように等高線に直交して2基ずつ3組ある場合の2者があった。前者は南尾根区3号、東尾根1号、東谷区6号、東谷区7号の4棟、後者は東谷区14号、北斜面1号の2棟である。奈カリ与遺跡においては、長円6型竪穴建物はこの2つの安定的な型式があった、と考えることができる。滑瀬遺跡では、いずれも等高線に平行する3組の主柱を設けている。平地の中形正円形竪穴建物の主流が4主柱であることと考え合わせると、この6主柱配置は不安定になりがちな山側と谷側を安定的に支えるために主柱を2本ずつ配し、斜面において平坦な竪穴をより広く確保できるように竪穴を等高線の走行方向にのばしてそこに2本の主柱を付加した型式であると考える。

　長円形竪穴建物は傾斜地を切り崩し、平坦面を造成する。さらに、谷側への盛土も予想される。その造成で出現する竪穴建物の周壁山側の急斜面は70°から80°の傾斜をなしていて、残存高が1mを超えることがある。これを平面形でみると、その斜面上端の輪郭線は山側に大きく張り出していることがある。長円形竪穴建物跡の規模は、正円形竪穴建物跡に比べて全体に小形であったが、長径を直径に置き換えると中形相互の比較では同規模になる。その規模は床面の高さにおける周溝の外郭線で測定したが、長円形竪穴建物跡のなかには、造成した斜面の上端（山側の周壁の上端）を竪穴建物跡の外側の輪郭線としてたどると正円形に近い例がある。そのような遺構では、斜

面を造成し床面を整えて屋根を葺き下ろしたとき、屋根の裾が地面に接しているのなら、それの描く形は床面の長円形に比べてより正円形に近くなる。つまり、建物平面の外観は正円形に近いのである。

（5）いわゆる段状遺構

　斜面に設けられた竪穴状の遺構に、いわゆる「段状遺構」と呼ばれるものがある。これは、斜面を等高線に沿って掘削し、細長い平坦面を造成して得られた遺構で、岡山県山陽町用木山遺跡で早くに注目された［岡山県山陽町教育委員会 1977］。その規模は、奈カリ与遺跡を例にとると、最小は長さ5.5m 幅0.8m（東谷区15号段状遺構）、最大は長さ32.4m 幅2.5m（東谷区2号段状遺構）である。段状遺構はいくつかの観点からの分類が可能である。たとえば、森岡秀人は、竪穴建物跡との位置関係から、孤立施設と竪穴建物の付帯施設とに分類している［森岡 1986］。ここでは、柱穴列の有無によって分類し、柱穴列をともなわないものを段状遺構ａ、柱穴列をともなうものを段状遺構ｂとする。段状遺構ａは、直線状（奈カリ与遺跡東谷区10号段状遺構あるいはＬ字形（同11号、12号）、コの字形（同19号）に平坦面を作り出している（図87）。先述の奈カリ与遺跡2号段状遺構のような長さ10mを超える大規模なものが多い。段状遺構ｂは7ないし8mの長さの平坦面を設け、これに柱列を備えるものである（図88）。山側に溝跡をともなわないもの（奈カリ与遺跡山頂区段状遺構・柵列、同東谷区17号段状遺構）と溝跡をともなうもの（滑瀬遺跡溝5、兵庫県西宮市仁川五ヶ山遺跡造成面［本書第2部第1章、合田茂 1992b］）がある。柱穴は、奈カリ与遺跡例、仁川五ヶ山遺跡例ともに直径30ないし40cm、深さ40ないし50cmほどで、仁川五ヶ山遺跡では明確な掘形をともない、規模、形状ともに竪穴建物跡のそれに匹敵する。また、長い複数の段状遺構の一部に柱列をともなう例（奈カリ与遺跡北斜面区段状遺構・柵列）では、柱列部分の長さは段状遺構（ｂ）全体の長さに近い。柱列の長さは一定の規模を有する可能性がある。用木山遺跡では、段状遺構から土器、石鏃などが集中して出土したり、焼土が検出されたりしている。これらのことから、段状遺構ｂは神原英朗の指摘するように、一定の規模と安定的な上屋構造を有する竪穴建物跡の一種とみられる［神原 1977］。段状遺構を竪穴建物への雨水や土砂の流入を防ぐためのしがらみの遺構とする［兵庫県教育委員会 1983］には、各竪穴建物跡の山側に必ず設けられているわけではない。また、「柵跡」とするにはその長さは短い。段状遺構ａについても、奈カリ与遺跡東谷区2号段状遺構に焼土と土器集中箇所が検出されたことや、段状遺構ｂと同様な理由から、雨水の分散［兵庫県教育委員会 1983］のような竪穴建物に直接付属する施設跡ではなく、あくまでも、傾斜地に平坦面を得ることをその目的とした施設跡と考える。

　斜面の集落には平坦面は少なく、斜面を深く掘削し多くの柱を立てることによって建築された竪穴建物の床面は平地のそれよりも小さい。また、直径が9mを超えるような大形竪穴建物もみられない。

（6）集落および竪穴建物の地形立地と竪穴建物の形態

　以上、弥生時代中期から後期前半期の近畿地方における、集落および竪穴建物の地形立地と竪穴

第2章 斜面の建築 *241*

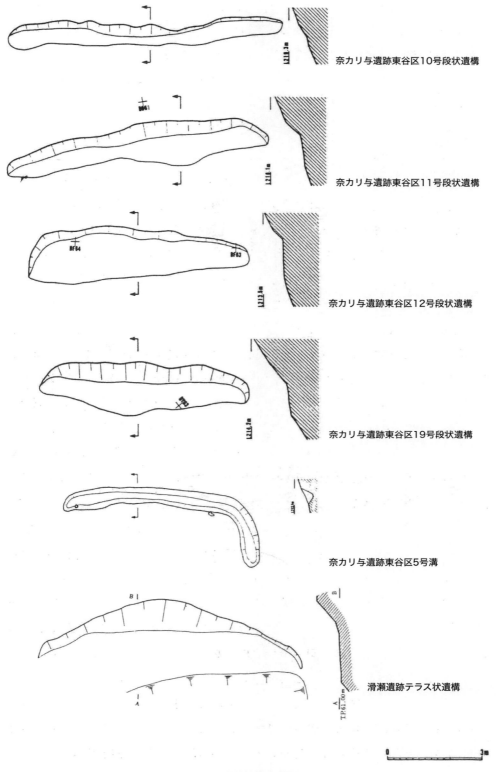

奈カリ与遺跡東谷区10号段状遺構

奈カリ与遺跡東谷区11号段状遺構

奈カリ与遺跡東谷区12号段状遺構

奈カリ与遺跡東谷区19号段状遺構

奈カリ与遺跡東谷区5号溝

滑瀬遺跡テラス状遺構

図87　段状遺構a平面図

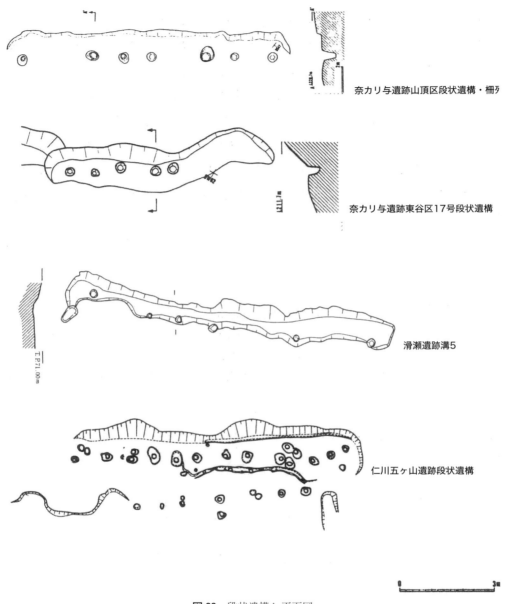

図88　段状遺構 b 平面図

建物の形態との関連について述べてきた。低地、台地の集落では小形から超大形におよぶ規模の竪穴建物からなり、正円4型、5型、6型を基調とする正円形竪穴建物が多数であった。頂部に比較的広い平坦面を有する丘陵に立地する集落でも同様の傾向にあった。斜面に立地する集落では、超大形竪穴建物を欠いていて、長円6型を基調とする長円形竪穴建物が多数を占めていた。竪穴建物跡の規模の比較では、平地の集落における竪穴建物跡の平均値は斜面の集落における竪穴建物跡のそれを上回っていた。これらの相違は、竪穴建物跡そのものの地形立地分類による比較では、さらに顕著にあらわれていた。それはまた、平地の集落と斜面の集落との景観の相違としてもあらわれ

ていたであろう。長円6型竪穴建物跡や段状遺構は、上述のような斜面の集落、竪穴建物を補完する、巧みな建築であると考えることができる。

グラフ化に用いた遺跡
大阪府・宮の前遺跡［池田市教育委員会 1988］
大阪府・新免遺跡［豊中市教育委員会 1987・1988］
大阪府・長尾谷町遺跡［枚方市文化財研究調査会 1986a］
大阪府・出屋敷遺跡［枚方市文化財研究調査会 1986b］
大阪府・四ツ池遺跡［四ツ池遺跡調査会 1983］
大阪府・滑瀬遺跡［（財）大阪府埋蔵文化財協会 1987］
大阪府・東山遺跡［大阪府教育委員会 1980］
大阪府・寛弘寺遺跡［大阪府教育委員会 1987］
兵庫県・北神第4地点遺跡［神戸市教育委員会 1988］
兵庫県・久留主谷遺跡［神戸市教育委員会 1988］
兵庫県・会下山遺跡［芦屋市教育委員会 1964］
兵庫県・仁川高台遺跡、西宮市・仁川五ヶ山遺跡［兵庫県史編集専門員会 1992］
兵庫県・口酒井遺跡［（財）古代学協会 1988］
兵庫県・加茂遺跡［川西市教育委員会 1982・1988］
兵庫県・奈カリ与遺跡［兵庫県教育委員会 1983］
京都府・青野西遺跡［（財）京都府埋蔵文化財センター 1983］
京都府・志高遺跡［（財）京都府埋蔵文化財センター 1986a・1986b］
奈良県・六条山遺跡［奈良県立橿原考古学研究所 1980］
奈良県・西田中遺跡［大和郡山市教育委員会 1985］
和歌山県・吉田遺跡［和歌山県教育委員会 1970・1971］

2　斜面に立地する集落における竪穴建物―関東甲信地方の長方形平面の竪穴建物―

（1）検討の対象

　前項において、弥生時代中期から後期前半期の近畿地方における、集落および竪穴建物の地形立地と竪穴建物の形態との関連について検討した［合田茂 1990］。平地に立地する集落は小形から超大形まで多種類の規模の竪穴建物からなり、円形平面で4主柱の竪穴建物が大勢を占めていた。斜面に立地する集落では、超大形住居を欠き、長円形平面で6主柱の竪穴建物が多数を占めていて、その平面形は立地している斜面の等高線に沿うように長円形化したものと理解できた。この違いは竪穴建物そのものの地形立地分類による検討では、さらに顕著であった。それらのことから、長円形平面をなす六主柱の竪穴建物は、斜面で平坦な床面を得るための巧みな竪穴式建築であると考えた。これは、当該期の近畿地方の円形平面の竪穴建物は、地形立地によって主柱数や配列、平面形を柔軟に変えることができる構造の建築である、と言い換えることができる。
　ここに述べるまでもなく、先史、古代の竪穴建物には円形平面、長円形平面のほか、方形、長方形平面の竪穴建物が存在するが、両者は平面形以外にも相違点があるのであろうか。そこで、弥生

時代後期から古墳時代前期の関東地方における斜面に立地する竪穴建物跡を例にとり、それについて考える。

ところで、竪穴建物跡の平面形について、石野博信は、日本列島の竪穴建物跡を集成し、平面形に時期差、地域差があることを指摘した［石野 1975］。都出比呂志は方形、長方形平面と、円形平面の竪穴建物について、建物内の炉の位置、主柱配列と平面形を関連づけて、主柱配列の類型化や生活設計原理の類型化を行い、それに地域差時期差から、弥生時代における竪穴建物の変遷を考察した［都出 1985］。宮本長二郎は竪穴建物跡と出土建築材の集成から、方形、長方形平面と、円形平面の竪穴住居に、建築構造上の差があると考えた［宮本 1996］。これらの研究は、平面形の形式と分布を考察したもの、それらに主柱穴と炉の位置、および主軸概念を導入して差を指摘したもの、出土材ほかから上屋構造を推定したもの、と研究が深化したものである。ここでは、筆者が前項で試みた考古学的な手法を用いて、長方形平面の竪穴建物を取り上げ、円形、長円形平面の竪穴建物との違いを考察する。対象は、弥生時代後期から古墳時代前期までの、関東甲信地方（埼玉県、群馬県、山梨県、長野県）の斜面に立地する集落遺跡である。同時期、山梨県地域では、長円形平面が卓越し、一部方形や長方形が存在することが知られるが、それ以外の地域では、長方形、方形平面が大部分である［長野県考古学会 1992］。以下、実例をみていく。

（2）資料

①埼玉県東松山市駒堀遺跡（図89、埼玉県教育委員会 1974に加筆）　荒川の支流越辺川に南面する丘陵南端の尾根上、標高60mから62m付近に立地する。遺跡では竪穴建物跡、方形周溝墓、横穴式石室墳などが検出された。そのうち、弥生時代後期に属する竪穴建物跡は14棟で、いずれも隅丸長方形平面である。保存状態の良いものは4から6主柱で、一方の短辺に偏った位置に炉があることが多い。報告書によれば、住居跡の長軸方位は、南北方向8棟、東西方向4棟、不明2棟である。狭長な尾根は北北西から南南東に向かってのびていて、竪穴建物跡（遺構番号：Y番号）が検出された部分は長さ120m、幅は40mほどである。尾根の最高点はY4、Y5、Y8付近にある。等高線との関係が比較的わかりやすいY1、Y4、Y8、Y9、Y11などは、等高線に直交するように立地する。

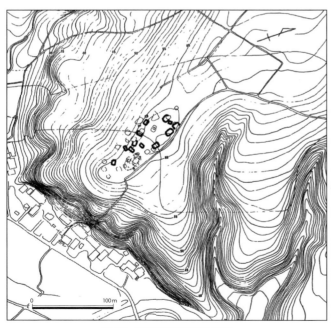

図89　駒堀遺跡遺構分布図

②埼玉県大里郡川本町白草遺跡（図

90、(財) 埼玉県埋蔵文化財調査事業団 1992) 旧石器時代から平安時代にかけての遺跡で、荒川の支流吉野川に北面する、吉野川右岸の台地北縁部、標高約 62m から 65m の傾斜面に立地する。傾斜面は南東に高く、北西に低い。弥生時代後期に属する竪穴建物跡は 20 棟で、さらに、報告書に竪穴状遺構と記述される遺構のいくつかを加えることができる。竪穴建物跡は、長辺 2.5m から 5m、短辺 2m から 3m 程度の隅丸長方形平面である。主柱は明らかではないが、竪穴中央よりも周壁に向かって偏って設けられた炉や、報告書にいう「入口ピット」によって竪穴建物跡の方向がわかる。「入口ピット」は一方の短辺に 1 個ないし 2 個あり、炉はそれと反対側の短辺近くに設けられていることが多い。大部分の竪穴建物跡では、炉は傾斜面の谷側北西方向に、「入口ピット」は山側南東方向にして建築され、その長軸は等高線に直交している。

③埼玉県東松山市根平遺

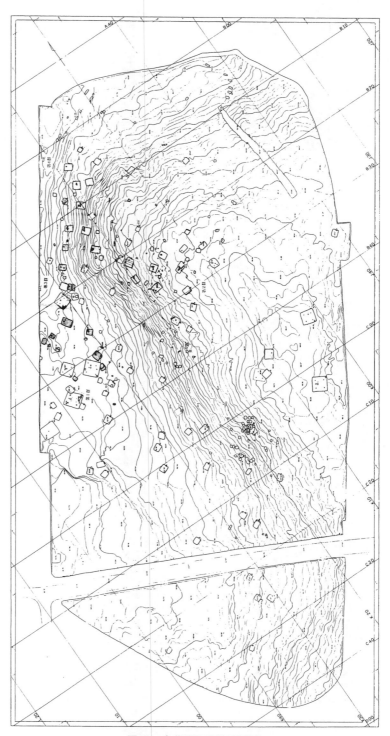

図 90 白草遺跡遺構平面図

246 第2部 原史・古代の住まいと建物

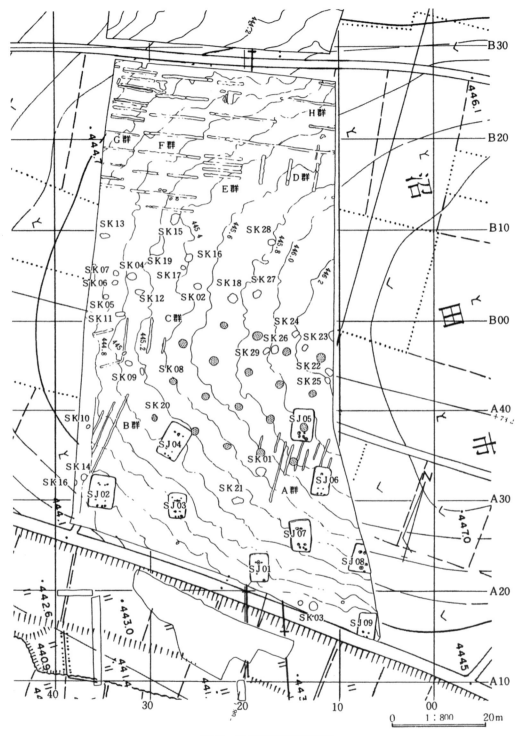

図 91 鎌倉遺跡遺構平面図

跡［埼玉県教育委員会 1980］　標高約 55m の丘陵尾根上に弥生時代後期末の方形竪穴建物跡が 4 棟検出されている。4 棟のうち 3 棟は、炉が北北東から北北西方向の斜面谷側に設けられている。残る 1 棟は比較的平坦な場所に炉を北に建築されている。

④群馬県沼田市鎌倉遺跡（図91、（財）群馬県埋蔵文化財調査事業団 1989）　利根川の支流薄根川の解析谷に北面する上位段丘面の標高約 445m 付近に立地する。遺跡の立地する段丘面は東から西にのびる舌状の台地で、竪穴建物跡はその南側斜面に 9 棟検出された。いずれも後期後半に属する。竪穴建物跡は、四主柱、隅丸長方形平面で、主柱間に 1 基の炉を設け、それと対面する位置に出入口とされる長方形の柱穴が一対見出されることが多い。竪穴建物跡の規模は長辺 5.3m から 7.2m、短辺は 3.1m から 4.7m の範囲にある。竪穴建物跡の長軸方向は北からやや西に偏する。竪穴建物跡が検出された付近の等高線はほぼ西北西から東に向かって走行しているので、竪穴建物跡の長軸方向は等高線に直交するか、やや西に偏っていることになる。竪穴建物の立地状況について報告者は、「検出された住居の長軸方位は、南側の沢地を隔てて広がり、生活の主要な活動領域と推定される低地部分と、北西から吹き上げて来る季節風に対して最も理に適った方向と考えている」とする。生活の主要な活動領域とは何か明らかではなく、季節風に対して理に適っているかどうかはわからないが、竪穴建物の長軸方向は等高線の走行方向に平行しない。

⑤群馬県沼田市戸神諏訪遺跡（図92、（財）群馬県埋蔵文化財調査事業団 1990 に加筆）　利根川の支流薄根川右岸の河岸段丘上、標高 420m から 430m 付近の緩傾斜地に立地する旧石器時代から平安時代にわたる遺跡である。このうち、弥生時代後期から古墳時代前期にかけての竪穴建物跡は標高 420m から 425m 付近に 64 棟検出されている。これらのなかで、いわゆる樽式土器が多く出土する長方形竪穴建物跡は 5 棟あり、付近は全体としては北に高く南に低い緩傾斜地であるが、住居長軸の指し示す方位は一定しない。

⑥群馬県高崎市少林山台遺跡［（財）群馬県埋蔵文化財調査事業団 1990・1991］　高崎市街の北東、碓氷川右岸の標高約 160m から 170m の、南に高く北に低い丘陵斜面に立地する。弥生時代後期の竪穴建物跡 28 棟を検出した。4 主柱、長方形平面で、短辺近くの一方に炉跡、対面する短辺に出入口とみられる柱穴を有する。竪穴建物長軸方位は、およそ東西であるが、等高線に平行する立地を示す西端の竪穴建物跡 3 棟からみて、集落全体では、むしろ、長軸方向を等高線の走行方向に沿わせているようである。

⑦群馬県富岡市中高瀬観音山遺跡（図93、坂井 1991、群馬県埋蔵文化財調査事業団 1995）　群馬県富岡市の南、利根川の支流鏑川の右岸、標高 230m 前後の丘陵上に分布する。発掘調査されたのは、弥生時代集落の推定範囲の一部で、さらに南に広がることが予想されている。弥生時代の遺構には、竪穴建物跡、掘立柱建物跡、柵跡、堀などがある。竪穴建物跡は120 棟以上、そのうち弥生時代後期後半の竪穴建物跡は 99 棟検出されている。観音山地区では、南南東から北北西にのびる丘陵尾根上の平坦面および、その両側の斜面に竪穴建物跡が集中して検出された。観音山地区の西方約 200m の庚申山地区では、南西から北東にのびる細い尾根上および南側斜面に竪穴建物跡が検出された。竪穴建物跡の平面形は長方形で、規模はおよそ長辺 4m から 11m まで、短辺 2.5m から 7.2m までである。4 主柱を基調として、一部棟持柱や、竪穴長辺に柱列を有するものがある。炉跡は北

248　第2部　原史・古代の住まいと建物

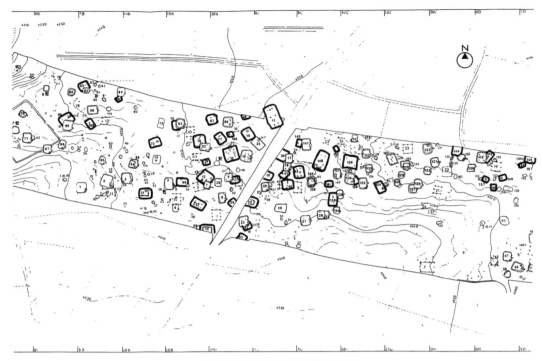

図92　戸神諏訪遺跡遺構平面図

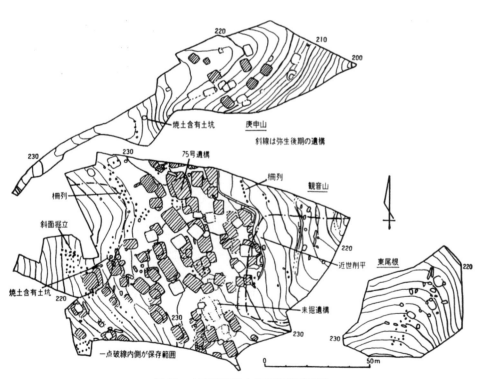

図93　中高瀬観音山遺跡遺構平面図

側の短辺寄りに多く、対面する南側短辺に入口とされる柱穴があり、南側隅に貯蔵穴とされる土壙が検出されることがある。平坦面に立地する竪穴建物は斜面のそれより比較的大型である。斜面に立地する竪穴建物には、報告書で「斜面型」といわれるような、竪穴建物の山側に造成面を有し2段に掘削されたような形状の竪穴建物がある。観音山地区の竪穴建物は長軸方向を南南東—北北西に、庚申山地区のそれは南西—北東に向けていて、その方向は、尾根ののびる方向、つまり等高線の走行方向に合致している。

⑧**山梨県中巨摩郡櫛形町六科丘遺跡**［長野県考古学会 1992］　甲府盆地西縁、富士川（釜無川）に面する市之瀬台地上、標高428mから438mにかけて東から西に低くなる緩斜面上に立地する。弥生時代後期末の竪穴建物跡が、33棟検出されている。斜面谷側部分を失っている竪穴建物跡があるため、平面形の明らかな竪穴建物跡のうち、長円形は9棟、隅丸長方形は15棟、隅丸方形は2棟、方形は1棟で、区別のつきにくいものが多い長円形と隅丸長方形で、検出された竪穴建物跡の大部分を占める。長円形もしくは長方形竪穴建物跡24棟はいずれもその長軸方向を等高線の走行方向と一致させている。

⑨**山梨県東八千代郡中道町上の平遺跡**（図94、小林広和・里村晃一 1980・1982、山梨県埋蔵文化財センター 1987）　甲府盆地の西南端、笛吹川の左岸標高約330m付近の丘陵尾根上に立地する。遺跡では、丘陵頂付近に方形周溝墓124基、それの南下方、北北西から南南東に向かってのびる丘陵尾根の端部に竪穴建物跡が17棟検出された。いずれも弥生時代後期から古墳時代前期までの遺構である。竪穴建物跡は、長円形平面を基調とし、4主柱、入口と目される「柱受け」の柱穴、その対面する位置の炉跡、それの住居内に向かって右の隅に貯蔵穴とされる土坑などを備えている。竪穴建物跡の長軸の向く方位は、立地する場所により異なる。尾根東斜面における竪穴建物跡は長軸を南北方向に、西斜面の竪穴建物跡は長軸を北北西—南南東方向に、尾根頂部あるいは尾根端部に立地する竪穴建物跡は長軸を東西に向けている。つまり、竪穴建物跡の長軸は、いずれも等高線の走行方向に一致している。

⑩**愛知県幡豆郡吉良町中根山遺跡**（図95、愛知県幡豆郡吉良町教育委員会 1989）　三河山地の南西端、矢作川を望む丘陵に立地する。発掘調査が行われ、竪穴建物跡などの遺構が検出されたのは、標高約20mから36mの丘陵端頂付近および、西側斜面である。出土遺物からみて、弥生時代後期後半から古墳時代前期までの遺跡である。竪穴建物跡は92棟検出されていて、4主柱で、方形、長方形平面が多く、極端な、等高線走行方向に長い長方形平面や直交する長方形平面の竪穴建物跡はない。それらは、斜面に幾重にも重複しながら建築され、斜面谷側部分が流失した竪穴建物跡が多いので、1棟ごとの竪穴建物を復元することはむずかしい。2、3の保存良好な例によれば、焼土として残る炉跡は主柱間から壁際付近にあり、床面近くの遺物分布状況からみて炉に対面する位置に出入口があった可能性があるが、出入口を示す明確な遺構はない。報告者は、遺存する斜面山側部分に竪穴建物跡の出入口を示す遺構がみられないことから、流失した竪穴建物跡谷側に出入口があった可能性を指摘しているが、遺存例からみてすべての竪穴建物に適用できるかどうかはわからない。

250 第2部 原史・古代の住まいと建物

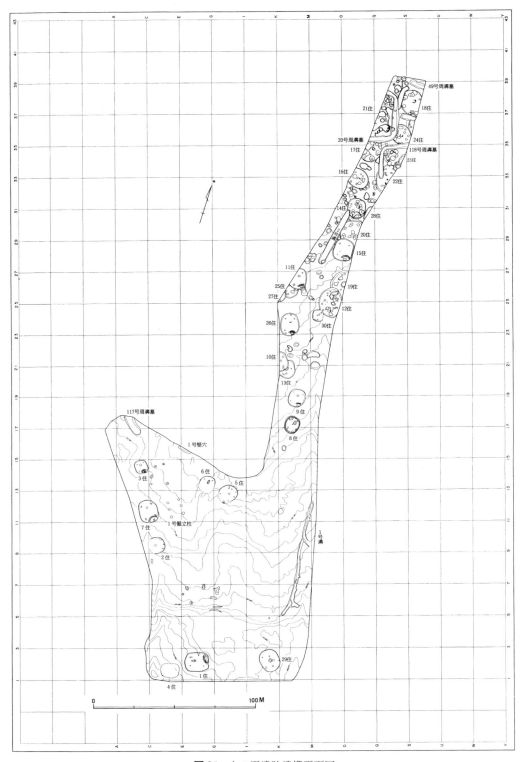

図94 上の平遺跡遺構平面図

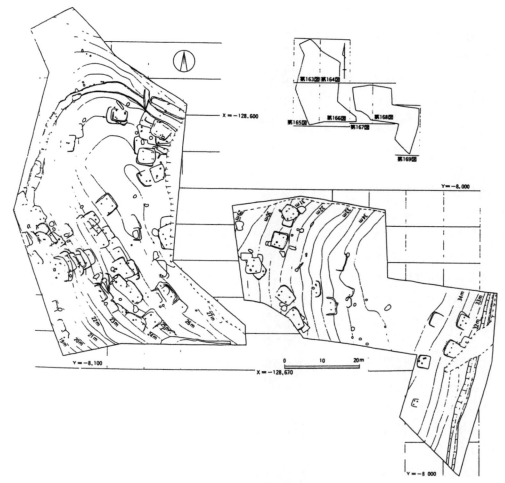

図95　中根山遺跡遺構平面図

（3）関東甲信地方の長方形平面の竪穴建物跡

　以上、4主柱あるいは6主柱で、長円形、長方形平面の竪穴建物跡が支配的な、関東地方の弥生時代後期から古墳時代の斜面立地の集落、および竪穴建物跡を概観してきた。

　埼玉県地域では、白草遺跡、駒堀遺跡、根平遺跡をみた。根平遺跡では4棟の竪穴建物跡はいずれも方形（正方形）平面で、地形と竪穴建物の関係を把握するのがむずかしい。炉跡と対面する入口を結んでこれを軸線とすると、4棟のうち3棟が等高線に対して直交している。白草遺跡と駒堀遺跡では、とくに前者において、長方形平面の竪穴建物跡の長軸が等高線と直交している。

　群馬県地域では、鎌倉遺跡、戸神諏訪遺跡、少林山台遺跡、中高瀬観音山遺跡をみた。鎌倉遺跡では、丘陵の南側斜面に長方形平面の竪穴建物跡があり、9棟の竪穴建物跡すべてが長軸の方位を南北に向け、等高線に直交していた。これに対し、少林山台遺跡では等高線に平行して竪穴建物が造られていて、その長軸の方位はおおむね東西方向であった。中高瀬観音山遺跡では、やや距離を置く2地区においてともに長方形平面の竪穴建物が等高線と平行して立地していることがわかっ

た。
　山梨県地域の弥生時代集落では、山梨県中巨摩郡櫛形町の六科丘遺跡、山梨県東八千代郡中道町の上の平遺跡をみた。両遺跡では、竪穴建物跡の長軸方向と等高線走行方向が一致していた。そこでは4主柱、長円形平面の竪穴建物が大勢を占めていた。
　長野県地域では、弥生時代後期の竪穴建物は方形平面が大部分で、立地する場所の傾斜によって竪穴建物の平面形を変化させたり、集落ごとに地形や方位に竪穴建物跡内施設を合致させたりすることは、ないようであった。たとえば、細田遺跡は浅間山南麓の丘陵標高約820m付近に立地する遺跡で、弥生時代後期末の竪穴建物跡10棟が検出されている。平面形は4主柱、隅丸方形を基調とし、長辺がわずかに長い長方形平面のものを含む。炉は竪穴建物内の北あるいは西にある。長方形平面の竪穴建物跡は、等高線に対して直交するものと平行するものがある。
　このようにみてくると、弥生時代後期から古墳時代前期における関東甲信地方の竪穴建物は、平面形はもとより、方向と地形立地条件において一様でないことがわかる。山梨県地域では、長円形平面の竪穴建物が古墳時代初頭まで存続することが知られるが、これら長円形平面の竪穴建物は、長軸方向と斜面の等高線走行方向とが一致するという点において、近畿地方における弥生時代中後期の斜面に立地する竪穴建物と共通する。ただし、近畿地方の場合は、本来円形平面であったものが、斜面に立地することによって長円形平面に変化したのであって、平地においても長円形平面を意図して建築したと考えることができるものが含まれる山梨県地域の竪穴建物とは、建築における、いわば設計計画が異なる。いっぽう、長方形竪穴建物跡をみたとき、埼玉県白草遺跡、駒堀遺跡、群馬県鎌倉遺跡のように、集落全体で、長方形竪穴建物の長軸を等高線に直交させて立地する場合と、群馬県戸神諏訪遺跡のように集落内における竪穴建物の方向がまちまちで地形や方位を考慮しないようにみえる場合、群馬県少林山台遺跡、中高瀬観音山遺跡のように集落全体として竪穴建物の長軸と斜面の等高線とが平行するように立地する場合があった。おそらく、長軸と等高線が直交する竪穴建物建築時の竪穴掘削は、平行する竪穴建物ほど容易でない。にもかかわらず、斜面に向かって「縦」に並ぶ竪穴建物からなる集落を形成することは、地形立地とは別の要因があるのではないか、と考える。竪穴建物の方向を示す遺構に、炉跡と、入口とされる柱穴がある。両者は長方形竪穴建物跡の対面する短辺に設けられている。その方向は、地形立地からみれば山側であったり谷側であったり一定しないが、方位を考えたとき、なかば常識化しているように、当地の竪穴建物は、一部を除いて、炉跡が北を、対面する入口が南側を指向している。また、中高瀬観音山遺跡や少林山台遺跡は、他の遺跡に比べて竪穴建物の立地する斜面の傾斜が強いという傾向があり、一定以上の傾斜の場合に等高線に平行する立地を示す可能性もある。
　以上、検討を加えた関東地方における弥生時代後期から古墳時代前期における長方形竪穴建物は、地面の傾斜という地形立地ではなくむしろ方位を重視して建築されていること、竪穴建物の建築構造と炉、入口とは密接な関連があり、傾斜がある程度以上の場合は長軸と等高線の方向が一致する場合があることがわかった。それら関東甲信地方における弥生時代後期から古墳時代前期までの長方形平面をなす竪穴建物を近畿地方の弥生時代中・後期の竪穴建物と比較するとき、地面の傾斜という地形立地条件に左右されにくい点、平面形を変化させることがない点に、建築構造上の大

きな違いがある。

3 斜面に立地する掘立柱建物

（1）観点

前項までに、弥生時代における斜面の建築について、斜面に立地する竪穴建物跡と平地のそれとの比較を試みた。立地における両者の差は竪穴の規模と平面形の違いとしてあらわれることがわかった。また、斜面に営まれる集落にしばしば認められる段状の造成面、段状遺構のなかには竪穴建物跡の柱穴と遜色のない規模を有する柱穴列をともなうものがあり、床面積において、平地立地の竪穴建物に劣る斜面立地の竪穴建物を補完するのではないかと考えた。

ところで、段状の造成面をともなう柱穴列はいわゆる掘立柱建物の一種であるが、斜面に立地する集落跡には、段状の造成面をともなわない掘立柱建物や柱穴列をともなわない段状の造成面などと並存することがある。段状の造成面をともなう掘立柱建物とそれをともなわない掘立柱建物との違いは何か。ここでは、斜面に立地する集落における、竪穴建物以外の掘立柱建物の諸型式について考える。対象とする資料は、主に近畿地方、中国地方における弥生時代中期から後期の集落遺跡である。なお、「掘立柱」建築は高床建築、地床（平地式、土間式）建築を総称する建築の型式名称としてはあまり適切であるとはいえないが、代わる用語がみあたらないので、ここではとりあえずこれを使用する。将来、より適切な用語に置き換える必要がある。

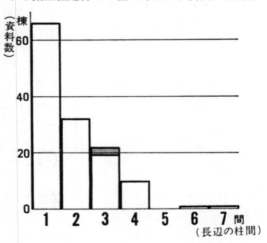

図96　掘立柱建物跡の長辺の柱間数出現頻度図

（2）斜面に立地する掘立柱建物の形態

掘立柱建物は地面に掘立柱を建て、これにしたがって屋根を葺いた建築である。主柱が4本を超える場合でも、それらが矩形平面に並ぶ点で、主柱が円弧状に並ぶ近畿地方の弥生時代の竪穴建物とは決定的に異なる。掘立柱建物では柱穴―柱間の数と規模が、確認できる遺構のほとんどすべてである。しばしば段状の造成面をともなうほかには、一部、溝跡や焼土が検出さ

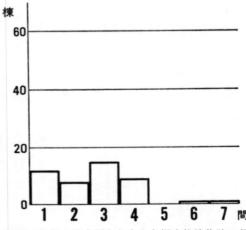

図97　段状の造成面をともなう掘立柱建物跡の長辺の柱間数出現頻度図

254 第2部 原史・古代の住まいと建物

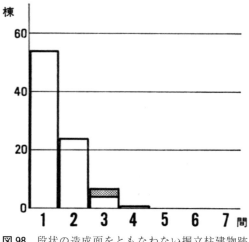

図98 段状の造成面をともなわない掘立柱建物跡の長辺の柱間数出現頻度図

れることがある。ここでは、斜面に立地する集落跡で検出された掘立柱建物跡の平面形を知るため、いくつかの条件を変えながら、グラフを作成した（図96〜101）。ところで、掘立柱建物では、矩形に並ぶ柱穴群の短辺を梁行（梁間）、長辺を桁行とすることが多いが、ここでは建築構造上の違いをひとまず措くため、「梁行」「桁行」は使用せず、「短辺」「長辺」を用いる。

図96は、斜面に立地する集落遺跡、18遺跡で得られた掘立柱建物132棟の長辺の柱間数出現頻度グラフである。なお、柱列が1列のみ残存する遺構（短辺が0間）はグラフ化していない。グラフ網掛け部分は短辺2間のものである。短辺は大部分が1間で、使用した資料の中には3間以上のものはない。長辺は1間から7間までであって、1間が最も多く、長辺の柱間が大きくなるにしたがって出現頻度が小さくなる。1間四方のものだけで全体の約半数、長辺2間短辺1間を加えると全体の約3/4を占める。図97は、同じ資料の中から段状の造成面をともなう46例を抽出し、図96同様にグラフ化した。グラフを見ると短辺はすべて1間である。長辺は3間が最も多いが、1間から3間まで大差ない出現頻度を示している点で、図96とは大きく異なる。図98は段状の造成面をともなわない掘立柱建物跡86棟の柱間数出現頻度である。1間四方が最も多く、これに長辺2間短辺1間を加えると全体の9割を超える。

以上のことから、斜面に立地する集落における掘立柱建物は全体としては、柱間1間四方と長辺2間短辺1間が大部分を占めるが、段状の造成面をともなうものはこれをともなわないものに比べて長辺の柱間数が大きいものが多い、ということがわかる。

（3）斜面に立地する掘立柱建物の規模

前段では、掘立柱建物跡における柱穴の平面配置について、段状の造成面をともなうものとともなわないものとの比較を行った。ここでは、その規模について比較を試みる。

図99は、図96と同じ資料を用いて、縦軸には短辺の長さを、横軸には長辺の長さを充て、建築の規模をあらわしたもので、1点が1棟を示す。資料数は118である。図96よりも資料数が少ないのは、各辺の長さを測定できない資料を除いたためである。グラフ内の斜線は、短辺／長辺＝3/4の補助線である。グラフ上では、長辺は2mから5m、短辺は2mから3m付近に集中する。最小規模は長辺1.6m短辺1.4m、最大規模は長辺11.8m短辺3.2mの建物で、面積比では1対17となる。

図100は、同じ資料から段状の造成面をともなう48例を抽出しグラフ化したものである。図99に見られた資料の集中箇所が認められなくなり、点は長辺で2mから10mの範囲に分散し、短辺

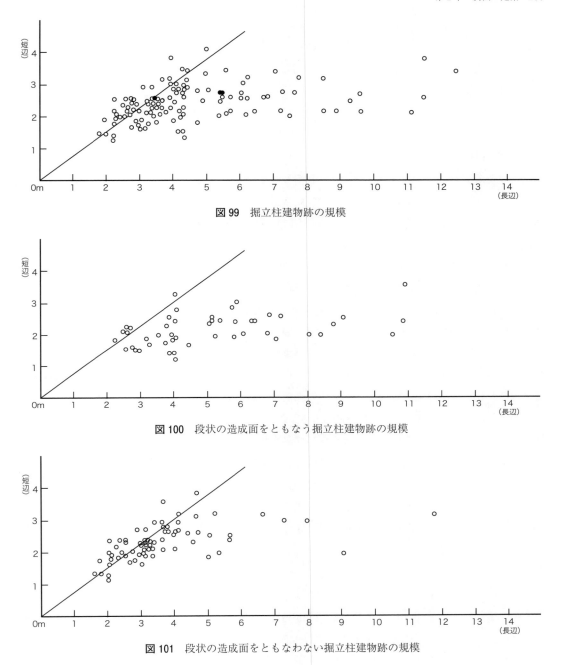

図 99　掘立柱建物跡の規模

図 100　段状の造成面をともなう掘立柱建物跡の規模

図 101　段状の造成面をともなわない掘立柱建物跡の規模

で 2m 付近に集中して分布する。また、1 辺 2m 以下の小形建物はみられず、長辺 3m から 4m 付近の資料、特に補助線より左上方の資料が少なくなり、全体として短辺が短く長辺が長いものが多くなっていることがわかる。短辺の長さのばらつきが小さい反面、長辺の長さは、3m から 10m 付近まで連続的に変化する。

図 101 は、段状の造成面をともなわない掘立柱建物跡 70 例をグラフ化したものである。グラフでは、長辺 10m を超える長大なものもわずかに認められるいっぽうで、6m 以上の資料が少なくな

り、長辺3m付近に集中していることがわかる。

　以上のような規模の比較によれば、段状の造成面をともなう掘立柱建物は短辺の長さの変異に較べて長辺の長さの変異が大きくかつ連続的な変異をみせるが、造成面をともなわない掘立柱建物は長辺の長さの変異が比較的狭い範囲に収まり、長大な建物は稀である。すなわち、段状の造成面をともなう掘立柱建物はそれをともなわない掘立柱建物よりも長大であることがわかる。

（4）掘立柱建物の地形立地

　段状の造成面をともなう掘立柱建物とこれをともなわない建築とは平面の形態、規模ともに異なる点のある建築であることがわかった。いずれも斜面に設置される建築であるが、その設置される場所の地形立地には差があらわれるであろうか。以下に検出事例を挙げながら考察を加えることにする。

　①**兵庫県西宮市仁川五ヶ山遺跡**（図71・図72・図74、本書第2部第1章、合田茂 1992b）　仁川五ヶ山遺跡では、南西に面する斜面に、竪穴建物跡、土坑、いわゆる段状遺構（柱穴列をともなわない）とともに、段状の造成面をともなう掘立柱建物跡、造成面をともなわない掘立柱建物跡が検出された（第1章）。造成面をともなう掘立柱建物跡は、短辺1間長辺4間以上で長さは8mを超える。山側となる北側斜面を掘削して平坦面を造成し、略東西方向の等高線に平行して建築されている。掘削された山側上端と平坦面の高低差は約1mである。いっぽう、造成面をともなわない掘立柱建物跡は短辺2間長辺3間以上の規模で、建築内の地面の高低差は1mを超える。

　②**岡山県津山市一貫西遺跡**（図102、津山市教育委員会 1990）　いくつかの小丘陵ごとに竪穴建築跡や掘立柱建物跡、段状の造成面をともなう掘立柱建物跡、段状遺構などが検出されている。SB1は小丘陵の頂部付近に建築された短辺2間長辺3間の、造成面をともなわない掘立柱建物跡である。長辺方向は等高線に直交する。SB2は、小丘陵の頂部付近の緩傾斜地に設けられた、短辺1間長辺4間の造成面をともなわない掘立柱建物跡である。規模は短辺3.2m長辺11.8mである。ST15はSB2と同じ小丘陵内の北面する急傾斜面に設けられた段状の造成面をともなう掘立柱建物跡で、残存する柱穴列の長さは6.5mである。急斜面のため残存幅は2mに満たない。長辺は等高線に平行する。

　③**岡山県津山市沼E遺跡**（図103、津山市教育委員会 1981）　緩やかな南斜面に立地する。建物Ⅰは、小丘陵の頂部に近い平坦地に立地し、長辺5m短辺2.5mを測る長辺2間短辺1間の造成面をともなわない掘立柱建物跡である。建物Ⅱは、長辺7m短辺3.5mを測る長辺3間短辺2間の造成面をともなわない掘立柱建物跡である。両者は同一の方位を指しているようにみえ、付近の等高線に斜行する。建物Ⅱ内での地面の高低差は0.5mから0.6mである。7号竪穴住居状遺構は長辺4m短辺2mを測る長辺3間短辺1間の長方形平面をなす竪穴状の建物跡である。建物の柱穴は三方を溝に囲まれていて、斜面の山側を掘削し、その内部は平坦化されている。炉跡、舌状の張出部などが付属する。長辺は等高線に平行する。このほか、1間四方の掘立柱建物跡が2棟検出されている。建物Ⅰ、建物Ⅱは、方位を重視した立地のようにみえる。いっぽう、7号竪穴住居状遺構は、建物Ⅰ、建物Ⅱとは方位が異なり、周辺の傾斜に建物の方向を合わせながら、平坦な床面を確保するに

第 2 章 斜面の建築 *257*

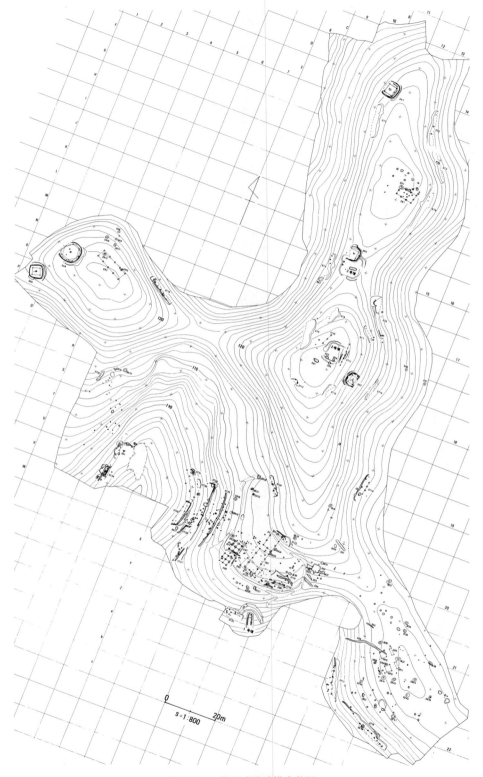

図 102 一貫西遺跡遺構全体図

258　第 2 部　原史・古代の住まいと建物

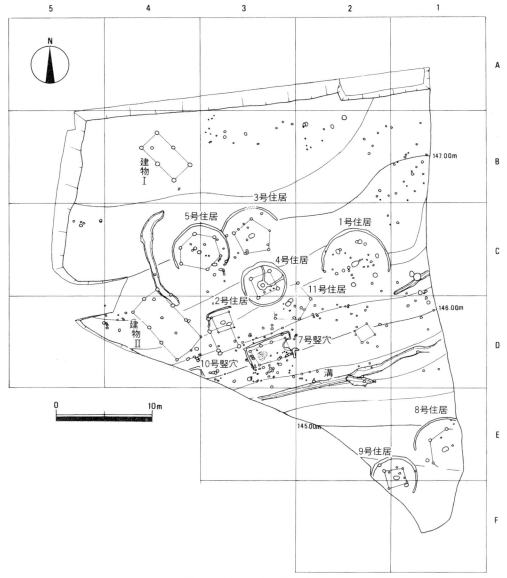

図 103　沼 E 遺跡遺構配置図

はあえて不利に見える急傾斜地に建築されている。方位よりも集落全体における位置を重視した立地に思える。

　④**広島県福山市茜ヶ峠遺跡**（図 104、（財）広島県埋蔵文化財センター 1985）　西面する急斜面に、竪穴建物跡、貯蔵穴跡、そのほかの土坑、溝跡のほか多数の掘立柱建物跡を検出している。報告者が「住居跡支群」と呼ぶ段状の造成面をともなう掘立柱建物跡群は、1 棟あたり短辺は 1 間、長辺は 1 間から 4 間の平面形で、短辺 1.5m から 2.8m、長辺 2.2m から 9m の規模を有する建物跡 55 棟からなっている。それらは、斜面のきわめて狭い範囲に造成・建築・廃棄を繰り返した結果、大規模な造成面に無数の溝跡と柱穴跡が遺存する遺構として検出された、と報告されている。造成面の深さ

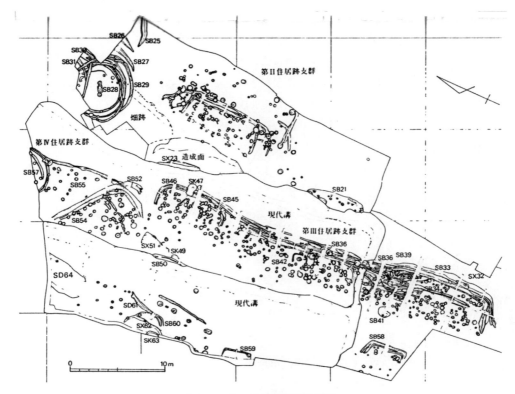

図 104　茜ヶ峠遺跡遺構配置図

は1mを超える部分がある。個々の掘立柱建物の長辺はいずれも付近の等高線に平行する。

　段状の造成面をともなう掘立柱建物は、斜面を造成して平面長方形の平坦面を確保し、これに柱を建て並べて上屋を支える構造の建築と考える。それらは、いずれもその長辺が建築物周辺の等高線に平行する。造成面は単独で、あるいは密集して設けられる。茜ヶ峠遺跡のように段状の造成面をともなう掘立柱建物が連続的に建設された状況は、それぞれに密度は異なるものの、広島市大明池遺跡［(財)広島県埋蔵文化財センター 1987］や岡山県山陽町用木山遺跡［岡山県山陽町教育委員会 1977］、兵庫県三田市奈カリ与遺跡［兵庫県教育委員会 1983］、大阪府南河内郡河南町寛弘寺遺跡［大阪府教育委員会 1987a・1987b］などでも見出すことができる。流失しやすいため遺構としての遺存状況は良くない。良好に遺存した場合、沼E遺跡竪穴住居状遺構のような形態に復元できると考える。類例としては、岡山県奥坂遺跡NC93建物［岡山県教育委員会 1983］や津山県沼深田河内遺跡建物址［津山市教育委員会 1988］、押入西遺跡建物Ⅱ［岡山県教育委員会 1973］がある。それらの多くには、柱穴群の内部に炉跡や土壙などの建物内小遺構が検出されている。いっぽう、造成面をともなわない掘立柱建物は斜面を平坦面化することなく柱を立て並べる。その地面の高低差は0.5mを超えることがある。傾斜方向とは無関係に建築されている。

（5）斜面の掘立柱建物

　造成面をともなわない掘立柱建物では、柱間は短辺で1間、長辺で2間の範囲内にほぼ収まる

が、造成面をともなう掘立柱建物では短辺で1間、長辺では4間までのものが多い。造成面をともなう掘立柱建物が長辺の方向に長大である傾向は、実長の比較においても顕著であった。これは、斜面に立地する集落において造成した平坦面に柱を建て並べること、および、長辺方向を等高線に平行させる、つまり傾斜方向に直交させることから生じたものと考える。逆に、この建築には一定以上の平坦な地面、すなわち一定の面積以上の土間床が必要であったのであろう。

　建築における、いわゆる床面に着目すれば、造成面の有無によって区別されるこれら2つの掘立柱建物には大きな差異がある。すなわち、斜面に立地する集落では、段状の造成面をともなう掘立柱建物は斜面を掘削し平坦面を造成してそれを土間床面として利用しようとする建築であるが、造成面をともなわない掘立柱建物は斜面から離れた地上に水平な床面を架構して用いる高床建築である、と推定できる。この点で両者は異なる。この差は両者の平面形態や規模が異なることと相互に関連するものとみられる。したがって、将来、良好な検出例が増加し、両者の質的量的な差をさらに検討することによって、弥生時代の平地に立地する集落における掘立柱建物についても、地床（土間床、平地）建築と高床建築を考古学の手法をもって区別することができるのではないか、と思う。

グラフ化に用いた遺跡

大阪府・滑瀬遺跡［（財）大阪府埋蔵文化財協会 1987］

兵庫県・頭高山遺跡［神戸市教育委員会 1985、1986］

鳥取県・藤森第一・第二遺跡［東伯町教育委員会 1987］

岡山県・押入西遺跡［岡山県教育委員会 1973］

岡山県・山根屋遺跡［岡山県教育委員会 1977a］

岡山県・新市谷遺跡［岡山県教育委員会 1977b］

岡山県・天神坂遺跡［岡山県教育委員会 1983］

岡山県・沼E遺跡［津山市教育委員会 1981］

岡山県・西吉田遺跡［津山市教育委員会 1985］

岡山県・深田河内遺跡［津山市教育委員会 1988］

岡山県・稼山遺跡［久米開発事業に伴う文化財調査委員会 1979］

兵庫県・仁川五ヶ山遺跡［合田茂伸 1992b］（本書第2部第1章）

広島県・下沖5号遺跡［広島市教育委員会 1988］

広島県・茜ヶ峠遺跡［（財）広島県埋蔵文化財センター 1985］

広島県・大明池遺跡［（財）広島県埋蔵文化財センター 1987］

山口県・追迫遺跡［山口県埋蔵文化財センター 1988a］

山口県・天王遺跡［山口県教育委員会 1988b］

第3章　原史・古代の景観と建物

1　弥生時代集落の景観―大阪府瓜生堂遺跡を中心として―

（1）瓜生堂遺跡の景観

①**自然環境**　瓜生堂遺跡は旧大和川河口の鳥趾状三角洲に立地する（図105）ために粘土や砂礫が厚く堆積し、今回、検討対象とする弥生時代中期遺構面までの深さは、現地表面下4m前後に達する。そのため、遺跡自体の規模の大きさとも相まって分厚い遺物包含層が密閉状態で良好に保存され、花粉分析やプラント・オパールなどによる当時の自然環境の復元に関する資料が蓄積されてきた。ここでは、主に安田喜憲が継続的に調査を行った同遺跡における花粉分析［安田 1973・1980b・1981・1982］から得られた結果に依拠して古環境の概要を示す。

　瓜生堂遺跡における弥生時代の巨視的な環境変遷は、アラカシ、イチイガシを含むカシ・シイ類を中心とする照葉樹林が繁茂する丘陵や沖積平野内の微高地と、イネ科のヨシ、アシが育成する沖積平野低湿地―弥生時代前期―、洪水によって堆積した灰白色砂礫層上にイネ、ウラボシ、ヒカゲノカズラの類が優先する沖積平野―弥生時代中期―、気候の湿潤、温暖化にともなう海水準の上昇に起因する沼沢地化―弥生時代中期末から後期初頭―、アラカシ、シイにマツ、コナラ、スギなどの加わる森林―弥生時代後期―のように変遷したと考えられており、他の自然科学的分析や、考古学資料とも矛盾しない。

　このなかで、弥生時代中期（第Ⅲ様式―第Ⅳ様式期）は第2番目のオープンな草原環境にあたる。さらに、瓜生堂遺跡および南に隣接する巨摩廃寺遺跡内における複数の採取地点から得られた試料は、同遺跡内のよりローカルな環境復元を可能にしている［安田 1982］。これらによって、南北700m、中央部では東西約100mの遺跡内の自然環境が推定されている。大阪中央環状線沿いの南北約700mに関して調査した安田によれば次のとおりである。

　遺跡の最北端にあたるA地区の北半分は、イネ科、カヤツリグサ科、ガマ属、タデ属、オモダカ属、ミクリ属、ミズウラ属などの生育する湿地草原であった。イネ属の出現率は低く、近くで水田があったとはみられない。いっぽう、A地区の北端から南約260mのD地区では、イネ科やイネ型花粉、それにヨモギ属、カナムグラ属が高い出現率を示し、A地区よりはやや乾燥した状態にあったことがわかる。またイネ科の出現率が高く、近くで水田が営まれていた。弥生時代中期の遺構面ののる堆積物の性質から判断して、B・C地区も、どちらかというとD地区に近いと判断される。比較的乾燥したイネ科やヨモギ科の草原と、水田の広がる地

262　第2部　原史・古代の住まいと建物

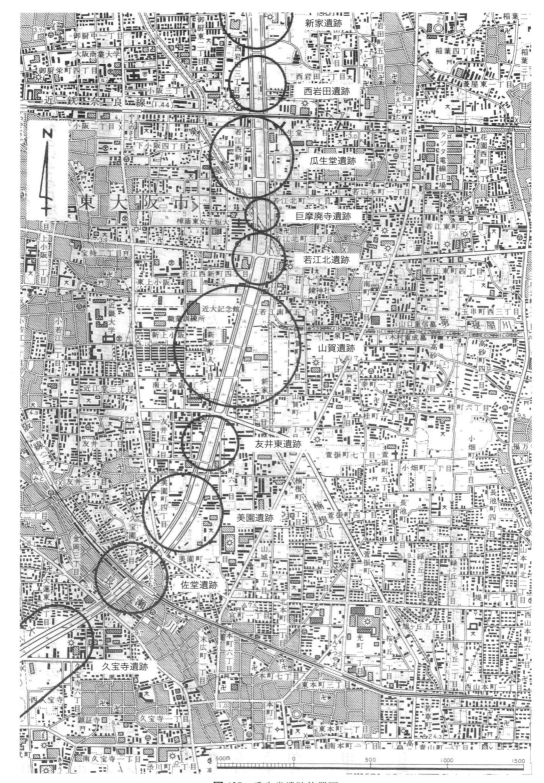

図 105　瓜生堂遺跡位置図

帯はE地区までつながっていた。ところがその南のF地区にはいると、弥生時代中期の包含層を今回は分析できなかったが、弥生時代中期末の泥土の分析の結果、カヤツリグサ科やガマ属、イネ科などの湿地科の草本花粉とともに、アカガシ亜属、シイノキ属などの樹木花粉が他の地域より高い出現率を示す。このことから、おそらく弥生時代中期もここは湿地が広がり湿地の周辺にはカシやシイの森が存在したとみられる。粉川昭平［粉川 1980］の植物遺体の研究からみて、このカシ林はイチイガシであったろう。いっぽう、H地区は多くの住居跡が検出されたところである。花粉分析の結果は、羊歯類胞子とヨモギ属、イネ科などの草本類の高い出現率で特色づけられ、住居跡周辺は乾燥した草原であったとみられる。その南のI地区の分析結果では、逆にアカガシ亜属やシイノキ属の樹木花粉の出現率が高い。またイネ科やイネ型花粉も比較的効率を示し、近くで水田があったとみられるが、どちらかというと森林の多い環境であったとみられる。J地区の試料No.64ではイネ科やカヤツリグサ科などの草本類とともにコナラ亜属などの二次林的要素の花粉が高い出現率を示し、周辺は森林の破壊によって草原が拡大したとともに、二次林的な森林の存在もみられた。イネ属の出現率は低く、J地区周辺に水田があったとはみられない。このようにみてくると、弥生時代中期の村は、北と南を沼沢地とその周辺に生育した森林に囲まれていた。森の北側には水田と墓地が、また森の南側にも墓地があった。

また、C地区の西方約100m、方形周溝墓が多数検出された「小阪ポンプ場調査区」では、他地区と同じく灰白色砂礫層上に方形周溝墓が造営され、部分的に低湿な環境がみられるものの全体として比較的乾燥した、草原の卓越する環境である。

その後、弥生時代中期末には遺跡の北側約800mにわたって湿原が拡大し集落が水没したことが判明している。

②遺跡の景観　発掘調査による遺構の分布状況からみて［瓜生堂遺跡調査会 1971・1973・1981、(財)大阪文化財センター 1980・1982a］、弥生時代中期後半の瓜生堂遺跡、巨摩廃寺遺跡の住居、墓などのなす人為景観の配置は、およそ図106のような配置を示すであろう。

中期中頃、住居はポンプ場西半、A・B・C地区に営まれ、ポンプ場東半には方形周溝墓や土坑墓による墓地が形成されていたと考えられる。各調査区を横切る溝は、集落の排水を促すいっぽう、あるいは住居群や墓地を画する溝であったかもしれない。中期後半には住居はポンプ場西端、東南部に限られ、A〜E地区は方形周溝墓が群集する。また、第2寝屋川を挟んで南に位置する若江北遺跡には住居跡群が検出されている［(財)大阪文化財センター 1983a］。

これら人為景観に先の自然環境を合成するとおよそ次のようになろう。

弥生時代中期中頃には、洪水堆積による灰白色砂礫層上に展開した比較的乾燥した草原をなす三角洲端近くのA・B・C地区、ポンプ場地区に住居、墓が立地し、その南側の草原の中に、カシ・シイ林にエノキ、ナラの混合する二次林がみられるような景観であった。中期後半には、瓜生堂遺跡調査区内のほとんどに方形周溝墓が築かれ、住居はポンプ場調査区付近に限られる。その周辺は、やはり水田が広がり、住人の積極的な森林伐採によって、二次林的性格の強い森林が部分的に存在する景観が引き続き保たれている。また、この時期は土層の堆積状況からみて、安定した環境

264　第 2 部　原史・古代の住まいと建物

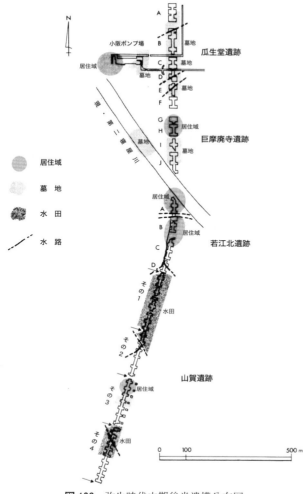

図106　弥生時代中期後半遺構分布図

であったと考えられる。やや遅れて、巨摩廃寺遺跡 G・H 地区に住居群、I・J 地区に方形周溝墓群が造営される。この付近は、森林の伐採によって生じた草原と水田であった。これはさらに南に位置する若江北遺跡における花粉分析結果とも符合する。

　瓜生堂遺跡からは植物種子が出土している［粉川 1973・1980・1982］。シイ、カシ、イネのほか約 50 種に及ぶ。このうち、カシ、シイ、モミ、ツガなどは照葉樹林帯での極相となり得る自然植生の樹種であるが、クルミ、クリ、モモ、マツなどは自然植生には稀な樹種で明るい場所に繁殖する。クリやモモなどが住人の森林伐採のため開けた場所や、集落・水田周辺に残る二次林内に生育したり、住人にとって有用な植物を選択的に残すことで、半栽培のような状態であったことは十分に考えられる［西田 1981、千野 1983］。なお、モモは種子が大きく発見されやすいことを考慮に入れても、なお、全国的に出土量は多い樹種のひとつである［寺沢薫・寺沢知 1982］。

　このようにみてくると、弥生時代中期の瓜生堂遺跡付近は次のような景観であったと考えることができる。住居や墓、大規模な溝などが集合する部分の周囲には水田や草原が展開し、周辺に二次林を介して同じ三角洲に立地する巨摩廃寺遺跡集落や若江北遺跡集落や、カシ・シイ林で構成される一次林（自然林）にいたる。

（2）瓜生堂遺跡集落住人の諸活動

　瓜生堂遺跡からは、土器、石器をはじめ、膨大な遺物が出土している。遺物は住人の諸活動による環境利用の結果を反映しているとみられる。出土遺物には次の種類がある。
土器・土製品
　　煮沸形態：甕形土器
　　貯蔵形態：壺形土器

供膳形態：高杯形土器、鉢形土器

埋葬：土器棺、副葬（供献）土器

漁撈：蛸壺、土錘

紡織：紡錘車

その他：ミニチュア土器、銅鐸形土製品

石器・石製品

狩猟：石鏃

戦闘：石鏃、石槍、石剣、環状石斧

森林伐採：太型蛤刃石斧

木材加工：扁平片刃石斧、柱状片刃石斧

農耕：石庖丁

漁撈：石錘

食糧加工：敲石、磨石、凹石

石器・鉄器加工：砥石、敲石、（剥片）

紡織：紡錘車

汎用：刃器、石錘

その他：大形石庖丁、石剣

金属器

装飾・祭祀：有鉤銅釧、大阪湾型銅戈、武器型青銅器破片

木器、木製品

農耕：鍬、鋤、エブリ、田下駄、石庖丁形木製品、鋤簾、田舟、杵、臼、槌（砧）

狩猟：弓

戦闘：弓

漁撈：筌

容器：皿、盤、椀、高杯、蓋、槽

祭祀：鳥形木製品、武器形木製品、（琴）

埋葬：木棺

工具・工具付属品：箆、（柄）

装飾：笄

動物遺体

陸生：シカ、イノシシ、イヌ

汽水産：シジミ

淡水産：ギギ、ナマズ、スッポン

鳥類：マガン

植物種子

食用植物：カヤ、カシ、クリ、ヤマモモ、クルミ、ムクノキ、サクラ、モモ、トチノキ、サン

ショウ、ヒシ、ブドウ、フクベ、マクワウリ、ヒョウタン、ナス、カボチャ、イネ、ヒユ

非食用植物（薬用を含む）：ツガ、モミ、コウヤマキ、ヒノキ、アラカシ、イチイガシ、ナラガシワ、クヌギ、ムクロジ、エゴノキ、ハマナツメ、ミズキ、アシ、スゲ、ミクリ、イヌブナ、カナムグラ、イヌシデ、ケヤキ、ムクノキ、クデ、クスノキ、コウモリカヅラ、エビヅル、イロハモミジ、サカキ、ゴンズイ、キハダ、アカメガシワ、ツリフネソウ、フジ、クサネム、ゴキヅル、オナモミ、キク、ウキヤガラ、カンガレイ

　瓜生堂遺跡集落の住人にとって、食糧の獲得は最も重要な活動のひとつであると考えられ、そのなかでも、景観に大きな影響を及ぼすとみられる第一の活動は、米の生産であろう。集落直近地での水田は検出されていないが、周辺の弥生時代遺跡において水田跡が検出されていることや、遺存する種子や花粉分析の結果、農具類の存在からも首肯できる。その活動は、イネの成長過程と共に同一作業が1年周期で繰り返された。耕地開拓活動と水田維持活動である。前者には斧を使った森林伐採などの開拓、鋤、鍬などによる開墾あるいは用水路の掘削、後者には、農耕具による田起こしから播種、除草、収穫にいたる諸活動である。水路の維持管理は年間を通じて行われたかもしれない。開拓を含むこれら一連の活動を繰り返すことによって米の拡大再生産を行っていたことは、恒常的に森林破壊が続けられたことを示す復元古環境からも十分に予想できる。

　イネ以外に有用植物として目立つ遺存種子は、モモ、クリ、シイなどで、これらは寺沢が集計した全国的な傾向とも一致している［寺沢薫・寺沢知 1982］。このうち、クリ、クルミ、サクラ、モモなどは、明るい場所に好んで繁殖する代償植生の傾向が強い植物で、薄暗い常緑広葉樹林の中では植物間の競争力が弱く、優占種とはならない。そのため、これらは洪水の後や人間の森林破壊の後により早く繁殖するが、時間の経過と共に次第に陰樹や高木に圧倒されてしまう。しかし、瓜生堂遺跡においてこれらの種子が検出されていることや、花粉の出現頻度からみて遺跡周辺に二次林が存在し続けたことが認められる。これは、道具原材や建築用材、あるいは生活維持に必要な大量の薪材の補給とともに、農地の開発のための森林伐採活動によって生じた植生であると考えられる。ただし、瓜生堂遺跡は造営当初、湿地草原の卓越する自然環境にあるため、樹木の伐採は少なかったと考えられ、後述のように木製品がほとんど他の遺跡からの搬入である［田代 1973］ことが、間接的にそれを示している。その後、周辺は草原から二次林、一次林へと遷移するはずであるが、実際は、集落が後期初頭まで継続して営まれたため、住居や墓地、水田などの人為環境や二次林が維持され続けた。

　木製品搬出側の集落遺跡側での状況になるが、建築用材や粗加工品も含めた木製品の樹種は、農具の主要樹種であるカシを始め、シイ、モミ、ツガや、木棺材として選択されたコウヤマキなど多量の一次林優占種が用いられており、一次林の伐採が行われていることを示している。また、マツ、コナラ、クヌギなど二次林的傾向の強い樹種のうち、食用に適さないものが用材として選択的に用いられている。種子として出土するモモ、クリ、フクベなどは一次林伐採の副次的な産物としてだけではなく、ある程度管理された植物である。この他、カヤ、シイ、トチノキや、古河内湖に繁茂したヒシなどの自然植生起源の種子も出土し、住人によく利用されていたことがわかる。そうした森林に生息するシカ、イノシシはその骨が出土しており、食用であったと考える。動物遺体で

はこの他に、淡水産では、ギギ、ナマズ、スッポン、汽水産としてはシジミが出土している。海岸における直接的な漁撈活動を示す遺物は少ないが、蛸壺の出土がある。森林への活動を示す道具は、伐採斧としての太型蛤刃石斧や、シカ、イノシシを射る弓矢（弓、石鏃）が出土するほか、果実その他を採集、運搬するためのいくつかの道具類を予想することができる。

　いっぽう、獲得した食糧の消費を含めた多くの活動が人為構築物が卓越する場所で行われたと考えることができる。特に、住居とその周辺ではその密度が高いであろう。土器や木製容器、加工用石製品、薪は屋内とその周辺での使用が予想できるし、木製工具・紡織具・杵・臼は住居や倉庫の近く、鋳造のための鋳型、石製工具などの工房も同様であろう。墓地で機能する土器や木製品、工具などもある。運搬用具はそれらの間を移動する。

　住居、倉庫、墓や、水路が巡り恒常的な管理下に置かれる植生である水田から、自然植生としての古河内湖や常緑広葉樹林にいたるまで、道具類の使用密度にあらわれる環境に対する人的影響は、植生の推移が連続的であることから、活動中心から遠ざかるにしたがって、同じく、連続的に小さくなるはずである。ここに示した一連の環境の集合体は、ある位置に居住する人々が、生業として水稲農耕を行い、米を拡大再生産することによって形成・拡張される。自然環境に直接はたらきかける諸活動のほかに、対人的活動がある。それらを示す道具のひとつに武器がある。瓜生堂遺跡からは、石鏃、石剣、石槍、環状石斧が出土している。また、先述したように、木製品は製品として搬入されていることが多く、打製石器の原材料サヌカイトや、石庖丁の原材料のひとつである結晶片岩は、それぞれ二上山、紀ノ川流域由来である。他地域産の胎土や様式の土器やそれの内容物、そのほか食糧なども多く搬入されたであろう。いっぽう、鋳型の存在より兵庫県・甲山銅戈が瓜生堂遺跡から搬出された可能性がある［中西 1980］。

（3）植生からみた瓜生堂遺跡の景観

　これら住人の諸活動は、環境への多様な関与、適応とみることができ、環境の一面を表す植生などの景観は、住人の環境への関与の程度を示していると考えることができる。「植生・景観・住人の諸活動」三者の相関から、瓜生堂遺跡の景観からみた環境を模式化すると次のようにまとめられる。

　［環境Ⅰ］　シイ、カシを優占種とする常緑広葉樹林から成る自然植生を指す。ここには住人の影響がまったく及ばない部分のほか、彼らがシカ、イノシシを追うような森林も含まれる。樹木の伐採が行われることはないが、シイなどの堅果類が採集される。これら諸活動は年間を通じた恒常性は低い。陸部の樹林と共に食用植物であるヒシなどが自然植生として繁茂した古河内湖や、アシ、ヨシなどの生育する沼沢地もこれに含まれる。

　［環境Ⅱ］　瓜生堂遺跡周辺の花粉出現頻度に顕著な、コナラ、クヌギを主体とする二次林を環境Ⅱとする。ここでは、環境Ⅰに挙げた、狩猟、採集が行われるほか、集落の維持に欠かせない建築や道具類の用材、大量の薪を獲得したり、開拓のために一次林を伐採することによって生じた陽性樹が卓越する。コナラ、クヌギのほか、食用として重要な資源であるモモ、クリなども増加する。

　［環境Ⅲ］　さらに住人の植生に対する関与が強くなると、これら自然植生としての二次林のう

ち、食糧として有用なクリ、クルミ、モモなどを残し、その他の樹種を選択的に用材、薪として利用することが予想できる［西田 1980・1981、千野 1983］。全国で高い割合の出現頻度を示すモモ［寺沢薫・寺沢知 1982］などは、その状態にあったのであろう。このような管理状態にあった代償植生を環境Ⅲとする。

　［環境Ⅳ］　水田は、イネの生育に最適な状態を維持し、イネ以外の植物の生長を許さないまったくの人為植生で、住人による季節ごとにめぐる諸活動によって著しく高度な管理下に置かれる。この環境Ⅳにおいては、出土する遺物や遺構からみても、環境改変の度合いはきわめて高い。

　［環境Ⅴ］　主として、住居や倉庫、貯蔵穴、井戸などの建築・構築物が集合し、住人の活動中心として機能する部分（居住域）と、方形周溝墓などの埋蔵施設として機能する部分（埋葬域＝墓地）から成り、それらが自然植生に卓越する部分を環境Ⅴと呼ぶ。環境Ⅴでは、住人は植物の積極的な育成、繁茂や、自然植生への復元を期待しない。住人による活動の密度は最も高い。

　これらを踏まえて今一度検出された遺構に立ち帰って考えてみる。

　環境分類に照らして考えると瓜生堂遺跡ではA地区南半からE地区およびポンプ場調査区は、住居、井戸、方形周溝墓や遺物が集積する環境Ⅴ、F地区は環境Ⅱ～Ⅲにあたる。巨摩廃寺遺跡では、瓜生堂遺跡とはその環境Ⅱ～Ⅲを挟んでG・H地区の居住域およびI・J地区北半の墓地が環境Ⅴに該当する。また、花粉の出現頻度からは、付近に水田やシイ・カシ林やコナラを主体とする二次林の存在が推定される。第2寝屋川改修工事時に土器集積地や墓地が検出されており、環境Ⅴにあたる。若江北遺跡ではA地区とB・C地区に居住域が存在する。

　このように、瓜生堂遺跡・巨摩廃寺遺跡では、複数の居住域が溝・墓地や小規模な森林を介して集合しており、これらはそれぞれ直径100m程度のサイズであることがわかる。これは別に導き出された大きさに近い数値である［藤田 1984］。ただし、それら居住域は厳密に併存しているわけではなく、ある程度の時間的な重複関係を有しながら調査区の北から南へ移動したと考えられている［中西 1980］。瓜生堂遺跡の北側には環境Ⅰ～Ⅱとしての古河内湖が存在した。古河内湖と瓜生堂遺跡との間には湿地草原が、F地区にはカシ、シイ、コナラの林がそれぞれ想定でき、それらは環境Ⅱ～Ⅲであると考えることができる。

　若江北遺跡の南に南北850mのトレンチ調査が行われた山賀遺跡［（財）大阪文化財センター 1983b・c・d・e］では次のようである。山賀遺跡の居住域は、調査区「その3」の北側約5分の2にあたる南北約80mの範囲に建物跡、井戸が集中する部分で、それに隣接して土坑墓が小範囲に分布している。これらは環境Ⅴである。調査区「その1」、「その2」北側、「その4」北半に水田跡としての畦跡が検出されていて、環境Ⅳが環境Ⅴの南北に存在する。この水田が山賀遺跡の集落に帰属するか否かはにわかには決定できないが、北側の水田に南接して水路が北西―南東方向に設けられており取水口が取り付けられている。南側の水田にも同様の施設がある。取水口をともなう水路は両者とも水田側からみて山賀遺跡「その3」居住域側にあることから、山賀遺跡の集落に属する水田である可能性は高い。その水田経営に関して、山賀遺跡「その1」におけるプラント・オパール分析によれば、プラント・オパールの「生産量の高さは、比較的長期にわたり稲の栽培が継続していたことを物語るであろう」［外山 1983］としている。山賀遺跡に南接する友井東遺跡

［(財) 大阪文化財センター 1983f] では、居住域や水田を見出すことはできず、わずかに河川が検出されたにとどまる。花粉分析の結果 ［パリノ・サーヴェイ (株) 1983] によれば、アカガシ、イチイ、スギ、ヒノキ、コナラからなる森林と、カヤツリグサその他の草本植物が繁茂している状態で、イネの花粉は検出されているが多くない。この場所は、環境Ⅱにあたると考えてよいだろう。

(4) 弥生時代集落の景観と環境

瓜生堂遺跡や山賀遺跡にみたような、弥生時代の集落周辺での景観・植生における空間的な構造は、居住域に近いほど植生・環境に対する人的影響が強くなり水田経営をはじめとする住人諸活動の密度が高くなるという模式的同心円状構造を想定した。また、環境Ⅴ、Ⅳで行われる環境に対する諸活動は、環境Ⅲ～Ⅰにおいて、水稲農耕による拡大再生産を核として遠心的外縁的に拡大すると考えた。環境Ⅲ、Ⅱの広がりは、環境Ⅳ内での食糧生産活動が、より広範囲に及んでいくことによって起こる環境改変過程であった。環境Ⅳ、Ⅲの維持・拡大は、特に前者において顕著であるように、住人による環境Ⅴとの頻繁な往復をともなう植生の維持管理活動によって達成されたものであろう。しかし、発掘調査における集落規模の拡大は、水田だけではなく、むしろ居住域や墓地などの環境Ⅴに著しい。瓜生堂遺跡では、居住域が重複しながら北から南へと移動したため、住居跡や方形周溝墓の群集と、複数次にわたる遺物包含層が南北400m、東西300mの範囲にわたって集積している ［酒井 1982]。こういった、時間を追った、遺構の平面的な広がりや遺物の集積は、継続的な居住による廃棄物の蓄積という側面をもって環境Ⅴ自体が拡大することを示している。

瓜生堂遺跡の周辺にはいくつかの集落遺跡が存在するが、それらが同一の構造を示すわけではなく、また、それら集落相互の接触状態も一様ではなかった。若江北遺跡A地区の居住域とB地区の居住域とは溝を挟んでいるが、そこには大規模な環境Ⅳ～Ⅰの存在は考えられないので、事実上環境Ⅴが相互に接触する。いっぽう、瓜生堂遺跡E地区 (墓地＝環境Ⅴ) と巨摩廃寺遺跡G・H地区 (居住域＝環境Ⅴ) 間のF地区には顕著な遺構がなく、カシ・シイ林にコナラなどが混合する小規模な環境Ⅲ～Ⅱが存在する。環境分類からみた両接触場所での住人の活動量あるいは接触機会は前者が後者を凌ぐと考えてよいだろう。そういった視点から環境Ⅴ相互間の接触場所付近の環境分類をみると、瓜生堂遺跡の集落は古河内湖 (環境Ⅱ～Ⅰ) を経て沿岸諸集落と交渉でき、若江北遺跡集落と山賀遺跡集落は居住域 (環境Ⅴ) と水田 (環境Ⅳ) で接触する。また、山賀遺跡集落の南側は、水田 (環境Ⅳ) から二次林 (環境Ⅱ) を主体とする友井東遺跡を介して美園遺跡にいたる。

環境に対する人的影響の大きい環境Ⅴ、Ⅳ、Ⅲが環境Ⅱ、Ⅰによって分断されることなく連続することは、居住域相互の住人の接触機会は増加し人的・物的移動がより活発であると考える。それら人為環境が空間的連続性を示すようになる原因は、居住域や水田の維持・拡大とそれにともなう代償植生の拡大という住人による連鎖的な環境改変過程にある。極めて集約的に管理される植生としての水田の出現が周辺環境の改変を促したとみられる。

2 弥生時代集落の景観と祭祀

(1) 祭祀を行った場所

　表題に掲げた祭場とは、「祭祀を行った場所」ほどの意味である。弥生時代の遺物で祭祀遺物に分類されるものは、銅鐸、銅剣以下、40種ほどである[国立歴史民俗博物館 1985]。それらは、出土状況のほか、銅鐸は巨大化から、武器形青銅器は刃部の長大化から、鳥形木製品は民族誌との比較から、それぞれ祭祀に関する遺物とされる。ただし、遺物が祭祀性を帯びるかどうかについては個々の事例ごとにその都度、認定を行う必要があるが、もとより遺物を実用品とより精神性の高い祭祀遺物に分けたとしても、祭祀の対象であるのか、奉賽品であるのか、用いる道具であるのかの分類とともに、装飾品に対する理解などは曖昧であるという点において、とりあえず先学の成果をもって了承され、以下、必要に応じて論究したい。

　ところで、弥生時代の祭祀遺物は、1地域に1種類というものではなく、複数が存在することが通例である。これは、ここであらためて指摘するまでもなく、祭祀の多様性、重層性などといわれる理解あるいは作業概念をあらわす事実にすぎない。そこで、この点を中心に、1集落規模について、遺物、遺構のあり方から見直してみたいと思う。

(2) 瓜生堂遺跡出土の祭祀遺物

　大阪府・瓜生堂遺跡から出土した遺物の中には、生業活動を示す遺物ばかりではなく、祭祀活動をあらわす遺物が出土している。それらはいくつかの種類があって、南北700m、東西300mの調査区内の各所から出土している。瓜生堂遺跡から出土した、祭祀遺物と考えられる遺物には、調査区別に次のものがある。

　　A地区：鳥形木製品（遺物包含層）
　　B地区：大阪湾形銅戈（河川）、鳥形木製品（遺物包含層）[以上、(財) 大阪文化財センター 1980]
　　C地区：青銅利器切先 [荻田 1966]
　　E地区：銅鐸形土製品（溝状遺構）、剣形木製品（遺物包含層）、鳥形木製品（遺物包含層）
　　F地区：鳥形木製品（遺物包含層）[以上、(財) 大阪文化財センター 1980]
　　I地区：鳥形木製品3個体（沼状遺構）、男根状木製品（沼状遺構）、刀形木製品（沼状遺構）
　　　　　[以上、(財) 大阪文化財センター 1982a]

　これらの祭祀遺物は地点を異にして出土していて、遺物相互間の関連性は明らかではない。出土状況においても特定の遺構にともなわないため、遺構との関係はもとより他の遺物との供伴関係は不明である。瓜生堂遺跡から出土した祭祀遺物は、1集落内に複数の種類、数量が共存していること、明瞭な遺構にともなう可能性が小さいことなどを指摘できるにとどまる。そこで、祭祀遺物が集落内に占める位置、およびそれらからみて遺物から推定できる景観・環境へのはたらきかけという側面における祭祀活動などを考えるため、遺構にともなった祭祀遺物を列挙しようと思う。

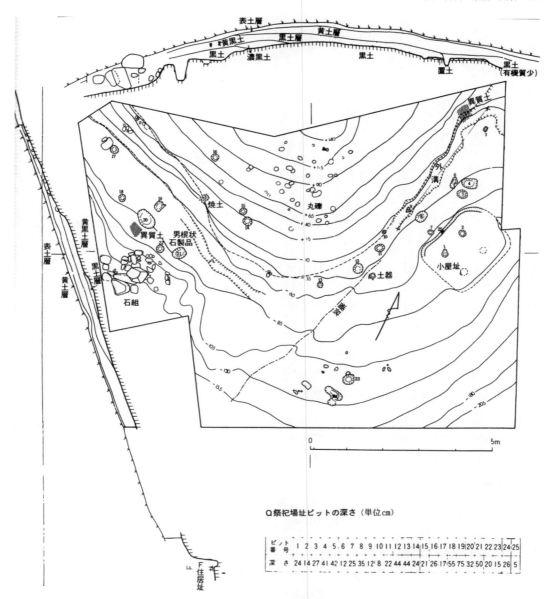

図107　会下山遺跡Q地区遺構図

（3）祭祀遺物と祭祀遺構

①**兵庫県会下山遺跡**［芦屋市教育委員会 1964］　主な遺構としては、竪穴建物跡7棟、祭祀址2基のほか、廃棄場址、「平石ピット」、土坑墓、焼土坑がそれぞれ1基ずつある。祭祀址2基のうち、「S祭祀址」は、直径約5mを測る竪穴建物形をなすもので、主柱穴は1である。同遺構は、会下山遺跡において最高所・最北限に立地することや、多量に出土した大形高杯、サルボウ貝20個などの遺物から、祭祀場ではないかと推定されている。「Q地区祭祀址」（図107）は、「小屋址」「外溝」「石組」「丸礫密集地」「焼土」が標高190mをなす中央主尾根南端部に、直径約10mの範囲にわたって分布する遺構群である。その他の出土遺物には、弥生土器、男根状石製品などがある。弥生

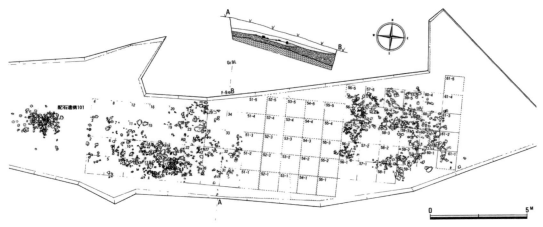

図108　太田十二社遺跡祭祀遺構平面図

土器は主として「外溝」と「小屋址」から出土しており、高杯形土器が多い。男根状石製品は、西半部の「石組」近くから出土している。報告書では、これら一連の遺構群を、琉球地方の「御嶽」と比較しつつ、祭祀遺構としての性格付けを試みている。そのほか、T住居跡、およびC住居跡の埋土から女陰状石製品とされる遺物が出土している。これら一連の生殖器形石製品は、「使用後は粗略に扱われたことを意味する」出土状況であったという。

　会下山遺跡では大略2ヵ所にわたって祭祀遺構が検出された。報告書では、「Q祭祀址」が集落内に関連する、「S祭祀址」が山岳に関する祭祀の場であると推定し、後の検討によっても［森岡 1976］、両者の土器組成の異なる点から機能の相違を想定している。

　②岡山県大田十二社遺跡［津山市教育委員会 1981］　津山盆地の北半を占めるなだらかな丘陵から南へ舌状に張り出した台地の標高約140m〜145m付近の突端部に立地する。発掘区は台地突端部平坦面のほぼ全域である。主要な遺構としては、弥生時代後期の竪穴建物跡16棟、段状遺構3基、袋状貯蔵穴79基、祭祀遺構群1、谷水田部で検出された小溝1のほか、奈良時代の遺構がある。祭祀遺構は、住居跡群の北側斜面に、礫、土器、石棒がおよそ南北3m・東西14mの範囲にわたって散在的に分布しているものである（図108）。集石遺構は、東西2群に分かれ、それぞれ直径直径5〜6mの規模を有していて、より微視的にみると直径1m程度の円形小集石遺構の集まったものであることがわかる。それらは、墓壙が検出されていないことからみて墓である可能性は小さい。もっとも西側に位置する「配石遺構101」からは、長辺2m・短辺1.5mの集石範囲内に石棒、鼓形器台形土器、椀形土器、短頸壺形土器が出土している。

　③香川県紫雲出山遺跡［詫間町文化財保護委員会 1964］　香川県北西端に三崎半島先端部、標高350mの山頂付近に立地する。主として、弥生時代中期の遺物・石列などが検出された。居住域は、遺物包含層の堆積状況や「O地点」の貝層などから、山頂の南側から西側に存在すると考えられる。A地区で検出された石列は、「第1〜第3石列」で、それら石列のそれぞれ北東端、南西端に分布する石群よりなる。それらは、石列が組み合わせをなしているというより、いくつかの大きい礫群を中心とした配石遺構の集合と考えることができる。配石遺構群全体としては、北から南への緩傾斜

図 109 紫雲出山遺跡配石遺構等平面図

地上にあり、等高線に平行して造られた遺構群で、長径15m・短径10mの規模である（図109）。遺構ごとの出土土器は不明であるが、遺跡全体としては弥生時代中期後半期のもので、配石遺構もその期間にわたって造営された可能性がある。

　以上の3遺跡は、いずれも配石遺構である点で共通している。会下山遺跡「Q祭祀場」は、他の2遺跡に比べて小規模であるが、「丸礫群」と「石組」などを含めた1組の遺構としてとらえられる。これに対して、大田十二社遺跡、紫雲出山遺跡検出遺構は、時間を追って複数造られたものと考えることができる。会下山遺跡「Q祭祀場」の「石組」を最小の遺構単位とみれば、残る2遺跡検出遺構は直径2m程度の遺構の集合とみることができる。2例の男根状石製品（石棒）の出土状況は、遺構に据えられた状態と取り出された状態をあらわしているのであろう。両者はその形状にも差があって、会下山遺跡出土石製品は、男根状というより、唐古・鍵遺跡［京都帝国大学文学部考古学研究室 1934］や瓜破遺跡［山本 1940・1941］出土の石棒に類する。大田十二社遺跡出土資料は縄文時代のいわゆる石棒に近い。石棒がともなう配石遺構、特に大田十二社遺跡の遺構は石棒の周囲に配石遺構が集合し、縄文時代のそれを想起させるが、墓である可能性は小さく、両者の関係はいまのところ不明である。連続的に造られた配石遺構という観点からみて、大田十二社遺跡、紫雲出山遺跡検出遺構は互いに類似する。さらに、会下山遺跡では地形上平坦面が少ないということを考慮に入れ、これら3例を同種の遺構群と考えたい。

　④**大阪府東山遺跡**［大阪府教育委員会 1980］　ここでは4つの地区から、竪穴建物跡53棟、溝4条、

274　第2部　原史・古代の住まいと建物

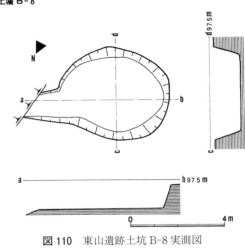

図110　東山遺跡土坑B-8実測図

土坑3基などの遺構が検出されている。このうち、B地区の土坑B-8（図110）は竪穴建物跡B-9の北東6mにあって長径5.3m短径4.7mの略円形平面をなす土坑で、東側斜面下方に向かって幅約1.8mの開口部がある。壁高は1.2mである。第Ⅴ様式後半の土器が出土していて、その内容は、多量の高杯形土器（29個）脚部や手焙形土器のほか、壺形土器、甕形土器、鉢形土器（3者合計で3個体分）である。遺跡全体ではおよそ壺形土器・甕形土器・鉢形土器に対して、高杯形土器・器台形土器1の割合であるから、土坑B-8における高杯形土器の占める割合は大きい。他の土坑2基のうち1基は廃棄坑と考えられ、他は出土遺物の記載を欠くため不明である。

⑤奈良県六条山遺跡［奈良県立橿原考古学研究所　1980a］　出土土器から弥生時代後期ほぼ全般にわたって集落が営まれたことがわかる。調査区は遺跡南西部の一部に留まるが、竪穴建物跡5棟、「方形竪穴遺構」「方形特殊土坑」それぞれ1基が検出された（図111）。「方形竪穴遺構」は1辺3.4mの正方形平面形で、床面には中央の炉跡にともなう焼土が部分的に広がり、台付壺形土器が原位置を保って出土した。「方形特殊土坑」は遺跡旧地表面の傾斜に合致するように東南方向に開口し、長軸4.2m・短軸3.0mの不整方形平面形をなす土坑である。埋土には、焼土、炭粒を多量に包含する土層が含まれる。遺物としては、完形に近い高杯形土器、器台形土器などが焼土、炭粒を多量に含む土層内から数点出土している。これら両遺構は互いに近接して調査区S地区の南西隅に検出され、遺跡全体では南端付近にあたると思われる。寺沢薫は、両遺構が、その形状、規模、出土遺物、埋土などから、非日常的な性格を帯びているとし、両遺構の関連については、「さかんな火の使用を伴う行為（方形竪穴遺構）」→「焼土、カーボン粒、土器などの廃棄行為（方形特殊土坑）」という一連の遺構である可能性を指摘している［寺沢　1980］。

⑥奈良県唐古・鍵遺跡［京都帝国大学文学部考古学教室　1943、奈良県立橿原考古学研究所　1980c、奈良県立橿原考古学研究所　1981］　多くの土坑が検出され、土坑からは多種類の遺物が出土している。それらのなかで以下に掲げる土坑は、その出土遺物に特色がある。「99号竪穴」は長径3.6m・短径3mの楕円形平面で、深さは0.7mである。出土遺物は、土器、木製容器、籠、石庖丁、竪杵、木器未成品、剣形木製品、藁、焼米、貝殻である。「87号竪穴」からは、土器、木器未成品、石棒が出土している。これらはいずれも第Ⅰ様式期に属する。土坑内の植物質遺物やその遺存状況から木材などを用いた上屋構造の存在を推定できる［石野　1979］。同じ第Ⅰ様式期に属する「SK-17」（下層）からは多量の壺形土器、甕形土器、丹彩小形壺形土器、鞘状木製品、男根形木製品、片口箕、加工痕のある木材、木片（未加工）、そのほかの植物遺体が出土した。土坑の規模は、長径3.7m・短径2.2m・深さ0.7mである［奈良県立橿原考古学研究所　1980c］。「SK-03」は、長径2.1m・短径

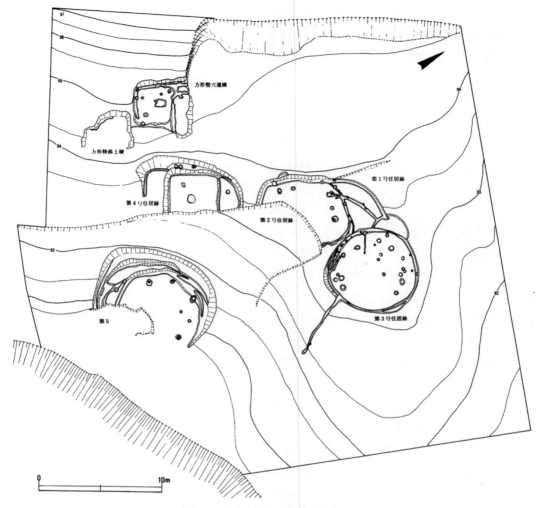

図 111 六条山遺跡 S 地区遺構全体図

1.7m・深さ 1.1m の規模で、底に直径 0.8m のピットを有する土坑である。堆積は、上層・下層・ピット内埋土に分けられるが、いずれも後期後半に属する。出土遺物は土器（完形土器、破片土器ともに含まれる）、鶏頭形土製品、骨製ヤス、紡錘車未成品、石鏃、サヌカイト片、石庖丁、牙製垂飾、縄、鹿角、イノシシ下顎骨、その他の獣骨、ウリの種子、昆虫の羽がある［奈良県立橿原考古学研究所 1981］。「SK-15」（下層）は底からの湧水がある土坑で、長頸壺形土器、無頸壺形土器、鉢形土器、甕形土器（米を煮たと思われる大形甕形土器を含む）、ミニチュア壺形土器などの完形土器群、竪杵、その他の木製品、土坑底に直立する杭が主な遺物である［奈良県立橿原考古学研究所 1981］。唐古・鍵遺跡において祭祀に関わると考えることができる土坑はこれら 6 基である。このうち、「SK-15」を除く 5 基からは、祭祀に関連する、石棒、男根形木製品、剣形木製品、鶏形土製品が出土していて、内容の不明確な「84 号竪穴」「87 号竪穴」を別にすれば容器類や木器、植物遺体が供伴する。いっぽう、「SK-15」は、祭祀に関連する遺物はみられないが、多量の

完形土器を出土する井戸状の土坑に類例を求めることができる。

　⑦**奈良県纏向遺跡**［奈良県立橿原考古学研究所　1979b］　26基以上の土坑が検出されている。そのうち、報告書で「大型土坑」と記述されている土坑3基は、「辻地区旧河道地帯」の「大田北微高地」上にある。なかでも、「土坑2」とともに、方形建物跡と対をなす「土坑4」は多種類の遺物が出土した。「土坑4」の出土遺物は、土器では、壺形土器3、甕形土器7、鉢形土器18、高杯形土器7、器台形土器6、土製支脚5、木製品では、黒漆塗丸木弓、竪杵、機織具、腰掛、杓子、篦、朱彩大型高杯、黒漆塗盤、把手付鉢、箸状細棒、籠、箕、船形、鳥船形、儀仗、有頭棒、板、杭、割木のほか、ヒョウタン皮、フジツル、多量の籾殻である。遺構の埋没時期は土器からみて纏向3式期にあたる。また、この「土坑4」にともなうと考えられる［石野 1976］「建物2」は約10mの距離をおいて南東方向に建つ、柱間長辺3.4m・短辺2.9mを測る1間四方の掘立柱建物跡である。

　石野は、建物と土坑について「建物と土坑における行為」の後「建物の土坑への廃棄、埋納」という関連を考えた。また、その行為は、土坑周辺で火と水に関わり、容器を用いて行った祭祀行為である可能性を指摘し、出土遺物を用途別に分類して古代の祭祀との比較、対照を行った［石野 1976］。また、これより発展して、4、5世紀の祭祀跡を分類したうえで、このような土坑にみられる「纏向型祭祀」を、弥生時代に系譜をたどることができ古墳時代中期には変質して継続するものと考えた［石野　1977］。

　纏向遺跡の土坑で行われた行為そのものは類推に頼らなければならないが、土器類や建築材が多量に出土すること、いくつかの器物形木製品や食物となる植物がみられることは、祭祀に用いられた道具として重要である。また、土坑に掘立柱建物跡がともなうことや、他の土坑群が居住域のそれぞれ北辺部、西辺部に分布する点も看過できない。

　以上が土坑を中心とした祭祀遺構の事例である。唐古・鍵遺跡の諸土坑および纏向遺跡の土坑の出土遺物は豊富でその内容をよく保持していると思われる。祭祀遺物のほか土器などの容器類、生産用具、食物が主なものである。祭祀遺物には剣形や鳥形木製品、石棒などがある。土坑内にはまた炭層があって、これら土坑の特徴である。六条山遺跡の「方形特殊土坑」は、本来は唐古・鍵遺跡の土坑のような内容であったのではないだろうか。

（3）祭祀遺構の設けられた場所

　祭祀遺構にはいくつかの種類があったが、次にそれらの設けられた場所について考えてみたい。以下では、生業活動に対して生業環境がとらえられるように、祭場よりも広い意味で祭祀活動に対しての祭祀環境という作業概念を設定しようと思う。遺物を実用的なものと精神的なものに分けて考える場合と同じく、2つの概念は互いに関連しあって、そこに居住する人にとってはは不可欠、一体のものであろう［渡辺 1977］。生業活動・生業環境との対比から、主に集落における位置を問題にするため、前項［合田茂 1985・本書第2部第3章1］で用いた環境Ⅰ～Ⅴ、居住域などの呼称を使用する。

　会下山遺跡には2ヵ所の祭祀遺構群が認められた。2つの祭祀址は直線距離でおよそ80m離れていて、竪穴建物跡や焼土坑の集合する居住域の北側、同一尾根上にある。祭祀遺構群は「外溝」

によって居住域と隔てられ、居住域との間には、大形で、銅鏃や鉄器、ガラス小玉などが出土した竪穴建物跡がある。遺跡全体では、南に居住域、北の山頂側に向かって墓や祭祀遺構が分かれて立地しながら、同一尾根上に人為構築物が卓越する環境Ⅴを形成している。

　大田十二社遺跡では、祭祀遺構群は、竪穴建物跡群および貯蔵穴群の北側に3ヵ所の配石遺構群であった。配石遺構群と竪穴建物跡群を隔てる遺構は検出されておらず、両者はやや離れている位置関係にすぎない。本遺跡では居住域、祭祀遺構のほかに、谷部において水田跡と思われる遺構が検出されている。祭祀遺構は居住域の山側である北側縁辺部に連続的に営まれた状態で検出された。

　紫雲出山遺跡では、配石遺構のほかには、貝層や遺物包含層除いては顕著な遺構は検出されなかった。遺物の分布状況から、居住域は配石遺構とは山頂を挟んでその西から南側に存在するらしい。そうだとすれば、祭祀遺構は居住域とは50～100mの距離を隔てているが、遺物の分布が連続する範囲内に立地していたとみることができる。

　六条山遺跡では2種類の祭祀遺構が対をなして検出された。この2遺構はきわめて近接している。また、祭祀遺構群の近くには竪穴建物跡があり、両者を分ける施設はない。祭祀遺構の位置は、居住域全体としてはその南端付近にあたるであろう。

　唐古・鍵遺跡からは土坑が多数検出された。前期においては居住域内、中・後期においては、環濠の内部に存在する。

　纏向遺跡においても多数の土坑が検出され、それには建物がともなうものがあった。特に、「土坑4・建物2」は、分布調査や微地形から居住域と推定される「草川居住地」と「大田居住地」の間を流れる旧河川の南岸、つまり、「大田居住地」の北辺部に立地する。他の土坑も居住域の北辺部・西辺部にある。

　主に、祭祀遺物が出土し、明確な遺構を検出した祭祀遺構を検討した。配石遺構や土坑という形式をなす祭祀遺構は環境Ⅴの主体である居住域において住居跡や倉庫跡と混在するのではなく、それらとは排他的に、かつ、近接して設けられ、ある一定の区域を占有する場合がある。これら祭祀遺構は祭祀域の一部として居住域や埋葬域と共に環境Ⅴを形成している。近畿地方を中心として弥生時代から古墳時代における祭祀遺構の顕著な事例を挙げ、それらの集落内における位置について述べてきた。つぎに、はじめに述べた瓜生堂遺跡の場合に立ち帰って、同遺跡の祭祀環境や活動を具体的に考えてみようと思う。

（4）瓜生堂遺跡における祭祀環境

　瓜生堂遺跡では、祭祀遺物は特定の遺構にはともなっていなかったが、規模や形状から前段までに掲げたような祭祀遺構と推定できる遺構をみてみると、つぎの2遺構群が該当する。H地区弥生時代中期遺構面の「土坑6」と「建物1」およびJ地区弥生時代中期遺構面「土坑19」がそれである［（財）大阪文化財センター　1982a］。「土坑6」は全掘されていないが、長径4mの平面不整円形の土坑で、遺構内から土器が出土している。土坑埋土には炭を含む土層があって、土坑内、土坑周辺での火の使用を認めうる。「建物1」は「土坑6」の東にあって、東西3.15m・南北2.35mを測

278 第2部 原史・古代の住まいと建物

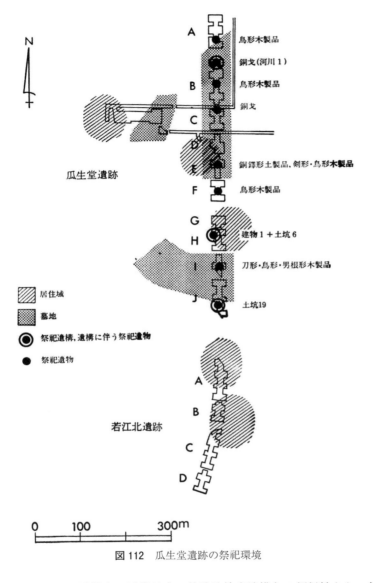

図112 瓜生堂遺跡の祭祀環境

る2間四方の掘立柱建物跡である。炭を含む土層を埋土に含む土坑と掘立柱建物の組み合わせは、纏向遺跡検出遺構を想起させる。周辺には、竪穴建物跡や溝、その他の土坑が多数検出され、この遺構が居住域内にあることを示している。ただ、「建物1」からから西に向かって遺構密度が低く、居住域の西端付近に位置するのかもしれない。「土坑19」は方形竪穴建物跡様の土坑で、長辺4m・短辺3mの規模である。土坑内に柱穴はない。埋土は炭層と微砂層の互層である。これらの諸特徴は六条山遺跡「方形特殊土坑」に類似する。「土坑19」は方形周溝墓に隣接しているが、居住域（G・H地区）の南に接する方形周溝墓群（I地区）の南端にあって、J地区および南の若江北遺跡の北側では遺構がわずかであることを考え合わせると、瓜生堂遺跡の最も南の縁辺に位置していることになる。

　これら2遺構を、近畿地方の他遺跡検出遺構との類似性から、祭祀遺構と考える。そのうえで、瓜生堂遺跡の祭祀遺物出土状況をみてみたい。

　祭祀遺物には木製品が顕著である。A地区の鳥形木製品は方形周溝墓下の遺物包含層出土で方形周溝墓構築より前の中期遺構面にともなう。A地区北半部では、ピット群や溝、遺物包含層は希薄である。B地区の鳥形木製品、E地区の剣形木製品、鳥形木製品は方形周溝墓を覆う遺物包含層から出土した。I地区にみられた鳥形、刀形、男根状木製品は後期に属するもので、この時期の居住域は判明していない。しかし、これら木製品は唐古・鍵遺跡の土坑出土資料があり、鳥形は纏向遺跡の土坑出土資料がある。出土状況は異なるが遺物それ自体が同形である点を重視するなら、唐古・鍵遺跡の集落で行われたと推定できるそれら木製品を用いた祭祀が、同形の木製品を用いて瓜生堂遺跡の集落で行われた、との推定は許されるであろう。先にみた「土坑6」や「土坑19」

「建物1」もこの点を強調する。纒向遺跡の土坑に関して報告されているように、土坑内の祭祀遺物は炭層や他の埋土と共に埋まったものと理解できる。これは、唐古・鍵遺跡や六条山遺跡の土坑についても同様である。遺跡ごとの堆積状況の相違を考慮の外とするなら、瓜生堂遺跡出土の刀形木製品などは土坑に埋まる前、唐古・鍵遺跡の剣形木製品などは土坑に埋まった状態で検出されたものと推定する。遺物の出土状況の違いは同種の行為における過程の違いであると理解する。

銅鐸形土製品は溝から出土した。銅鐸形土製品は全国の出土資料をみても明瞭な遺構にともなうものは少なく、橿原市・四分遺跡［石野 1973］、鈴鹿市・上箕田遺跡［鈴鹿市教育委員会 1970］、大阪市・亀井遺跡［（財）大阪文化財センター 1982b］などが溝出土であるほか、住居跡出土の可能性があるものや土坑からの出土がある程度である。

大阪湾形銅戈は河川から出土した。銅戈を含め、近畿地方における銅鐸や武器形青銅器は、山腹や山裾から出土することが多いが、わずかであるが現河川より出土した青銅器が知られる。（旧）川之江市・金生川河床出土中広形銅矛［松岡 1964］、和歌山市・（砂川）紀ノ川河床出土銅鐸［田中 1962］、和歌山市（有本）・紀ノ川河床出土銅鐸［和歌山県教育委員会 1968］などがそれである。ただし、河道は変遷している可能性を考慮に入れる必要がある。これら諸資料は、青銅器が山腹などと共に河川をその埋納地として選択していたことを示していて、一定の基準において両者を同一視したものではないだろうか。また、河川は、山や原野などとともに、耕作地や居住域、墓地をなさない場所として環境Ⅰ、Ⅱ、Ⅲにあたる。この点で、青銅器埋納地として山や河川など、たとえ集落内であっても人の活動のあまり及ばない場所が選択されていると考える。その埋納の背景には、一概に集落間や集団間構造の存在を想定し続けることは困難な場合がある。

以上によって知ることができる、瓜生堂遺跡の祭祀環境を次のように考える（図112）。居住域内には時に建物をともなう土坑があって剣形などの木製品を含む遺物が出土する。それらは瓜生堂遺跡の集落では居住域の縁辺部にあることが多い。その祭祀活動には祭祀具とともに火が重要であったらしい。方形周溝墓群における埋葬に関わる行為も、瓜生堂遺跡において、たとえば口縁部を欠き割る壺形土器がいわゆる供献土器として多数出土する［井藤 1982］ように一定の型式をなすもので、居住域に隣接している。水田跡には顕著な祭祀遺物は出土しない。銅鐸形土製品などは居住域やその周辺において、遺構とは遊離して存在するらしい。環境Ⅴ内の大小の自然流路のうち銅戈が出土したB地区河川は、環境Ⅰ～Ⅲに分類できる祭祀環境で、集落から離れた山や原野と同一視する環境が集落内に存在することを示す。

［補記］

字句・表現の訂正を除いて、ほぼ初出当時のままとした。その後、本文中に引用した纒向遺跡では、最近までに土壇をともなう大型建物跡群や辻地区の旧河川周辺を中心として数十基の祭祀土坑が検出されている。桜井市・大福遺跡では方形周溝墓の溝底から銅鐸が検出され、周囲にはミニチュア土器を含む多量の完形をなす土器が出土した。唐古・鍵遺跡、滋賀県下之郷遺跡、滋賀県伊勢遺跡、大阪府池上曽根遺跡、兵庫県武庫庄遺跡、摂津加茂遺跡などでは大形掘立柱建物跡が検出され、弥生時代の集落内が「竪穴住居」や「高床倉庫」、「貯蔵穴」だけの均質な遺構で満たされて

いるわけではなく、また、集落内外の環濠は特殊な施設ではないということを知るようになった。

　第2部第1章は、兵庫県西宮市仁川五ヶ山遺跡において、1986年、丘陵地の集落の最高所において住居や倉庫とは異なる特別な施設の遺構、およびその周辺の斜面において長円形平面をなす竪穴建物跡や造成面などを検出した遺跡の事例として概要を兵庫県史に報告したものをもとにしている。第2章および第3章2は、それら検出した遺構に着想を得、その理解のために執筆した論文である。

　近年、大規模な弥生時代の集落遺跡における顕著な遺構として大形掘立柱建物跡、大形井戸跡、無遺構空地などが集落の最高所あるいは中心部と考えられる場所に設けられている事例が増加し、環濠の消長をともないつつ、それら諸施設は西日本の大規模な弥生時代集落の有する共通性としてとらえられる段階に達している。

　おそらく南北500m東西100m及ぶであろう兵庫県西宮市の仁川五ヶ山遺跡は、土砂採取工事の緊急立会調査や住宅地開発にともなう緊急発掘調査など開発への対処的な小面積発掘調査の積み重ねであったために、集落遺跡の全体像を把握することができないまま時間が経過したが、この第2部第1章、第2章および第3章で述べてきたことは今後の同遺跡の理解を助けるものになると考える。

3　集落の出入口

（1）出入口跡の検出

　筆者（合田幸）が調査に携わった大阪府豊中市蛍池遺跡および大阪府茨木市溝咋遺跡において、蛍池遺跡では墓域と居住域の間の出入口跡を、溝咋遺跡では生産域（水田）と居住域の間の出入口跡を検出する機会を得た。本項では、集落遺跡における出入口跡について紹介し、若干の考察を加える。対象とする年代は弥生時代から古墳時代までである。

（2）蛍池遺跡および溝咋遺跡で検出された出入口跡（図113）

　蛍池東遺跡・蛍池遺跡　大阪北部の千里丘陵南端部に位置する古墳時代中期から奈良時代までの集落遺跡である。主な遺構は、古墳時代中期の大形掘立柱建物跡群、竪穴建物跡群、古墳時代後期の掘立柱建物跡群、竪穴建物跡群、土坑墓群、奈良時代の掘立柱建物跡群である。北側の蛍池東遺跡とその南に隣接する蛍池遺跡の両遺跡は、発掘調査工事上の工区として別呼称となっているが、遺跡の内容としては一体の遺跡である［（財）大阪文化財センター　1994、（財）大阪府文化財調査研究センター　1997、市本・合田幸　2001、（財）大阪府文化財センター　2002d］。

　出入口跡とみられる遺構は、北側の蛍池東遺跡の南寄りで南側の蛍池遺跡の北端近くの、古墳時代後期の建物跡群と土坑墓群の間に位置する。出入口跡は、1間四方の建物跡が東西に2棟並び、その間に東西方向の5間の柱穴列（柵跡）からなる遺構である。建物跡の柱間距離は約2m、柱穴は1辺約0.4mの略方形平面で深さ0.2mである。柱穴列の柱間距離は約1m～1.5m、柱穴は1辺約0.3mまたは約0.4mの略方形平面で深さ0.1m～0.2mである。1辺（直径）が約0.4mの大形の柱穴

第 3 章 原史・古代の景観と建物 281

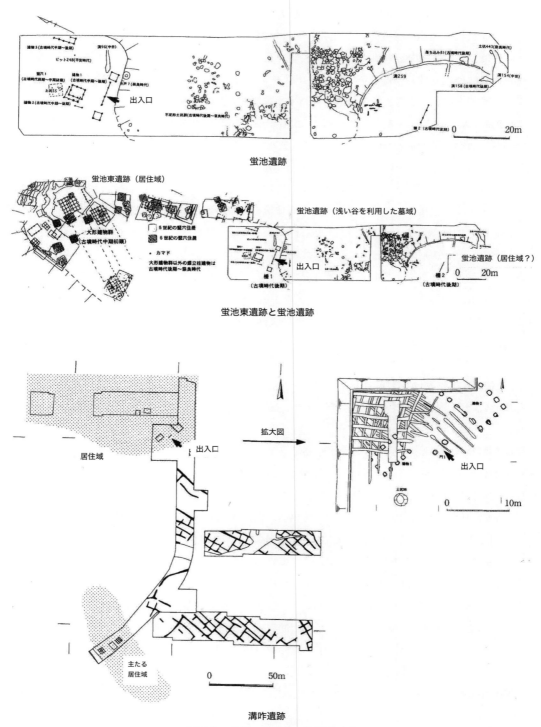

図 113 集落の出入口の位置図 (1)

と約 0.3m の小形の柱穴が大小交互に、一直線に並ぶ。柱穴列は建物間の中央ではなく東側建物寄りにあり、柱穴列西端の柱穴と西側建物の間の柱間距離は他の柱間距離よりも長く、約 2m である。年代は、この遺構周辺の出土遺物から古墳時代後期と推定する。この遺構の北側は、蛍池東遺跡・蛍池遺跡の掘立柱建物跡と竪穴建物跡が群在する居住域であり、南側は約 20m の距離を置いて蛍池遺跡の土坑墓群である。この遺構は墓域と居住域の間の出入口である、と考えられる。

溝咋遺跡 大阪府北部の北摂山地から流れ出る安威川左岸の沖積地上に位置する遺跡である。東西約 200m、南北約 300m の範囲の発掘調査によって、弥生時代後期末から古墳時代後期までの水田跡と居住域、古代～中世の水田跡を検出した［(財) 大阪府文化財調査研究センター 2000a］。集落の盛期は弥生時代後期末から古墳時代前期の時期で、微高地上に、竪穴建物跡、掘立柱建物跡、溝跡、土坑が検出された。これら微高地上の居住域の南東の低地には水田跡が検出された。居住域から低地の水田跡へはゆるやかに下り比高は約 1m である。居住域と水田跡の間には幅 1m、深さ 10cm の浅い溝跡が検出された。古墳時代後期後半期に洪水によって集落は廃絶している。出入口とみられる遺構はこの集落廃絶直前の時期にあたる。遺構は、2 つの大形の柱穴が 2.4m の柱間距離で検出された。柱穴の掘形は隅丸方形平面で 1 辺 0.8m～0.9m、深さ 0.8m である。2 つの柱を門柱とする門の遺構と考える。この門の遺構と同方向に 4 間×2 間、5 間×3 間の規模の 2 棟の掘立柱建物跡が検出されており、掘立柱建物と門は同時に存在したものと考えられる。

（3）環濠集落における出入口

弥生時代の環濠集落の出入口遺構について、石神恰の論文［石神 2001］に導かれながら事例を示す。

唐古・鍵遺跡（奈良県） 多重の環濠が確認されており、その南側で弥生時代中期～後期の橋脚跡が検出され出入口と考えられている。最も内側の大規模な環濠、集落の内濠とみられる SD2105 の南側の溝斜面に長さ 2.3m の杭が斜めに打ち込まれており、橋脚跡と考えられている［田原本町教育委員会 1992］。この内濠の外側には 3 条の溝がめぐるが、橋脚は確認されていない。楼閣を描いた絵画土器はこの出入口付近で出土した（図 114-1）。

池上曽根遺跡（大阪府） 多重環濠が検出されている。集落北端近くで、弥生時代中期後半の 2 条の溝にはさまれた幅約 13m の陸橋（土手道）が出入口と考えられている。この出入口は、大形建物が所在する集落中心部へ向かう通路上にあると推測されている（図 114-2）。また、漁撈具がこの出入口周辺、すなわち集落北端近くの多重環濠地帯で集中して出土することから、この一帯付近は水路への経路、すなわち船着場・船揚場である可能性も指摘されている［大阪府教育委員会 1990・1999b、秋山・後藤 1999］。

平塚川添遺跡（福岡県） 多重環濠が検出された環濠集落遺跡である［甘木市教育委員会 1993・1994］。「内濠」と呼称される最も内側の環濠で囲まれる東西 180m、南北 280m の範囲に、竪穴建物跡、掘立柱建物跡などが検出された「中心集落」と称される居住域がある。環濠相互間や環濠を突出させた造り出し状の部分には「別区」と報告される小集落が 7 ヵ所存在する（図 114-3）。年代は弥生時代後期末である。中心集落の南端近く、内濠を跨いで「別区Ⅰ」と「中心集落」をつな

第3章 原史・古代の景観と建物 283

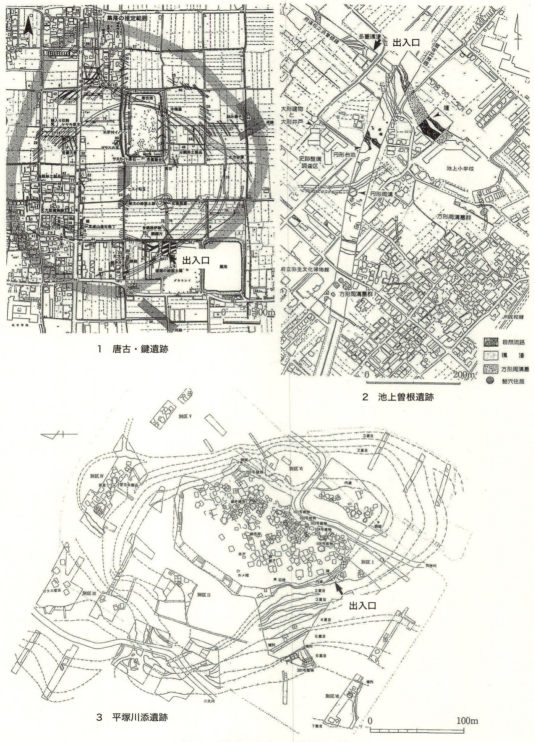

図114 集落の出入口の位置図（2）

284 第2部 原史・古代の住まいと建物

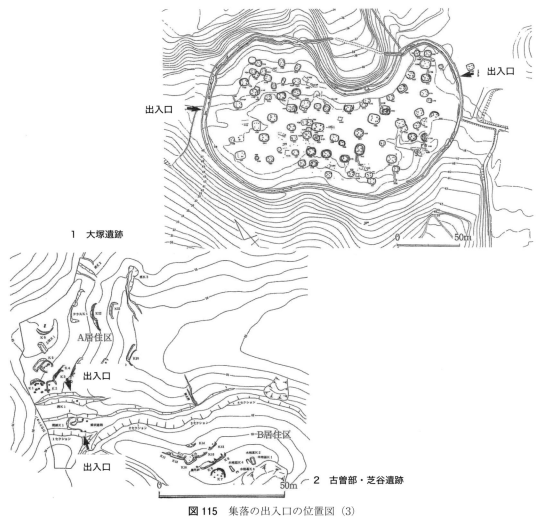

図 115 集落の出入口の位置図（3）

ぐ橋の橋脚部が検出されている。幅約2.2m、長さ約7.6mである。橋の北側つまり「中心集落」側では柱穴が2ヵ所、「内濠」底部で柱穴が2ヵ所、南側つまり「別区Ⅰ」側では柱穴2ヵ所とそこから東側へ3間、西側へ5間分柱穴列が検出されている。この柱穴列は柵跡であろう。この橋脚部の前面には約15m四方の空閑地（広場）があり、その延長上には、高殿とされる大形建物4棟（101〜104号建物）が、またその奥には楼閣とされる回廊状の施設をもつ2×3間の総柱建物（201号建物）がある。橋脚部が検出された橋梁は、空閑地（広場）を経てこれらの建物を繋ぐ通路の出入口であったと考えられる。

　以上、低地における環濠集落の出入口を概観した。次に台地上または丘陵上に立地する環濠集落の出入口の事例を挙げる。

　大塚遺跡（神奈川県）　環濠に囲まれた長径約200m、短径約120mの範囲に竪穴建物跡85棟、掘立柱建物跡10棟が検出されている［横浜市埋蔵文化財センター 1991］。出入口は、環濠北西部の

最も環濠が外側に向かって張り出す箇所で検出されている。環濠の両壁面で各２ヵ所、合計４ヵ所の柱穴があり、その部分は 140cm の間隔で垂直な側壁面となっている。橋脚跡とみられる。この橋脚跡から環濠内へ入った場所には竪穴建物が検出されない空閑地があり、この空閑地がある点もここを出入口とみる理由のひとつとなっている。その他の遺構は検出されていない（図 115-1）。

この出入口の反対側の環濠底部から柱穴が２ヵ所検出されており、見張り用ともいわれる竪穴建物が環濠外に１棟ある。石神は、これをもうひとつの出入り口として、墓域・歳勝土遺跡への通路の存在を推定している［石神 2001］。

古曽部・芝谷遺跡（大阪府）　北から南へとのびる丘陵尾根とそこから東へと派生する支脈上に、集落とそれを囲む環濠が部分的に確認されている［高槻市教育委員会 1996］。A〜K 居住区が検出されていて、各居住区間に通路が存在することが推定されている。A 居住区と B 居住区間には環濠およびこれと平行する溝がある。環濠には、土段状になっている部分があり、その対岸は若干低い鞍部であることからこの地点が環濠を跨ぐ通路であったと考えられている。またその環濠底部の両側で各２ヵ所の柱穴が検出されており、橋脚跡と考えられている。この環濠の橋脚の延長上で、環濠に平行する溝においても柱穴が２ヵ所検出されており、これもまた橋脚跡と考えられている。A 居住区は、これら橋脚跡から距離をおかずに竪穴建群物が検出されている。B 居住区では空閑地（広場）を隔てて竪穴建物群が検出されている。これら橋脚跡周辺が各居住区の出入口になると考えられる（図 115-2）。集落全体では、環濠が途切れる谷部が出入口となり、柵などの存在が推定されている。

吉野ヶ里遺跡（佐賀県）　南北 1km、東西 250〜800m の環濠が囲繞する弥生時代前期から古墳時代前期に継続する集落である。弥生時代後期の環濠内部には北端に北墳丘墓が、南端近くに南墳丘墓があり、その間に北内郭と南内郭がみられ、内郭はこの２ヵ所以上になる可能性がある［佐賀県教育庁文化財課 1992］。出入口は、環濠で５ヵ所、北内郭で２ヵ所、南内郭で３ヵ所、南内郭の南側にある新たに内郭になる可能性をもつ濠で３ヵ所確認されている。環濠では、北墳丘墓への出入口が２ヵ所（図 116-①②）、集落への出入口が３ヵ所（図 116-③〜⑤）検出されている。北墳丘墓の北東および南西で各１ヵ所陸橋（土手道）が確認され、南西の陸橋（図 116-②）からは墳丘墓南面へと向かう墓道とみられる溝状遺構がのびる。この墓道から墳丘南側の平坦面に上がった部分の南側に柱穴があり、門または１本の立柱になるという。集落への出入口にあたる南内郭西側の環濠の出入口は盛土で陸橋（土手道）を設ける（図 116-③）。濠の内外から濠内へ幅 3.1m〜3.7m 張り出し、ここでは濠の幅は 1.3m〜2.2m である。橋（土手道）は削平された可能性がある。また、この部分では南北の濠底へと下る階段状の段が付く。この出入口の内側では「ハ」の字形に２条の溝が検出されており、出入口にともなう防御施設となる可能性があるとみられている。近傍から漢式鏡片が出土していることから、祭祀的な意味を付加されている。また、その南側で２ヵ所の出入口が確認されており、２ヵ所とも陸橋（土手道）である（図 116-④⑤）。北内郭は２重に濠がめぐり、内部では大形掘立柱建物が検出されている。南西側で各濠に１ヵ所ずつ出入口が認められる（図 116-⑥⑦）。各出入口は直線的には配されず食い違った位置にあり、とくに外側の濠から内側の濠の出入口に向かう通路には柱穴列がめぐり厳重に柵で囲われていたようである。南内郭は弥生

286 第2部 原史・古代の住まいと建物

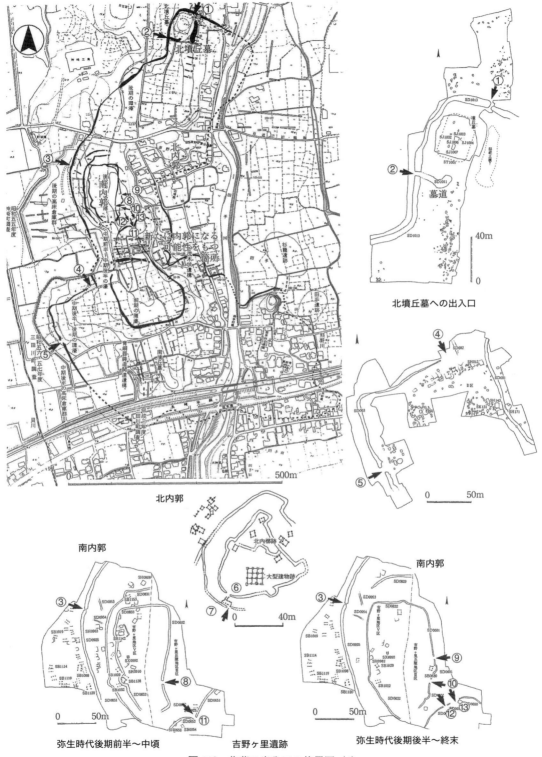

図116 集落の出入口の位置図 (4)

第3章 原史・古代の景観と建物 287

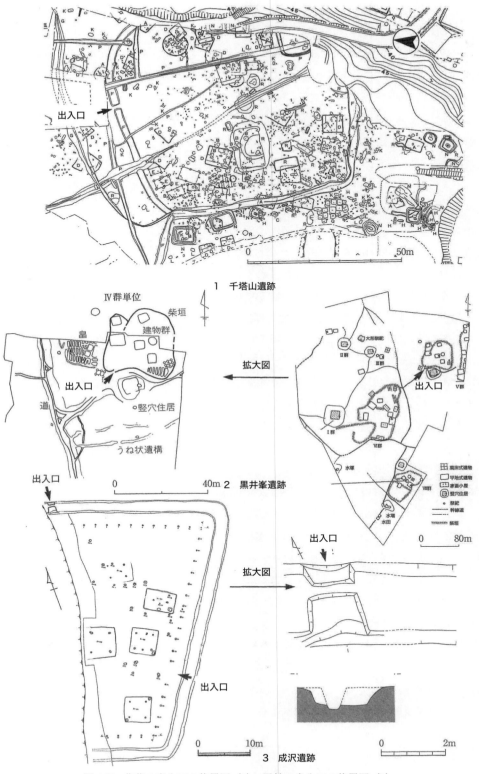

図117 集落の出入口の位置図（5）・居館の出入口の位置図（1）

時代後期前半〜中頃と弥生時代後期後半〜終末期の２時期の遺構が確認されている。弥生時代後期前半〜中頃には、最も内側の濠の南東部に１ヵ所、盛土による陸橋がある（図 116-⑧）。弥生時代後期後半〜終末期には、最も内側の濠の東部に２ヵ所陸橋があり（図 116-⑨⑩）、この２ヵ所の出入口にはさまれて張出部とその内側に掘立柱建物がある。掘立柱建物は、望楼的な建物と考えられている。南内郭の南側にある新たに内郭になる可能性をもつ箇所では、弥生時代後期前半〜中頃に１ヵ所の陸橋が認められる（図 116-⑪）。至近に掘立柱建物があり、出入口にともなう施設となる可能性がある。弥生時代後期後半〜終末期には２ヵ所の陸橋がみられる（図 116-⑫⑬）。以上、吉野ヶ里遺跡では、出入口として陸橋が多くみとめられ、掘立柱建物がともなう箇所もある。とくに北内郭の出入口周辺は鍵状の配置および柵など厳重な施設が認められ、出入口のあり方からも内部が特殊な空間であることがうかがえる。

　千塔山遺跡（佐賀県）　小高い丘陵地上に立地する弥生時代後期後半から後期末までの環濠集落遺跡である［基山町遺跡発掘調査団 1978］。遺跡では、断面Ｕ字形と断面Ｖ字形の環濠が検出されており、断面Ｕ字形の環濠が先行して掘削されている。断面Ｕ字形の環濠は、長径約 77m で隅丸方形にめぐる可能性がある。環濠の内外で竪穴建物跡が検出されており、環濠内部には１棟の大形建物跡を含む６〜８棟の竪穴建物跡が、環濠外部には 10 棟前後の竪穴建物跡が検出されている。出入口は北辺中央部に位置し、幅 1.25m の陸橋（土手道）である。出入口にともなう通路は見つかっていないが、調査地全体において遺構が稠密に検出されているにもかかわらず、出入口周辺では遺構の検出は希で、空閑地である。つまり、環濠内部の出入口前面はその東側で検出されている竪穴建物跡１棟を除いて広場となっており、そこから広場を隔てた後方に竪穴建物群が広がる景観を復元することができる（図 117-1）。

（４）古墳時代集落の出入口

　黒井峯遺跡（群馬県）　古墳時代における集落の出入口としては、先に蛍池遺跡の例を挙げた。ここでは、群馬県黒井峯遺跡で検出された、集落内の１戸とみられる単位における出入口の事例を紹介する。軽石層に覆われた古代の村として著名な黒井峯遺跡では、古墳時代後期の竪穴建物（住居）跡、平地建物（住居）跡、掘立柱建物跡からなる集落と畠跡および水田跡からなる生産域が検出されている。また、これらをつなぐ道のほか、囲む施設として柴垣、柵列、50〜60cm の土盛りとして畝状遺構が明らかにされている［石井 1986・1987、子持村教育委員会 1987］。１戸の単位がいくつか明らかにされており、このうち「Ｗ群単位」と呼称される単位をみてみたい。なお、ここでは検出された保存良好な遺構の状態を鑑み、諸遺構の「跡」を省略した名称で呼ぶことにする。「Ｗ群単位」は、竪穴建物１棟と柴垣に囲まれた部分、およびその外側に建つ掘立柱建物１棟、円形平面の平地式建物１棟、祭祀場と畠からなり、この一群の西側を南北に通る道と南側をほぼ東西に通る畝状遺構で区画される。柴垣に囲まれた区画内には平地建物２棟、円形の平地建物１棟、長方形の平地建物１棟、掘立柱建物１棟、未調査の平地建物２棟のほか、庭とみられる硬化面、小区画の畠、祭祀場がある。Ｗ群単位にともなう出入口をみてみると、大きく西側の道と南側の畝状遺構で区画される部分では、西側の道から分岐して竪穴建物１棟と柴垣に囲まれた部分に

向かってのびる道があり、この分岐がW群単位への出入口になる。施設はない。分岐した道は竪穴建物の周堤へとつながる。建物群等を囲む柴垣は竪穴建物周堤の裾をめぐり、分岐してきた道が竪穴建物の周堤へとつながった延長上で途切れており、この部分が柴垣に囲まれた建物群への出入口になる。柴垣は直線が分断されるといった状況ではなく、前後に控える状況で途切れている（図117-2）。ここでは、防御的な囲いや出入口といったものではなく、屋敷地を囲む芝垣とその出入口という景観である。

　黒井峯遺跡では、竪穴建物跡内部、区画単位内における広場跡などさまざまな場所に祭祀跡が検出されている。道跡の交差点で管玉、臼玉が出土したり、破砕された土器片が検出される例があり、これは居住域と生産域を含む各区画の境界を意識するものとする意見がある［一瀬 1997］。黒井峯遺跡における1区画単位の境界で行われた、明確な遺構をともなわない祭祀の跡である可能性が示された。

（5）居館の出入口

　これまで集落遺跡で検出された出入口の遺構の事例を挙げてきた。ここでは「居館」跡の出入り口遺構をいくつか取り上げる。

　成沢遺跡（栃木県、栃木県教育委員会・（財）栃木県文化振典事業団 1993）　5世紀後半の居館跡で、環濠に囲まれた菱形平面の区画があり、その内部に柱穴列（柵）に囲まれた竪穴建物跡が5棟検出されている。遺跡の周辺は、古墳時代中期後半以降の古墳が多く分布していて、これらの古墳の被葬者に関連する居館跡と考えられている。出入口は、環濠の北側で陸橋（土手道）が検出されており、ここが環濠の内外を結んでいる。台地の縁辺に沿って通る現在の農道のほぼ直下にあたるという。陸橋（土手道）の幅は約1.7m、途中で途切れているが環濠を渡る全長は約2.7mである。出入口はもう1ヵ所ある。柵跡と考えられる柱穴列の東辺で柱間距離がほぼ柱間2間分の間隔が空いている場所がある。ここが門跡と考えられている。この門跡を境にその北側と南側で柱穴列の柱間距離がやや異なっており復元すると興味深い景観となる。また、門の内側ではそれに沿った竪穴建物跡の間隔が空いており、門に通じる通路であった可能性がある。門の前面の環濠にはそれに連なるような遺構は検出されていない（図117-3）。

　三ツ寺I遺跡（群馬県）　5世紀末から6世紀前半までの居館跡が検出されている［（財）群馬県埋蔵文化財調査事業団 1988］。一部に突出部を有する1辺約90mの居館跡である。居館跡の北西部の調査によれば、壕の斜面には葺石があり、居館内側では壕に沿って柱穴列（柵）が多重にめぐる。内部には北西―南東方向の柱穴列を境に南側では大形掘立柱建物跡、北側では小形掘立柱建物跡が検出されている。出入口は、北辺橋脚跡が検出された場所が北からの出入口と推定されており、張出部と堤状遺構を結んでいる。北辺橋脚跡は、4列の直立する柱列からなり、改築が繰り返されている。また、西辺第1張出部と堤状遺構でも出入口が推定されており、西辺第1張出部南基部は船着場としての機能が考えられている。いずれも、調査区内においては出入口に付随するその他の遺構は検出されていない（図118-1）。居館の外縁部は周辺集落との間に遺構の存在しない空閑地をもち、居館は集落と隔絶した状態にある。居館内の大形掘立柱建物跡は出土遺物や検出され

290 第2部 原史・古代の住まいと建物

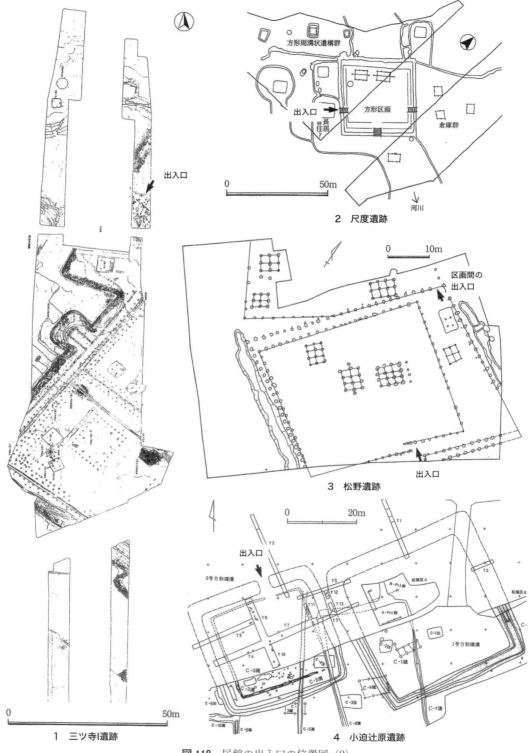

1 三ツ寺I遺跡
2 尺度遺跡
3 松野遺跡
4 小迫辻原遺跡

図 118 居館の出入口の位置図 (2)

た遺構の状況から祭祀の場と考えられている（図118-1）。

尺度遺跡（大阪府、（財）大阪府文化財調査研究センター 1999）　庄内式期の遺跡で、溝に囲まれた方形区画内に独立棟持柱をもつ掘立柱建物が2棟並び、建物と溝の間には柱穴列がめぐる。柱穴列は方形区画の北西辺では1列、南西辺では2列で、直径4～8cm、間隔0～3cmで打ち込まれていることから、横木がない竪木が立ち並ぶ構造が推定されている。出入口は方形区画の南西辺にあり、柱穴列が途切れている。ここでは、柱穴列の外側にある方形区画溝が区画内に向かって方形に張り出し、内部が島状をなす（図118-2）。方形区画周辺には周提外縁を溝が囲繞する竪穴建物跡が検出されており、出入口の向きはそのうちのひとつの竪穴建物跡を指している。

松野遺跡（兵庫県、神戸市教育委員会 1983）　5世紀後半から6世紀初頭の掘立柱建物跡群が構成する集落遺跡である。柱穴列（柵跡）で画される区画が2ヵ所あり、両区画内において、3棟～4棟の、方向を揃えた掘立柱建物跡が検出されている。南側の区画の出入口は最も内側をめぐる柱穴列の南東部にある、2重の柱穴列（柵跡）の内側の柱穴列の一部が食い違うように途切れている場所である。その外側の柱穴列でもここに近い場所で途切れている。また、外側柱穴列の北東隅の一部は、柱間距離が広い。この部分が南側の区画と北側の区画との間の出入口と推定されている（図118-3）。

小迫辻原遺跡（大分県）　「方形環溝」が囲繞する古墳時代前期の居館跡である［大分県教育委員会 1999］。「方形環溝」は、平行する新旧の2条の溝として検出されている。1号「環溝」が古く、2号「環溝」が新しい。2号「方形環溝」の北辺の中央付近、東寄りの位置で陸橋（土手道）が検出されており、これが出入口と考えられている。「環溝」内側に沿って塀と考えることができる布掘りの柱穴列がある。この柱穴列は、出入口と目される陸橋に最も近い位置で途切れている（図118-4）。

（6）弥生時代・古墳時代の出入口遺構について

弥生時代の環濠集落の出入口を示す遺構は陸橋または橋脚跡である。これに空閑地（広場跡）や柱穴列（柵跡）、掘立柱建物跡が付随することが多い。出入口は環濠の外と内を繋ぐ通路であり、通路は空閑地を経て環濠内へと続く。このような出入口をめぐる景観は、石神が指摘するように大塚遺跡、平塚川添遺跡において顕著である［石神 2001］。環濠における出入口の数は1ヵ所であることが多いが、大塚遺跡では2ヵ所の出入口が存在する可能性が高い［石神 2001］。吉野ヶ里遺跡では環濠の出入口が遺跡の西側だけで5ヵ所確認されている。環濠外部と内部を結ぶ出入口のなかでも、北墳丘墓への西側からの出入口は墓道や立柱もしくは門が付随する。集落内部への3ヵ所の出入口はいずれも陸橋（土手道）で、南内郭に近い出入口には防御施設の可能性があるという「ハ」の字形の2条の溝がともなうが、他の2ヵ所の出入口は陸橋（土手道）のみである。環濠内部では、南内郭では2ヵ所の出入口間にある張出部に望楼とみられる掘立柱建物があり、外部からの進入に対し高い防御性が求められたことがわかる。最も複雑な構造の出入口が設けられたのは北内郭である。2重の溝に設けられた出入口は鍵状に配置され、その間の通路は柱穴列（柵）に囲まれて、内部への進入に対し厳重な管理体制にあったことがうかがえる。吉野ヶ里遺跡における出入口

の形態の多様性は、出入口が機能や役割の違いをあらわしていると考える。

　古墳時代集落では3例を挙げた。蛍池遺跡の出入口は墓域と居住域の間にあり、柵の両端に掘立柱建物が付属する。この施設の両側には柱穴列はなく、柵による集落を囲む施設は存在しなかったと考えられる。溝咋遺跡においても同様である。2ヵ所の大きな柱穴からなる門は生産域（水田）と居住域の間にあり、これにつづく柱穴列はなく、柵による集落を囲む施設は存在しなかったと考えられる。黒井峯遺跡では、竪穴建物と平地式建物、掘立柱建物数棟からなる区画が複数検出されている。区画ごとに柵によって囲まれている。柵が途切れた場所には通路が取り付き、それが出入口となっている。区画相互の間には距離があり、畑が介在する。区画の集合体全体を囲む施設やそれの出入口はなく、弥生時代の環濠集落遺跡のように住居やその他の建物が集まった集村としての集落のような出入口を特定することはできない。あえてそれに近いものを求めるならば、上に述べたような祭祀跡を集落の境界の痕跡としてとらえることができる可能性はある。環濠をともなう居館では、環濠およびその内側に沿った柵が途切れる場所の陸橋（土手道）もしくは橋梁部分が出入口であった。環濠がなく柵のみが囲繞する居館では、柵が途切れている場所を出入口と考えることができた。

4　竪穴建物の改築

（1）竪穴建物の改築跡

　竪穴建物跡の床面に幾重にも壁溝跡が検出されることがある。大阪府周辺でも、弥生時代中期から後期までの比較的大形の竪穴建物跡で検出されることはめずらしくない。こうした遺構は、床面を共有しながら主柱や壁溝の位置や形状を変えて、何らかの契機により継続的に建て替えが行われた跡ではないかと推定する。床面を共有していることは、竪穴建物の位置の移動がなかったということである。

　本稿では、こうした床面を共有して継続的に行われた建て替えを「改築」として記述を進める。対象とする資料は弥生時代中期から古墳時代前期の竪穴建物跡とし、必要に応じ古墳時代中期から後期の竪穴建物を扱うこととする。

（2）研究史

　石野博信は、竪穴建物の改築を壁溝がそのままで主柱穴が重複する「原位置改築」と壁溝が重複してみられる「増築」に分け、増築を方形竪穴建物の一辺が拡張する「一方増築」と同心円状に拡張する「全周増築」に2分し各事例を示す。そして、「一方増築」は僅少例しかなく主流とはなりえない点、「全周増築」は弥生時代後期に近畿地方と山陽地方で多くの例があるものの、集落内では限られた例であり、やはり新築が住居面積拡張の主要な手段であったと考えた。とくに、竪穴建物が重複して検出されることの少ない縄文時代早期と古墳時代中期以降は、新築によって住居面積の拡張をはかった時期と考えている［石野 1975］。

　都出比呂志は、竪穴建物の周堤を検討するなかで壁溝について触れ、「円形住居において、周壁

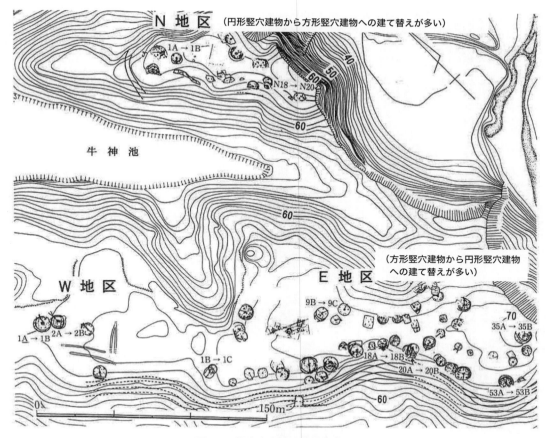

図119　観音寺山遺跡遺構全体図

の外に同心円形の溝が巡る場合、この外側の溝を改築による住居の拡張時の周壁溝と解釈することが多いけれども、この中にも周堤外護の杭列や矢板列の溝の候補となるものが潜んでいると思われる」とした［都出 1975］。壁溝が周堤の幅となりうる一定の間隔を開けて同心円状にめぐる場合、その指摘を念頭に置く必要がある。さらに、周堤のある竪穴建物で壁溝が重複してみられる竪穴建物跡の例はあるのか、についても考究しなければならない。周堤のある竪穴建物を拡張する場合、周壁外の基盤土はもとより周堤もまたその内側を掘削し広げる作業が予想される。この点については、近年事例の増す周堤のある竪穴建物跡の調査例をもとに後述したい。

（3）竪穴建物改築の事例

大阪府和泉市観音寺山遺跡（図119、同志社大学歴史資料館 1999）　和泉山地から槙尾川沿いに南西方向にのびる丘陵上に立地する、弥生時代後期の集落遺跡である。竪穴建物は2本の丘陵上の平坦面上で合計117棟が検出された。竪穴建物跡の重複が認められるのは62棟である。今回検討の対象とする、円形竪穴建物の床面を共有する改築は16棟である。その改築には次の2類型がある。
①壁溝の一部を共有して円形から円形への縮小
　　E-1B → E-1C、E-18A → E-18B（主柱6 → 5へすべて建て替え）、E-20A → E-20B（主柱

4 → 4 または 5 へすべて建て替え）、W-2A → W-2B（主柱 8 → 8 へ建て替え、うち 6 本は 2A の柱穴を再利用）

②壁溝の一部を共有して円形から円形への拡大

　　E-35A → E-35B（主柱 5 → 9 へすべて建て替え）、E-53A → E-53B（主柱 6 → 7 へすべて建て替え）、W-1A → W-1B（主柱 6 → 12 へすべて建て替え）、N-1A → N-1B（主柱 4 → 6 へすべて建て替え）

　観音寺山遺跡では、竪穴建物跡の改築数のうち、床面をほぼ共有する改築は 14％であり、改築の多数ではない。また、改築は円形竪穴建物に限られ、増築された壁溝は同心円状になるものはなく、すべて壁溝の一部を共有しつつ拡大または縮小する。

　大阪府南河内郡河南町東山遺跡［大阪府教育委員会 1980］　葛城山から北西に派生する太子南丘陵上に立地する。A〜D 地区全体で 53 棟の竪穴建物跡が検出されており、次のような改築がある。

①壁溝を共有して円形から円形へ主柱のみの建て替え

　　A-3B-1 → A-3B-2（主柱 9 → 9 へ少なくとも 2 本は建て替え）

②壁溝の一部を共有して隅丸方形から方形への縮小

　　A-3A1 → A-3A2（主柱 4 → 4 へすべて建て替え）

③壁溝の一部を共有して方形から方形への縮小

　　B-3A1 → B-3A2（主柱 4 → 4 へすべて建て替え）

④壁溝の一部を共有して円形から円形への縮小から隅丸方形、方形への拡大

　　B-9-1 → B-9-7（6 回の改築）

⑤壁溝の一部を共有して円形から隅丸方形、円形への拡大

　　B-10-1 → B-10-5（4 回の改築）

⑥壁溝の一部を共有して円形から円形への拡大

　　C-2B1 → C-2B2、C-2A1 → C-2A2（主柱 6 以上 → 8、6 → 8 へすべて建て替え）

⑦壁溝を共有せず同心円状に円形から円形への縮小から方形への拡大

　　C-6-1 → C-9-3（2 回の改築）

⑧壁溝の一部を共有して円形から方形への縮小

　　D-3 → D-4（主柱？（不明）→ 4 へ建て替え）

　以上、53 棟中 8 棟、15％の竪穴建物跡で改築が認められる。改築の仕方はさまざまで類型化はむずかしい。改築された竪穴建物跡は尾根上でも比較的平坦地にあるという共通性があるが、集落における中心部や周縁部などという位置に規則性は見出せない。

　大阪府泉南市滑瀬遺跡［(財) 大阪府埋蔵文化財協会 1987a］　和泉山地より派生する丘陵上に立地する。弥生時代中期末〜後期初頭の円形竪穴建物跡が 15 棟検出されており、うち 2 棟で改築が認められる。9 号 → 13 号および 15 号 → 14 号住居址でみられる円形から円形への縮小であり、双方とも斜面地に立地する。

　大阪府堺市野々井遺跡［大阪府教育委員会・(財) 大阪府文化財調査研究センター 1997］　和泉山地から派生する栂丘陵から石津川の支流和田川の氾濫原にかけて立地する。弥生時代中期の円形竪穴建物

第3章 原史・古代の景観と建物 295

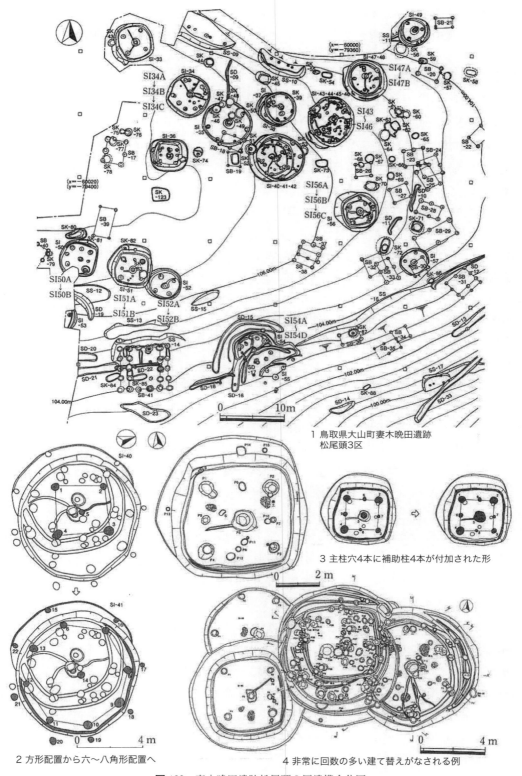

1 鳥取県大山町妻木晩田遺跡 松尾頭3区

3 主柱穴4本に補助柱4本が付加された形

2 方形配置から六〜八角形配置へ

4 非常に回数の多い建て替えがなされる例

図120　妻木晩田遺跡松尾頭3区遺構全体図

跡が 5 棟検出されており、うち 1 棟で改築がみられる。

1-0D は、内側 4〜6 本（復元本数）、外側 13 本（復元本数）と主柱が 2 重に配される直径 11m の大形円形竪穴建物跡である。最初の改築で壁溝が同心円状に拡大し主柱がすべて建て替えられ、内側 6 本（復元本数）、外側 16 本（復元本数）と主柱が 2 重に配される直径 12m の大形円形竪穴建物となる。2 回目の改築では壁溝の一部を共有しながら縮小し、内側 4 本（復元本数）、外側 14 本（復元本数）と主柱が 2 重に配される直径 10m の大形円形竪穴建物となる。

兵庫県芦屋市会下山遺跡［兵庫県芦屋市教育委員会 1985］　六甲山系から南へ派生する丘陵上に立地する。弥生時代後期を中心とする竪穴建物跡は 7 棟検出され、F・E・C 住居址の 3 棟が尾根上平坦地、X・N・J・L 住居址の 4 棟が斜面地に立地する。改築は尾根上平坦地の 3 棟すべての竪穴建物跡と斜面地の 1 棟の竪穴建物跡で認められる。尾根上平坦地の F 住居址は長円形→長円形への拡大、E 住居址は円形→円形→円形への拡大、C 住居址は隅丸方形→円形への拡大、斜面地の J 住居址（弥生時代中期後半）は半円形→半円形→半円形への拡大である。

兵庫県下ではほかに、三田市奈カリ与遺跡［兵庫県教育委員会 1983］東谷区 6 号住居址（弥生時代中期後半）で円形→円形への拡大、神戸市西神 65 地点遺跡［神戸市教育委員会 1987・1989］B 地区住居址（弥生時代中期後半）で円形→円形への拡大、姫路市六角遺跡［兵庫県教育委員会 1990］では弥生時代中期の竪穴建物 9 棟中 3 棟、弥生時代後期の竪穴建物 4 棟中 1 棟で改築が認められる。

鳥取県大山町・淀江町妻木晩田遺跡（図 120、大山スイス村埋蔵文化財発掘調査団・鳥取県大山町教育委員会 2000）　大山の北面の緩やかな傾斜地に並ぶ独立峰のひとつ、孝霊山の北西側にあたる妻木山丘陵地上に立地する。遺跡は松尾頭地区、妻木山地区、妻木新山地区、仙谷地区、松尾城地区、洞ノ原地区の各地区ごとに調査が実施され、弥生時代後期を中心とする多数の竪穴建物跡が検出されている。ここでは 97 棟の竪穴建物が検出されている松尾頭地区を対象に検討する（図 120-1）。97 棟中、床面をほぼ共有しての改築は 19 棟で認められ、次の 9 の類型に分類できる。

①壁溝の一部を共有して円形から円形への拡大（8 棟）

　　MGSI-O3A → SI-O3B（主柱 4（1 欠損）五角形配置→ 4 長方形配置へすべて建て替え）、MGSI-07A → SI-07B（主柱 6 六角形配置→ 7 長七角形配置へすべて建て替え）、MGSI-O8A → SI-O8B（主柱 4 方形配置→ 5 五角形配置へすべて建て替え）、MGSI-47A → SI-47B（主柱 4 方形配置→ 5 五角形配置へ 2 本共有して建て替え）、MGSI-O9A → SI-O9B → SI-O9C・MGSI-28A → SI-28B → SI-28C（主柱 4 方形配置→ 4 方形配置→ 5 五角形配置へすべて建て替え）、MGSI-14A → SI-14B（主柱 4 長方形配置→ 4 長方形配置へすべて建て替え）、MGSI-56A → SI-56B → SI-56C（主柱 4 方形配置→ 5 五角形配置へ 4 本共有して建て替え）

②壁溝の一部を共有して円形から円形への拡大および縮小（2 棟（12 回・18 回の改築））

　　MGSI-43→ SI-44→ SI-45A → SI-45B → SI-45C → SI-45D → SI-45E → SI-45F → SI-46A → SI-46B → SI-46C → SI-46D（主柱 4 方形配置→ 6 六角形配置→ 7 七角形配置→ 5 五角形配置→ 4 方形配置へ一部共有して建て替え）、MGSI-61A → SI-61B → SI-61C → SI-62A → SI-62B → SI-62C → SI-62D → SI-63 → SI-64A → SI-64B → SI-64C → SI-64D → SI-65A → SI-65B → SI-66A → SI-66B → SI-

66C → SI-66D（主柱6六角形配置→5五角形配置→6六角形配置→7七角形配置→5五角形配置→4方形配置→6六角形配置へ一部共有して建て替え）

③壁溝の一部を共有して隅丸方形から隅丸方形への拡大（2棟）

MGSI-6OA → SI-6OB（主柱4方形配置→主柱4方形配置へ4本共有して建て替え）、MGSI-92A → SI-92B（主柱4方形配置→主柱4方形配置へ4本共有して建て替え）

④壁溝の一部を共有して楕円形から隅丸方形への拡大（1棟）

MGSI-94A → SI-94B → SI-94C → SI-94D（主柱2→4方形配置へすべて建て替え）

⑤壁溝の一部を共有して円形から円形への縮小（1棟）

MGSI-67A → SI-67B（主柱5五角形配置→主柱5五角形配置へ2本共有して建て替え）

⑥壁溝を共有せず同心円状に円形から円形への拡大（2棟）

MGSI-52A → SI-52B（主柱4方形配置→4方形配置へ同じ柱穴で建て替え）、MGSI-84A → SI-84B → SI-84C → SI-84D（主柱4方形配置→6六角形配置→7七角形配置へ一部柱穴を共有して建て替え）

⑦壁溝を共有せず同心円状に隅丸方形から隅丸方形への拡大（2棟）

MGSI-9OA → SI-90B（主柱4方形配置→4方形配置+補助柱3へ同じ柱穴で建て替え）、MGSI-91A → SI-91B → SI-91C（主柱3三角形配置→2本柱へ建て替え）

⑧壁溝を共有せず円形？から円形？への拡大および縮小（斜面の竪穴建物のため平面形が不明）（1棟）

MGSI-54A → SI-54B → SI-54C → SI-54D（主柱4方形配置→5五角形配置）

このほか、床面はそのままで主柱のみの建て替えがつぎの円形および方形竪穴建物でみられる。

⑨円形（7棟）

MGSI-11A → SI-11-B・MGSI-12A → SI-12B（主柱4方形配置→5五角形配置へすべて建て替え）、MGSI-MOA → SI-MOB（主柱4方形配置→4+補助柱4方形配置へ3本共有して建て替え）、MGSI-34A → SI-34B → SI-34C（主柱4方形配置→5五角形配置→5五角形配置へ4本共有して建て替え）、MGSI-68A → SI-68B（主柱6+補助柱2六角形配置→主柱6+補助柱3六角形配置へすべて建て替え）、MGSI-76A → SI-76B（主柱4方形配置→4方形配置へ3本共有して建て替え）、MGSI-87A → SI-87B → SI-87C（主柱4方形配置→4方形配置→5五角形配置）

⑩方形（2棟）

MGSI-50A → SI-5OB（主柱4+補助柱3方形配置→主柱4方形配置へすべて建て替え）、MGSI-51A → SI-51B（主柱4+補助柱4方形配置→主柱4補助柱4方形配置へすべて建て替え）

以上を整理すると以下のとおりである。

a. 改築のみられる竪穴建物跡は97棟中19棟（他に7世紀の改築例MGSI-73が1例あるがこれは含めない）と約20％で多数ではない。

b. 改築のみられる竪穴建物跡19棟中、円形竪穴建物跡は15棟、隅丸方形竪穴建物跡は4棟であり、改築は円形竪穴建物跡でみられる場合が多い。

c. 改築のなかでは壁溝の一部を共有する円形から円形への拡大が最も多く、19棟中9棟を占め

る。また、改築の際、壁溝の一部を共有するものが多く、19棟中15棟、壁溝を共有せず同心円状に拡大するものは4棟である。

d. 改築のみられる竪穴建物跡19棟中、拡大する例が15棟、縮小する例が1棟あり、拡大する場合が圧倒的に多い。ほかに改築の回数が多い例（2棟）では拡大、縮小の両方が認められる。

e. 円形竪穴建物の拡大では、主柱穴4本が矩形に配置されるものから主柱6～8本が多角形に配置されるものへと変化する場合が多い（図120-2）。

f. 隅丸方形穴竪穴建物では、床面が拡大する場合や主柱穴のみを建て替える場合を問わず、主柱穴4本に補助柱4本が付加された形で方形配置される（図120-3）。これは、地域の特色である可能性がある。

g. 限られた時期に1棟の竪穴建物において12回（MGSI-43～46 妻木晩田8期以前）、18回（MGSI-61～66 妻木晩田8～9期）（図120-4）という非常に回数の多い建て替えがなされる例がある。19棟中改築の回数は1～4回にとどまるものが大勢を占めるなか、この2例は特殊な例といえる。

h. 竪穴建物は丘陵頂部の平坦地に立地するものが多数を占めるが、斜面に立地する例（MGSI-54）もあり、こうした斜面の竪穴建物跡においても改築が認められる。

島根県安来市塩津丘陵遺跡群［建設省松江国道工事事務所・島根県教育委員会 1998］ 安来平野に張り出す丘陵の東側に立地する。遺跡群は塩津山遺跡、竹ヶ崎遺跡、柳遺跡の遺跡ごと調査が実施され、弥生時代後期末の斜面地に営まれた竪穴建物跡が多数検出されている。

竹ヶ崎遺跡 SIO4 は隅丸方形の4本主柱の竪穴建物跡である。主柱のうち2本に建て替え痕跡がみられ、南隅部で壁溝が2重に検出されていることから、縮小もしくは拡大の2度の改築があったと考えられている。柳遺跡 SIO4 は、隅丸方形の4本主柱の竪穴建物跡から隅丸五角形の竪穴建物跡へ拡大された。隅丸方形の2辺にあたる壁溝のみが2重に検出されていることから、壁構の一部が共有された改築と考えられる。隅丸五角形の竪穴建物の主柱は4攪乱のため不明である。中央ピットは共有されている。柳遺跡 SI07 は、SIO7D → SIO7A → SIO7B → SIO7C の3回の改築が明らかにされている。

SIO7D → SIO7A が縮小されるほかはいずれも壁溝の一部を共有して拡大されている。斜面の竪穴建物跡であり、平面形はいずれも不整な円形である。柳遺跡 SIO8 は、隅丸五角形もしくは六角形の竪穴建物から4本主柱の隅丸方形の竪穴建物へと山側の1辺を共有して縮小されている。中央ピットは共有されている可能性が大きい。塩津丘陵遺跡群では、改築のみられる竪穴建物跡は37棟中4棟と約11％である。改築は拡大、縮小の双方があり、いずれも壁溝の一部を共有する。なお、加工段（段状遺構、造成面）が多く検出されており、その一部は住居となる可能性がある。

鳥取県倉吉市夏谷遺跡［倉吉市教育委員会 1996］ SI-0 は3回の改築がなされている。すなわち、4本主柱の隅丸方形から1辺を拡大し、その後4辺を拡大した後主柱をすべて建て替えた5本主柱の五角形竪穴建物へと改築する。

岡山県赤磐郡山陽町惣図遺跡・用木山遺跡［岡山県山陽町教育委員会 1977］ 砂川流域にのびる東高月丘陵群の中央部に位置し、惣図遺跡は南へ、用木山遺跡は東へのびる尾根の南斜面に立地する。弥

生時代中期後半を盛期とする集落遺跡である。

　惣図遺跡では、斜面地に広がる 26 棟の竪穴建物が検出されており、第 6～9 号住居址、第 11～13 号住居址、第 16 号住居址、第 17～18 号住居址、第 20～21 号住居址、第 22～24 号住居址、第 25～26 号住居址で改築が認められる。第 16 号住居址以外の竪穴建物跡では、傾斜地の上方から掘削を重ねながら順に建て替えられており、下位の竪穴建物が新しく平面形が明らかである。平面形には円形、長方形、隅丸方形があるが、改築にあたっての規則性は認められない。規模は上位の古い竪穴建物が削平されているため明確な比較はできないが、目立った拡大、縮小はなくほぼ同規模での改築とみられる。第 16 号住居址は削平整地された造成面に立地し、隅丸方形から隅丸方形への拡大が認められる。用木山遺跡では、斜面地に広がる 110 棟の竪穴建物跡が検出されている。等高線に沿って 11 の竪穴建物跡群があり、各竪穴建物群において惣図遺跡と同じような改築が認められる。

　香川県観音寺市一の谷遺跡［香川県埋蔵文化財研究会 1990］　財田川流域の沖積平野に立地する。弥生時代後期末～古墳時代前期初頭の円形、隅丸方形、長方形竪穴建物が 29 棟検出されているが、明確に改築が認められる竪穴建物跡は無い。

　山口県熊毛郡平生町松尾遺跡［山口大学人文学部考古学研究室 1984］　周防灘と伊予灘を区切るように突き出す室津半島のつけ根に位置し、遺跡は平生低地に向かってのびる低丘陵上に立地する。3 棟の弥生時代後葉～末の円形竪穴建物跡が検出されており、うち 2 棟で改築が認められる。1 号住居跡は壁溝を一部共有する円形から円形への拡大が認められ、中央の炉跡も新旧重複する。2 号住居跡は壁溝のみが検出されている。壁溝に平行して同心円状に溝が 2 条検出されていることから円形竪穴建物の 2 度の拡大が考えられている。1 号住居跡からは多量の土器とともに多数の鉄製品、ガラス小玉、石鏃、紡錘車などが出土している。

　高知県南国市田村遺跡［高知県教育委員会 1986］　高知平野の東部、香長平野の物部川河口に広がる沖積平野に立地する。弥生時代中期～後期の竪穴建物跡が 20 棟検出されており、7 棟で改築が認められ、うち 5 棟は主柱の建て替えのみの改築である。ST14 および ST15 は 2 棟が重複して検出されており、ST15（中期後葉）→ ST14（後期初頭）の新旧関係がある。両者とも円形から円形への拡大が認められ、主柱も建て替えられている。ST14 は 20 棟中最大規模の竪穴建物であり、出土遺物も多く、勾玉、鉄鏃、手づくね土器が含まれる。

　福岡県福岡市那珂遺跡［福岡市教育委員会 1987b］　福岡平野のほぼ中央部、那珂川と御笠川にはさまれた中位段丘である那珂台地上に立地する。第 8 次調査では弥生時代中期後半から末葉の円形竪穴建物跡 3 棟および方形～長方形竪穴建物跡 14 棟が検出され、うち 2 棟で改築が認められる。SC01 は 17 棟中最も規模の大きい大形円形竪穴建物で、円形平面を維持しながら主柱数は 7 から 8 へと増加し、うち 5 本を共有する。SC13 は長方形竪穴建物跡であり、2 本の主柱のみ建て替えられる。

　福岡県福岡市唐原遺跡［福岡市教育委員会 1989a］　博多湾東部和白浜・香椎浜の砂丘上に立地し、弥生時代後期から古墳時代前期までの竪穴建物跡 81 棟が検出されている。大部分が方形平面で、1 辺 3～4m の竪穴建物跡が多い。改築が認められる竪穴建物跡はない。早良平野の室見川沿いに立

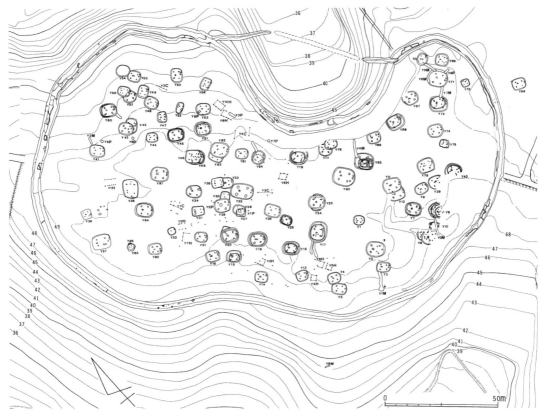

図 121　大塚遺跡遺構全体図

地する有田遺跡群［福岡市教育委員会 1986］では、古墳時代前期の中形〜小形方形竪穴建物跡が 7 棟検出されているが改築は認められない。有田遺跡群の上流に位置する岩本遺跡群［福岡市教育委員会 1993］では、弥生時代前期〜中期の円形竪穴建物跡 14 棟、長方形竪穴建物跡 4 棟が検出されている。すべての竪穴建物跡に壁溝は認められず、また改築もない。

　大分県大野郡大野町二本木遺跡［大野町教育委員会 1980］　大野川中流部の大野原台地上に立地する。弥生時代後期から古墳時代前期の方形竪穴建物跡が 65 棟検出された。竪穴建物跡は密集していて複雑に重複するが、改築の認められる竪穴建物跡はない。

　長野県上伊那郡辰野町樋口内城館遺跡［長野県考古学会 1992］　伊那山地からのびる台地の先端部に立地し、弥生時代中期後半から後期の長方形平面を中心とする竪穴建物跡が 66 棟検出されている。うち床面を共有する改築が認められるのは後期前半の竪穴建物跡 1 棟のみである。松本市宮渕本村遺跡［長野県考古学会 1992］では弥生時代中期後半から後期前半の竪穴建物跡が 84 棟、同県長野市高野遺跡［長野市教育委員会 1999］では弥生時代後期の竪穴建物跡が 51 棟検出されているが、床面を共有する改築が認められる竪穴建物はない。他にも、長野市松原遺跡［長野県埋蔵文化財センター他 1998］では、弥生時代後期の長方形竪穴建物跡が 22 棟検出されているが、床面を共有する改築が認められる竪穴建物は、長辺を拡大した SB204 の 1 棟のみである。

神奈川県横浜市大塚遺跡（図121、横浜市埋蔵文化財センター 1991）　弥生時代中期の環濠集落で、86棟の竪穴建物跡が検出されている。竪穴建物の改築にはいくつかの類型が見出される。

①壁溝を共有せず同心円状に隅丸長方形から隅丸長方形への拡大（5棟）

　Y7B → Y7A、Y18C → Y18B → Y18A、Y20B → Y20A、Y25B → Y25A、Y45B → Y45A（主柱4方形配置→4方形配置へ建て替え）

②壁溝を共有せず同心円状に隅丸長方形から隅丸長方形への拡大を示す竪穴建物跡（1棟）のうち、拡張された壁溝が接する程度に相互に近接するもの

　Y84B → Y84A

③壁溝を共有せず、隅丸長方形から隅丸長方形へ一方向に偏ってやや位置を変えながら拡大されるもの（7棟）

　Y15B → Y15A、Y17C → Y17B → Y17A、Y19B → Y19A、YT4OB → Y4OA、Y51C → Y-51B → Y51A、Y68B → Y68A、Y78B → Y78A（主柱4方形配置→4方形配置へ建て替え）

④壁溝の一部を共有して隅丸長方形から隅丸長方形への縮小（2棟）

　Y8C → Y8B → Y8A、Y64B → Y64A

⑤壁溝の一部を共有して隅丸長方形から隅丸長方形への拡大（4棟）

　Y6OB → Y6OA、Y65F → Y65E → Y65D → Y65C → Y65B → Y65A、Y67B → Y67A、Y72B → Y72A

　大塚遺跡では、以上のように、86棟中19棟、22％の竪穴建物で改築が認められる。また、竪穴の重複が認められる竪穴建物は12組24棟である。壁溝を共有せず同心円状、または位置をずらしながら相似形に拡大する改築が多く、拡大された壁溝が接するように近接している改築もあった。こうした特徴は同じ弥生時代中期宮ノ台式期の集落遺跡である神奈川県横浜市折本西原遺跡［横浜市埋蔵文化財調査委員会 1980］や神奈川県横浜市綱崎山遺跡［横浜市教育委員会・横浜市埋蔵文化財調査委員会 1986］においてもみられる。

　いっぽう、弥生時代後期から古墳時代前期の竪穴建物が142棟検出されている神奈川県平塚市王子ノ台遺跡［東海大学校地内遺跡調査団 2000］では、改築の認められる竪穴建物は8棟、6％弱にとどまり、本地域では弥生時代中期には改築が顕著であるが弥生時代後期には激減する傾向がある。

（4）周堤のある竪穴建物における改築の事例

静岡県静岡市登呂遺跡［日本考古学協会 1978］　安倍川により形成された低湿地中の微高地に立地する。竪穴建物11棟が検出され、うちNO.1-47、NO.1-48、NO.3-50住居跡の3棟で周堤が良好に残存する。いずれも楕円形でありNO.1-48、N0.3-50住居跡では4本の主柱が明らかにされている。住居壁面には「板羽目」が残存し、周堤外側は木杭で土留めされる。いずれも洪水砂で覆われた時点の状況を明らかにするという調査の前提から最上層のみの調査でとどめられ、床面より下層は調査されていないため、改築の有無は不明である。

大阪府東大阪市巨摩・若江北遺跡［(財)大阪府文化財調査研究センター 1996b］　河内平野に立地する。

15Aトレンチ第3b面で検出された弥生時代後期の建物跡（平地住居1）は、「周提が検出され、竪穴住居ではなく、地表面と床面の差がない周提式平地住居」［（財）大阪府文化財調査研究センター 1996b］である。周堤の幅は約2.5m、周堤の外側の直径は約11.6mである。2重の壁溝は隙間なく接して検出され、壁溝1本分の床面の拡張が行われたことがわかる。近接しあるいは重複して検出された主柱穴からみて、5ないし6と推定される主柱の建て替えが行われたことがわかる。同様に、周提をともなう建物跡SB518およびSB530が西へ約50mの地点で検出されている。そのうち、SB530では壁溝が2重に検出されている。

群馬県群馬町保渡田・荒神前遺跡［群馬町教育委員会 1988］ 相馬ヶ原扇状地の端部にあたる低い台地上に立地する。弥生時代終末～古墳時代初頭の方形竪穴建物が5棟検出されており、うち4棟に周堤がめぐる。うち3棟の全容が明らかにされているが、いずれも改築は認められない。

群馬県渋川市中筋遺跡［群馬県渋川市教育委員会 1988］ 榛名山―渋川テフラ（HR-S）層に覆われた古墳時代後期の竪穴建物が4棟確認され、周堤を共有している。うち、1号竪穴建物についてはほぼ全容が明らかにされているが、壁溝はなく、改築は認められない。

（5）竪穴建物の改築に関する検討

以上の事例をもとに竪穴建物の改築について整理・検討する。

①改築のみられる竪穴建物の割合

まとまった竪穴建物跡が検出された遺跡において、検出された竪穴建物跡中の改築が認められる竪穴建物跡が占める割合をみると、観音寺山遺跡では14％、東山遺跡では15％、妻木晩田遺跡では20％、塩津丘陵遺跡群では12％、田村遺跡では10％、那珂遺跡では12％、大塚遺跡では22％であり、平均すると15％となる。弥生時代中期～後期の集落跡では改築が認められる竪穴建物跡は多数ではないものの、おおむね10～20％の竪穴建物跡で改築が認められるとみてよい。

②改築のパターン

竪穴建物の改築のなかでは、円形竪穴建物が1回～2回拡大された事例が最も多かった。また、円形竪穴建物での改築が方形竪穴建物のそれに比べて圧倒的に多い。円形竪穴建物は方形竪穴建物に比べて改築に適しているようである。これは、主柱穴が多角形に配置される円形竪穴建物と方形に配置される方形竪穴建物との建築構造上の差があらわれていると考えることもできる。

改築は、円形竪穴建物と方形竪穴建物という2要素、および拡大と縮小という2要素の組み合わせからなる8パターンはすべて網羅的にみられる。すなわち、円形→円形への拡大・縮小、方形→方形への拡大・縮小、円形→方形への拡大・縮小、方形→円形への拡大・縮小は今回検討した資料中ですべてみられ、また1つの竪穴建物で改築の回数が多い場合には拡大、縮小および円形、方形の変化が自在であり（妻木晩田遺跡MGSI-61～66に顕著）、改築に際しての一定のパターンや禁忌的なパターンはないようである。

③改築パターンの地域性

畿内、瀬戸内、山陰、北部九州を含めた西日本では、円形竪穴建物跡の壁溝の一部を共有して拡大する改築が多い。円形竪穴建物の主柱が多角形に配置され、拡大に際してはその一部を共有しな

がら主柱の本数を増し、中央の炉も位置を変えずに踏襲する場合が多い。いっぽう、関東地方とその周辺では、長円形もしくは隅丸長方形竪穴建物跡の壁溝が共有されず同心円状、またはやや位置をずらしながら相似形に拡大する改築が多い。また、長円形もしくは隅丸長方形竪穴建物の主柱が中心軸を対象に4または6本配置され、拡大に際しては各主柱の外側に新たに主柱が建て替えられ、炉も少し位置を変えて新たに作られる場合が多い。

主柱穴の配置という観点からは、都出比呂志が指摘した西日本の円周上配置、東日本の中心軸の両側への配置という主柱配置原理の地域差が想起される［都出 1989］。改築という観点から西日本における壁溝の一部を内接して共有する拡大、東日本の壁溝を共有しない同心円状の拡大という地域差がみられることは、都出のいう「主柱配置原理の地域差」と強く関連するものと考えられる。ただし、東日本といっても甲信越では改築のみられる竪穴建物はきわめて少ないことから、関東を中心とする地域との対比ととらえたほうがよい。

山陰における改築の事例では、主柱が壁溝の近くに配置される傾向があり、床面積の拡張にあたっては主柱の多柱化に一般性があるが、主柱が4本から5本になる事例や4主柱の柱間に補助柱を設けて8本柱とした改築例があることなどに、地域の特色がうかがえる。

④改築の回数

今回検討した改築が認められる竪穴建物77棟の改築の回数は、1回が48棟、2回が18棟、3回が6棟、4回・5回・6回・12回・18回が各1棟である。1～2回の改築がほとんどであり、4回を超える改築はまれである。妻木晩田遺跡の12回、18回は例外的に多い改築回数である。

⑤改築の時期

改築は、弥生時代中期から後期にかけて多く、弥生時代後期末から古墳時代前期には少ないことがわかった。とくに、弥生時代中期後半から後期初頭にかけて改築の事例は集中する。この傾向は地域を問わずほぼ共通するが、畿内、瀬戸内、山陰では、弥生時代後期においても改築のみられる竪穴建物跡が減少しながら存続することに対し、北部九州、関東では弥生時代後期に入ると改築のみられる竪穴建物跡は激減する。北部九州、関東では弥生時代後期から古墳時代前期にかけて、遺構として重複しない数棟の竪穴建物からなる集落が主流となる。畿内ではやや遅れ、この傾向は古墳時代前期に入ってから顕著となる。

⑥改築と集落の立地との関連

改築された竪穴建物跡は、丘陵上の集落遺跡と低地の集落遺跡のどちらにも検出された。丘陵上の集落遺跡では、尾根上平坦地および斜面地のいずれにおいても改築された竪穴建物跡が存在し、会下山遺跡や東山遺跡、妻木晩田遺跡に顕著なように尾根上平坦地に改築された竪穴建物跡が多い傾向がある。

東山遺跡ではA～D地区の各尾根上に竪穴建物の広がり以外の空閑地がまったくないわけでもないが、まとまった空閑地はみられず、限られた面積という土地条件が竪穴建物改築の誘因となっているのかもしれない。

観音寺山遺跡では尾根上平坦地の南端に竪穴建物が連なり、尾根の中央部には空閑地が広がるにもかかわらず竪穴建物は広がりをみせず、南端に並ぶ状態で改築を行っている。新築の労力をとる

よりも改築を選択したのか、あるいは尾根の中央部は通路などに使用され竪穴建物の設営は規制されていたのか、いろいろな可能性が推定される。

　東山遺跡では丘陵頂部の狭い平坦地に竪穴建物跡が集中しており、改築もその場で行われた傾向が強い。観音寺山遺跡では、尾根上の平坦面南縁に竪穴建物跡が集中して立地しており改築もその範囲で行われていた。また、改築の有無に関わらず、丘陵上の竪穴建物は平野部への展望がきく尾根上もしくは南斜面地に広がる場合が多く、改築された竪穴建物も既存の竪穴建物の立地を踏襲して、平野部への展望がきく尾根上（東山遺跡B地区）もしくは南斜面地（惣図遺跡、用木山遺跡、観音寺山遺跡、東山遺跡C地区）に多い。集落内における竪穴建物の占地には、広場や通路あるいは祭祀空間などさまざまな規制があったと想像できるが、狭隘であるが平坦な丘陵上・尾根上もしくは南斜面地に立地することは多くの集落で共通している。換言すると、当初設営した竪穴建物の占地条件をそのまま踏襲するために同じ場所での改築という方法を選んだ、ということであろう。

⑦改築による床面積の変化

　改築には床面積の拡大と縮小がある。1回の改築において5割を超える床面積の増減はみられなかった。床面積の変化の傾向をみると、平坦地の竪穴建物の改築では比較的増減の幅が大きいのに対し、斜面地の竪穴建物の改築では平坦地の竪穴建物の改築と比べ増減の幅が小さい。斜面地の竪穴建物の場合、改築の目的は床面積の増減ではない可能性が大きく、斜面地という立地条件を考慮すると、斜面地の竪穴建物改築は建物の改修が目的ではなかったか、と考える。

⑧集落内における改築された竪穴建物の特徴

　改築された竪穴建物は、集落の中央に位置するという特別な傾向は見出せない。

　改築された会下山遺跡F住居址は祭祀場の下に位置しており、首長の住居跡と推定されている。改築された竪穴建物跡の規模をみると、小形竪穴建物の改築は少なく、中形～大形竪穴建物の改築が一般的であり、とくに大形竪穴建物の改築が多い。改築は、拡大する場合が多いが、中形～大形竪穴建物が改築により縮小して小形竪穴建物になる場合もある。

　改築された竪穴建物の出土遺物が、他の竪穴建物に比べて特異であったり、遺物量が多いといったような差異は、とくにみられない。会下山遺跡F住居址は銅鏃・磨製石鏃・鉄器・ガラス小玉といった特異な遺物が出土し、祭祀場の下に位置することからも首長の住居と推定されている。しかし、同じ会下山遺跡で改築されたE住居址、C住居址からは特殊な遺物の出土はなく、改築がみられる竪穴建物跡に限って特殊な遺物が出土するとはいえない。同様に、妻木晩田遺跡において12回の改築がみられるSI-45・46では破鏡の出土がみられるが、22回の改築がみられるSI-61～66では特殊な出土遺物はみられない。田村遺跡ST14や松尾遺跡1号住居跡は出土遺物も多く、勾玉、鉄鏃、手づくね土器、ガラス小玉、石鏃、紡錘車など特殊な遺物が出土しているが、同一集落において改築された他の竪穴建物では、特殊な遺物が出土していることはない。改築された竪穴建物に限って特殊な遺物が出土するとはいえない。

⑨改築された竪穴建物の年代幅

　改築された竪穴建物では、2回以上の改築を経た最後の竪穴建物跡出土遺物のみが確認される場

合がほとんどであり、今回検討した事例においても、改築途上の竪穴建物跡床面からの出土遺物が確認された事例はなく、改築竪穴建物跡の年代幅を知ることが困難である。
⑩周堤のある竪穴建物における改築
　巨摩・若江北遺跡では「周堤式平地住居」跡で改築が行われていた。今後の資料の蓄積により、周提の有無と改築に関連があるのかどうか追究したい。

（6）竪穴建物の改築と集落の形態

　「改築」は、一定の場所に、繰り返し、同種の建物（ここでは竪穴建物）を建て続ける、ということである。改築の理由は（5）で述べたとおりである。各遺跡、各竪穴建物跡ごとに個別検討が必要であり、軽々に一般化することはできないが、竪穴建物を特定の位置に改築して使用するという事象が弥生時代中期から後期にかけて多くみられるということを、本項の検討で明らかにすることができた。
　また、古墳時代前期には改築された竪穴建物が減少し、改築されない（新築の）竪穴建物からなる集落が多くなる。その集落の住居は新築の竪穴建物だけで構成されているのである。
　竪穴建物の改築の有無が、建物使用の継続時間の長短をあらわしているとすると、弥生時代中期から後期にはひとつの集落では竪穴建物の改築をしながら一定の位置で継続的な使用が続くが、古墳時代前期の集落では竪穴建物を改築せず、一定の位置に営まれた期間は短期間であったと考えることができる。改築の契機は種々あろうが、たとえば、建物の老朽を契機のひとつとすると、改築のない古墳時代前期と改築が行われる弥生時代中・後期とでは、単純計算では一定の場所で建物の使用が続く時間は数倍にもなる。弥生時代中期から後期の集落では竪穴建物位置の固定性、長期性が高く、古墳時代前期の集落では竪穴建物位置の流動性、短期性が高いと言い換えることができようか。一定規模以上の弥生時代の集落の典型である環濠集落は、改築をともなう竪穴住居を内包して、埋没した環濠の位置をずらしながら新設して環濠集落の形態を維持する。もうひとつの弥生時代集落の典型である高地性集落では、建物の建築に不利な傾斜地・狭小地に竪穴建物を改築しながら高地性集落としての形態を維持する。
　弥生時代の集落の特色として環濠集落、高地性集落があるが、その特色のひとつに竪穴建物の改築行為を付け加えたい。換言するなら、弥生時代中・後期と古墳時代前期との集落の違いのひとつに、竪穴「住居」の建て替えの有無から読み取る、集落内部における「住居」のプロダクト・ライフ・サイクルの違いをつけ加えたいのである。

5　古代の竪穴建物―竈屋の考察（1）

（1）古代の竪穴建物跡との出会い

　筆者（合田幸）は、大阪府松原市の観音寺遺跡［(財) 大阪府文化財調査研究センター 1998］、大阪府寝屋川市の高宮遺跡［(財) 大阪府文化財センター 2004］の発掘調査において、古代の竪穴建物跡の調査に関わった。「歴史シンポジウム　緑立つ道の遺跡たち―第二京阪道路関連遺跡の調

306 第2部 原史・古代の住まいと建物

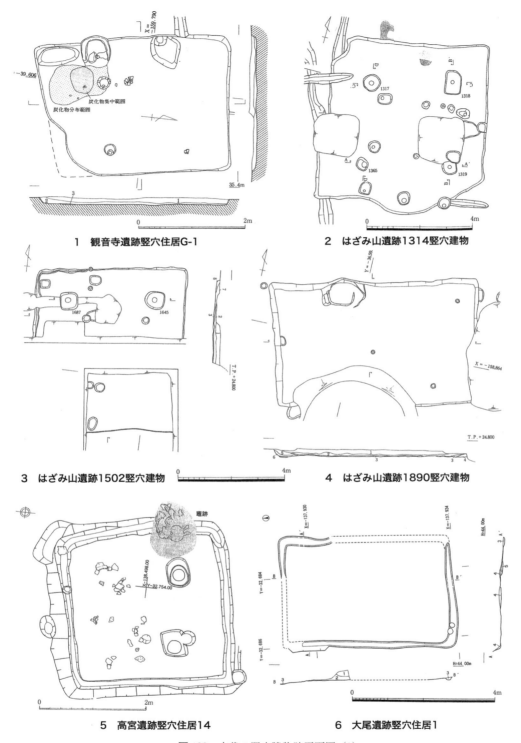

1 観音寺遺跡竪穴住居G-1
2 はざみ山遺跡1314竪穴建物
3 はざみ山遺跡1502竪穴建物
4 はざみ山遺跡1890竪穴建物
5 高宮遺跡竪穴住居14
6 大尾遺跡竪穴住居1

図122 古代の竪穴建物跡平面図（1）

査を総括する─」［寝屋川市・寝屋川市教育委員会 2010］において高宮遺跡の発掘調査成果に関する報告を行ったときに、いくつかの遺跡で古代の竪穴建物跡が検出されていることを知った。

本項では、それら発掘調査やシンポジウムの成果にもとづいて、大阪府下における古代の竪穴建物を概観し、若干の検討を行う。

（2）河内における古代の竪穴建物

松原市観音寺遺跡（図122-1）「難波より京に至る大道」と記された古代の官道丹比道、のちの竹内街道の北側に位置する、奈良時代を中心とする集落遺跡である。奈良時代の遺構には、水路跡、掘立柱建物跡、竪穴建物跡、柱穴、溝、土坑がある。竪穴建物跡は竪穴建物跡 G-1 の 1 棟である。

竪穴建物跡 G-1 は、ほぼ長方形平面で東西 5.3m、南北 7.0m、残存する壁高は 17cm で、主柱穴および周溝（壁溝）は検出されていない。竪穴の南東隅が削平されている。西壁のやや南寄りに作り付け竈跡が検出された。竈跡の規模は幅、奥行きともに約 0.5m である。袖部は暗褐色粘土で構築され、被熱のため表面全体が硬化している。燃焼部から焚き口にかけて焼土や炭、灰が堆積する。焚き口手前 0.3m 弱のところに土師器甕の上半部が置かれたような状態で出土している。この土器を避けるように、焚き口手前から左側にかけて炭、灰が幅 1.2m、奥行き 0.7m の範囲に分布している。炭や灰を竈の燃焼部から焚き口の左側に向けて掻き出した範囲であると推定する。南西隅部の竈本体と炭・灰が掻き出された約 1.2m 四方の範囲を竪穴建物跡 G-1 の火処としてとらえることができる。竪穴建物跡の出土遺物はいずれも小破片で、須恵器椀、土師器杯・皿・甕・羽釜があり、奈良時代の可能性が高いと考えられている。

観音寺遺跡では、飛鳥時代から南北朝時代までの建物跡が検出されているが、竪穴建物跡 G-1 以外はすべて掘立柱建物跡である。報告書では竪穴建物跡 G-1 は住居跡ではなく工房跡である可能性があるとされているが、何らかの生産に関わる遺物は出土していない。ただし、掘立柱建物跡で構成される集落跡において竪穴建物跡が 1 棟だけ検出されていることは、観音寺遺跡集落跡における竪穴建物跡 G-1 の特殊性をあらわしている。

観音寺遺跡の南側には、丹上遺跡が立地する。奈良時代、平安時代の掘立柱建物跡が多数検出されている［大阪府教育委員会・（財）大阪府文化財調査研究センター 1998］が、該期の竪穴建物は検出されていない。

藤井寺市はざみ山遺跡（図122-2～4） 観音寺遺跡から東へ羽曳野丘陵を越えた位置にあるはざみ山遺跡では、古代の掘立柱建物群の中に少数の竪穴建物跡が検出されている。大和川と石川の合流点から南西へ約 3km、古代大津道を引き継いだ長尾街道と丹比道を引き継いだ竹内街道の中間に位置する。

HM81-2 地点では、7 世紀中ごろの竪穴建物 SB01 が掘立柱建物跡群とともに検出されている［大阪府教育委員会 1982］。77-16 区では、7 世紀前半の竪穴建物跡が検出されている［大阪府教育委員会 1978b］。出土遺物からみて同時期に存在したとみられるそれら掘立柱建物跡群と竪穴建物跡は、7 世紀前半の 77-16 区では N15°E に、7 世紀中ごろの HM81-2 地点ではほぼ南北方向に、両者とも掘立柱建物跡と竪穴建物跡の方位が一致する。

2002年〜2003年に行われた発掘調査で検出された遺構には、6世紀末〜7世紀初頭の掘立柱建物跡、7世紀〜9世紀の掘立柱建物跡や井戸跡、溝などがある。規則的に配置された大型掘立柱建物跡群は、官衙あるいは渡来系集団の豪族居館ではないか、といわれる［(財) 大阪府文化財センター 2005b］。調査では、多数の掘立柱建物とともに3棟の竪穴建物が検出されている［(財) 大阪府文化財センター 2005b］。

　竪穴建物跡1314は、5.9m×6.2mの方形平面で4主柱、南辺中央が半円形に張り出す。北辺壁際の2ヵ所で炭・灰・焼土が検出されていて、そのうち西側が竈本体、東側が竈から掻き出されたものと考えられている。竪穴埋土から出土した須恵器杯身、土師器高杯は飛鳥Ⅰ-1段階に位置づけられる。竪穴建物1502は、南北にやや長い長辺6.2m・短辺5.7mの隅丸長方形平面である。南半部は大きく削平されていて、柱穴は北半部で2ヵ所検出されている。竪穴西辺で、竈の可能性がある一塊の焼土と炭が検出されたが、確実な構造物はともなっていない。竪穴埋土からは、TK43型式〜飛鳥Ⅰ-1段階の須恵器杯と土師器高杯が出土している。これら竪穴建物2棟とともに、年代幅はあるものの、掘立柱建物が10棟検出されていることから、TK43型式〜飛鳥Ⅰ-1段階には林立する掘立柱建物群のなかに2棟の竪穴建物が存在したことがわかる。

　1890竪穴建物は、飛鳥Ⅲ段階に位置づけられる。1890竪穴建物は、長辺7.9m×短辺4.8mの東西に長い隅丸長方形平面である。明確な柱穴は検出されていない。南辺中央やや東寄りで竈跡が検出されている。竈跡は幅1.7m、奥行き1mの大きさで、左右の袖部の幅がそれぞれ約0.3m、燃焼部の幅が1.2mである。この竈の大きさは、一般的な竈（幅0.6m〜0.8m、奥行き0.7m程度）に比べると、格段に大きい。竈の燃焼部奥にあたる箇所で竪穴建物の壁がややV字形に張り出すため、煙道が存在した可能性がある。竈跡から、6点の陶硯片が出土している。報告者は、出土状況からみて竈廃絶から間を置かずに埋まったと推定している。竪穴の北辺から1mを隔てて、竪穴北辺に平行する1893溝からも同一個体とみられる陶硯が出土しており、1890竪穴建物と1893溝は同時期に埋まったことがわかる。このことから、報告者は、1893溝は1890竪穴建物の雨落ち溝である、という可能性を示唆している。また、この竪穴建物跡からは柱穴が検出されていないため、床面に直接柱を置く構造もしくはいわゆる壁建建物となる可能性があるといい［(財) 大阪府文化財センター 2005b］、古墳時代以来の伝統的な竪穴住居跡とは一線を画す。1890竪穴建物が存在した飛鳥Ⅲ段階には、ほかに掘立柱建物跡5棟前後、柵跡、溝跡などが検出されており、この年代においても掘立柱建物群のなかに竪穴建物1棟が存在した様子がうかがえる。

　以上、はざみ山遺跡は、古墳時代後期末から飛鳥時代にかけて営まれた、多数の掘立柱建物群に少数の竪穴建物が混在する集落等遺跡であったことがわかる。

　北河内においては、古代の竪穴建物は、生駒山地裾の丘陵の先端の高位段丘面、標高30m〜50mに位置する高宮遺跡（標高約45m）、大尾遺跡（同31m）、太秦遺跡（同41m）、寝屋南遺跡（同43m）において検出されている。いっぽう、標高6m〜12mの讃良川扇状地上に立地する小路遺跡（同11m）、讃良郡条里遺跡（同9m）では、竪穴建物は認められず掘立柱建物だけで集落が構成されている。このことは、古代の集落遺跡における竪穴建物跡の有無に、集落の地形立地が要件となる可能性を示している。以下に、丘陵先端に立地する高宮遺跡から順に、北河内における竪穴建物

の事例をみてみることとする。

寝屋川市高宮遺跡（図122-5、（財）大阪府文化財センター 2005a）　生駒山地北部から連なる枚方丘陵の西端に位置し、ここからは大阪平野を一望することができる。高宮遺跡では、飛鳥時代後半〜奈良時代の大形掘立柱建物跡を中心とする古代の集落跡のほか、古墳時代中期〜後期の集落跡、鎌倉時代の集落跡が検出されている。遺跡の消長は高宮廃寺の盛衰と同調することから、高宮廃寺とたがいに関わり合いがある集落遺跡と考えられている。高宮廃寺は、1953年の藤澤一夫・平尾兵吾等の指導による大阪府教育委員会の発掘調査により、古代寺院の存在が確実となり、出土瓦の編年から飛鳥時代、7世紀後半の創建であることが明らかとなった［藤沢 1962］。その後、1979年には寝屋川市教育委員会の調査により、瓦積基壇をもつ金堂や講堂・中門・回廊などの主要伽藍の規模や配置が確認され、1980年に国指定史跡となった。伽藍配置は、現在の神社社殿部分が未調査で不明な点があるが、社殿部分が西金堂とすると「川原寺式」、西塔とすると「薬師寺式」に復元される。推定される堂宇は正方位に近く、北から東へ偏角4°〜5°を示す。出土した瓦などから、寺は飛鳥時代後半に創建され、奈良時代にかけて営まれ、平安時代の初めころに一時廃絶し、鎌倉時代に講堂跡に新たに寺（大杜御祖神社の神宮寺）が建てられたことが判明した［寝屋川市史編纂委員会 1998］。

　古代の竪穴建物跡は、調査区の南、B12区で1棟検出されている。竪穴建物14は、1辺3.5mの正方形平面の竪穴建物跡で、主柱は4本、周壁東辺の南寄りに焚き口を西にし東南隅の主柱から0.7mの距離を置いて作り付け竈が検出された。竈は、長さ1m、幅0.7mで、煙道部は竪穴建物跡の外部にある。竈は全体が赤化して焼け締まっている。竪穴床面出土の土師器杯から奈良時代・8世紀後半に位置づけられる。なお、この竪穴建物跡は、竪穴埋土の「上層では四隅を同じくして礎石建物が作られており、竪穴住居から礎石建物へと移行した例として注目される」［（財）大阪府文化財センター 2004］という。

　高宮遺跡では、奈良時代には、主軸を正方位とした掘立柱建物跡群が検出された。唯一検出された竪穴建物14は4辺をほぼ正方位とし、竪穴建物14の北側約15mに、倉と目される東西にならぶ5棟の大形総柱掘立柱建物跡群（大形総柱掘立柱建物跡1〜同5）がある。高宮遺跡においても、掘立柱建物が建ち並ぶなかに竪穴建物が1棟存在する景観がうかがえる。

寝屋川市大尾遺跡（図122-6、（財）大阪府文化財センター 2003c）　高宮遺跡の北東に隣接する。丘陵上の整地された平坦地で、飛鳥時代後半〜奈良時代（7世紀後半〜8世紀後半）の竪穴建物跡1棟とともに、同年代の掘立柱建物跡38棟、柵跡2基、墓などが検出されている。

　竪穴建物1は、4.7m×3.6mの長方形平面で、周溝のみ検出されていて、柱穴はない。掘立柱建物跡は、主軸が北から東へ25°〜33°偏った1群と同じく3°〜13°偏った1群に区別され、前者の建物は高宮廃寺造営以前、後者の建物は高宮廃寺造営以降のものと推定されている。掘立柱建物跡、柵跡は、飛鳥時代から奈良時代のものと推定されていて、高宮遺跡同様に高宮廃寺と関連をもつ遺跡であることがうかがえる。

寝屋川市太秦遺跡（図123-1〜4、（財）大阪府文化財センター 2006a・2006b）　大尾遺跡から北東へ600m、谷を隔てた丘陵上に位置する。飛鳥時代から奈良時代までの竪穴建物跡5棟のほか掘立柱

310 第2部 原史・古代の住まいと建物

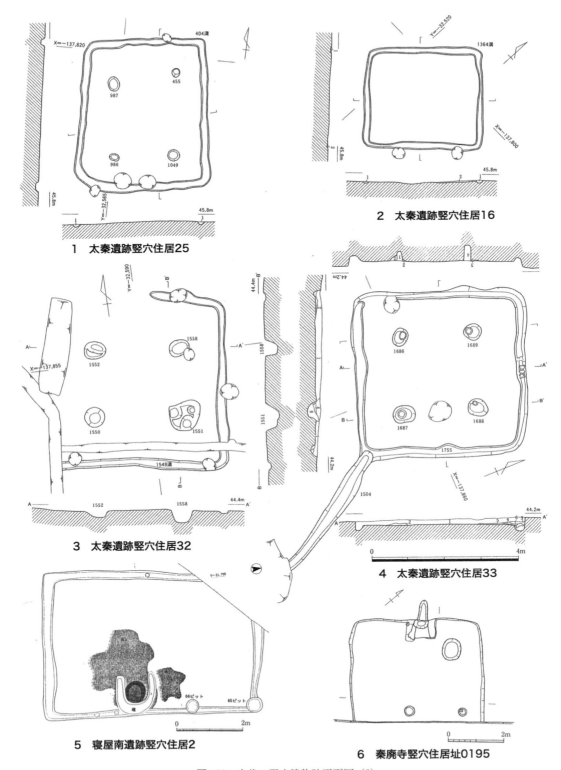

図123 古代の竪穴建物跡平面図(2)

建物跡10棟、柱列3条、井戸跡、溝跡が検出されている。

　竪穴住居25は、4主柱で4.2m×3.6mの長方形平面である。

　竪穴住居16は、周溝のみ検出。平面形は3.2m×2.9mの方形で、主柱穴は検出されていない。

　竪穴住居32は、平面形は5.0m×5.0mの正方形で、主柱は4である。

　竪穴住居33は、平面形は4.7m×4.7mの正方形で、主柱は4である。周溝の北辺中央付近は、土師器甕破片を覆いとする暗渠状になっている。竪穴建物跡の南東隅から排水溝とされる溝が南東方向にのびる。

　竪穴建物34は、周壁の北隅の一部だけが確認されている。周溝、柱穴は検出されていない。

　太秦遺跡では、掘立柱建物跡は、主軸が北から東へ13°〜15°偏った1群と同じく6°〜8°偏った1群があり、大尾遺跡と同様に太秦遺跡でも、前者の建物は高宮廃寺造営以前、後者の建物は高宮廃寺造営以降のものと推定され、高宮廃寺に関連する集落が営まれているとみられる。竪穴建物跡もまた、4辺をほぼ正方位向けた竪穴建物25・32と大きく東に偏った竪穴建物34・16の2者がある。高宮廃寺造営前後を通じて、多数の掘立柱建物とともに少数の竪穴建物が共存している。

寝屋川市寝屋南遺跡（図123-5、（財）大阪府文化財センター 2003b）　太秦遺跡の北東約300mの段丘面上に立地する。7世紀中ごろの掘立柱建物跡5棟とともに、竪穴建物跡2棟が検出されている。どちらも建物の主軸もしくは4辺をほぼ正方位に向ける。報告書では、掘立柱建物2と掘立柱建物4の柱穴から出土した遺物が相互に接合したことや、掘立柱建物5との建物配置からみて少なくとも2棟は同時に存在したとされる。この発掘調査においては出土遺物が7世紀中ごろに限られるため、この時期に掘立柱建物と竪穴建物が併存したものとみられる。

　竪穴建物跡2棟のうち竪穴住居1は南北6.1m・東西6.3mの整った方形で4主柱、竈は検出されなかった。竪穴住居2は、南北6.7m・東西4.6mの長方形平面であり主柱は検出されていない。竪穴東辺中央やや南寄りに竈跡が検出された。竈跡は、平面U字形の構造物として検出され、竈奥の一部は周溝を覆っている。大きさは幅1.25m、奥行1.3mである。燃焼部は被熱により赤化している。支脚は検出されていない。竈周辺には「竈から掻き出されたと思われる焼土」[（財）大阪府文化財センター 2006]が竈の前面および左右1m前後広がり、この範囲が竈とその使用に関わる範囲をあらわしている、と考える（本書第6章参照）。

　以上のように、高宮廃寺が営まれた飛鳥時代後半から奈良時代にかけて、緩傾斜をなす台地上東西約400m・南北約900mの範囲に高宮遺跡、大尾遺跡、太秦遺跡、寝屋南遺跡が同時に営まれる。また、それらの遺跡の建物は主軸が一致する。遺跡は高宮廃寺を中心とした関連施設の遺跡とみられ、高宮廃寺の造営に関わる有力な氏族やそれに関連する集団の集落遺跡等と考えられる。高宮廃寺や高宮遺跡の大形掘立柱建物群を中心として、その周辺に方位を一致させて配置された掘立柱建物が建ち並ぶなかに少数の竪穴建物が建てられていた。竪穴建物には、竈の有無に差がみられたが、出土遺物には差が認められず、竪穴建物や竈の用途を特定することはできない。

　なお、高宮廃寺が一時廃絶した平安時代（9〜12世紀）には、高宮遺跡をはじめとする丘陵上の遺跡では遺構がみられなくなる。丘陵裾部の讃良郡条里遺跡では、掘立柱建物跡群や井戸跡からなる屋敷地跡が検出されているが、竪穴建物跡は検出されていない。鎌倉時代（12世紀末〜13世紀）

には高宮廃寺は神宮寺として復活し、隣接する高宮遺跡や大尾遺跡では、集落や墓地が形成され、人びとの活動の場は再び丘陵上へ移る。高宮遺跡では青磁合子や和鏡など、経済的な優位を示す遺物が出土している。平安時代以降は、竪穴建物跡は検出されていないため、高宮廃寺を中心とする地域においては、竪穴建物は奈良時代をもって終焉するものと考える。

つぎに、北河内でも高宮廃寺よりも北側の枚方市域の様相を、百済寺の北側に広がる禁野本町遺跡についてみてみたい。

枚方市禁野本町遺跡［(公財) 大阪府文化財センター 2012］ 淀川の支流として西流する天野川の北岸、交野台地の西端に立地する。遺跡の南側約500mの地点には、史跡百済寺跡を含む百済寺遺跡が広がる。百済寺跡は南門、中門、金堂、講堂、東西両塔などからなり、飛鳥時代後期から平安時代、室町時代の遺物が出土している。百済寺遺跡は古墳時代後期～平安時代の掘立柱建物が多数検出されている。百済寺跡は、百済王氏に関係する寺院跡であり、8世紀後半、百済王敬福が河内守に追任され、この地に移住してきたときに建立されたとものと考えられている。百済王氏は、桓武天皇と姻戚関係にあり、交野行幸への関わりや、桓武天皇や嵯峨天皇の後宮に百済王氏から多くの女性が入っていることなどから両者の深い関係がうかがわれるといい、こうしたことから、百済寺遺跡は奈良時代後半から平安時代初頭にかけてこの地で栄えた百済王氏の居住地であり、これに北接する禁野本町遺跡もまた、同時代の百済王氏に関わりのある遺跡とみられている［枚方市教育委員会・(財) 枚方市文化財研究調査会 2011］。

2010～2011年に実施された禁野本町遺跡の発掘調査では、多数の掘立柱建物跡やほぼ正方位の区画溝などとともに2棟の竪穴建物跡が検出された。竪穴建物1は、方形平面で、4.7m×4.3mである。4主柱と推定され、竈が作り付けられている。竪穴建物2は、方形平面で、5.5m×5.3mである。4主柱で、竈が作り付けられている。竈中央に支脚に転用された6世紀後半の土師器甕が検出された。一部が竪穴建物跡に重複する掘立柱建物跡は8世紀末～9世紀初頭の年代が与えられている。

他地点の発掘調査の結果を含めても禁野本町遺跡においては竪穴建物跡は6世紀後半を下限とする。

（3）和泉における古代の竪穴建物

貝塚市秦廃寺［大阪府教育委員会 1997b］ 大阪湾に西流する津田川左岸の低位段丘面上に立地する。平安時代の南海道（後の熊野街道）と葛城山から貝塚へと抜ける水間街道の交点の南東にあたる。調査では、竪穴建物で構成される7世紀前半の集落跡と掘立柱建物で構成される7世紀後半～8世紀前半の集落跡が検出されている。

7世紀前半の竪穴建物跡は、土坑、溝跡などとともに9棟検出されている。竪穴建物跡はすべて方形であり、竈を作り付けるものが多い。これら7世紀前半の竪穴建物は大阪府南部でも最も新しい時期に属するものと報告されている。竪穴住居址0195（図123-6）は、4.8m×4.8mの正方形平面で、北西辺の中央やや東寄りに竈跡が検出された。主柱穴は検出されていない。竈跡から飛鳥Ⅱ期の須恵器杯身が出土している。他の竪穴建物も4.5m×4.5m前後の正方形平面で柱穴は不明確で

第3章 原史・古代の景観と建物 313

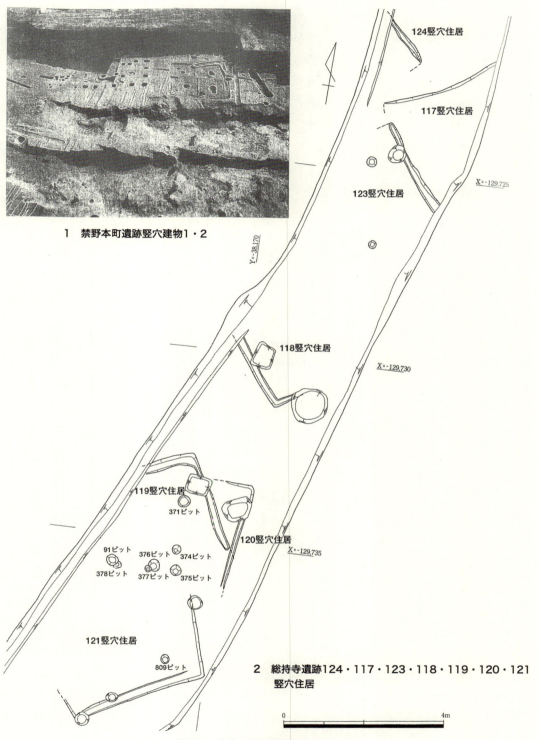

1 禁野本町遺跡竪穴建物1・2

2 総持寺遺跡124・117・123・118・119・120・121
  竪穴住居

図124 古代の竪穴建物跡平面図（3）

ある。重複する2棟の竪穴建物跡があり、竪穴建物からなる集落が継続的に営まれたことを推定できる。また、同時期の溝跡から竈形土器が出土しており、竪穴建物に作り付けられた竈とともに竈形土器が用いられていたことを示している。7世紀後半～8世紀前半には、11棟以上の掘立柱建物からなる集落が営まれる。したがって、秦廃寺では、7世紀から8世紀にかけて、集落に掘立柱建物と竪穴建物が混在することなく、7世紀中ごろを境に竪穴建物で構成される集落から掘立柱建物で構成される集落へと変遷したことがわかる。(2)でみてきた竪穴建物跡と掘立柱建物跡が混在する集落遺跡の状況とは異なる。秦廃寺では、遺物包含層(6世紀～8世紀)から桶巻き作りの平瓦を転用した移動式の竈2点が出土したことから、寺院の造営に関わった工人集団が居住した集落遺跡である可能性が指摘された［大阪府教育委員会 1997b］。

　和泉では、5世紀に掘立柱建物で構成される集落遺跡として、高石市大園遺跡(5世紀中ごろ以降)［高石市教育委員会 1984］がある。いっぽう、岸和田市上フジ遺跡［(財)大阪府埋蔵文化財協会 1988b］、岸和田市三田遺跡［(財)大阪府埋蔵文化財協会 1987b］では6世紀末～7世紀前半まで竪穴建物が残る。

(4) 摂津における古代の竪穴建物

茨木市総持寺遺跡(図124-2、(財)大阪府文化財センター 2004)　2002年から2003年までの発掘調査により、方形平面の竪穴建物跡7棟が検出された。削平のため全体を復元できる竪穴建物跡はない。そのうち2棟で周溝が重複し、建て替えとみられる建物跡がある。いずれの竪穴建物跡からも遺物が出土していないが、発掘調査報告書では、「隣接する大阪府教育委員会調査地の成果等から7世紀中葉以前のものと推定」［(財)大阪府文化財センター 2004］されている。また、7世紀から8世紀にかけて、16棟以上の掘立柱建物が検出されている。

　多数検出された7世紀～8世紀の掘立柱建物跡と「7世紀中葉以前」とされる竪穴建物跡が共存していたかどうかは明らかではないが、総持寺遺跡における竪穴建物の終焉を7世紀中ごろとしておきたい。

(5) 大阪府下の古代竪穴建物

　大阪府で検出されてきた古代の竪穴建物跡を概観した。これら資料の検討の結果を次の3点にまとめることができる。

①竪穴建物の終焉時期

　竪穴建物は飛鳥時代前半(7世紀前半)において終焉する遺跡が多いが、遺跡によって前後することがわかった。禁野本町遺跡では古墳時代後期後半(6世紀後半)までで消滅するのに対して、はざみ山遺跡1890竪穴建物は飛鳥時代後半(7世紀後半)、大尾遺跡竪穴建物1は飛鳥時代後半から奈良時代(7世紀後半～8世紀)、観音寺遺跡竪穴建物G-1・高宮遺跡竪穴建物14は奈良時代(8世紀)まで下り、年代差は約250年に及ぶ。

②集落遺跡における竪穴建物跡と掘立柱建物跡の構成割合

　大勢としては、集落遺跡における竪穴建物跡と掘立柱建物跡の構成割合は、竪穴建物跡が減少・

消滅する方向で推移する。竪穴建物と掘立柱建物が共存する集落においては、竪穴建物の多寡により大きく2つの類型の集落を見出すことができた。1つは、掘立柱建物群の中にわずか1棟～2棟の竪穴建物が存在する類型である。遺跡としては、観音寺遺跡、はざみ山遺跡、高宮遺跡、大尾遺跡がこれにあたる。もう1つは、掘立柱建物群とともに数棟の竪穴建物が共存する集落の類型である。太秦遺跡、秦廃寺、総持寺遺跡がこれにあたる。

③古代の竪穴建物の特殊性の有無と竈屋の可能性

　はざみ山遺跡1890竪穴建物跡の竈跡から、宮都、官衙等政治上重要な施設から出土する陶硯が6点出土していた。しかし、他の竪穴建物からの特殊な遺物の出土事例はなかったので、はざみ山遺跡1890竪穴建物跡の事例を古代の竪穴建物跡一般に敷衍することはできない。観音寺遺跡、はざみ山遺跡、高宮遺跡、寝屋南遺跡、秦廃寺の竪穴建物跡で作り付けの竈跡が検出されていることからは、炊爨のための竈を備えた建物としての竈屋や手工業生産に関わる竈屋の存在などが推定できる。古墳時代後期には竈付の竪穴建物が一般的であって、飛鳥時代、奈良時代にも竪穴建物と竈の組み合わせがそのまま古代に引き継がれているのであるが、竪穴建物が減少する過程で竪穴建物が内包した竈屋としてのいくつかの機能のうちの一部が古代まで引き継がれた、もしくは新たな竈屋としての機能が付加された結果である、とみることができる。このことは、少数ではあるが集落内に存在し続けた竪穴建物そのものが、共存する掘立柱建物群や前代までの竪穴住居とは異なる「特殊性」をあらわしている、と言い換えることができる。

6　小形竪穴建物―竈屋の考察（2）

（1）これまでの研究

　小形竪穴建物については、竪穴建物全体に占める割合の多寡やその機能や分布などについて、石野博信［石野 1975］、宮本長二郎［宮本 1986・1989］の研究がある。

　石野は、竪穴建物の床面積の検討において小形竪穴建物の機能について、5m² 前後の小形竪穴建物は「縄文時代は住居として、建物の機能別分棟がすすむと推定される古墳時代以降は主屋に対する副屋として検討されるなど、ちがいはあるように思われる」とし、7世紀以降の小形竪穴建物については、「小規模住居のなかに工房と推定される遺構の比率が高くなっているように思われる」とした。また、集落における竪穴建物の面積別の構成割合について、「A型：多くの住居が一定面積の幅の中に集中する。B型：少数の大形住居と等面積住居群による構成。C型：小形住居から大形住居まで、面積の異なる個々の住居の集まり」の3型に分類した。そのうえで、小形竪穴建物については、

a．A型では2m² 以内の竪穴建物群はきわめて少なく、8～22m² の面積をもつ竪穴建物は、関東地方において古墳時代後期以降に定着のきざしをみせ、平安時代以降の一定地域内のいくつかの集落に普遍化する。

b．B型では、古墳時代前期の北関東では大形竪穴建物1棟と小形竪穴建物3棟が1つの単位群になる可能性がある。

上記の2点を指摘した［石野 1975］。

　宮本は、弥生時代～古墳時代の竪穴建物を地域ごとに集成して統計的な分析を行い、小形竪穴建物について次の点を指摘した［宮本 1986・1989］。

a. 九州地方―山陰地方では、弥生時代前期以来小形竪穴建物に限って方形竪穴建物が分布しており、九州地方では弥生時代中期以来他の地方に先がけて小形のみでなく中、大形竪穴建物を含めて方形竪穴建物が主流になる。

b. 九州地方は、弥生時代～古墳時代を通して小形竪穴建物が多い。その要因は、大形竪穴建物に代わるものとして掘立柱建物の存在していることが考えられる。

c. 九州地方では、弥生時代～古墳時代、時代の下降にしたがって貯蔵穴が減少し、小形竪穴建物が増加する傾向にあることから、関連性を推定させる。

d. 鳥取県では、古墳時代前期～古墳時代後期において、年代の下降にしたがって小形住居が増加する傾向にある。

　以上の、小形竪穴建物研究の視点は、「小形竪穴建物と大形竪穴建物の構成」「小形竪穴建物の機能」「地域ごとの小形竪穴建物の消長」の3点であった。ここでは、両氏の研究成果と示唆をもとに、小形竪穴建物と中・大形竪穴建物の構成比、小形竪穴建物の機能について検討する。小形竪穴建物と中・大形竪穴建物の構成比については、集落ごとおよび時期ごとの構成比と、石野のいう単位群［石野 1975］ごとの構成比を計数する。小形竪穴建物の機能については、倉庫・物置・納屋・収納木屋等の収納施設、火焚き場・火処を専らとする竈屋、鍛冶場・作業場等の工房などについて、小形建物が「主屋に対する副屋として検討される」［石野 1975］分棟型民家の原初形態である可能性を念頭において、出土遺物、集落や「単位群」の構成と関連付けて検討する。前項「5 古代の竪穴建物」においては、古代の集落等遺跡における竪穴建物跡の減少と残存の状況から竪穴建物の竈屋としての可能性を指摘したが、本項においても再考を試みる。

　例示した遺跡は、地域・年代・立地などが異なる北部九州地方・中国地方・近畿地方・関東地方の弥生時代から古墳時代までの6ヵ所の集落遺跡である。

　小形竪穴建物の面積は、比較対照を容易とするため、発掘調査で遺構として通常検出される竪穴の床面積とする。上述の石野の研究［石野 1975］では、「小さな住居は、5m^{2}前後の面積をもつ」とし、竪穴面積を集計したグラフや文中の記述では10m^2～20m^{2}の間で小形と中・大形を区分している、と読み取ることができるが、住居面積のばらつき具合による住居群の構造の分析に重点が置かれており、時期ごと地域ごとの「普遍的な住居面積の幅」を追究しながら、それに達しない小形住居を抽出する作業を行っている。

　また、宮本の著作［宮本 1989］では全編を通して「20m^{2}以下の小規模住居」「20m^{2}以下の小型住居」と表記している。

　本項では、小形竪穴建物とはどのような大きさの建物か、を問うのではなく、「小形」竪穴建物は「中形」「大形」に対する相対的な概念であることを承知したうえで、小形竪穴建物の時間および空間を通した比較を行いたいと考える。そのため、先行研究を参照し対象事例の実態を勘案した、小形竪穴建物を抽出するための"nominal scale"として、小形竪穴建物の大きさの定義を竪穴

の直径または1辺が2m～4.5m、面積15m^{2}以下として論を進める。

また、計数した建物数は同時存在ではなく特定の期間内に積み重ねられた遺構の累計数であり、ジャスト・モーメントの建物等施設の構成数・構成割合ではなく、考察対象とする一定の期間における累計数・累計割合であることを最初にことわっておく。

（2）遺跡の検討

今回検討のために用いた資料は表15のとおりである。

佐賀県千塔山遺跡（図125、基山町遺跡発掘調査団 1978）　台地上に立地する遺跡である。弥生時代中期集落跡、弥生時代後期～終末の環溝集落跡が検出されている。弥生時代中期の集落では、14棟の竪穴建物跡、貯蔵穴、土器溜遺構が検出されている。竪穴建物跡は、円形、方形に大別され、円形、ややふくらんだ方形、長方形、不整長方形に細分される。大きさは、円形竪穴建物跡が直径5.6m～8.3m、ややふくらんだ方形竪穴建物跡が1辺3.3m～5.3m、長方形竪穴建物跡は短辺が3.1m～4.2m、長辺が5.7m～6.9m、不整長方形竪穴建物跡が1辺2.7～3.5mである。小形竪穴建物跡は3棟で、全体の21％を占める。集落内で小形竪穴建物は、特定の地点に集中することなく分散している。貯蔵穴が竪穴建物群に囲まれて16基検出されており、竪穴建物跡と貯蔵穴との対応関係から3単位群が推定されている。①小形竪穴建物跡1棟と中・大形竪穴建物跡3棟、②小形竪穴建物跡1棟と中・大形竪穴建物跡2棟、③中・大形竪穴建物7棟の3群である。小形竪穴建物1棟と中・大形竪穴建物2～3棟の組み合わせで1群を構成しているようである。竪穴建物が囲む空閑地の西半部の2ヵ所に集中して、竪穴建物跡と同程度の数の貯蔵穴が検出されているので、小形竪穴建物の機能からは貯蔵穴のそれが排除されるであろう。小形竪穴建物跡3棟のうち炉跡が検出された竪穴建物跡は1棟、中・大形竪穴建物跡では11棟中4棟から炉跡が検出されている。炉の設置割合が同程度であることから、この点で炉の有無は竪穴建物の規模に対する関連性は見出せない。また、出土遺物からも竪穴建物の規模による差は認められない。

弥生時代後期の集落では40棟の竪穴建物跡が検出されている。弥生時代後期後半と弥生時代後期終末の2時期に細分され、時期が明確なもので、後期後半の竪穴建物跡が17棟、後期終末の竪穴建物跡が11棟ある。後期後半では小形竪穴建物跡は1棟、中形竪穴建物跡は16棟、後期終末では小形竪穴建物跡は3棟、中・大形竪穴建物跡は8棟であり、後期終末には、大形竪穴建物があらわれ、小形竪穴建物はその比率を増している。小形竪穴建物跡と中・大形竪穴建物跡の単位群は、環溝外で近接して検出されている竪穴建物跡があるが、環溝内では、小形竪穴建物跡2棟と中・大形竪穴建物跡7棟が分散して分布しており明確な単位群はみられない。この時期8棟の1間四方から1間×3間の掘立柱建物跡が建て替えをともないながら環溝内の北西部に集中して検出されており、前代、集落内に集中して設けられた貯蔵穴同様の倉庫であるとされる。小形竪穴建物跡は、4棟のうち2棟が環溝外にあることからも、収納施設と考えることはむずかしい。炉跡は小形竪穴建物跡4棟のうち2棟、中・大形竪穴建物跡36棟のうち18棟にあり、同程度の設置割合であるので、やはり炉の有無と竪穴建物の規模の関連性は見出すことはできず、小形竪穴建物を竈屋とはいえない。また、工房跡を思わせる遺物が出土した小形竪穴建物跡はない。

表 15　小形竪穴建物跡一覧表

遺跡名 (支群名)	都道府県	遺跡の種類	時期	竪穴建物跡の数（棟）	竪穴建物跡の平面形	直径または一辺の長さ(m)
千塔山遺跡	佐賀県	環濠集落跡	弥生時代中期	14	円形 正方形 長方形 不整形（略長方形）	5.6〜8.3 3.3〜5.3 短辺 3.1〜4.2 長辺 5.7〜6.9 2.7×3.5
			弥生時代後期	40	正方形	3.9〜7.8
下稗田遺跡	福岡県	集落跡	弥生時代前期・中期	145	円形	3.1〜10.5
			弥生時代後期〜古墳時代初頭	77	方形	2.2〜7.3
			古墳時代中期	3	方形	3.9〜6.7
			古墳時代後期	33	方形	2.7〜7.0
			飛鳥時代	30	方形	2.9〜6.1
用木山遺跡 （第2住居址支群）	岡山県	斜面の集落跡	弥生時代中期後半	7	円形 方形	4.7〜6.7 4.5〜7.0
（第4住居址支群-1）				7	円形 方形	5.0〜5.4 4
（第4住居址支群-2）				6	円形 方形	4.3 短辺 1.4〜4 長辺 1.9〜5.5
（第5住居址支群）				16	円形 方形	6.5〜7.2 3
（第7住居址支群）				15	円形 長方形 （ピット群）	6 2.7×11
（第8住居址支群）				11	円形 方形 長方形建物 （ピット群）	3.6 2〜4.6 3×9.5
（第9住居址支群）				10	円形 方形	4.2〜8.0 4.2
（第11住居址支群）				8	円形	5.7〜6.0
合計				80		
新池埴輪製作遺跡	大阪府	埴輪生産工人の集落跡	古墳時代中期1期（ON46）	6	方形	3〜6.2
			古墳時代中期2期（TK208）	7	方形	2.2〜7.2
三田遺跡	大阪府	集落跡	古墳時代後期	13	方形	2.3〜7
中筋遺跡	群馬県	集落跡	古墳時代後期	7	方形	2.5〜7
			平安時代	26	方形	3〜4

第3章　原史・古代の景観と建物　319

小形竪穴建物跡 数（棟）	比率（％）	単位群	備考
3	21.4	小形（方）1＋中・大形（円・方）2～3	集落内貯蔵穴群（16基） 小形、中・大形竪穴建物跡ともに同比率で炉あり
4	10.1	-	環濠内掘立柱建物群（8棟） 小形、中・大形竪穴建物跡ともに同比率で炉あり
18	12.4	小形（円）1～2＋中・大形（円）3～7	貯蔵穴（1852基） 中・大形竪穴建物跡の多くに炉あり
27	35.1	-	小形竪穴建物跡の半数に炉あり 中・大形竪穴建物跡の多くに炉あり
1	33.3	-	小形竪穴建物跡と中・大形竪穴建物跡が同率で竈あり
33	18.2	-	
10	33.3	-	小形竪穴建物跡と中・大形竪穴建物跡が同率で竈あり
2	28.6	小形（円・方）2＋中・大形（円・方）5	
1	14.3	小形（方）1＋中・大形（円）5	
1	16.7	小形（方）1＋中・大形（円・方）5	小形隅丸長方形竪穴建物跡：貯蔵施設の可能性あり
2	12.5	小形（方）2＋中・大形（円）14	
3	20.0	小形（方）3＋中・大形（円・長方）12（ピット群）	
5	45.5	小形（円・方）5＋中・大形（方・長方形建物（ピット群））6	
4	40.0	小形（円・方）4＋大形（円）1	
2	25.0	小形（方）2＋中・大形（円・方・長方形建物（ピット群））6	
20	25.0		
2	33.3	小形（方）2＋中・大形（方）4（方）	竪穴建物Aタイプ8棟：4本の主柱と周溝をもつ・1辺平均5.8m
5	71.4	小形（方）5＋中・大形（方）2	竪穴建物Bタイプ5棟：主柱も周溝ももたない・1辺平均4.5m 竪穴建物Cタイプ1棟：2本の主柱と周溝をもつ・小形
5	38.5		
4	57.1	小形（方）4＋中・大形（方）7	
26	100.0		鍛冶遺構 すべての竪穴建物に竈

320　第2部　原史・古代の住まいと建物

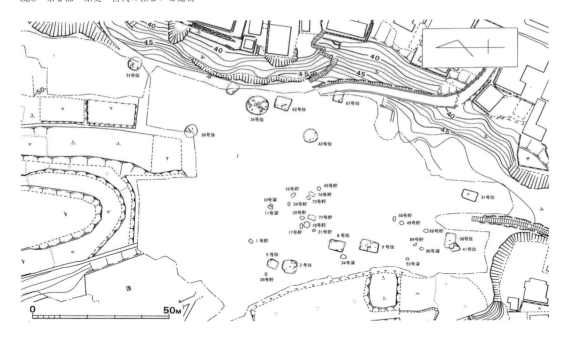

千塔山遺跡（弥生時代中期）

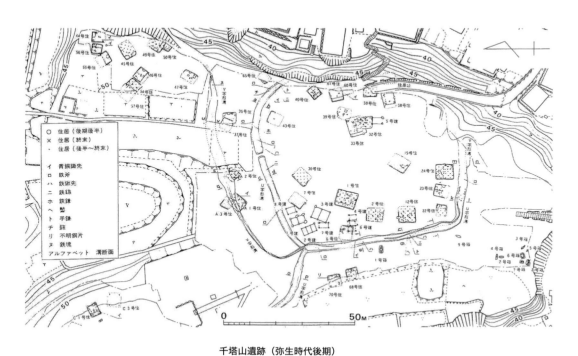

千塔山遺跡（弥生時代後期）

図125　千塔山遺跡遺構全体図

第3章 原史・古代の景観と建物 321

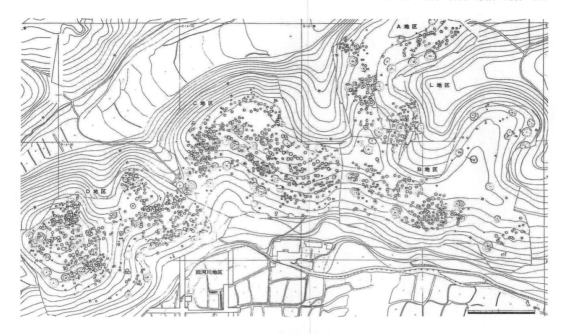

下稗田遺跡（弥生時代前・中期）

下稗田遺跡（弥生時代後期～古墳時代初頭）

図 126　下稗田遺跡遺構全体図

福岡県行橋市下稗田遺跡（図126、下稗田遺跡調査指導委員会 1985）　通称稗田丘陵上の頂部、尾根、南側斜面を中心に竪穴建物跡と夥しい数の貯蔵穴が検出された、弥生時代前・中期、弥生時代後期～古墳時代初頭、古墳時代後期～古代の集落遺跡である。

　弥生時代前・中期の集落跡では、145棟の竪穴建物跡が検出された。竪穴建物跡はすべて直径3.1m～10.5mの円形平面である。竪穴建物跡の大きさの平均は、直径6.6m、面積約34m^{2}である。そのうち小形竪穴建物跡は18棟あって全体の14％を占める。竪穴建物跡が集中する地点はA～D地点の4群あり、小形竪穴建物は各地点でみられる、それ以下の規模で小形竪穴建物跡と中・大形竪穴建物跡とが組み合わせとなる単位群は認められない。貯蔵穴が1,852基検出されており、小形竪穴建物跡と貯蔵穴に同じ機能を推定することはできないであろう。炉跡は、小形竪穴建物跡では18棟中13棟に、中・大形竪穴建物跡では127棟中116棟に検出されているので、炉跡の有無による機能分担は考えられない。工房跡を推定させる工具、未製品等遺物が出土する小形竪穴建物跡はない。

　弥生時代後期～古墳時代初頭の集落跡では、77棟の竪穴建物跡が検出されている。竪穴建物跡は1棟の円形平面を除く76棟は1辺2.2m～7.3mの方形平面である。竪穴建物跡の大きさは3種に分けられていて、大形は1辺6m～7mで面積35m^2～40m^2、中形は1辺4m～5mで面積20m^2～25m^2、小形は1辺2m～4mで面積15m^{2}以下である。大形竪穴建物跡の多くからは、ベッド状遺構が検出されている。小形竪穴建物跡は27棟で、全体の35％を占める。また、竪穴建物跡は出土遺物から、弥生時代後期中頃、後期後半、後期終末、後期最終末～古墳時代初頭の4期に細分されその変遷が示されている。小形竪穴建物跡は、特定の時期や地点に集中することはなく、中・大形竪穴建物跡との単位群は認められない。この時期の貯蔵穴、掘立柱建物跡は検出されていないので、仮に小形竪穴建物が弥生時代前・中期の貯蔵穴に代わるものとすると、竪穴建物跡全体に対する小形竪穴建物跡の割合が前代に比して高くなることが予想できる。実際に弥生時代前期・中期の14％から弥生時代後期・古墳時代前期の35％へとその割合は増加している。しかし、小形竪穴建物跡では27棟中12棟、44％に炉跡が検出されている。さらに、貯蔵穴の平均的な大きさである直径2m～3m、床面積3m^2～7m^{2}に近い大きさの竪穴建物跡では15棟中12棟、約80％に炉跡が検出されているので、少なくとも小形竪穴建物跡の半数近くについては、これを収納施設とみることはむずかしい。また、中・大形竪穴建物跡の50棟中49棟に炉跡が検出されているので、とくに小形竪穴建物との差は見出せない。小形竪穴建物跡からの工具や関連遺物の出土はない。

　古墳時代中期～飛鳥時代の集落跡では、90棟の竪穴建物跡が検出されている。このうち出土遺物から年代の明らかな竪穴建物跡は、古墳時代中期のものが3棟、古墳時代後期のものが33棟、飛鳥時代のものが30棟であり、これらの竪穴建物跡についてみていく。竪穴建物跡は1辺2.7m～6.7mの方形平面であり、小形竪穴建物跡は1辺4m以下、面積15m^{2}以下である。小形竪穴建物跡は古墳時代中期には1棟、古墳時代後期には6棟、飛鳥時代には10棟あり、竪穴建物跡のうち小形竪穴建物が占める割合は古墳時代中期には33.3％、古墳時代後期には18.2％、古代（飛鳥時代）には33.3％である。竈跡は古墳時代中期にはみられず、古墳時代後期には中・大形竪穴建物跡で27棟中9棟・33.3％、小形竪穴建物跡で6棟中3棟・50％、古代（飛鳥時代）には中・大形竪穴

第3章 原史・古代の景観と建物 323

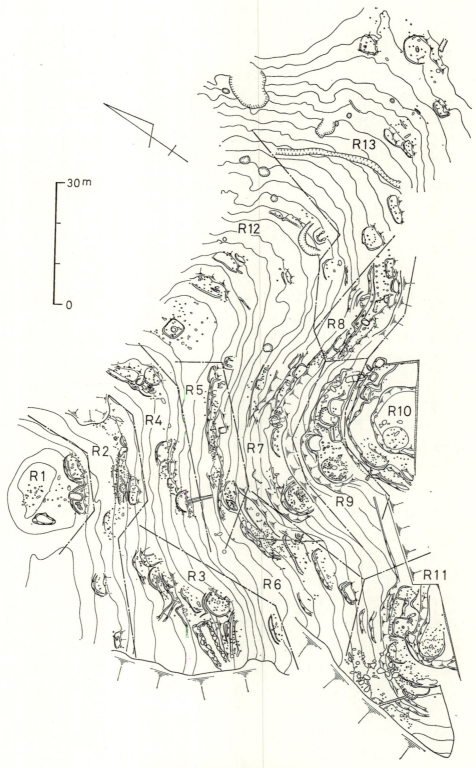

図127 用木山遺跡住居址支群区分図

建物跡で20棟中6棟・30％、小形竪穴建物跡で10棟中5棟・50％が検出されている。竈が付設される割合は、中・大形竪穴建物跡よりも小形建物建物跡においてやや高い。小形竪穴建物跡から工房跡を示すような遺物は出土していない。

　岡山県山陽町用木山遺跡（図127、岡山県山陽町教育委員会 1977）　丘陵頂部から南側斜面にかけての傾斜地に立地する、弥生時代中期後半を中心とする集落遺跡である。集落は、丘陵斜面を階段状に造成し、造成面ごとに数棟単位のまとまりのある竪穴建物跡等遺構群で形成される13の「住居址支群」（同図中R1～R13）からなる。弥生時代の竪穴建物跡は110棟が検出されているが、遺構の谷側斜面の崩落によって、床面全体形が明らかなものは少なく、竪穴建物跡とした遺構には柱穴列を有する段状遺構（造成面）に分類するべき建物遺構を含む可能性がある。また、遺構は重複が著しく、下に記した建物数は同時存在ではなく各支群において累計的に形成された遺構群であることをことわっておく。

　小形竪穴建物跡は第2・4・5・7～9・11～13住居址支群で認められる。

　第2住居址支群では、7棟の竪穴建物跡が検出され、うち2棟が小形竪穴建物跡である。小形竪穴建物跡は直径4mの円形竪穴建物跡と1辺4mの方形竪穴建物跡であり、中・大形竪穴建物跡は直径6.7mの円形竪穴建物跡と1辺4.7m～7mの長方形竪穴建物跡である。

　第4住居址支群では、13棟の竪穴建物跡が検出されており、その立地から2群に分けられる。それぞれの群に1棟ずつ小形竪穴建物跡がある。1つの群（第4住居址支群-1）は、7棟の竪穴建物跡からなり、1辺4mの小形方形竪穴建物跡と直径5～5.4mの円形竪穴建物跡からなる。もう1つの群（第4住居址支群-2）は、6棟の竪穴建物跡からなり、支群の中央に位置する1.6m×1.39mの小形方形竪穴建物跡「第11号住居址」と、その周辺で重複して検出される1辺4m～5.5mの方形建物跡および直径4.3mの円形竪穴建物跡からなる。小形竪穴建物跡「第11号住居址」は、立地、規模から「貯蔵穴的機能を持つピット」[岡山県山陽町教育委員会 1977]である可能性を指摘している。

　第5住居址支群では、16棟の竪穴建物跡が検出され、うち2棟が小形竪穴建物跡である。小形竪穴建物跡は1辺3mの方形竪穴建物跡であり、中・大形竪穴建物跡で規模が明らかなものは直径6.5～7.2mの円形竪穴建物跡である。

　第7住居址支群では、15棟の竪穴建物跡が検出され、うち3棟が小形竪穴建物跡である。小形竪穴建物跡は1辺2～3mの方形竪穴建物跡である。中・大形竪穴建物で規模が明らかなものに直径6mの円形竪穴建物跡があり、7～11×2mの範囲にピットが並ぶ段状遺構では長方形平面の建物跡が推定されている。小形竪穴建物跡のうちの1棟からは、多数の炭化したドングリが出土しており、収納施設であった可能性を指摘している。

　第8住居址支群では、11棟の竪穴建物跡が重複して検出され、うち5棟が小形竪穴建物跡である。小形竪穴建物跡は直径3.6mの円形竪穴建物跡2棟と1辺2m～3mの方形竪穴建物跡3棟がある。中・大形竪穴建物跡で規模が明らかなものに1辺4.6mの方形竪穴建物跡があり、長辺9.5m・短辺3mの範囲に柱穴が並ぶ段状遺構は長方形平面の建物跡と推定されている。

　第9住居址支群では、28×9mの造成面で約10棟の竪穴建物跡が重複して検出され、直径8mの

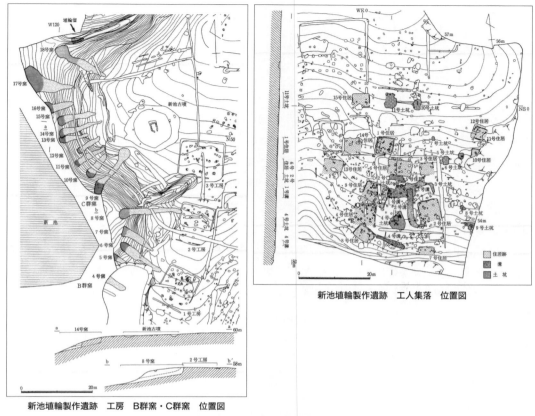

図128 新池埴輪製作遺跡遺構全体図

円形竪穴建物跡と直径または1辺4.2mの小形円形または方形竪穴建物跡3〜4棟からなる支群と推定されている。

　第11住居址支群では、8棟の竪穴建物跡が検出され、うち2棟が小形竪穴建物跡である。小形竪穴建物跡は1辺2〜3mの方形竪穴建物跡であり、中・大形竪穴建物跡で規模が明らかなものは、直径5.7m〜6mの円形竪穴建物跡2棟、1辺4.5mの方形竪穴建物跡があり、長辺9m・短辺3mの範囲に柱穴が並ぶ段状遺構は長方形平面の建物跡と推定されている。

　第12住居址支群、第13支群は第1支群〜第11支群とは異なり、建物跡の重複はわずかである。第12支群は尾根上に型式が異なる竪穴建物跡が1列を成している。第13支群は傾斜の緩い部分を選んで異なる型式の竪穴建物が散在して検出された。

　用木山遺跡では、竪穴建物等建物跡が集中・重複する遺構の集まりである住居址支群1〜住居址支群13をそれぞれ単位群とした。各支群における小形竪穴建物跡と中・大形竪穴建物跡の構成は一様ではなく、小形竪穴建物跡1棟+中・大形竪穴建物跡5〜7棟（第4住居址支群）や小形竪穴建物跡3〜4棟+大形竪穴建物1棟（第9住居址支群）などの単位群があり、各住居址支群において小形竪穴建物数と中・大形竪穴建物数は一定の割合にはない。なお、各住居址支群における竪穴建物跡の遺構の重複関係からみて、小形方形竪穴建物跡は他の竪穴建物跡よりも新しい建物型式で

あったことがわかる。

　各支群には直径または1辺 0.5〜1.5×1.1〜2.8m、深さ 0.3〜0.9m のピット状遺構があり貯蔵穴と考えられているいっぽう、小形竪穴建物にも第7住居址支群の炭化した多数のドングリが出土した例があり、収納施設となる可能性がある。

　竈屋の可能性については、遺構の谷側が流出していることからすべての竪穴建物跡のうちで炉が明確に検出された建物跡は1棟のみであり、小形竪穴建物を竈屋とみられるかどうかの判断は保留する。

　大阪府高槻市新池埴輪製作遺跡（図128、高槻市教育委員会 1993）　標高55m 前後の丘陵南緩斜面に立地する、古墳時代中〜後期の埴輪生産跡および古墳時代後期〜奈良時代の集落遺跡である。古墳時代中期の3基の埴輪窯跡、3棟の工房跡、14棟の方形竪穴建物跡が検出された、住居をともなう埴輪製作工房の遺跡である。

　工房跡は、1辺 9.9m〜12.8m の方形〜長方形で、周溝がめぐる。主柱は2間四方の側柱と一対の棟持柱がある。工人集落跡は、13棟の方形竪穴建物跡からなり、うち6棟が小形竪穴建物跡である。遺構の重複関係と出土遺物から13棟の竪穴建物跡が陶邑ON46期（1期）と陶邑TK208期（2期）の2時期に細分されている。1期、2期とも須恵器Ⅰ型式期間の住居グループ（単位群）として把握できる。1期は大形竪穴建物跡2棟（2号住居、4号住居）・中形竪穴建物跡2棟（1号住居、13号住居）・小形竪穴建物跡3棟（3号住居、11・12号住居）、2期は大形竪穴建跡物1棟（9号住居）・中形竪穴建跡物2棟（8号住居、14号住居）・小形竪穴建物跡4棟（6・7号住居、10号住居）からなる。1期では小形竪穴建物跡が1辺 3m〜4.4m、中・大形竪穴建物跡が1辺 4m〜6.3m、2期では小形竪穴建物跡が1辺 2.2m〜4.7m、中・大形竪穴建物跡が1辺 4m〜7.2m である。主柱数別にみると、4本主柱の竪穴建物跡が1辺 3.6m〜7.2m、無主柱の竪穴建物跡が1辺 3m〜4.7m であり、4本主柱の竪穴建物跡8棟中3棟、無主柱の竪穴建物跡6棟中4棟が小形竪穴建物跡である。竪穴建物跡群については、報告書では稲籾の貯蔵を念頭に、「集落内に掘立柱建物がなく、貯蔵用の土器が少ないことから、農業生産にたずさわるのではなく工人集団の集落」としている。小形竪穴建物が竈屋となる可能性については、小形竪穴建物跡6棟中6棟、中・大形竪穴建物跡7棟中6棟に焼土または竈があることから、小形竪穴建物だけに火処が設けられたわけではない。先述した3棟の工房跡では粘土、ベンガラが出土する土坑と、埴輪・粘土塊・工具類とみられる鉄製品・土器が検出されているが、13棟の方形竪穴建物跡の出土遺物は日常容器としての土器であることから、小形竪穴建物跡は住居跡とみてよい。

　大阪府岸和田市三田遺跡［(財) 大阪府埋蔵文化財協会 1987b］　低位段丘上に立地し、旧石器時代〜江戸時代の遺物が出土する複合遺跡である。B地区では古墳時代後期の集落が検出され、1期〜4期の時期に細分されている。小形竪穴建物跡は1期の集落で検出されている。

　1期の集落は13棟の竪穴建物跡からなり、うち小形竪穴建物跡は5棟である。1期に属する竪穴建物跡相互に重複がみられるものがあるので、集落は、建物の建て直しを繰り返しながら一定期間営まれたことがわかるとともに、竪穴建物跡の分布状況から、単位群を見出せない。建物内の竈跡は、1期の小形竪穴建物跡の5棟中4棟、中・大形竪穴建物跡8棟中3棟から検出されている。5

棟の小形竪穴建物跡の面積は、2棟が約 15m²、3棟が 10m² 未満である。小形建物への竈の設置割合は中・大形建物に比べてやや多い、という傾向がある。建物の大きさによる出土遺物の種類の偏りはみられない。

群馬県渋川市中筋遺跡（図129、群馬県渋川市教育委員会 1988） 遺跡は、前橋高崎台地の北端に位置する。5世紀末の榛名山噴火による火砕流・火山灰でおおわれた古墳時代中期の集落跡で、平安時代の集落跡とともに検出された。古墳時代中期の集落跡では、「垣根跡」［群馬県渋川市教育委員会 1988］が囲む竪穴建物跡4棟と、平地建物跡3棟からなる屋敷地のようなひとまとまりの建物群がある。4棟の竪穴建物跡はすべて正方形平面であり、1辺 3m～4m の小形竪穴建物跡1棟と1辺 4m～7m の中・大形竪穴建物跡3棟からなる。4棟の竪穴建物跡は周提（「周提帯」ともいう［群馬県渋川市教育委員会 1988］）を共有する。3棟の平地建物跡は、すべて小形建物であり、1辺 4m の正方形建物跡2棟と直径 3m の円形建物跡1棟からなる。竈跡は、中・大形竪穴建物跡1棟、小形竪穴建物跡1棟、小形平地建物跡2棟において検出されており、建物の型式や大きさによる竈の偏在は認められない。平安時代（9世紀前半～11世紀後半）の集落では、26棟の竪穴建物跡が検出されている。竪穴建物跡は、1辺 3m～4m の方形小形竪穴建物跡である。すべての小形竪穴建物跡で竈が検出された。掘立柱建物跡は検出されなかった。とくに、収納施設、竈屋として特化した小形竪穴建物跡はみられない。なお、小形竪穴建物跡のうちの2棟は、「中央部に浅い窪みを二つ連続させて「ハ」の字形にした小鍛冶跡が検出された。住居床面からは鍛造剝片が数多く検出され」「カマドが他の住居のものと異なった構造をとる」［群馬県渋川市教育委員会 1988］こと

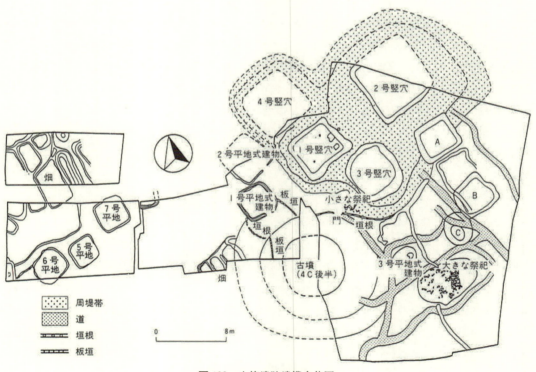

図129 中筋遺跡遺構全体図

から鍛冶工房跡である可能性が高い。また、この2棟は竪穴建物群に混在して立地する。

（3）小形竪穴建物跡について

冒頭に掲げた課題について、小形竪穴建物跡の調査事例を整理し、本項のまとめとする。

①小形竪穴建物跡の構成比

1．集落における小形竪穴建物跡の構成比

竪穴建物跡全体に対する小形竪穴建物跡の構成比を時期別にみると、弥生時代前・中期（下稗田遺跡）12.4％、弥生時代中期（千塔山遺跡）21.4％、弥生時代中期後半（用木山遺跡）25％、弥生時代後期〜古墳時代初頭（下稗田遺跡）35.1％、古墳時代前期・中期（下稗田遺跡）13％、古墳時代中期（下稗田遺跡、新池埴輪製作遺跡）50％、古墳時代後期（下稗田遺跡、三田遺跡、中筋遺跡）49.5％、飛鳥時代（下稗田遺跡）33.3％、平安時代（中筋遺跡）100％である。

なお、平面形については、弥生時代前期・中期には下稗田遺跡例のとおり小形、中・大形竪穴建物跡とも円形平面であるが、弥生時代中期〜中期後半には千塔山遺跡、用木山遺跡のように、小形竪穴建物跡は方形平面、中・大形竪穴建物跡は円形平面の組み合わせが多い。弥生時代後期〜古墳時代初頭には小形、中・大形竪穴建物跡とも方形平面となる。

2．単位群における小形竪穴建物跡の構成比

単位群における小形竪穴建物跡と中・大形竪穴建物跡の組み合わせ、構成比をみる。千塔山遺跡（弥生時代中期）では、1つの単位群あたり中・大形（円形または方形）2棟〜3棟、小形（方形）1棟で構成されていた。下稗田遺跡（弥生時代前期・中期）では、6つの単位群（「単位グループ」ともいう［下稗田遺跡調査指導委員会 1985］）があり、1つの単位群あたり中・大形（円形）3棟〜7棟、小形1棟〜2棟で構成されていた。用木山遺跡（弥生時代中期後半）では、8つの単位群（「住居跡支群」ともいう［岡山県山陽町教育委員会 1977］）があり、全体としては1つの単位群あたり中・大形1〜14棟、小形1〜5棟の組み合わせで、平均的な中央値は中・大形5〜6棟、小形2〜3棟付近にある。新池埴輪製作遺跡では、古墳時代中期（1期：ON46期）には中・大形4棟、小形2棟、古墳時代中期（2期：TK208期）には中・大形2棟、小形5棟の構成割合であるが、主柱・周溝・大きさにあらわれる建築構造の違いから、Aタイプ8棟（4本の主柱と周溝をもつ・1辺平均5.8m）、Bタイプ5棟（主柱も周溝ももたない・1辺平均4.5m）、Cタイプ1棟（2本の主柱と周溝をもつ・小形）3タイプの建物に分類されている。この分類による時期ごとのAタイプ：Bタイプ：Cタイプの構成比は、1期（ON46期）には4：2：1、2期（TK208期）には4：3：0である。

近畿地方では、弥生時代中〜後期の円形の大形竪穴建物跡と円形の小形竪穴建物跡が組み合わせとなる事例（滑瀬遺跡）［（財）大阪府埋蔵文化財協会 1987a］があるが、円形の大形竪穴建物跡と方形の小形竪穴建物跡の組み合わせが多くみられた。この小形方形竪穴建物跡の出現の契機を知ることは、竪穴建物全体の機能や小形竪穴建物に限定した機能、建物の分棟の流れなどを知る重要な鍵になる。

弥生時代中期には少数の小形竪穴建物と多数の中・大形竪穴建物からなる単位群があるが、それ

以降、古墳時代後期にかけて小形竪穴建物と中・大形竪穴建物の構成比がしだいに同率となり、また単位群が不明瞭化し解消されたようにみえる。小形竪穴建築の出現の契機や背景と相互に関連し、本項では検討しなかった大形竪穴建物の機能や消長を含め、全体として規模、構造や機能の異なる建物の組み合わせの変化を追究する必要があり、今後の課題とする。

②小形竪穴建物の機能

1．収納施設（倉庫、物置、納屋、収納木屋）

　弥生時代前期および中期の千塔山遺跡では、多数の貯蔵穴が検出されていて、主要な収納機能は貯蔵穴が担ったのであろうと考えることができる。ただし、用木山遺跡では多数の炭化したドングリが出土した小形竪穴建物跡（第7住居址支群第15号住居址）があり、竪穴建物内の食糧の収納状況の事例として重要である。また、第4住居跡支群-2に属する第11号住居址は1.6m×1.39mの小形長方形竪穴建物址で収納施設が推定され、ほかに貯蔵施設の可能性を指摘される1m×2m、深さ0.8m程度のピット状遺構が検出されている。弥生時代後期以降は、小形竪穴建物の多くに炉・竈があることから小形竪穴建物が収納専用施設である可能性は小さいが、いっぽうで竈跡や炉跡が検出されない小形竪穴建物跡を注意する必要がある。新池埴輪製作遺跡では、「Cタイプの15号住居は、集落の北辺部に単独で建てられていて、全掘したにもかかわらず、カマドや焼土をもたないなど、AタイプやBタイプの住居とは在り方が異なっている。単なる住居とみるよりは、物置などの役割を担っていたものと推量される」［高槻市教育委員会 1993］という。建物の集落内立地や構造、検出遺構の状態などを総合して、当面使わない物や道具などを入れておく「物置」のような建物跡を推定したことは重要である。

2．竈屋（火焚き場、火処）

　弥生時代前期から飛鳥時代までの多くの中・大形竪穴建物跡およびそれと同程度に小形竪穴建物跡において炉跡・竈跡が検出されていたので、一般論としては、小形竪穴建物に限って竈屋として機能分化していたとはいえない。上の検討事例では、小形竪穴建物が竈屋として機能分化した可能性は小さいと考えたが、古墳時代中期以降の発掘調査事例に、小形竪穴建物を竈屋とする報告がある。熊本県沈目遺跡5号住居（古墳時代中期）［熊本県教育委員会 1974］は、東隅部に6号住居（小形竪穴建物）が取り付き床面が連結されている。6号住居には竈が2基並んでおり、竈の手前の床は踏みしめられている。「5号住居を居間とすれば、おそらく6号住居は炊事場に該当するものであろう」と報告され、5号住居は母屋、6号住居は竈屋と考えられている。本書第1部第1章「炉と竈の比較」で検討したように、大阪府岸和田市上フジ遺跡・竪穴建物跡168OD［（財）大阪府埋蔵文化財協会 1988b］では、長辺2.33m・短辺2mの小形の長方形竪穴建物跡で幅約1mの竈跡が検出されていて、竪穴床面に比べて相当に大きな竈が付設されている場合は専用の竈屋である可能性を考慮できる。このような1辺2m～3m、床面積10m^{2}以下の竈跡をともなう小形竪穴建物跡は、大阪府蛍池東遺跡（古墳時代中期）［（財）大阪文化財センター 1994］、小阪遺跡（古墳時代中期）［大阪府教育委員会・（財）大阪文化財センター 1992］、池島・福万寺遺跡（古墳時代中・後期）［（財）大阪府文化財センター 2002b］、三田遺跡（古墳時代後期）［（財）大阪府埋蔵文化財協会 1987b］にあり、今後、このような類例が竈屋であるか否か、集落内での位置づけ、他の竪穴

建物と組み合わさる可能性などの検討を要する。地域ごとの竈屋の普遍性についても追究する必要がある。

3．工房（鍛冶場、作業場等）

　検討資料では、弥生時代、古墳時代の集落遺跡の小形竪穴建物跡において、鉄器、石器などの未完成品、失敗品、残滓や工具などが多く出土することはなく、多くの小形竪穴建物跡に専用工房の可能性を見出すことはむずかしい。個別事例では、検討した遺跡の中に、注意すべき3例があった。弥生時代中期の円形大形竪穴建物跡・千塔山遺跡34号住居からは台石や黒曜石剥片が出土した［基山町遺跡発掘調査団 1978］。また、用木山遺跡第9支群9号住居（拡張可能性があり、推定直径6.5m～8.0m、推定床面積は33.3m²～50.2m²）fからは「サヌカイト製の打製石器類をはじめ、約7kgにおよぶサヌカイト剝離砕片や、サヌカイト製打製石器の折損品とか未製品が検出され」ている［岡山県山陽町教育委員会 1977］。平安時代の中筋遺跡の集落跡では、鍛冶工房を推定させる小形竪穴建物跡が検出された。中筋遺跡の事例は建物規模上に前2者との違いがある。近畿地方では、大阪府大県遺跡において6世紀～7世紀の掘立柱建物からなる集落跡内に2m×4m以上の小形竪穴建物跡が検出されており、鍛冶工房と考えられている［北野 1996］。中筋遺跡および大県遺跡の鍛冶工房跡を推定させる小形竪穴建物跡は、石野がいう「7世紀以降になると、群馬県入野遺跡（7世紀中葉）や青森県浮橋遺跡（9世紀）のように、小規模住居のなかに工房址と想定される遺構の比率が高くなっているように思われる」［石野 1975］ことの具体例として追加できる。

第4章　古墳出現期の竪穴建物
——大和と河内——

1　観点

　住居建築の型式と分布から導かれる歴史的記述について、早く、石野は、日本列島における古代の住居建築の諸型式を網羅した「考古学からみた古代日本の住居」［石野 1975］において、「ここに示された住居型圏が他の文化現象から推定されている文化圏と一致するとは限らない。それは、竪穴式住居が本来政治的建造物でも祭祀的な建造物でもないからである。住居型の一致は、風土に根ざしたいくつかの集団の建築様式の一致ではあっても、政治圏・祭祀圏とは別個のものである」「住居型は、ある集団の領域とその移動を示す資料であり、他の方法で復元された政治圏・祭祀圏・交易圏等と重ねることによって、人々がどのように政治や祭祀や交易に関与したのかを追究することができるであろう」として、住居遺構の研究についてとるべき態度を示した。まずは、遺構としての住居（建物）跡を「住居型（型式）」—「建築様式」—「風土に根ざした集団」としてとらえることで、特定の時代や地域、文化における住居とは何か、を追究しようとする姿勢を示した。加えて、「弥生時代以降注目されている筑紫・吉備・出雲・大和等のうち、筑紫と出雲・大和が比較的せまい住居型圏の中に包括され、吉備が広く拡散しているのは、4世紀の歴史を考える上できわめて示唆的である」と注目した。本項では、比較的狭い分布範囲をなすとされた旧国大和地域およびその周辺地域における弥生時代後期から古墳時代前期までの住居型式を取り上げ、課題について考える。

　なお、本項においても第2章で用いた、竪穴建物の竪穴外郭線の形状と主柱穴数を示した「円5型」（竪穴平面形が略円形で主柱穴が5個）「方4型」などを平面形態の分類呼称とする。

2　近畿地方主要部における竪穴建物跡

（1）奈良県における竪穴建物跡

　奈良県における弥生時代後期から古墳時代前期までの竪穴建物跡には、以下の型式がある（図130）。

　円4型は、確認できなかった。円5+型には、三井・岡原遺跡SB01、多角形には、ゼニヤクボ遺跡6次、芝遺跡検出例がある。方形系としては、方4型には、ゼニヤクボ遺跡第12号住居跡（2本の補助柱）、同第16号住居跡、同第17号住居跡、平城京左京4条5坊十2坪SB02、同SB04、

332　第2部　原史・古代の住まいと建物

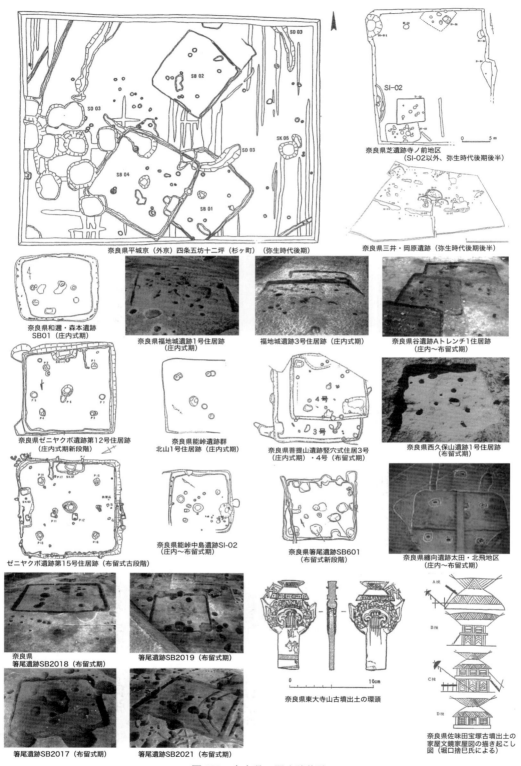

図130　奈良県の竪穴建物跡

藤原京左京十二条1坊方形住居、芝遺跡寺ノ前地区 SI-01 などがある。長方2型には、和爾・森本遺跡 SB01、藤原京左京十二条一坊長方形住居、長方4型には、和爾・森本遺跡 SB02、隅円方4型に、2本の補助柱があるとされる纏向遺跡太田・北飛塚地区竪穴建物がある。

　六条山遺跡における、出土土器と竪穴建物跡との年代対照によれば、弥生時代後期後半期のなかで、「六条山様相4」期において円形平面から隅円方形平面へ、「様相4」期の後半期において方形平面への変化が追えるという［寺沢 1980］。三井・岡原遺跡では、後期後半期の竪穴建物跡の重複から、1号（円5+型）→3・5号（隅円方=同張）→2号（方）と比較的短期間のうちに円形平面から方形平面への変遷が認められる。布留遺跡・豊井地区では、庄内式期の竪穴建物跡が6棟検出されている。そのうち確実な方4型は、竪穴建物跡4で周溝の隅に土坑がみられる。ほかに竪穴南辺周溝に沿って土坑を有する推定方形竪穴建物が3棟検出された。

　藤原京左京十二条一坊では、古墳時代前期の竪穴建物跡が4棟検出されている。「そのうち、古墳時代前期の竪穴式住居の1棟は、当初2本柱で建つ 3.7m×4.1m の長方形住居（旧）であったものを、4本柱で建つ 4.5m 四方の方形住居（新）に建て替えています。また、別の1棟には、住居の壁溝から約 0.5m 外側に外護壁の痕跡と思われる幅約 0.15m の外周溝が巡っていました」［橿原市千塚資料館 1996］という。

　平城京左京（外京）四条五坊十二坪では、「弥生時代後期」の竪穴建物跡3棟が検出された。SB01 は、1辺 5m の隅円方4型、中央に炉土坑。SB02 は、4.5m×4.2m の（隅円）方4型であり、外側に 1.5〜3.5m の間隔をおいて、素掘りの溝 SD03（幅 0.4〜0.9m、深さ 0.1〜0.3m）がめぐり、東南部で、長さ 5.6m にわたって途切れる。溝は明らかに竪穴建物にともなう遺構であると報告されている。SB04 は1辺 5.7m の方4型で、中央に炉があり、東南辺（SB02 で外溝が切れている方向）に「灰色バラス入りの浅い土壙」が検出された。いずれも「畿内第5様式」土器が少量出土した。

（2）大阪府（摂津・河内・和泉地方）における竪穴建物跡

　大阪府における弥生時代後期～古墳時代前期の竪穴建物跡には、以下の型式がある（図131）。
　円4型の確実な例は、確認していない。円5+型には、下田遺跡 SA2218 がある。多角形には、駒ヶ谷遺跡竪穴建物32、同竪穴建物20、下田遺跡 SA2216、藤阪東遺跡 SH010、芥川遺跡住居跡2、同住居跡1がある。
　方4型には、東郷遺跡（11次）SI3、萱振遺跡（6次）SI1、駒ヶ谷遺跡竪穴建物41、同23、尺度遺跡500住居、下田遺跡 SA2219、同 SA2217、藤阪東遺跡 SH017、同 SH001、同 SH014、芥川遺跡住居跡3があり、長方2型には、陶邑・伏尾遺跡1520-OD、小倉東遺跡 SH-1、亀井北遺跡2号住居がある。また、隅円方4型に、東郷遺跡（14次）SI1・SI2、西大路遺跡1370-OD がある。

（3）兵庫県（東播磨地方）における竪穴建物跡

　播磨地方を概観する。竪穴建物の事例図面は玉津田中遺跡の検出事例［兵庫県教育委員会 1996］である（図132）。弥生時代中期には、円5+型のなかに、小形方2型・1辺 4m 程度のやや小形の

334 第2部 原史・古代の住まいと建物

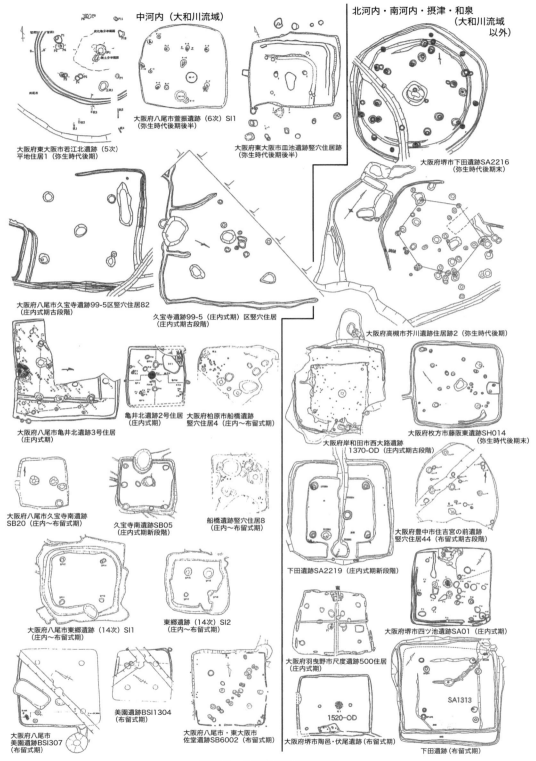

図131 大阪府の竪穴建物跡

第4章 古墳出現期の竪穴建物 335

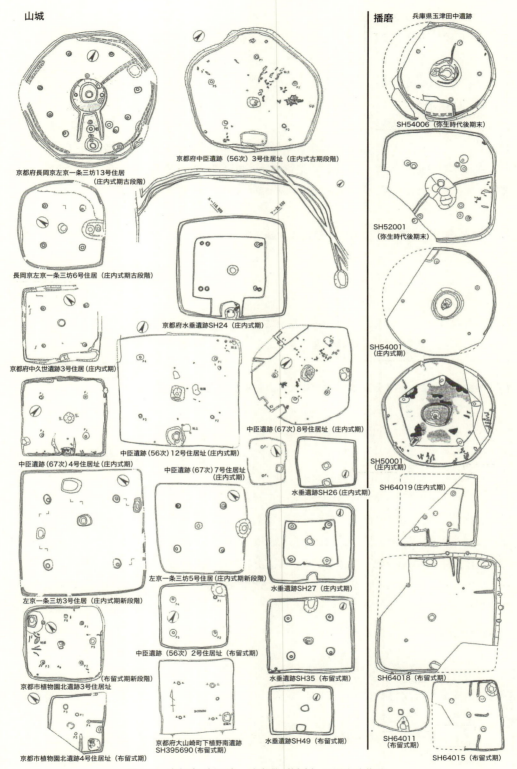

図132 京都府（山城）・兵庫県（播磨）の竪穴建物跡

方4型（屋内設備としては、竪穴中央部の炉とそれに付属する土坑）が出現する。後期に入ると、円5＋型の規模に匹敵する方4型があらわれる。竪穴中央に大形の炉（しばしば土堤がめぐる）をともなうものである。また、長方2型で両短辺に屋内高床部をそなえ、片側の長辺わきに「上方下円」平面形の土坑をそなえる「室岡式」竪穴建物が多くみられるようになる。ただし、遺跡によっては、竪穴内設備のいずれかが欠落するものがある。なお、この土坑は、庄内式期新段階並行期に、周溝にそって屋内高床部がめぐり、1辺のみ高床部がつくられていない部分に穿たれることが一般化する。庄内式並行期には、いわゆる多角形住居が出現する。多角形住居はほぼ庄内式並行期にのみみられる平面形である。玉津田中遺跡では、神戸市教育委員会の発掘調査において、上述の概要同様の変異に富んだ竪穴建物跡が検出されている。

（4）京都府（山城地方）における竪穴建物跡

事例として次のものがある（図132）。京都市左京一条三坊では、庄内式期古段階並行期の住居跡に円6＋型、1辺に貯蔵穴状土坑を有する不整方4型があり、庄内式期新段階並行期の方4型がある。中臣遺跡では、庄内式から布留式期にいたる時期の方4型に混じって、庄内式期の五角5型（庄内式期古段階）、方（円）変形5＋型が検出されている。水垂遺跡では、庄内式期の、屋内高床部・方形土坑（貯蔵穴）・竪穴外環状溝を備えた方4型と、布留式期の方4型が検出された。

（5）佐味田宝塚古墳出土家屋文鏡と東大寺山古墳出土三葉環頭装飾

近畿地方における3、4世紀の住居を考えるとき、必ず採り上げられるべきものに、佐味田宝塚古墳出土家屋文鏡と東大寺山古墳出土環頭の装飾がある（図130）。これら2点の資料は、ここで改めて述べるまでもないほど、既知のものであるが、両資料は遺構では得られない家屋の立体的な情報を私たちにもたらしてくれる。

佐味田宝塚古墳の家屋文鏡は、直径23.0cmの鏡背面内区に高さおよそ3cmの家屋4棟を内向式に対置させたものである。それらの家屋については種々の意見がある。およそ、A蓋をさしかけた竪穴建物、B高床倉庫、C蓋をさしかけた高床の家屋（居館）、D平地式建物とみるのが一般的である。Bを除く3例については住居の可能性が高いとされることが多い。ただし、蓋の有無によって住居とそれ以外の建物とに区分する考え方もある。いずれにせよ、これら4棟の建物が支配者層の建物の1組をあらわしているとするところでは、共通する。『家』においてそれら画像の家屋と古代の呼称との対比を試みた木村国徳は、Aを竪穴建物、Bを高床倉庫、Cを高床住居、Dを宮廷正殿とした［木村 1975］。いっぽう、山田幸一は、Aを竪穴建物、Bを高床倉庫、Cを高床住居、Dを羽目板形式壁の倉庫とした［山田 1986］。

画像には家屋の付属物や線刻による描写上の区別があるので、それらによって個々の建物の機能・用途を考えておく。描写は1棟ごとにまったく相違するわけではなく、共通する部分がいくつかある。東大寺山古墳出土環頭飾りのモチーフは竪穴建物で、その描写法は、佐味田宝塚古墳の家屋文鏡に近い。蓋の存在から積極的に居住用建築と考えてよいのは、A棟、C棟である。C棟は用途の限定はむずかしい。屋根の組紐文は屋根材の表現で、全建物に共通する。破風状煙出と思われ

る屋根上部の三角文は高床倉庫以外のすべてにあらわされる入母屋状の表現、跳上式の扉は竪穴建物のみに、柵状の表現は住居建築すべてに、主柱表現は竪穴建物以外のすべてに、梯子は高床建築に、壁面の横平行線文は竪穴建物以外に、綾杉文は高床建築に、地表面の帯状の表現は高床建築以外に、それぞれ共通して表現される。単純な線刻であるが、それぞれの建築が相互に共通する意匠と技術によって成り立っていることを推定させる。竪穴建物2棟について、遺構として検出される見込みのあるものは、柵状の出入口と地表面上の帯状の表現の2点である。

　家屋文鏡D棟および環頭装飾の竪穴建物を詳細に見てみる。45度程度の勾配をもつ屋根があり、破風を正面からあらわしたとみられる入母屋状の棟が載っている。屋根は組紐文であらわされる植物質屋根材と、地表面近くの帯状の表現がある。空白の帯は、屋根の葺き下ろす線の内部あり、屋根の一部であることをあらわしている。この帯については、従来より、登呂遺跡出土住居跡の推定復元にもあらわされるように、土堤、盛土の壇、あるいは土壇などと解釈されることがあった。環頭装飾では、より積極的に表現されている。帯の内部は左右に横走する綾杉文とそれを区画する縦線で満たされており、その輪郭は縁取られて屋根よりも外側に突出している。帯状の部分の外面を植物質材料で覆っているものとみたい。なお、別個の遺物である家屋文鏡にもこのような綾杉文があり、高床建築の床下壁にあたる部分に同種の文様がある。それらは網代状の非耐力壁と推定されている。この帯は、遺構としては、近畿地方では、高槻市芝生遺跡などで明らかな、広くは「周堤」などと呼称されることが多い、屋根の軒端と地面が接する部分の土盛りがそれにあたる。弥生時代後期中頃の芝生遺跡（埋59）4号住居跡では、いずれも平面円形の、竪穴部分直径6.75m・盛土直径9m・盛土外溝外線輪郭直径12.5mの規模で、家屋文鏡の勾配を適用すると棟の高さが4.5mとなる。この住居跡の場合は入口跡に該当する遺構は検出されておらず土堤は全周する。庄内式期の顕著な例として、大阪府尺度遺跡、紅茸山遺跡、兵庫県池上口ノ池遺跡などで多数検出された、竪穴を囲繞する溝をともなう住居跡がある。

3　古墳出現期の竪穴建物

　宮本長二郎が行った弥生時代の九州地方における竪穴建物の研究［宮本 1996］によれば、円形平面と方形平面の竪穴建物を比較すると、A型（弥生時代前～中期の円形平面をもつ中・大型住居で、主柱は4・6・8本が多く、面積に比例して7本、9本以上17本までの主柱を竪穴側壁面に平行して円形に配置）は、梁組と叉首組によって円錐形小屋組を形成していたものとされ、C型（弥生時代全期に渡って存在する方形4主柱形式の中規模住居）は、主柱上に桁・梁を懸け、梁上に合掌を組み棟木をあげて寄棟造り屋根を地上葺降しとする、とした。すなわち、円5+型と方4型では、建築構造が異なることを推定した。

　第2章「斜面の建築」では、近畿地方における円形竪穴建物と方形竪穴建物は、遺構そのものの分析から、その平面形だけでなく遺構から推定される建物の上屋の建築構造そのものが異なる建築である、と考えた。つまり、斜面という悪条件に立地する竪穴建物があらわにした円形平面の竪穴建物の建築構造からみて、長円形平面の竪穴建物は円形平面の竪穴建物を歪めるだけで建てること

ができる構造の建築であり、近畿地方における弥生時代の円4型は平面形を柔軟に変化させることができる円5＋型と同型式で、同じ4主柱型でありながら梁桁構造の上屋を有する方4型とは異なる型式の建築である、と考えた。円4型（円5＋型）竪穴建物は、主柱の上部を横材（桁材）で連結しその上に斜め材（垂木、野垂木）を多用した扠首状の構造によって屋根を形づくった建物ではないか、と推定する。このことは、上の宮本の推定の一部を補強する。

　第3章4「竪穴建物の改築」において、竪穴建物の改築では円形竪穴建物の1〜2回にわたる拡大というパターンが最も多く一般的であって、竪穴建物の改築は方形竪穴建物に比べ円形竪穴建物でみられる場合が圧倒的に多く、円形竪穴建物の方が改築に際しての建築の柔軟性に優れているようである。これは、主柱が多角形に配置される円形竪穴建物と方形に配置される方形竪穴建物との差異と考えた。この建築の柔軟性は、建築の主要材が構成する骨格となる構造の柔軟性を指している。多角形（円弧状）に配列した主柱の上部を横材（ビーム材）で連結した構造材上に斜材（垂木、野垂木）を架構して屋根葺き材を載せる構造であると推定する。そのため屋根裾は全体として円弧を描き、4主柱の場合には円形か4隅が円弧を描く隅丸方形となったのであろう。逆に、このような円形または隅丸方形の屋根裾の平面形となる屋根の構造を推定すると、屋根裾から横材（ビーム材）に垂木を架構したとき、屋根の外形は、円形平面の場合には円錐形に、隅丸方形平面の場合には方錐形（宝形・方形）に、隅丸長円形平面の場合には小さな棟を有する寄棟形となるであろう。ただし、明示的な煙出しや顕著な意匠上・造形上の要請がある場合には入母屋となることも妨げない。

　同章5「古代の竪穴建物」では、大阪府内における古代の竪穴建物を検討した。古墳時代以降の竪穴建物は、掘立柱（土間床、高床）建物と共存する方形平面竪穴建物として一般化できるが、その構成割合や竪穴建物の規模や平面形、型式は一定しない。円5＋形のような広く共有された住居型を見出すにはいたらない。そこで述べたように、地理立地条件や遺跡の性質による差異が顕著であると考えられ、遺跡ごとの個別検討が必要である。

　同章6「小形竪穴建物」において試みた考察では、近畿地方においては大形円形竪穴建物跡と小形（隅丸）方形竪穴建物跡が同一の集落遺跡内に検出されることが多いことを確認した。弥生時代前期以来円形竪穴建物が優占する中に、弥生時代中期に小形方形竪穴建物が出現し、後期中ごろには中規模の竪穴建物はしだいに円形平面から隅丸方形4型に置き換わっていく。大形竪穴建物は円形系、小形竪穴建物は方形系という区別によって集落内における竪穴建物の型式の違いが使い分けられ、集落内に共存している。ただし、両者は建築の基本構造を共有しながら、小形竪穴建物では、最低限の4主柱で建てられ、大規模な竪穴内面積が必要な場合には多柱化して大形化することができたという違いであったと考える。

　庄内式期とその前後をみわたすと、円4型がきわめて少ないことに気づく。庄内式期には、多角形平面の竪穴建物が出現するとともに、隅丸方形を含む方4型竪穴建物が多数となってくる。方4型竪穴建物は、4辺に屋内高床部をともない貯蔵穴とされる土坑を有することが多い。小形竪穴建物は、長方2型として点的に存在する。この竪穴建物にも貯蔵穴と推定できる土坑をともなう。隅丸方形として大勢を占めた方4型は、隅が角張った方4型へと変わる。近畿地方における方4型竪

穴建物の成立期に隅丸方4型を経て方4型に変化したことは、円5＋型から方4型へと変化する住居建築の変遷過程における最終段階として、かつて円5＋型が有した構造や居住形態の要素がここで失われたことを示している、と考える。

　このように、弥生時代後期から古墳時代前期における竪穴建物跡平面形の変化は単純な円形から方形への変化ではない。

　庄内式期古段階並行期には、弥生時代以来の伝統を受け継ぐ円5＋型、多角形型、竪穴輪郭線が一部直線状である不整形平面5＋型、方4型が入り交じる。多角形平面は、近畿では播磨地方を中心に分布する。播磨、摂津、和泉、山城では、方4型にはしばしば屋内高床部がともなうが、大和、中南河内には、きわめて少ない。方形平面から円形平面への変遷過程の中で、いくつかの中間形態が出現していることがわかる。庄内式期新段階併行期（後半期）には、方4型が多数を占めるようになるが、1辺4〜5mの住居跡に混じって、京都府中臣遺跡、左京一条三坊、大阪府久宝寺遺跡例などのように、1辺8〜10mを超える住居跡が存在する。規模は、弥生時代中期の直径10〜12mを測る大形円5＋型に匹敵する。

　多角形住居は、福島孝行が集成を行い、竪穴周壁の形状と屋内高床部の形状やそれがあらわす内部の居住空間の形態の差に着目し、多角形竪穴建物が円5＋型から方4型への過渡的な建物であることを指摘した［福島 1999］。播磨地方の多角形5＋型は、建築構造としては、円形5＋型の構造を受け継いでいる。円形5＋型、多角形5＋型ともに、主柱の配列は多角形である。多角形5＋型は、竪穴建物が円5＋型から方4型へと転換する時期に、住居の平面形の一部を直線化することで作り出された住居型である、と考える。播磨のほか、たとえば、京都府中臣遺跡、大阪府萱振遺跡では、円5＋型の竪穴輪郭線の一部が直線化した住居跡がある。この2者と播磨地方の多角形とは、建築構造が伝統的な型式を踏襲しているとみられる点で共通するが、竪穴輪郭全体が直線で構成される多角形であるか、不整形であるかという相違点がある。また、播磨地方の多角形5＋型は、中間形態ながら、竪穴建物跡として一定の形を共有すると認められる程度の型式の安定性があるが、不整形平面住居には、他遺構、他遺跡に通じる形状の安定性はない。大和・河内の不整形例は、多主柱（5＋）でありながら、竪穴輪郭は直線部分と曲線部分が入り交じり、ベッド状遺構はみられない。住居外形は一部直線を採用して方形化しながら、内部の利用法は、円5＋型の形態をとどめている。播磨の多角形住居は、主柱配列からみて外形・建築法（構造）は方4型の梁桁構造ではない。竪穴外形は、円形のまま止まっている例があり直線化しても多角形で四角形にはならないが、竪穴内部の、屋内高床部の付設、直線をなす壁や屋内高床部輪郭線は、方4型における室内利用に近づいているのではないか、と考える。外観に円5＋型の強い伝統があらわれている、とも換言できる。屋内高床部の有無は住まい方のうちの床面の立体的・平面的分割法の相違、屋内高床部・竪穴輪郭の多角形化・直線化は屋内高床部と低床部との境界線利用法および壁面利用法の相違や葺き降ろし屋根または壁の構造の相違、などを要因として考えることができる。

　竪穴建物跡には竪穴部分の平面形（竪穴輪郭形）のほかにも円形と方形をなす部分遺構（竪穴建物跡の小遺構）がある。土坑と溝が形作る平面形で、中央土坑（炉）、屋内高床部の内縁線、竪穴のさらに外側を繞る溝である。それらは、今日まで議論されてきた竪穴輪郭形に関する種々の考察

同様、建築構造と居住形態を反映し、相互に影響を与えているのではないか、と考える。立体的に把握できる資料は、東大寺山古墳出土の環頭装飾と佐味田宝塚古墳出土家屋文鏡があり、環状盛土などが表現される（図130）。

　播磨大中遺跡で注目を集めた多角形住居は、六角形平面であった。大部分の多角形住居にはおなじく多角形平面の屋内高床部がある。玉津田中遺跡で検出された「多角形」住居は、屋内高床部内縁輪郭線は五角形で竪穴外郭線は円形である。同様の例に、外郭線が略円形の兵庫県三木市西ヶ原遺跡SH39竪穴建物跡があり、屋内高床部の内縁形と竪穴平面形が一致しない例となる。さらに、前述した奈良県平城京左京（外京）四条五坊十二坪、京都府水垂遺跡のほか、尺度遺跡や紅茸山遺跡などでは、環状盛土にともなうとみられる竪穴外周溝と竪穴の平面形が異なる。すなわち、竪穴平面形は方形であるが、竪穴外周溝すなわち、環状盛土の外郭線は略円形平面である。前者では多角形平面の竪穴低床部に外輪郭線が円形を描く高床部が附属する。後者では、方形平面の竪穴の外側に略円形平面の環状盛土および周溝が取り囲む状況を想定できる。このように、円形系竪穴建物から方形系竪穴建物へ一時期に変わったのではなく、竪穴建物各部分の平面形において円形系に方形系が入り交じりながら円形系（円5＋形）から方形系（方4形）へと移り変わる過程が遺構として顕在し残ったものが、これら多角形竪穴建物である。

　石野博信は、日本列島全体が方形竪穴住居になる古墳時代前期前半は竪穴建築の大きな画期であると述べた［石野 1975］。上述のように、庄内式期を前後する時期は、近畿地方における竪穴建物の変革期である。その住居において、竪穴平面形だけではない、竪穴建物各所にあらわれる円形平面と方形平面には、住居跡からたどることができる住居の「つくりかた（建築構造）」と「すまいかた（居住形態）」があらわれている。竪穴建物が、円5＋形から隅の角張った方4形が大勢を占めるにいたる過程では、竪穴建物の変化はその内部で先行して起こったと考える。

　第5章および第6章では、その変革期における竪穴建物内部に起こった変化について、さらに詳しく述べる。

遺跡・図引用文献
［奈良県］
三昧田宝塚古墳出土家屋文鏡：平井 1975
芝遺跡：桜井市教育委員会 1986
ゼニヤクボ遺跡：奈良県立橿原考古学研究所 1989b
谷遺跡：松本 1985
東大寺山古墳出土環頭：金関 1975
西久保山遺跡：奈良県立橿原考古学研究所 1979a
箸尾遺跡：奈良県立橿原考古学研究所 1991
藤原京左京十二条一坊：橿原市千塚資料館 1996
福地城跡：奈良県立橿原考古学研究所 1985c
平城京左京（外京）四条五坊十二坪：奈良市教育委員会 1988
菩提山遺跡：大和郡山市教育委員会 1988

纒向遺跡：橋詰 1987
三井・岡原遺跡：寺沢 1987
能峠遺跡群：奈良県立橿原考古学研究所 1987b
和邇・森本遺跡：奈良県立橿原考古学研究所 1989a

[大阪府]
芥川遺跡：高槻市教育委員会 1995
亀井北遺跡：大阪府教育委員会・（財）大阪文化財センター 1986
萱振遺跡：（財）八尾市文化財調査研究会 1996
久宝寺南遺跡：（財）大阪文化財センター 1987b
佐堂遺跡：（財）大阪文化財センター 1984b
皿池遺跡：東大阪市教育委員会 1980
下田遺跡：（財）大阪府文化財調査研究センター 1996c
尺度遺跡：（財）大阪府文化財調査研究センター 1999
陶邑・伏尾遺跡：大阪府教育委員会・（財）大阪府埋蔵文化財協会 1990
住吉宮の前遺跡：（財）大阪府文化財調査研究センター 2001
田井中遺跡・東郷遺跡：（財）八尾市文化財調査研究会 1989
西大路遺跡：（財）大阪府埋蔵文化財協会 1988a
藤阪東遺跡：（財）枚方市文化財研究調査会 1990a
船橋遺跡：柏原市教育委員会 1994
美園遺跡：（財）大阪文化財センター 1985
四ツ池遺跡：堺市教育委員会 1984
若江北遺跡：（財）大阪文化財センター 1983a

[京都府]
京都市植物園北遺跡：（財）京都市埋蔵文化財研究所 1985
下植野南遺跡：（財）京都府埋蔵文化財調査研究センター 1999
中久世遺跡：（財）京都市埋蔵文化財研究所 1990
中臣遺跡：（第67次調査）（財）京都市埋蔵文化財研究所 1987、（財）京都市埋蔵文化財研究所・京都市考古資料館 1990
長岡京左京一条三坊：（財）京都市埋蔵文化財研究所 1989
水垂遺跡：（財）京都市埋蔵文化財研究所 1998

[兵庫県]
玉津田中遺跡：兵庫県教育委員会 1996

第5章　古墳時代の炉と竈

1　炉と竈

　古墳時代の竪穴建物跡内部で検出される調理、防湿、採光等を目的として火を焚いた設備の遺構として、炉跡と竈跡がある。この「炉」と「竈」は発掘調査で検出される遺構の外観から判断して呼び分けられている遺構の呼称である。いっぽう、炉は火を使用する設備の総称でもあり、一般名詞としての「炉」は、考古学的発掘調査において竪穴建物跡の床面に検出される「炉」と「竈」の両者を含んだ名称である。構造上は、一般名詞「炉」において、煙道・煙突を備えた遺構としての「竈」は「煙突炉」に区分され、遺構として石囲炉、地床炉、灰穴炉、中央炉、複式炉などと都度呼び分けられる「炉」はそれと対比的に「開放炉」と呼んで区別される［齋藤・坂本・高塚 2012］べきである。しかし、考古学研究においては、今のところそのような呼称により区別されることがなく、また、「炉」が開放炉を意味する一般的な遺構名称として定着しているため、火を使用する場所の総称としての呼称（一般名称としての「炉」を表現する呼称）に定まった用語がない。個別の論文や報告書に「火焚場(ひたきば)」や「火処(ひどころ)」がときおり使用されることがある。本項では、竪穴建物内で火を使用した設備として「炉」と「竈」の総称として「火処」を暫定的に使用して記述を進める。

　古墳時代の火処は、弥生時代まで竪穴建物内の中央に存在した炉が古墳時代中期に竪穴建物の壁際に作り付けられる竈へと変化し、それ以降に竈が普及すると考えられてきた（たとえば、［埋蔵文化財研究会 1992］）。

　竈の出現については、国内自生説、朝鮮半島渡来説とその折衷説が説かれてきた。国内自生説は、弥生時代後期から古墳時代前期に「類カマド」と呼称される竪穴建物壁際または壁際付近の焼土や粘土塊をともなう火処を経て炉から漸移的に竈が形成されるとする［石野 1975］。朝鮮半島渡来説は、竈は朝鮮半島から伝わった文物のひとつで、北部九州を経て近畿地方へもたらされたものとする［西谷 1983］。朝鮮半島渡来説においてはほかに、「竈は須恵器製作技術の流入と同時に畿内に伝わり須恵器の地方への拡散と同時に地方へ拡がっていった」［林 1973］という窯業技術と関連をもつ導入が説かれるものがある。また、大川清の論文に同様の指摘がある［大川 1955］。折衷説は、国内で自生的に炉から「類カマド」への移行があるなかで、何らかのインパクトを受けて竈が成立したとする［樋口 1984］。

　古墳時代前期における竈の存在は、甕に付着する煤の状態から以前より推定されていた［藤田 1986］。以後、古墳時代前期に位置づけられる竈が各地で確認され、竈の出現が古墳時代前期にま

でさかのぼることが明らかになってきた［高野・岩井 2003］。また、壱岐、長崎県原の辻遺跡で、弥生時代後期の竈が検出されたことにより［松見 2009］、日本列島における竈の出現は、さらに弥生時代後期にまでさかのぼる可能性が考えられるようになった。

本項では、主に西日本における竪穴建物における炉から竈への変化を概観する。なお、同様の視点から竈の分類と変遷を考察した論文に［中野 2010］がある。

2　炉と竈の分類

資料は、弥生時代後期から飛鳥時代前半期までを対象とし、火処は、炉、「類カマド」、竈に大別して記述した。分類の基準は、燃焼部の深さ、竪穴建物内における位置、燃焼部にともなう構造物の有無および構造物の形状である。図133の左列のとおり、炉1～4、「類カマド」1・2、竈1～7に細別した。

炉は、近畿地方では弥生時代後期、直径50～80cm、深さ20～50cmの土坑として、竪穴建物中央で検出される（炉1）。土坑内には灰や炭、焼土をともなうもののほか、被熱痕や炭が認められないものもあり、後者は炉と認定されない場合もあるが、これについては、土坑に灰を詰め、その中で甕を用いたため被熱痕がみられないとする考え方もある［都出 1989］。炉には土坑としてとらえられる燃焼部のみのもののほか、土坑の周囲、あるいはその半周程度に、周堤がめぐるものがある（炉2・3）。周堤とは幅10～20cm、高さ5cm前後の土堤であり、近畿地方では弥生時代中期後半からみられる。炭、灰の広がりは土坑を中心に周堤を超えて直径2～3mに及ぶことがある［西川 1987］。

弥生時代後期から古墳時代前期にかけて、炉は、直径30～40cmで、深さ20cm以下の浅い皿状の燃焼部をもつものがみられるようになる（炉4）。燃焼部では、埋土に炭をともなうものもあるが、床面で被熱痕だけが認められる場合もある。こうした深い炉から浅い炉への変化は、甕の丸底化と相関するという［西川 1983］。

類カマドは、主に弥生時代後期から古墳時代前期にかけてみられ、燃焼部の深さが20cm程度の浅いものが大半である。竪穴建物の床面中央寄りに壁際から少し離れた（「類カマド」1）または壁際（「類カマド」2）に位置し、炭、灰、焼土や粘土塊をともなう燃焼部だけのものと燃焼部の周囲あるいは一部に周堤状の構造物をともなうものがある。ただし、竪穴建物跡で竈跡を検出する際、袖部の構築土が竪穴建物跡埋土と類似する場合に袖部の検出が困難であったため、竈の燃焼部のみを検出遺構としたものを類カマドとしていることがあるので注意を要する。

竈は、燃焼部は浅く深さ20cm以下で、竪穴建物の壁際に位置する。燃焼部の両側に構造物があり、これを袖部と称する。竈の構造物は、竪穴建物跡全体として削平を受けて天井部が失われ、袖部の基部だけが残存することが多い。原状は、燃焼部上で天井部が両袖部を連結して、掛け口となる構造を復元できる。燃焼部に残る焼土塊は、被熱した天井部が落下したものとみられる。燃焼部の前面は焚き口、燃焼部の背面で竪穴建物壁際部分は煙出し口、煙出し口から竪穴建物外部へとつながる部分の構造物を煙道と呼ぶ。竈で被熱による赤変が認められる部分は、燃焼部周辺ならびに

煙道の先端で外気にふれていたと推定される部分であり、煙道部では炭が多少混じる程度で被熱の痕跡はほとんどみられない。なお、近畿地方では、袖部が精良な粘土で構築され、遺構として明確に検出できる竈も存在するが、多くの袖部は竪穴建物跡埋土と区別できない場合が多い。これは竪穴建物廃棄時に埋土となる、竪穴建物周辺の土を用いて袖部を築いたためと考えられる。そのため、近畿地方では袖部内側の被熱痕が竈の認定にあたり重要な視点となる。

　竈は、まず、竪穴建物内での平面的な位置により3分類した。壁際中央にあるものを竈1〜3、壁際隅部にあるものを竈4〜6、壁際より竪穴建物内側にせり出すものを竈7とした。次に、煙道の有無と長さによって3分類した。両側の袖部が壁に付き、煙道が無いか、もしくは燃焼部後方へのびるものを竈1および竈4、片側の袖部から横方向へ短く煙道がのびるものを竈2および竈5、片側の袖部から横方向へ壁際隅部まで煙道がのびるものを竈3および竈6とした。竈2、竈3、竈5、竈6のように、片側の袖部から横方向へ煙道がのびる竈は、「横煙道の竈」や「L字形竈」と呼ばれる。

3　火処の変遷

　古墳時代の年代区分は、寺沢編年布留3式〜布留4式古相および辻編年1・2段階を古墳時代前期後半（布留式後半期）、寺沢編年布留4式新相、辻編年3段階を古墳時代中期前半（TK73〜TK216）とした［寺沢 1986、辻 1999、中野 2010］（図133）。

　①弥生時代後期　深い炉である炉1、炉2が多い。竪穴建物跡は円形と方形があるが、いずれも竪穴建物跡中央に深い炉跡が位置する。炉2における周堤は、燃焼部の周囲を全周するものが多い。炉3にあげた大阪府鷹塚山遺跡例は、竪穴建物跡隅部に8字形に周堤がめぐるもので、竪穴建物跡床面中央に炉跡が併存する。炉3のような竪穴建物跡隅部に炉跡をもつ例は少ない。この時期は、浅い炉・炉4も存在する。また、類カマド1、類カマド2がみられるようになる。最古の竈跡、長崎県壱岐・原の辻遺跡・原×Ⅴ区3号住居跡の竈跡は、略長方形平面の竪穴建物跡の隅に位置する。両側の袖部が明確に残っており、炭、灰が燃焼部から焚き口周辺に広がっている。

　②古墳時代前期初頭（庄内式併行期）　深い炉である炉1、炉2が継続してみられるが、その数は減少し、浅い炉・炉4が多くなる。竪穴建物跡の平面形は円形や多角形のものもみられるが、隅丸方形が多数となる（第1章）。炉1、炉2は平面形が円形や多角形の竪穴建物跡に、炉4は平面形が隅丸方形の竪穴建物跡にみられる場合が多い。この時期には、類カマド1、類カマド2が多くみられようになる。類カマド1の大阪府尺度遺跡499竪穴建物は、竪穴建物跡床面中央からやや壁際に寄った位置にあり、燃焼部をU字形に囲む周堤がみられる。類カマド2の大阪府四ツ池遺跡SA01は、竪穴建物跡壁際中央部で、燃焼部の両側に焼土による構造物がみられる。兵庫県高畑町遺跡（第7次調査）では、隅丸方形竪穴建物跡に炉4と類カマド2が共存していた。3例ともに、類カマドと竪穴建物跡床面中央の浅い炉が併存する。

　竈は、北部九州では、竈1が福岡県西新町遺跡5次調査SC09でみらる。西新町遺跡はつぎの古墳時代前期前半（布留式前半期）へと継続する。近畿地方では、竈2が大阪府尺度遺跡500竪穴建

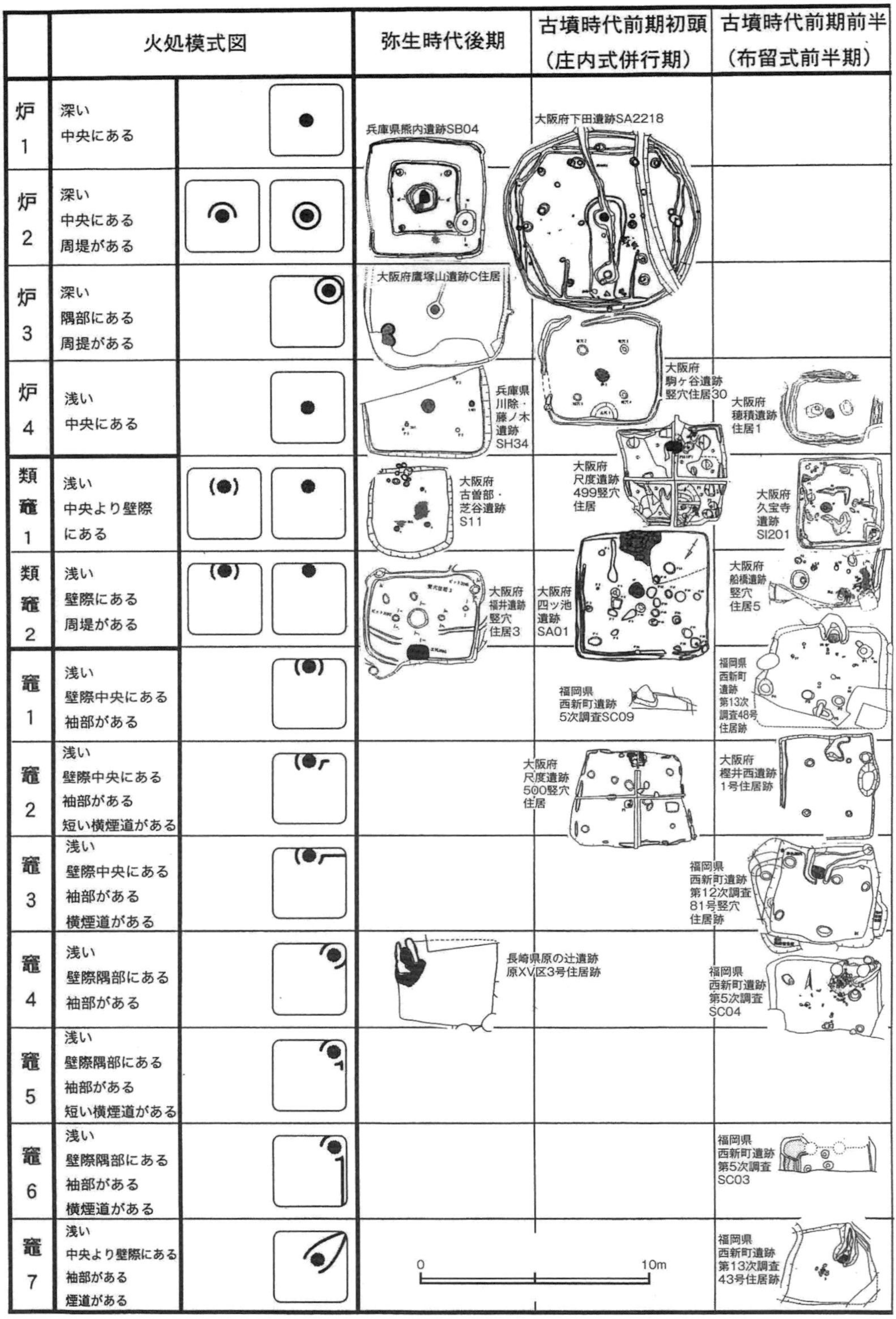

346　第2部　原史・古代の住まいと建物

		火処模式図	弥生時代後期	古墳時代前期初頭（庄内式併行期）	古墳時代前期前半（布留式前半期）
炉1	深い 中央にある		兵庫県熊内遺跡SB04	大阪府下田遺跡SA2218	
炉2	深い 中央にある 周堤がある				
炉3	深い 隅部にある 周提がある		大阪府鷹塚山遺跡C住居		
炉4	浅い 中央にある		兵庫県川除・藤ノ木遺跡SH34	大阪府駒ヶ谷遺跡竪穴住居30	大阪府穂積遺跡住居1
類竈1	浅い 中央より壁際にある		大阪府古曽部・芝谷遺跡S11	大阪府尺度遺跡499竪穴住居	大阪府久宝寺遺跡SI201
類竈2	浅い 壁際にある 周堤がある		大阪府福井遺跡竪穴住居3	大阪府四ッ池遺跡SA01	大阪府船橋遺跡竪穴住居5
竈1	浅い 壁際中央にある 袖部がある			福岡県西新町遺跡5次調査SC09	福岡県西新町遺跡第13次調査48号住居跡
竈2	浅い 壁際中央にある 袖部がある 短い横煙道がある			大阪府尺度遺跡500竪穴住居	大阪府樫井西遺跡1号住居跡
竈3	浅い 壁際中央にある 袖部がある 横煙道がある				福岡県西新町遺跡第12次調査81号竪穴住居跡
竈4	浅い 壁際隅部にある 袖部がある			長崎県原の辻遺跡原XV区3号住居跡	福岡県西新町遺跡第5次調査SC04
竈5	浅い 壁際隅部にある 袖部がある 短い横煙道がある				
竈6	浅い 壁際隅部にある 袖部がある 横煙道がある				福岡県西新町遺跡第5次調査SC03
竈7	浅い 中央より壁際にある 袖部がある 煙道がある			0　　　　10m	福岡県西新町遺跡第13次調査43号住居跡

図133　火処の変遷図

第5章 古墳時代の炉と竈　347

古墳時代前期後半（布留式後半期）	古墳時代中期前半（TK73~TK216）	古墳時代中期後半（TK208~TK47）	古墳時代後期（MT15~TK43）	飛鳥時代前半（TK209~TK217）
京都府水垂遺跡 SH35	大阪府蛍池東遺跡 住居2	大阪府上私部遺跡 住居26		
大阪府万崎池遺跡 SBK2	京都府下植野南遺跡 SHF121	大阪府本町遺跡 竪穴式住居跡2		
兵庫県川除・藤ノ木遺跡 SH83	奈良県南郷千部遺跡 SB03	大阪府三日市遺跡 SI9		
京都府佐山遺跡 SH449	福岡県三雲・井原遺跡1号住居跡	京都府下植野南遺跡 SH368118	大阪府上私部遺跡住居38	大阪府はざみ山遺跡1890竪穴建物
京都府佐山遺跡 SH120	兵庫県郡家遺跡竪穴建物202	大阪府小阪遺跡 竪穴住居4		
奈良県平等院下層遺跡 SB17		福岡県光岡六助遺跡 SB9		
京都府佐山遺跡 SH101	大阪府安威遺跡 住居25	鳥取県不入岡遺跡 SI03	福岡県切杭遺跡25号住居跡	
		滋賀県岩畑遺跡 SH-4	福岡県有田・小田部遺跡群1号住居跡	滋賀県桜内遺跡 78SB11
				滋賀県穴太遺跡SX22
		京都府青野遺跡 SB8102		

物でみられる。古墳時代前期初頭に両地方において竈の構築が始まる。

　この時期は、床面中央の浅い炉跡を残しつつ、壁際もしくはそれに近い位置に別の竈等火処をもつ例が多い。火処の位置の不安定性と構造の多様性は、炉から竈へと移り変わる過程の現象としてこの時期特有であり興味深い。なお、次の第6章で詳述する兵庫県高畑町遺跡（第7次調査）で検出された竪穴建物跡はこの過程を層位的に検出した事例である。

　③**古墳時代前期前半**（布留式前半期）　深い炉・炉1、炉2は少なく、浅い炉・炉4が多い。類カマド1、類カマド2が増加し、火処の位置が竪穴建物跡床面の中央部から壁際へと移る傾向が顕著である。

　竈は、福岡県西新町遺跡では多様な竈（竈1〜4、竈6、竈7）が検出されている。西新町遺跡は、博多湾に面した砂丘上に立地し、韓半島系土器や近畿、中部瀬戸内、山陰の外来系土器が多数出土しており、弥生時代後期末から古墳時代前期の朝鮮海峡や対馬海峡、瀬戸内海、日本海沿岸における交流・交通上の拠点的な集落遺跡である。西新町遺跡では、上述の古墳時代前期初頭の竈跡に始まり、古墳時代前期前半期には60基以上の竈跡が検出されている。なかでも竈2、竈3、竈6など横煙道をもつ竈跡が多い。西新町遺跡から出土した朝鮮半島系の土器は全羅道系と伽耶系とがあり、竈を構築した集団も同様に複数であったことが竈の多様性に反映されている、とされる［武末 1996］。西新町遺跡は、現状では、ひとつの集落跡において竈跡をともなう建物跡が多数検出される遺跡の最古の例である。なお、福岡県前原西町遺跡A地区1号竪穴建物においてもこの時期の竈跡が検出されており、糸島地域を含む玄界灘周辺に最初期の竈を付設する竪穴建物が建てられた集落の遺跡が点在する可能性がある。しかし、集落内の多数の建物に竈が付設されることは、次期古墳時代前期後半（布留式後半期）には西新町遺跡の周辺地域・北部九州地域に広がることはなく、一旦収束し、古墳時代中期前半の三雲・井原遺跡や福岡県塚堂遺跡まで待つことになる。近畿地方では、大阪湾岸に位置する大阪府樫井西遺跡1号住居跡に短い横煙道をもつ竈2があり、大阪湾岸へも竈がもたらされているが、周辺へ広がらない。

　④**古墳時代前期後半**（布留式後半期）　深い炉・炉1、炉2はなく、浅い炉・炉4が竪穴建物跡床面の中央に位置する火処となる。類カマド1、類カマド2は継続してみられる。

　竈は、近畿地方で竈1〜4がみられる。京都府佐山遺跡は、旧巨椋池と木津川にはさまれた微高地上にあって外来系土器が出土しており、淀川水系における地域間交流にかかわる拠点的な集落とみられる。この時期の竈跡が6基検出されており、近畿地方で、ひとつの集落において同時期に多数の竈跡が確認できる最古の集落遺跡である。佐山遺跡においても西新町遺跡と同様に、横煙道の竈2、竈3を含む多様な竈がみられる。佐山遺跡では、朝鮮半島系の土器は検出されていないが、小形の鉄製品が複数の竪穴建物跡から出土していることから、竈と鉄器生産との関連について検討する必要性があるという［高野・岩井 2003］。

　⑤**古墳時代中期前半**（TK73〜TK216）　浅い炉・炉4が減少し、類カマド1、類カマド2が増加するとともに、竈は、北部九州、近畿地方ともに多くみられるようになる。竪穴建物跡における火処が竪穴建物の床面中央から壁際へと移る。

　竈は、引き続き竈1〜4がみられる。この時期の竈は、北部九州では三雲・井原遺跡や福岡県塚

堂遺跡、近畿地方では大阪府安威遺跡で、まとまって検出されている。大阪府安威遺跡では、竈1が多いが、最古段階の住居35やこれに次ぐ段階の住居25では竪穴建物跡隅部の竈4がある。竈4は弥生時代後期の長崎県原の辻遺跡にはじまり、古墳時代前期から中期初頭までの比較的古い年代の例が多い。

⑥**古墳時代中期後半**（TK208～TK47）　竪穴建物跡内の火処は大部分が竈になる。炉4は大阪府上私部遺跡住居26のように竈とともにみられる例があるにすぎない。検出遺構としては類カマド1、類カマド2があるが、竈上部の構造物が削平されたものが含まれるであろう。

竈は、竈1～竈4が継続するほか、竪穴建物跡隅部で短い横煙道をもつ竈5が滋賀県岩畑遺跡SH4でみられる。竈5は以後、古墳時代後期から飛鳥時代前半に継続してみられる。竈1が多数であるが、竈2～5など、煙道のある竈や竪穴建物跡隅部の竈など、多様な竈がこの時期まで継続する。

この時期には、竈は宮城県宮前遺跡など東北地方にまで分布を広げる。こうした竈の広がりは、窯業（須恵器生産）の拡大との関連をうかがえるという考えがある［林 1973］。

⑦**古墳時代後期**（MT15～TK43）　竪穴建物跡内の火処は竈となる。横煙道がある竈3、竈5がみられるものの、竈1が圧倒的に多く、この時期の定型化した竈である。そのいっぽうで、「青野型」といわれる京都府由良川流域に集中してみつかっている竈7や、竈1でも「二口」、「三口」の竈が各地に散見される［外山 1992a・1992b、杉井 1993］など一様ではない。

⑧**飛鳥時代前半**（TK209～TK217）　西日本では、古墳時代後期に竪穴建物跡が減少し掘立柱建物が増加する。竈1が多数であるが横煙道の竈3や竈5もみられる。この時期の遺構に、長い石組みの煙道を有するオンドル遺構（石組みのオンドル、温突遺構、特殊カマドとも呼称される）である滋賀県穴太遺跡SX22がある。これは石造りの構造を有する暖房設備の遺構であり、ここではこれ以上言及しない。なお、穴太遺跡SX22を中心に古代の暖房施設を追究した論文に［上垣・松室 1996］がある。

4　竈の出現と地域性

炉の矮小化・消滅と竈の出現　弥生時代後期まで竪穴建物の火処であった竪穴建物床面の中央の深い炉は、古墳時代前期前半のうちに消滅し、弥生時代後期から古墳時代前期にかけては浅い炉が大勢を占める。それとともに、類カマドが弥生時代後期にあらわれ、古墳時代前期には多様な形状を示す。類カマドは竈が削平されたものが含まれる可能性があるが、炉の周提部と初期の竈の袖部・天井部との共通点と相違点を追究することで、「類カマド」のより明確な位置づけができるものと考える。

弥生時代後期の竈跡　弥生時代後期にさかのぼる竈が壱岐の原の辻遺跡において検出されたことから、日本列島における古墳時代中期の竪穴建物に出現する竈の起源を朝鮮半島に求めることの蓋然性は高い。かつて、慶尚南道金海市府院洞遺跡C地区第2号住居跡が弥生時代後期に相当し、同時期の陶質土器が北部九州や近畿地方においてみられることから、弥生時代後期に竈あるいは竈の

概念が朝鮮半島の東南部海岸地方から北部九州や近畿地方にもたらされた可能性が説かれた［西谷1983］が、そのことが実態として明らかになってきた。さらに、朝鮮半島南端の島嶼部にある勒島遺跡では、紀元前2世紀に竈が存在しており、今後、日本列島における竈の出現がさらにさかのぼる可能性がある。

古墳時代前期の竈跡　古墳時代前期の竈をみると、北部九州と近畿地方では竈の出現の過程に違いがある。北部九州では、西新町遺跡において、古墳時代前期初頭に他の朝鮮半島由来の遺物の流入とともに竈が出現した。続く古墳時代前期前半期では、西新町遺跡の集落内の竈に多様性が認められることから、それら多様な竈の故地を朝鮮半島の複数の地域に求め、それら朝鮮半島各地域と西新町遺跡との間の交流がうかがわれるとされる［武末1996］。またこの時期、前原西町遺跡においても竈が検出されていて、糸島地域を含む玄界灘周辺地域で竈が採用されたと考えられる。しかし、北部九州では布留式後半期には継続することなく、竈が再びあらわれるのは、古墳時代中期前半の三雲・井原遺跡や塚堂遺跡を待つ。いっぽう、近畿地方では、古墳時代前期初頭には尺度遺跡、古墳時代前期前半期には大阪湾岸の樫井西遺跡で竈がみつかっている。同時期の京都府佐山遺跡では竪穴建物跡22棟中7棟で竈跡が検出されている。古墳時代前期後半期には佐山遺跡が継続しているほか奈良県平等院下層遺跡でも検出例があり、古墳時代中期前半へと継続する。現状では、近畿地方では集落遺跡において多数の建物跡に竈跡が検出される遺跡の出現は北部九州地方よりも遅れるが、古墳時代前期後半期は北部九州地方では空白期であることに対して、近畿地方では竈跡の検出が継続する点が異なる。

古墳時代中期の竈跡　古墳時代中期前半には、北部九州地方や近畿地方では竈の検出事例が増加する。古墳時代中期後半には竈が定形化し（分類「竈1」）、東日本まで広がる。この時期の竈の出現と普及については、各地域ごとの詳細が明らかになりつつある［坂2008、白石2008、高橋2009］。

横煙道の竈跡　横煙道の竈跡は、古墳時代前期以降さまざまな形状のものがあり、盛行期は、古墳時代前期から古墳時代中期後半、古墳時代後期後半から飛鳥時代前半、飛鳥時代後半以降の3時期であるという［松室1996］。

横煙道の竈は、朝鮮半島北部周辺において青銅器時代、紀元前4世紀以降に多い。第1部第10章「朝鮮半島の竈」、第11章「中国の壁灶」において明らかにしたように、横煙道の竈の分布の中心は中国東北部の遼河以東から朝鮮半島北部にかけての地域にある。横煙道の竈が朝鮮半島を南下する過程で地域ごとに形状が変化し、それら朝鮮半島の複数の地域から複数の時期にわたって日本列島にもたらされたものであろう。日本列島にもたらされた契機のひとつを4世紀末から5世紀前半の高句麗の南下に求める説がある［米田1999］。

なお、「オンドル（温突）」、「火炕」という呼称がある。いずれもシステムとしての暖房設備を指す呼称で、「オンドル」は高床生活の床全体の暖房装置として、「火炕」は土間生活における寝台暖房装置として、それぞれ朝鮮半島と中国東北部（現在では北緯40度以上の高緯度地帯）で用いられるものである。したがって、日本列島の先史・古代の遺跡で遺構として検出される比較的長い煙道を有する竈状の遺構すべてにこれらの呼称を用いることは、適切でない。

第6章　竈の出現と住まいの変革

1　炉と竈が共存する竪穴建物

　第2章では、西日本の弥生時代後期から古墳時代後期までの竪穴建物における炉と竈の変遷をたどった。炉は、大きさ、深さ、形状および設置場所の変化をともないながら古墳時代中期に竪穴建物から消滅した。竈は、弥生時代後期に出現した後、煙道の有無や袖部の形状、設置場所の違いなどの変異幅が徐々に縮小し、古墳時代後期には2～3の類型に収斂していったことがわかった。すなわち、西日本全体としてみた場合、竪穴建物内の「火処」は、古墳時代前期から中期までの間に、多くの変異型を生じながら、炉から竈へ漸移的に置き換わった、と換言できる。

　第2章で挙げた庄内式期の炉4と類カマド2の共存事例として、兵庫県西宮市高畑町遺跡第7次発掘調査において検出された、1棟の古墳時代前期の隅丸方形平面の竪穴建物跡がある。この竪穴建物跡には、上下2面の床面があり、下面では中央に炉跡が、上面では中央の小さな炉跡とともに壁際に竈跡が検出された。上に述べた炉から竈への移り変わりという時系列の変化が、ひとつの竪穴建物内で場所を共有して生起した事例として重要である、と考える。本章では、その概要を紹介し、炉および竈の共存と変遷について述べる。

　高畑町遺跡は、瀬戸内海に南流する武庫川西岸の、標高約5mの低平な沖積地上に立地する。これまでの調査により、古墳時代初頭から鎌倉時代にいたる集落・耕作地遺跡であることが知られる。高畑町遺跡における既往の調査の概要を記す［合田茂 2018］。

　第1次発掘調査（1995年7月10日～7月14日）［兵庫県教育委員会 1999a］　調査では、弥生時代から古墳時代の杭列と、土器溜まりが検出された。微高地の縁辺部に堆積した遺物包含層からは、多数の土器が出土した。遺物包含層は3層に分かれ、弥生時代末～古墳時代前期・古墳時代中期・古墳時代後期に堆積したものと考えられた。

　第2次発掘調査（1996年7月8日～9月6日）［兵庫県教育委員会 1999b］　弥生時代末～古墳時代前期・古墳時代後期・中世の遺構面が検出された。古墳時代初頭の遺構面では、円形竪穴建物跡3棟、溝跡、古墳時代後期の遺構面では方形竪穴建物跡12棟が検出された。方形竪穴建物跡のひとつからは、子持勾玉が出土した。中世の遺構は、南北方向の溝跡、建物跡、井戸跡で、井戸跡から検出された遺物から、13世紀を中心に鎌倉時代から南北朝時代にかけて営まれた集落の跡であるとされた。

　第3次発掘調査（1996年5月13日～6月17日）［兵庫県教育委員会 2000］　弥生時代末～古墳時代前期の遺構面では溝跡や旧河川、古墳時代後期の遺構面では1辺70～80cmの方形掘形を持つ掘立柱建

物跡・溝・土坑・旧河川、中世の遺構面では、掘立柱建物跡・井戸跡・溝・土坑などが検出された。

第4次発掘調査（1996年7月23日〜8月9日）［合田茂 2002］　弥生時代後期・古墳時代前期の遺物包含層と、弥生時代後期の遺物包含層上に古墳時代前期の竪穴建物跡2棟などが検出された。

第5次発掘調査（2006年4月20日〜11月10日）［高畑町第5次発掘調査団 2008］　古墳時代前期・同中期の竪穴建物跡・水田跡、奈良時代の井戸跡、平安時代の建物跡・井戸跡、鎌倉時代の建物跡・井戸跡・水田跡などが検出され、それぞれの時代の土器のほか、井戸跡から奈良時代の須恵器・土師器・木簡・和同開珎が出土した。木簡には奈良時代の武庫郡大領にあった日下部氏を想起させる「日下部」の墨書がある。

第6次発掘調査（2007年3月19日〜5月2日）［西宮市教育委員会 2009］　古墳時代溝跡・竪穴建物跡、平安時代掘立柱建物跡群、鎌倉時代井戸跡を検出した。掘立柱建物跡の1つは、3間×4間以上の規模があり三方庇建物の可能性がある。

第7次発掘調査（2009年11月9日〜2010年1月29日）［合田茂 2010］　第1調査面においては、鎌倉時代の整地層（黄褐色シルト層）上面において犁溝跡とみられるごく浅い溝跡群を検出した。犁溝跡群の方位の切り替わりから、1辺50m以上の正方形または長方形の区画を想定できる。

第2調査面において検出された遺構は、本章で紹介する古墳時代前期の竪穴建物跡、古墳時代後期の溝跡、平安時代の掘立柱建物跡（4間×5間、3間×3間）、東西正方位に沿う直線状溝跡（断面V字形）、鎌倉時代の掘立柱建物跡（1間×2間以上）、東西方向を基調とする畦畔跡および不整形な畦畔跡である。

第8次発掘調査（2014年1月27日〜3月31日・西宮市教育委員会調査）　古墳時代前期の竪穴建物2棟が検出された。古墳時代以降は整地され、耕作地として利用されていた。

第9次発掘調査（2016年10月17日〜2017年8月31日）［森下・田之上 2017、森下 2023］　古墳時代中期の木器・木製品が大量に出土した浅い沼状の落ち込みは木器集積遺構ではないかと考えられた。

2　炉跡と竈跡が検出された竪穴建物跡

古墳時代前期の竪穴建物跡1棟は、1辺約4mの規模で4主柱・隅丸方形平面である（図134・写真7-1）。中央付近の炉跡および床面が上下2重に検出された（写真7-7）。また、南東壁には竈跡が検出された（図135・写真7-2）。

竪穴建物跡から出土した遺物には、竈跡袖部築土内から出土した庄内式甕形土器破片（図136-13）のほか、石器として台石2点、磨石1点、砥石1点、土器として小形鉢形土器、甕形土器、壺形土器、高杯形土器などがある（図136）。

1は小形甕形土器で、外反する口縁部で頸部がやや細く、胴部が砲弾形をなし底部付近の器壁がやや厚い。底部は尖底状である。外面にはハケ状の調整痕がわずかに残るが、表面の保存は悪い。2は庄内式甕形土器口縁部である。肩部外面に平行叩き、内面に指頭痕がある。器壁は薄いが頸部内面の外折にやや鋭さを欠く。口縁端部のつまみ上げはわずかである。3および4は甕形土器の平

第6章 竈の出現と住まいの変革　*353*

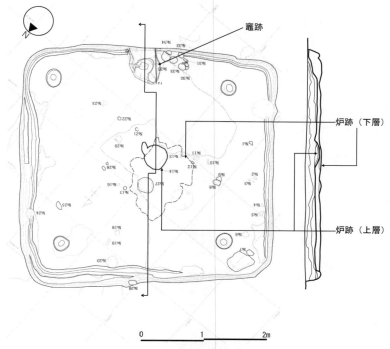

図 134　高畑町遺跡第 7 次調査竪穴建物跡実測図（西宮市提供、筆者加筆・整図）

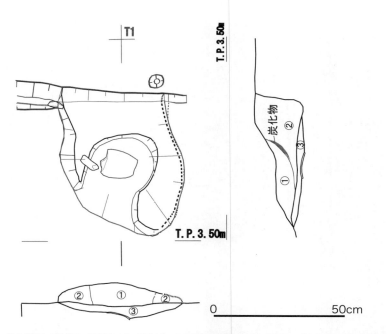

① 2.5Y5/1～5/2 黄灰～暗灰黄シルト　直径 0.5cm の炭化物、土師器片を含む（掛け口へ落ち込んだ？住居埋土類似土）
② 2.5Y4/2 暗灰黄シルト　直径 1.0cm の炭化物、焼土塊、土師器片を多く含む（竈構造物）
③ 2.5Y6/2 灰黄シルト　直径 0.5cm の炭化物を含む（竈基盤土）

図 135　高畑町遺跡第 7 次調査竈跡実測図（筆者実測、西宮市提供）

354　第2部　原史・古代の住まいと建物

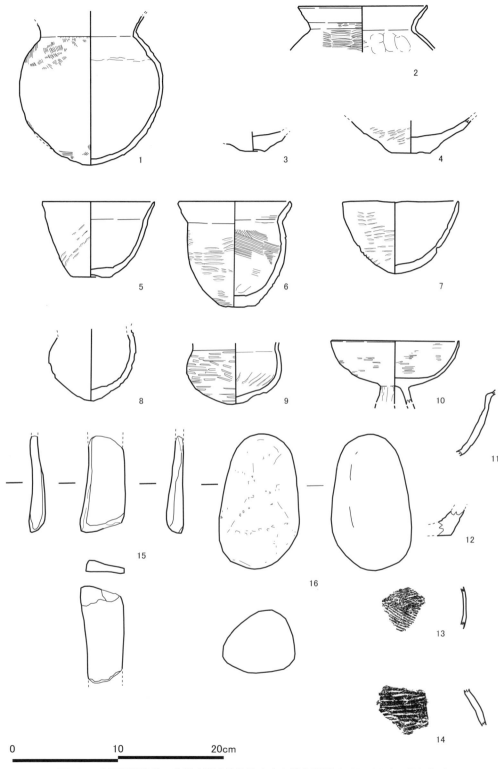

図136　高畑町遺跡第7次調査竪穴建物跡出土土器実測図（西村匡広提供、筆者整図）

第 6 章　竈の出現と住まいの変革　355

1　竪穴建物跡（第 2 次床面）

2　炉跡（手前）と竈跡（竈状遺構）（奥）

3　竈跡（竈状遺構）・土器群検出状況

4　竈跡（竈状遺構）縦・横断面位置

5　竈跡（竈状遺構）

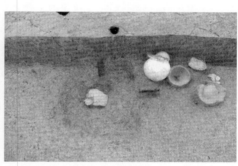
6　竈跡（竈状遺構）下部の状況

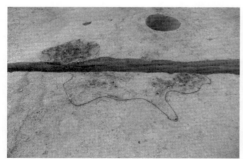
7　第 2 次床面炉跡（左奥の炭化物集積）と下層・
　　第 1 面床面炉跡（手前の炭化物の広がり）

8　竪穴建物跡（第 1 次床面）中央付近に炉跡

写真 7　高畑町遺跡第 7 次調査竪穴建物跡（筆者撮影、西宮市提供）

底である。5および6は平底の小形鉢形土器である。5は口縁部がわずかに外折する。6は砲弾形に近い胴部に短い口縁部が外折する。口縁部はやや内湾する。外面はいずれも平行叩きである。7～9は尖底の小形鉢形土器である。小形鉢形土器5～9は、すべて不明瞭な平底あるいは尖底である。10は椀形高杯形土器で脚部は中空である。11は鉢形土器の胴部、12は器形不明の底部小破片、13は器壁がきわめて薄い庄内式甕形土器の胴部破片、14は外面平行叩きの甕形土器胴部破片である。

　以上のとおり、竪穴建物跡から出土した土器は、①全体として弥生時代後期の甕形土器および布留式甕形土器を含まないこと、②小形丸底土器、小形器台形土器および有段小形鉢形土器を含まないことからみて、庄内式期後半期以降で布留式土器の様式を含まない年代の土器群であると考える。それら土器の型式・年代から竪穴建物跡の炉跡および竈跡を次のように推定する。

a. 炉跡が上下に完全に分離されて検出されていることから、床面が貼り直しをともなって新旧2面存在したこと（写真7-7）。
b. 炉跡の大きさは、古い下層（第1次床面）の炉跡が南北約1.5m・東西約1m、新しい上層（第2次床面）の炉跡が南北約0.4m・東西0.6mで、新しい炉跡は小形であること（写真7-1・2・7・8）。
c. 竈跡は新しい炉跡と同時に存在した可能性が高いこと（写真7-1・2）。
d. 竈跡築土から庄内式土器と考えられる甕形土器破片が出土していること。
e. 竈袖部築土には炭・灰が多量に混じっていること（写真7-3・5）。
f. 竪穴建物跡から出土した土器は、上述のとおり、庄内式後半期を中心とする古式土師器であること。

　以上の諸点から、下層の炉を有する第1次床面にともなう土器の型式・年代を庄内式期後半期の年代幅とし、上層の炉跡および竈跡を有する第2次床面にともなう土器を庄内式期後半期から布留式期より前までの年代幅にあてる。すなわち、住居跡全体として庄内式期の年代幅の中に含まれる、と考える。

3　竈跡の調査

　次に、竈跡の検出過程を述べる（図135）。
(1) 竪穴建物跡の上面検出時に、隅丸方形の上面形をなす黄灰色シルトの竪穴埋土、竪穴上面の南東辺に壁際において炭化物・焼土塊が混じるやや粘性のある暗灰黄色シルトの集中箇所を認めた。埋土除去時にこの炭化物・焼土塊が混じるやや粘性のある暗灰黄色シルトの集中箇所をそのままの形で残して掘削を進めたところ、竪穴南東壁からゆるやかに床面に向かって傾斜する、長軸長60cm、短軸長48cmを測る土塊が検出された。これを竈跡と判断した（写真7-1・2）。
(2) 竈跡の表面を観察したところ、炭化物・焼土塊が混じるやや粘性のある暗灰黄色シルトが壁際から竪穴中央部に向かってのびていて、その中ほどから手前にかけてあまり炭化物・焼土塊が混じらない黄灰色シルトがある部分を認めた（写真7-3）。そこで、「炭化物・焼土塊が混じる暗灰黄シ

ルト」を築土とする袖部が構築されている可能性があり、「あまり炭化物・焼土塊が混じらない黄灰色シルト」が竈の掛け口から焚き口部分の埋土になる可能性があると判断して、全体の構造、とくに燃焼部の有無の確認のため、竈跡縦断面と横断面を確認するために細いトレンチを入れた（写真 7-4）。

(3) 細いトレンチの縦断面を観察すると、壁際（奥側）に炭化物・焼土塊が混じる暗灰黄色シルトが、手前側に黄灰色シルトが堆積し、その境に斜め方向に炭層が入ることがわかった。竈跡では炭層は竈跡中央の燃焼部で浅い皿状の堆積を示す［福岡県教育委員会 1983〜1988］ことが多いが、この竈跡では炭層は燃焼部の背後にあたる部分で認められ、燃焼部にあたる中央部で炭の堆積は認められなかった。また、平面（上面）および断面の観察では煙道部は確認できなかった。

横断面を観察すると、中央に黄灰色シルトが、その両側に炭化物・焼土塊が混じる暗灰黄色シルトが堆積することから、両側に炭化物・焼土塊が混じる暗灰黄色シルトを築土とする袖部が存在することがわかった。袖部の幅は両袖とも約 14cm である。

(4) 袖部の内側に堆積する黄灰色シルトを除去した。黄灰色シルトは直径 0.5cm 前後の炭化物、土師器片を少量含み、竪穴建物跡埋土と類似することから、竪穴建物跡が埋没する過程で同質の土が竈の掛け口から焚き口へ落ち込んだものである可能性があると考えた。除去後、正面に向かって左側の袖部はやや短く、向かって右側の袖部がやや左側に回り込む形状であることがわかった。燃焼部にあたる中央部では炭層や焼土層は認められなかったが、その背面では縦断面で認められた炭層が左右に広がっていた。特に右奥壁にあたる箇所では一面に炭層が貼り付いた状態を認めた。いっぽう、その炭層の下層は暗灰黄色シルトであり、焼土層は認められなかった。焚き口では、長さ 5cm 前後の礫が床面上で検出された（写真 7-5）。礫には焼けた痕跡や埋められた痕跡はなく、またその出土位置からみて支脚の可能性は小さい。しかし、この竪穴建物跡や調査区内では礫の出土は希であり、偶然の流入の可能性は小さいと考える。

以上の検出状況から、この竈は炭化物・焼土塊が混じるやや粘性のある暗灰黄シルトをもって竪穴建物壁際床面上に構築されたもので、向かって左側に短い袖部が、右側にやや長く内側に湾曲する袖部がのび、焚き口は正面からやや左に向いた形状である、と考える。その内部の背面に炭層が残存しているので火処として利用されたと推定するが、古墳時代中期以降の竈跡にしばしば検出される焼土面、焼土層および焼土塊は認められない。この竈の構築または使用にともなう焼土面、焼土層は残存していなかった。

(5) この竈跡下部の状況を確認するため、袖部の築土等上部構造物を除去した。築土には炭化物、焼土塊、土器片が含まれ、ブロック状の土であることから、この土は一度焼いた、もしくは焼けた土を混和して使用していること、土師器破片が含まれることから、竪穴建物跡内または周辺で袖部を築成する作業が行われたと推定する。その際、下層の第 1 次床面の炉跡の土を上層の第 2 次床面での竈築土に利用した可能性がある。

(6) 上部構造物を除去すると竪穴建物跡床面とほぼ同一平面となるが、竪穴建物跡床土とは異なり、竈跡下全体には直径 0.5cm 前後の炭化物を含む微細砂混じり灰黄色シルトが広がっていた。これを除去すると深さ 3cm〜5cm の浅い皿状の窪みとなり、その中央から頸部（屈曲部）を含む

14cm×11cm の甕形土器体部片（図136-11）が伏せられた状態で検出された（写真7-6）。甕形土器には焼けた痕跡はない。燃焼部の中央にあたるこの位置に置かれ、微砂混じりシルトで埋められたものと考える。この甕形土器破片を除去するとその下方で長さ15cm、幅10cmで、深さはごく浅い長方形の窪みを検出した。埋土は船底状の窪みと同様の直径0.5cm前後の炭化物を含む微細砂混じり灰黄色シルトである。つまり、竈は、直径0.5cm前後の炭化物を含む微細砂混じり灰黄色シルト層の上に構築されていることがわかった。

　以上の竈跡の検出状況から、この竪穴建物における炉と竈の構築の過程を次のように考える。
①庄内式期後半期、新たに建てられた竪穴建物の第1次床面の中央付近に炉が設置される。第1次床面の炉の大きさは南北約1.5m・東西約1mである（写真7-8）。
②主柱を共有して、第1次床面上に新しい床面（第2次床面）を貼る。北東壁、北西壁はやや内側に寄る。第2次床面の中央付近に新たに炉が設置される。第2次床面の炉の大きさは南北約0.4m・東西0.6mで、第1次床面の炉よりも小形である（写真7-7）。
③第2次床面では、中央の炉のほか、南東壁ほぼ中央に竈が設置される（写真7-1〜3）。竈は、浅い皿状の窪みの中央に甕片を置いて（写真7-6）、微細砂混じりシルトで埋めた上面に袖部を構築する。築土は炭化物、焼土塊、土師器片が含まれるブロック状の土で（写真7-5）、炭化物が多く含まれることから第1次床面炉跡周辺の土を再利用した可能性を考える。竈は、焼土層の広がりがなく、燃焼部・煙道部が不明瞭である（写真7-1・4）。このことから、上述の第5章の炉および竈の分類では、この竈は「類カマド2」に、また、炉は「炉4」に該当する。

4　炉の変化と竈の出現

　以上に報告した竈および竪穴建物の年代は、その築土から出土した庄内式甕形土器破片および竪穴建物出土遺物から、布留式期以前と考える。
　高畑町遺跡では、竈跡は第5次調査870HDにおいても検出されている［高畑町遺跡第5次発掘調査団 2008］。報告書では、竪穴建物跡中央部の炉跡とともに「南東壁際中央部付近において、やはり炭化物と焼土が集中する箇所が認められ、円形を呈する。遺構の規模は0.50×0.50m、深さ0.29m。内部は若干の窪みを有し、内部に炭化物・焼土が堆積していた。明確な被熱面が存在したわけではないが、平面的な位置から竈であると推定される」とされており、庄内式Ⅱ式併行期に位置づけられている。
　現在のところ、日本列島における最古期の竈は、長崎県原の辻遺跡で検出された弥生時代後期の竈であり、次いで、福岡市西新町遺跡や京都府久世郡久御山町佐山遺跡などで庄内式期から布留式期にかけての年代の竈が検出されている。いっぽう、庄内式期前後には、構造が不明瞭な竈がある（表16）。竈は表のとおり、壁際焼土、壁際半円形粘土、壁際石組み、など多様な形態があり、また竪穴の中央に炉をともなう事例が多い。竈の出現期に炉と共存しながら多くの変異形を生じたと考える。以下では、このような竈が付設される竪穴における床面の利用状況について考えてみる。
　今回の高畑町遺跡第7次発掘調査の事例では、第1次床面の炉と第2次床面の炉では大きさおよ

び形状が異なっていた。まず、第1点として、第1次床面の炉跡では炭化物が長径1.5m・短径1mの範囲に広がりその輪郭は不整形、不明瞭であるのに対し、第2次床面の炉跡は炭化物の広がりが長径0.6m・短径0.4mでほぼ円形の平面をなし、輪郭は明瞭である。第1次床面時に比べて第2次床面では、炉にともなう竪穴建物内での炭化物の広がりが抑制されている、と理解する。第2点は、土器の出土状況である。第2次床面では、竈跡の壁に向かって右側の脇に小形甕形土器、鉢形土器など多くの土器が集中する。竪穴建物跡からはほかにも土器が出土しているが、その多くは床面に密着せず竪穴埋土中に検出されていて、確実に床面にともなう遺物は2点の台石と先の竈状遺構脇の土器等出土遺物である。竈近くに土器を置いたことがわかる。

第2次床面上における炉と竈の使用状況を想像してみる。略円形平面の炉跡から南東方向に炭・灰を埋土とする短い溝状の「尾」が検出された。「尾」は炉本体から「尾」の先端部に向かって徐々に浅くなる。炉と竈を同時に（共時的に）使用しようとすると、炉の竈の中間の床上に座した姿勢であることは揺るがないであろう。さらに、竈は向かって右側の袖が長くのび、「焚き口」はやや左を向いている。それに対応するように炉の「尾」は左（東）に湾曲して終わっている。この「尾」を炉の灰の掻き出しの跡と考えたい。そうすると、竈の焚き口が向かって左側に偏っていることと炉の灰の掻き出し方向が東に偏っていることを炉と竈の同時（共時的）使用の結果生じたことであるとすれば、炉と竈を使用していた人が座していた位置は、炉と竈の中間よりもやや東（壁に向かってやや左）の位置であった、と推定できる。小型の土器はその位置からみて竈の向こう側（向かって右側）にまとめて置かれていたことになる。

竪穴建物跡内における土器の出土状況に関する論考に［石野 1984］がある。同様の事例は他の竈を有する竪穴建物においてもみられる。先行研究に導かれながら、以下に若干の類例を示す（図137）。

高畑町遺跡で竈を有する870HD竪穴建物跡［高畑町遺跡第5次発掘調査団 2008］（図137-1）では、本例と同様に遺物は竈状遺構内からその脇にかけて集中して出土した。同遺跡の庄内式期の竪穴建物跡872HD（図137-2）は、炭化材が多く出土する、いわゆる焼失建物で、床面中央に炉跡が検出されている。遺物は炉跡から主柱跡にかけて広い範囲で出土している。

大阪府堺市四ッ池遺跡［堺市教育委員会 1984］では、SA01竪穴建物跡で竈跡もしくは竈状遺構が検出されている（図137-3・4）。建物跡の構築年代は庄内式期である。中央に炉があるが、本例における炉と竈の時間差に類するように、竈に先行し同時期には使用されなかった可能性があると報告されている。出土遺物は、竈跡周辺、炉跡、北壁側に集中し、竈跡周辺では甕形土器、高杯形土器、鉢形土器、小形壺形土器など完形品が多く、炉跡では甕形土器が、北壁側では土器片が出土する。

大阪府枚方市鷹塚山遺跡［鷹塚山遺跡発掘調査団 1968］では、C地区の竪穴建物跡において床面中央の炉跡と竈状遺構が検出されている（図137-5）。竈状遺構は「3」字形の焼土の粘土帯（塊）であり、遺物はこの粘土帯周辺でまとまって出土した。

弥生時代中期における竪穴建物床面に土器が残されている検出事例として、大阪府堺市下田遺跡［下田遺跡調査団・六甲山麓遺跡調査会 1998］がある（図137-6）。下田遺跡SA5竪穴建物跡で多

表16 竈出現期の竈状遺構一覧表

	遺跡名	遺構名	形態	所在地
1	北松尾口遺跡Ⅰ地点	1号住居跡	壁際焼土（約140cm）	福岡県小郡市
2	一ノ口遺跡Ⅰ地点	49号住居跡（円形）	壁際焼土塊（約150cm）	〃
3	北松尾口Ⅱ地点	8号住居跡（長方形）	壁際焼土塊	〃
4	〃	12号住居跡（長方形）	〃	〃
5	〃	27号住居跡（長方形）	〃	〃
6	〃	28号住居跡（長方形）	〃	〃
7	〃	47号住居跡（長方形）	〃	〃
8	〃	50号住居跡（長方形）	〃	〃
9	〃	90号住居跡（長方形）	〃	〃
10	〃	91号住居跡（長方形）	〃	〃
11	〃	103号住居跡（長方形）	〃	〃
12	〃	105号住居跡（長方形）	〃	〃
13	〃	115号住居跡（長方形）	〃	〃
14	萩野遺跡	SB002	壁際焼土	佐賀県鳥栖市
15	山遺跡	第1号住居跡（方形）	竪穴隅部に石を粘土で固めて構築。炉が壁際にあり	熊本県阿蘇郡阿蘇町
16	小田道遺跡	29号住居跡	壁際の焼土	福岡県甘木市
17	奥ヶ原遺跡	SB5（隅丸方形）		山口県岩国市周東町
18	宮原遺跡	7号住居跡（円形）	支脚が出土	山口県下松市
19	芝谷遺跡	12号住居（隅丸方形）	壁際の焼土	大阪府高槻市
20	鷹塚山遺跡	A住居跡（楕円形）		大阪府枚方市
21	〃	C住居跡（隅丸方形）	壁際に3の字形の粘土帯	
22	観音寺山遺跡		壁際にドーナツ状の粘土堤	大阪府和泉市
23	勝田遺跡	SB1（方形）	壁際からやや離れた焼土	三重県度会郡玉城町
24	東溝遺跡	住居跡2（円形、高床部あり）	高床部に竈	兵庫県加古川市
25		住居跡8（方形）	張り出しピット前面に焼土。河原石直立	
26	大中遺跡		壁際の焼土	
27	鴨谷池遺跡			兵庫県明石市
28	唐川遺跡		〃	滋賀県高月町
29	平出遺跡	42号住居跡（方形）	竈は石組。中央に焼土	長野県塩尻市
30	八隅遺跡	9号住居跡		福岡県筑紫野市
31	摺ヶ本遺跡	SB002		佐賀県
32	松の森遺跡	SH06	壁際の半円形の焼土	佐賀県神埼郡東背振村
33	北久米遺跡	第2号住居跡（方形）	壁際半円形粘土土塁。支脚形土器出土	愛媛県松山市
34	秋根遺跡	LS004		山口県下関市
35	吉田遺跡	Ⅰ地区E区2号住居		山口県山口市
36	大中遺跡	第2号土師住居跡	壁際の焼土塊、川原石3個体出土。中央に炉あり	兵庫県加古郡播磨町
37	高畑町遺跡	A調査区 870HD	類カマド	兵庫県西宮市
38	久宝寺南遺跡	SB02（方形）		大阪府八尾市
39	四ツ池遺跡	第83地区SA001（方形）	炉が中央、土師器片上に粘土、焼土で構築される	大阪府堺市
40	尺度遺跡	500住居（台形）	短い煙道	大阪府羽曳野市
41	西新町遺跡	5次調査 SC04		福岡県福岡市
42	〃	5次調査 SC07		〃
43	〃	12次調査		〃
44	〃	4次調査 SC31		〃
45	上々浦遺跡	8号竪穴住居跡	炉が中央北、東壁隅部に炭化物	福岡県甘木市
46	豊島南遺跡	（方形）	西壁中央に高さ10cmの高まり、高まりの南側が焼土	大阪府池田市
47	竹ケ本遺跡	第6号住居跡	張り出し部に炉あるいは竈がある	福岡県春日市
48	八隅遺跡	第9号住居跡	東壁中央「竈状構造」板石を囲む半円形の粘土帯、煙道状の溝あり	福岡県筑紫野市
49	御床松原遺跡	11号住居跡	炉が中央東、西壁に竈らしき焼土塊	福岡県糸島郡志摩町
50	〃	31号住居跡	西壁に焼けた石組み	〃
51	茄子作遺跡	6号住居跡（方形）	南東部に焼土塊と炭。焼土上に2個の土師器甕が正立	大阪府枚方市
52	喜多見陣屋遺跡	7号住居跡（方形）	北壁中央からやや離れた位置に浅い炉と粘土。周囲に土器	東京都世田谷区
53	下神明遺跡	H-3住居跡（長方形）		

数の遺物が床面から出土している。遺物は中央土坑、主柱、貯蔵穴に広く分布する。

5 竈の出現と住まいの変革

　西宮市高畑町遺跡第7次発掘調査では、古墳時代前期の竪穴建物跡1棟において新旧の床面が確

年代	文献
弥生時代中期前半	小郡市教育委員会 1989『北松尾口遺跡Ⅰ地点』（小郡市文化財調査報告書第 54 集）
〃	小郡市教育委員会 1991『一ノ口遺跡Ⅰ地点（概報）』（小郡市文化財調査報告書第 74 集）
〃	小郡市教育委員会 1990『北松尾口遺跡Ⅱ地点』（小郡市文化財調査報告書第 63 集）
〃	〃
〃	〃
〃	〃
〃	〃
〃	〃
〃	〃
〃	〃
〃	〃
弥生時代中期末	佐賀県教育委員会 1991「都谷遺跡」『九州横断自動車道関係埋蔵文化財発掘調査報告書（14）』
弥生時代後期末	阿蘇町教育委員会 1972『熊本県阿蘇郡阿蘇町 - 宮山遺跡』（阿蘇町埋蔵文化財調査報告第 1 集）
弥生時代後期末～古墳時代前期	甘木市教育委員会 1981『小田道遺跡』（甘木市文化財調査報告第 8 集）
〃	（財）山口県教育財団・山口県教育委員会 1991『奥ケ原遺跡』
〃	山口県教育委員会 1973「宮原遺跡」『下松市 宮原遺跡・上広石遺跡』
弥生時代後期	高槻市教育委員会 1974『昭和 47・48 年度高槻市文化財年報』
弥生時代後期末	鷹塚山弥生遺跡調査団 1968『鷹塚山弥生遺跡調査概要報告』
弥生時代後期	観音寺山遺跡調査団 1968『観音寺山遺跡調査概報』
弥生時代後期末～古墳時代前期初頭	三重県教育委員会 1988『勝田遺跡発掘調査報告』
弥生時代後期	兵庫県教育委員会 1968『播磨東溝弥生遺跡』Ⅰ・Ⅱ
弥生時代後期～終末	播磨町教育委員会 1964『播磨大中』
〃	明石市教育委員会・同志社大学考古学研究室 1986『鴨谷池遺跡』
〃	滋賀県文化財保護協会 1981『ほ場整備関係遺跡発掘調査報告書 9-1』
弥生時代後期末	平出遺跡調査会 1955『平出』 長野県史刊行会 1983『長野県史考古資料編 1 巻（3）』
庄内～布留式期	福岡県教育委員会 1976『九州縦貫自動車道関係埋蔵文化財調査報告Ⅶ』
〃	埋蔵文化財研究会 1992『古墳時代の竈を考える』
古墳時代前期？	佐賀県教育委員会 1983『松の森遺跡』
庄内式期	愛媛県教育委員会 1981『一般国道 11 号松山東道路関係遺跡埋蔵文化財調査報告書Ⅰ』
古墳時代前期	下関市教育委員会 1977『下関市秋根遺跡』
〃	山口大学吉田遺跡調査団 1976『山口大学構内吉田遺跡発掘調査概報』
古墳時代前期～中期	播磨町教育委員会 1965『播磨大中』
庄内式期新段階	高畑町遺跡第 5 次発掘調査団 2008『高畑町遺跡発掘調査報告書』
〃	（財）大阪文化財センター 1987『久宝寺南（その 2）』
庄内式期末	堺市教育委員会 1984『四ッ池遺跡第 83 地区 - 堺市文化財調査報告第 16 集』
庄内式期	（財）大阪府文化財調査研究センター 2003『尺度遺跡Ⅰ』
布留式期最古段階～古段階	福岡市教育委員会 1994『西新町遺跡 3』
〃	〃
布留式期中段階	福岡市教育委員会 2000『福岡県福岡市早良区西新所在西新町遺跡第 12 次調査報告』
布留式期	福岡市教育委員会 1989『西新町遺跡』
古墳時代前期	福岡県教育委員会 1982「上々浦遺跡」『九州横断自動車道関係埋蔵文化財調査報告第 1 集』
布留式期	埋蔵文化財研究会 1992『古墳時代の竈を考える』
古墳時代前期末～中期中葉	福岡県教育委員会 1961『筑紫郡春日町竹ケ本遺跡調査報告』（福岡県文化財調査報告書第 2 輯）
5 世紀前半（古墳時代初頭？）	福岡県教育委員会 1976『福岡県筑紫野市所在八隈遺跡の調査』（九州縦貫自動車道関係埋蔵文化財調査報告Ⅶ）
古墳時代中期　5 世紀前半	志摩町教育委員会 1983『御床松原遺跡』（志摩町文化財調査報告書）
古墳時代中期	枚方市文化財研究調査会 1980『枚方市文化財年報Ⅰ』
古墳時代中期　5 世紀中頃	世田谷区教育委員会・喜多見陣屋遺跡調査会 1989『喜多見陣屋遺跡Ⅰ』
〃	世田谷区教育委員会・下神明遺跡調査会 1987『下神明遺跡Ⅰ』

認され、第 1 次床面では床面中央のやや大形の炉跡が、第 2 次床面では床面中央の小形の炉跡と壁際の竈跡が検出された。

　同一集落内で炉跡と竈跡が異なる建物跡で検出される事例や、同一建物跡で同時存在を推定できる炉跡と竈跡を共に検出する事例は少なくないが、本章では、古墳時代前期の炉の縮小と竈構築が、床面の張り替えという明瞭な時間差を有しながら同一建物内で継起したことを確認した、非常

362 第2部 原史・古代の住まいと建物

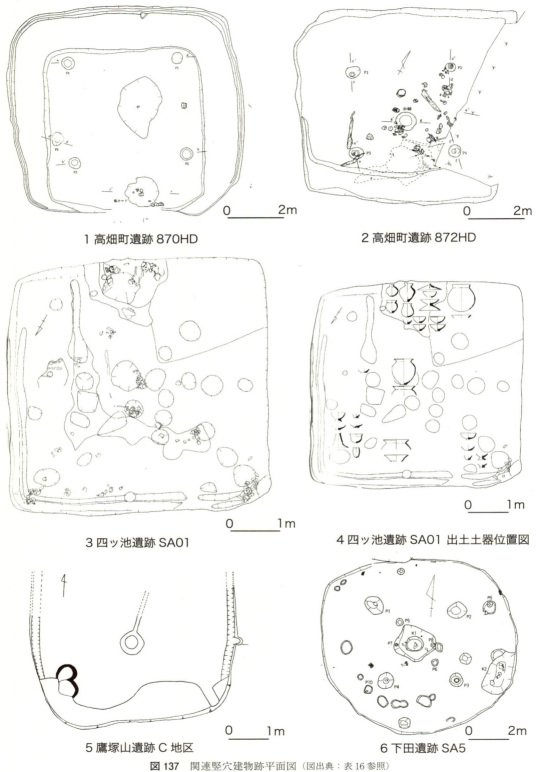

1 高畑町遺跡 870HD
2 高畑町遺跡 872HD
3 四ッ池遺跡 SA01
4 四ッ池遺跡 SA01 出土土器位置図
5 鷹塚山遺跡 C 地区
6 下田遺跡 SA5

図 137　関連竪穴建物跡平面図（図出典：表16参照）

に希有な事例であることを報告した。第1次床面と第2次床面において、建物が共有されていることを建物内での一連の生活が継続されていることと看做すことが許されるなら、同一の建物居住者がひとつの建物を継続使用しながら床面張り替え改築（改装）時に炉を小さくして竈を新設した、そのような炉と竈の構築と使用をめぐる住まい方の具体的な資料として、この高畑町遺跡第7次発掘調査で検出した竪穴建物跡を評価することができる。

　弥生時代の炉跡の変遷とその画期については、西川卓志の論文がある［西川 1987］。それを念頭に置いて換言すると、竪穴建物床面に大きく広がる炉と周囲に散在する土器というあり方から、竪穴建物床面の壁寄りに小さくまとまるコンパクトな竈と竈脇に集中する土器というあり方への交代をみることができた、といえる。

　ここで、火処を中心とする場所を住居内で調理が行われる「ダイドコロ」と考える。高畑町第7次調査竪穴建物の第1次床面では、庄内式期の甕形土器を床から浮かせて使用するための浅い炉を中心とする屋内の中央に不定型に漠然と広がるダイドコロを使う生活であった。おそらくその住人が継続して居住しながら改築、というよりも改装したと推定する第2次床面では、住居の南東壁の1辺の中央に竈を設けて火を使用し土器などをまとめた「新たな火処」と室内中央に小さな炉である「旧来の火処」を共用するダイドコロが設けられた生活であった。古い建物を共有したまま室内の改装によって小さな炉に造り替えて竈を新設、コンパクト化しながら室内中央から壁際へダイドコロが移動していく、この竪穴建物跡はまさにその変化の過程を新旧2面の床面によってあらわしている。また、この時期は近畿地方における竪穴建物の平面形が円形5＋型から隅丸方形4型を経て方形4型に移り変わる時期でもある（第4章参照）。

　このことは、石野博信が「カマドの壁際への固定は、屋内の使用方法を変革する結果となった。それは室内の1辺（おそらく室奥）が厨房区域として固定されることと、従来まで炉があった室中央が土間として広く活用できるようになったことである」［石野 1975］と述べた変化を指し、竪穴住居内に漠然と広がる調理空間（ダイドコロ）から竪穴住居壁寄りの竈を中心とするダイドコロコーナーの成立［山口 1983、石野 1984］への変化が、竪穴住居そのものの構造や外観の変化と同時期に並行して、かつ、短期間ではなく、紀元1世紀から4世紀にかけて継起的に生じたことを示している。

参考文献

【論文】

〈日本〉

青山　晃　2000「富山県におけるカマド出現期の様相」『富山考古学研究』紀要第3号（財）富山県文化振興財団埋蔵文化財調査事務所

赤司善彦　1992「古墳時代の竈（九州地方）」『第32回埋蔵文化財研究集会　古墳時代の竈を考える』埋蔵文化財研究会

秋山浩三　1999「池上曽根遺跡中枢部における大形建物・井戸の変遷（上）」『みずほ』第28号　大和弥生文化の会

秋山浩三・後藤理加　1999「巨大環濠集落における漁撈専業度と"船着場"─池上曽根遺跡の漁撈関連様相と弥生「都市」論のかかわりをめぐって─」『みずほ』第28号　大和弥生文化の会

浅尾　悟　1990「土坑を伴う中世掘立柱建物について」『一般国道　1号亀山バイパス埋蔵文化財発掘調査概要Ⅵ』三重県教育委員会・三重県埋蔵文化財センター

浅川滋男　1987「"灶間"の民俗誌─江浙地方のカマドと台所」『季刊人類学』18-3　京都大学人類学研究会

浅川滋男　1992「南中国の先史住居─発掘遺構にみる住まいの多様性─」奈良国立文化財研究所公開講演会資料

朝日新聞社　1983『週刊朝日百科　137　世界の食べもの　台所と調理器具の文化』

東　潮　1988「集安の壁画墳とその返還」『好太王碑と集安の壁画古墳』木耳社

阿蘇町教育委員会　1972『熊本県阿蘇郡阿蘇町─宮山遺跡』（阿蘇町埋蔵文化財調査報告第1集）

網干善教　1959『奈良県史跡名勝天然記念物調査抄報』第Ⅱ輯　奈良県教育委員会

綾部市教育委員会　1982『綾部市文化財調査報告』第9集

池内　宏・梅原末治　1940『通溝』下巻　日満文化協会・座右宝刊行会

石井克己　1986「古墳時代後期の集落─群馬県黒井峯遺跡・西組遺跡」『季刊考古学』第16号　雄山閣

石井克己　1987「黒井峯遺跡の概要」『月刊文化財』9月号　第一法規

石川県小松市教育委員会　2006〜2009『額見町遺跡』Ⅰ〜Ⅳ

石川県立歴史博物館　2002「シンポジウム報告　飛鳥の王権とカガの渡来人」『石川県立博物館紀要』14

石神　怡　2001「入口からの風景」『平成　13年春季特別展弥生都市は語る　環濠からのメッセージ』（大阪府立弥生文化博物館図録22）　大阪府立弥生文化博物館

石野博信　1973「大和の弥生時代」『橿原考古学研究所紀要　考古学論攷』第2冊　奈良県立橿原考古学研究所

石野博信　1975「考古学からみた古代日本の住居」『日本古代文化の探求・家』社会思想社

石野博信　1976「三輪山麓の祭祀の系譜─大型土壙と建物跡─」『纒向』奈良県桜井市教育委員会

石野博信　1977「4・5世紀の祭祀形態と王権の伸長」『ヒストリア』75　大阪歴史学会

石野博信　1979「大和唐古・鍵遺跡とその周辺」『橿原考古学研究所論集　第4』吉川弘文館

石野博信　1981「1　住居型の地域性」『3世紀の考古学　倭人伝の実像を探る　中巻　3世紀の遺跡と遺物』学生社

石野博信　1984「古代住居の日常容器」『橿原考古学研究所論集　第6』吉川弘文館

石野博信　1985「古代火災住居の課題」『末永先生米寿記念献呈論文集　乾』末永先生米寿記念会

石野博信　1995「住居と集落　1　イエ　炉とカマド」『古代住居のはなし』吉川弘文館

石野博信　2002『邪馬台国と古墳』学生社

一瀬和夫　1997「人の中でのまつり」『まつるかたち―古墳・飛鳥の人と神』（大阪府立近つ飛鳥博物館図録11）　大阪府立近つ飛鳥博物館

市本芳三・合田幸美　2001「麻田藩陣屋跡の調査」『大阪府埋蔵文化財研究会（第42回）資料』（財）大阪府文化財調査研究センター

井藤暁子　1982「第V章まとめ　第二節　遺物」『巨摩・瓜生堂』（財）大阪文化財センター

伊藤　純　1989「大坂夏の陣の証人　備前焼の大甕」『葦火』11号（財）大阪市文化財協会

伊藤裕偉　1994「伊勢市朝熊町　杉菜崎遺跡の調査」『三重県埋蔵文化財センター研究紀要』第3号　三重県埋蔵文化財センター

井上裕弘　1983「弥生終末から古墳前期の土器群について」『御床松原遺跡』志摩町教育委員会

岩崎次郎他　1993『一須賀古墳群I支群発掘調査概要』大阪府教育委員会

上垣孝徳・松室孝樹　1996「石組みの煙道を持つカマド―古代の暖房施設試論―」『紀要』（財）滋賀県文化財保護協会

植野浩三　1987「韓式系土器の名称」『韓式系土器研究』I　韓式系土器研究会

上野忠司　2000「近代煉瓦」『季刊考古学』第72号　雄山閣

卜部行弘　1991「土製品」『古墳時代の研究』8　古墳II副葬品　雄山閣

江浦　洋　1991a「池島・福万寺遺跡の移動式竈―釜穴に同心円文圧痕をもつ移動式竈に関する予察―」『池島・福万寺遺跡調査概要―89―1～6調査区の調査概要―』（財）大阪文化財センター

江浦　洋　1991b「古墳時代集落の変遷と特質―池島・福万寺遺跡の古墳時代集落の評価をめぐる予察―」『池島・福万寺遺跡発掘調査概要II―90―3・6調査区の概要―』（財）大阪文化財センター

愛媛県教育委員会　1981『一般国道11号松山東遺路聞係遺跡埋蔵文化財調査報告書I』

大川　清　1954「竪穴焼土考」『安房勝山田子台遺跡』千葉県教育委員会

大川　清　1955「カマド小考」『落合』早稲田大学考古学研究室

大阪府立狭山池博物館　2016『河内の開発と渡来人―蔀屋北遺跡の世界―』

大阪府立弥生文化博物館　1993『弥生人の見た楽浪文化』

大阪府立弥生文化博物館　2006『平成18年春季特別展　弥生画帖―弥生人が描いた世界―』

大塚昌彦　1996「土屋根をもつ竪穴住居焼失住居が語るもの」『日本の住まいの起源と系譜に関するシンポジウム1竪穴住居の系譜』日本の住まいの起源と系譜に関するシンポジウム事務局

大貫静夫　1989「極東における平地住居の普及とその周辺」『考古学と民族誌　渡辺仁教授古稀記念論文集』渡辺仁教授古稀記念論文集刊行会

Onuki shizuo. 1996.The development of the heating system and above ground dwelling in the Northeast Asia. The First International Symposium of Bohai Culture

大貫静夫　2009「抱妻の考古学」『国立歴史民俗博物館研究報告』第 151 集　国立歴史民俗博物館

大場磐雄　1955「土師式住居址からみた諸問題」『平出』朝日新聞社

大橋信弥・花田勝弘編　2005『ヤマト王権と渡来人』サンライズ出版

大橋信弥　2005「大和政権と渡来氏族の形成」『ヤマト王権と渡来人』サンライズ出版

大村　直　1982「前野町式・五領式の再評価」『神谷原Ⅲ』八王子市椚田遺跡調査会大村　直 198 2「東国における前期古墳の再評価」『物質文化』39　物質文化研究会

岡崎　敬　1979「高句麗の土器・陶器と瓦磚」『世界陶磁全集』17　小学館

荻田昭次　1966「大阪府河内市瓜生堂遺跡に出土した銅利器片」『古代学研究』第 42・43 合併号

奥　和之　2000「竈について」『安威遺跡』（大阪府埋蔵文化財調査報告　1999-6）　大阪府教育委員会

小郡市教育委員会　1995『干潟城山遺跡』Ⅱ

貝川克土　1996「樫井西遺跡の調査―横煙道の竈を持つ住居跡と方形周溝墓群―」『大阪府下埋蔵文化財研究会（第 34 回）資料』（財）大阪府文化財調査研究センター

可児通宏　1969「住居址の廃絶と土器の廃棄」『多摩ニュータウン遺跡調査報告酉』多摩ニュータウン遺跡調査会

柿沼幹夫　1979「住居跡について」『下田・諏訪』埼玉県教育委員会

柏木有香　2017「古墳時代の土器転用カマド―京都市西京極遺跡の事例―」『洛史　研究紀要―京都市埋蔵文化財研究所設立 40 周年記念号―』第 11 号（公財）京都市埋蔵文化財研究所

春日真美　1996「越後における五世紀から八世紀の竪穴建物の変遷」『新潟考古学談話会会報』第 16 号　新潟考古学談話会

加藤謙吉　1983『蘇我氏と大和王権』吉川弘文館

加藤謙吉　1998『秦氏とその民』白水社

加藤謙吉　2002『大和の豪族と渡来人』吉川弘文館

金関　恕　1975「卑弥呼と東大寺山古墳」『古代史発掘 6- 古墳と国家の成立ち』講談社

金光正裕・合田幸美　1992「蛍池東遺跡の発掘調査―古墳時代前期の大型掘立柱建物と作り付け奮について―」『大阪文化財研究―20 周年記念増刊号―』（財）大阪文化財センター

金子裕之編　1988『律令期祭祀遺物集成』律令祭祀研究会

金田章裕　1971「奈良・平安期の村落形態について」『史林』第 54 巻第 3 号　史学研究会

鎌木義昌・間壁忠彦　1964「大飛鳥遺跡」『倉敷考古館研究小報』倉敷考古館

亀田修一　1992「中国・四国地方のカマド」『古墳時代の竈を考える』第 32 回埋蔵文化財研究会

亀田修一　1993「考古学からみた渡来人」『古文化談叢』第 30 集（中）　九州古文化研究会

亀田修一　2012「渡来系のムラを考える」『日韓集落の研究―弥生・古墳時代および無文土器～三国時代―』日韓集落研究会

観音寺山遺跡調査団　1968『観音寺山遺跡調査概報』

神原英朗　1977「第 6 章　まとめにかえて」『岡山県営山陽団地新住宅市街地開発事業用地内埋蔵文化財発掘調査概報』第 4 集（用木山遺跡）　岡山県山陽町教育委員会

蒲原宏行・多々良友博・藤井伸幸　1985「佐賀平野の初期須恵器・陶質土器」『古文化談叢』第15集　九州古文化研究会

喜田川守貞（校訂　宇佐美英機）　2008『近世風俗志（守貞謾稿）』岩波書店

北野　重　1996「鍛冶生産集団の住居―柏原市域の古墳時代―」『大阪府下埋蔵文化財研究会（第34回）資料』（財）大阪府文化財調査研究センター

木村徳国　1975「鏡の画とイヘ―建築にかかわることばから―」『日本古代文化の探求・家』社会思想社

京都国立博物館　1966『洛中洛外図』角川書店

京都大学文学部　1963『京都大学文学部博物館考古学資料目録』第3部

京都橘大学文学部　2008「第4章　古墳出土の炊飯具形土器」『京都橘大学文化財調査報告　2007』

金日成綜合大学編（呂南喆・金洪圭訳）　1985『五世紀の高句麗文化』雄山閣

桐原　健　1977「古代東国における竈の信仰の一面―竈内支石のあり方について―」『国学院雑誌』78巻9号　国学院大学

桐原　健　1982「古墳時代に見られる集落内祭祀の一端」『中部高地の考古学Ⅱ』長野県考古学会

工楽善通　1996「竪穴建物の機能」『日本の住まいの起源と系譜に関するシンポジウム1　竪穴住居の系譜』日本の住まいの起源と系譜に関するシンポジウム事務局

黒石哲夫　2005「紀伊の渡来人」『ヤマト王権と渡来人』サンライズ出版

黒田原次　1961「高句麗古陶私見」『世界陶磁全集』13　河出書房新社

小泉和子・玉井哲雄・黒田日出男　1997『絵巻物の建築を読む』東京大学出版会

合田茂伸　1985「弥生時代の集落とその環境」『末永先生米寿記念献呈論文集』末永先生米寿記念会

合田茂伸　1990「平地の住居と斜面の住居―弥生時代における竪穴式住居の地形立地と形態―」『今里幾次先生古希記念播磨考古学論叢』今里幾次先生古希記念論文集刊行会

合田茂伸　1992a「斜面の建築」『阡陵』（関西大学博物館学課程創設三十周年記念特集）　関西大学博物館

合田茂伸　1992b「67　仁川五ヶ山遺跡」『兵庫県史　考古資料編』兵庫県史編集専門委員会編　兵庫県

合田茂伸　1998「斜面に立地する竪穴式住居」『網干善教先生古希記念考古学論集』網干善教先生古希記念会

合田茂伸・合田幸美　2002「大和・河内の住居」『シンポジウム「邪馬台国時代の吉備と大和」資料集』香芝市教育委員会

合田茂伸　2002『西宮北口、発掘物語。』（西宮市立郷土資料館第17回特別展示案内図録）　西宮市立郷土資料館

合田茂伸　2009『高畑町遺跡確認調査報告書　付載　高畑町遺跡第6次発掘調査概報』（西宮市文化財資料第54号）　西宮市教育委員会

合田茂伸　2010「高畑町遺跡の発掘調査について」『平成22年度兵庫県埋蔵文化財調査成果連絡会「発掘調査2009」』発表資料　兵庫県教育委員会

合田茂伸　2018「発掘調査から構成する西宮地域史」『新発見・西宮の地下に眠る古代遺跡―浮かびあがる武庫郡の中心―』大手前大学史学研究所・西宮市教育委員会

合田茂伸　2023「高畑町遺跡出土木器と古墳時代の津門遺跡群」（西宮市立郷土資料館第38回特別展示「高畑町遺跡展―出土木器と古墳時代の津門遺跡群」特別講演会　発表資料）

合田幸美　1988「出現期の竈」『網干善教先生華甲記念考古学論集』網干善教先生華甲記念会

合田幸美　1995「朝鮮半島の竈」『研究紀要（大阪文化財センター研究助成報告書）』Vol.2（財）大阪文化財センター

合田幸美　1998「小形住居について」『網干善教先生古希記念考古学論集』網干善教先生古希記念会

合田幸美　2000「壁灶の集成」『日本中国考古学会会報』第10号　日本中国考古学会

合田幸美　2002a「出現期の竈再考」『究班』Ⅱ　埋蔵文化財研究会

合田幸美　2002b「舎密局関連遺構について」『大坂城跡発掘調査報告Ⅰ』（財）大阪府文化財センター

合田幸美　2002c「大坂城跡の竈跡について」『大坂城跡発掘調査報告Ⅰ　大阪府庁舎・周辺整備事業に伴う埋蔵文化財発掘調査報告書』（財）大阪府文化財センター

合田幸美　2011「古代の竪穴建物—大阪府を中心に—」『大阪文化財研究』第39号（公財）大阪府文化財センター

合田幸美　2013「遺構・遺物をとおしてみた若狭・越竈・温突（オンドル）」『若狭と越の古墳時代』季刊考古学　別冊19』雄山閣

合田幸美　2015「竈形土器は韓式系土器であろうか」『韓式系土器研究』ⅩⅣ　韓式系土器研究会

粉川昭平　1973「瓜生堂遺跡出土の植物種子類」『瓜生堂遺跡Ⅱ』瓜生堂遺跡調査会

粉川昭平　1980「瓜生堂遺跡出土の植物種子」『瓜生堂』（財）大阪文化財センター

粉川昭平　1982「瓜生堂・巨摩廃寺遺跡出土の植物種子」『巨摩・瓜生堂』（財）大阪文化財センター

国立歴史民俗博物館　1985『共同研究「古代の祭祀と信仰」附編　祭祀完形遺物出土地名表』（国立歴史民俗博物館研究報告第7集）

小林和美　2002「大阪陸軍幼年学校について」『大坂城跡発掘調査報告Ⅰ』（財）大阪府文化財センター

小林達雄他　1965『米島貝塚』埼玉県庄和町教育委員会

小林広和・田村晃一　1980「上の平遺跡」『日本歴史』384号　吉川弘文館

小林広和・田村晃一　1982「山梨県上の平遺跡」『日本考古学年報』35　日本考古学協会

近藤義郎　1959「共同体と単位集団」『考古学研究』6-1　考古学研究会

斎藤孝正　1983「猿投窯成立期様相」『名古屋大学文学部研究論集』ⅩⅩⅩⅥ　名古屋大学文学部

齋藤　努・坂本　稔・高塚秀治　2012「大鍛冶の炉内反応に関する検証と実験的再現」『国立歴史民俗博物館研究報告』第177集　国立歴史民俗博物館

坂井　隆　1991「群馬県富岡市中高瀬観音山遺跡」『日本考古学年報』42（1989年度版）日本考古学協会、（財）群馬県埋蔵文化財調査事業団

酒井龍一　1982「畿内大社会の理論的様相」『亀井遺跡』（財）大阪文化財センター

阪口俊幸　1985「奈良県出土のミニチュア炊飯具」『石田1号墳』奈良県教育委員会

佐久間貴士編　1989『よみがえる中世　2—本願寺から天下一へ　大坂』平凡社

佐古和枝　1999「海と山の王国 妻木晩田遺跡」『海と山の王国—妻木晩田遺跡が問いかけるもの』「海と山の王国」刊行会

佐々木　謙　1981「鳥取県淀江町出土弥生式土器の原始絵画」『考古学雑誌』67-1　日本考古学会

佐々木隆彦　1980「竈祭祀について」『赤井手遺跡』春日市教育委員会

佐藤克巳　1974「小室遺跡における竈」『千葉ニュータウン埋蔵文化財調査報告書』千葉県開発庁他

佐原　眞　1980「農業の開始と階級社会の形成」『岩波講座　日本考古学1　原始および古代1』岩波書店
三宮昌弘　1999「尺度遺跡庄内期集落の分析」『尺度遺跡Ⅰ　南阪奈道路建設に伴う調査』((財)大阪府文化財調査研究センター調査報告書第44集）(財)大阪府文化財調査研究センター
島本　一　1937a「稲村山古墳について」『考古学雑誌』第27巻5号　日本考古学会
島本　一　1937b「竈形土器に就いて」『大和志』第4巻8号　大和國史会
澁澤敬三・神奈川大学日本常民文化研究所　1984『新版　絵巻物による日本常民生活絵引』平凡社
ジャパン通信社　1995『月刊文化財発掘出土情報』3
ジャパン通信社　1997a『月刊文化財発掘出土情報』3
ジャパン通信社　1997b『月刊文化財発掘出土情報』6
朱栄憲（永島暉臣愼訳）　1972『高句麗の壁画古墳』学生社
徐賢珠（大竹弘之訳）　2004「三国時代の竈の焚口枠についての考察」『韓式系土器研究』Ⅷ　韓式系土器研究会
白石　聡　2008「古墳時代今治平野における炊事形態の導入と普及」『地域・文化の考古学―下條信行先生退任記念論文集―』下條信行先生退任記念事業会
白石太一郎　1979「近畿における古墳の年代」『月刊考古学ジャーナル』№164　ニューサイエンス社
杉井　健　1993「竈の地域性とその背景」『考古学研究』第40巻第1号　考古学研究会
杉山正明　1997「中央ユーラシアの歴史構図」『岩波講座　世界歴史』11　岩波書店
鈴　千夏　2012「一須賀古墳群におけるミニチュア竈の副葬」『大阪府立近つ飛鳥博物館　館報』15　大阪府立近つ飛鳥博物館
鈴木秀典　1987「発掘された豊臣期大名屋敷」『葦火』11号　(財)大阪市文化財協会
鈴木秀典　1989「竈と炉」『よみがえる中世2―本願寺から天下一へ　大坂』平凡社
瀬川芳則・中尾芳治　1983『日本の古代遺跡Ⅱ大阪中部』保育社
関川尚功　1988「古墳時代の渡来人―大和・河内地域を中心として」『橿原考古学研究所論集　第9』吉川弘文館
関野　貞　1929『高句麗時代之遺蹟』上冊　朝鮮総督府古蹟調査特別報告7
妹尾裕介　2016「鍋釜のススコゲからみた西日本の蒸し調理の特徴」『第82回（2016年度）総会研究発表要旨』（一社）日本考古学協会
ソウル歴史博物館　2002『風納土城』
第27回埋蔵文化財研究集会実行委員会編　1990『中世末から近世のまち・むらと都市』埋蔵文化財研究会
田代克巳　1973「まとめ」『瓜生堂遺跡Ⅲ』瓜生堂遺跡調査会
高野陽子・岩井俊平　2003「出現期の竈について」『京都府遺跡調査報告書第33冊　佐山遺跡』(財)京都府埋蔵文化財調査研究センター
高橋一夫　1975「和泉・鬼高期の諸問題」『原始古代社会研究』2校倉書房
高橋一夫　1986「生活遺構・遺物の変化の意味するもの」『季刊　考古学』第16号　雄山閣
高橋健自　1918「釜及竈形土器」『考古学雑誌』第9巻3号　日本考古学会
高橋浩二　2009「古墳時代の越中」『古代の越中』高志書院
多賀茂治　2009「兵庫丹波地域の弥生時代竪穴建物」『研究紀要　第2号』兵庫県立考古博物館

武末純一　1996「西新町遺跡の竈―その歴史的意義―」『碩晤尹容鎭教授停年退任紀念論叢』
武末純一　2000「北部九州の百済系土器―4〜5世紀を中心に―」『福岡大学総合研究所所報』第240号（総合科学編第3号）　福岡大学総合研究所
武末純一　2010「集落からみた渡来人」『古文化談叢』第63集　九州古文化研究会
竹原一彦・野々口陽子　2000「佐山遺跡の発掘調査」『京都府埋蔵文化財情報』第77号（財）京都府埋蔵文化財調査研究センター
辰巳和弘　2002「卑弥呼の鬼道と壺形の宇宙」『女王卑弥呼の祭政空間』恒星出版
伊達宗泰　1978「桜井市浅古の一古墳の調査」『奈良県古墳発掘調査集報』Ⅱ　奈良県教育委員会
田中清美　2003「造付け竈の付属具」『続文化財学論集』奈良大学文学部考古学研究室
田中清美　2005「河内湖周辺の韓式系土器と渡来人」『ヤマト王権と渡来人』サンライズ出版
田中　淡　1995「中国の穴倉―類型と展開―」『日本の住まいの起源と系譜に関するシンポジウム①竪穴住居の系譜　発表要旨と参考資料』日本の住まいの起源と系譜に関するシンポジウム事務局
田中昌樹　2003「横穴式石室に副葬されるミニチュア炊飯具―奈良県を中心として―」『上5号墳―細川谷古墳群―』奈良県立橿原考古学研究所
田中敬忠　1962「紀ノ川川底出土の銅鐸」『和歌山市社会教育資料』16　和歌山市教育委員会
田辺昭三　1981『須恵器大成』角川書店
谷　旬　1982「古代東国のカマド」『千葉県文化財センター研究紀要』7　千葉県文化財センター
玉口時雄　1962「埼玉県本庄市西富田遺跡発掘調査報告」『史観』65・66・67合冊号　早稲田大学史学会
耽鉄華・林至徳（緒方泉訳）　1987「集安高句麗土器の基礎的研究」『古代文化』39-8　古代学協会
近野正幸　1990「古墳出土の炊飯具形土器について」『神奈川考古』第26号　神奈川考古同人会
千野裕道　1983「縄文時代のクリと集落周辺植生―南関東地方を中心に―」『東京都埋蔵文化財センター研究論集』Ⅱ　（財）東京都埋蔵文化財センター
中国社会科学院考古研究所編（関野雄監訳）　1988『新中国の考古学』平凡社
中日共同尼雅遺跡学術考察隊・日中共同ニヤ遺跡学術調査隊　1996『中日・日中共同尼雅遺跡学術調査報告書』1
趙哲済　1986「「茶臼山古墳」の発掘調査」『葦火』4号（財）大阪市文化財協会
辻　美紀　1999「古墳時代中・後期の土師器に関する一考察」『国家形成期の考古学』大阪大学考古学研究室
都出比呂志　1975「竪穴住居の周堤と壁体」『考古学研究』第2巻2号　考古学研究会
都出比呂志　1982「前期古墳の新古と年代論」『考古学雑誌』第67巻4号　日本考古学会
都出比呂志　1985「竪穴式住居の西と東」『日本語・日本文化研究論集』大阪大学文学部
都出比呂志　1989『日本農耕社会の成立過程』岩波書店
都出比呂志　1993「前方後円墳体制と民族形成」『待兼山論叢』第27号　大阪大学文学部
デ・エリ・ブロヂャンスキー　1982「鉄器時代前期の沿海州南部」『シベリア極東の考古学　2沿海州篇』河出書房新社
帝室博物館　1937『古墳発掘品調査報告』
寺井　誠　2016「新たなものを生み出す渡来文化」『河内の開発と渡来人―蔀屋北遺跡の世界―』大阪府立狭山

池博物館

寺沢　薫　1979「火災住居覚書―大阪府観音寺遺跡復元住居の火災によせて―」『青陵』40　奈良県立橿原考古学研究所

寺沢　薫　1980「第6章　六条山遺跡総論」・「第2節　集落の構造」『奈良市　六条山遺跡』（奈良県文化財調査報告書　第34集）　奈良県教育委員会

寺沢　薫　1986「論考　畿内古式土師器の編年と二・三の問題」『矢部遺跡』奈良県教育委員会

寺沢　薫　1987「三井・岡原」『大和を掘る1987年度発掘調査速報展』奈良県立橿原考古学研究所附属博物館

寺沢　薫・寺沢知子　1982「弥生時代植物質食料の基礎研究－初期農耕社会研究の前提として」『橿原考古学研究所紀要　考古学論攷』第5冊　奈良県立橿原考古学研究所

寺沢知子　1986「祭祀の変化と民衆」『季刊考古学』第16号　雄山閣

寺島良安（訳注　島田勇雄・竹島淳夫・樋口元巳）　2010『和漢三才図会5』（東洋文庫46　2）　平凡社

東海埋蔵文化財研究会　1988『清須―織豊期の城と都市―資料編』

（財）富山県文化振興財団埋蔵文化財調査事務所　1998『五社遺跡発掘調査報告』（財）富山県文化振興財団

外山秀一　1983「山賀遺跡におけるプラント・オパール分析」『山賀遺跡（その1）』（財）大阪文化財センター

外山政子　1990a「三ツ寺Ⅱ遺跡のカマドと煮炊」『三ツ寺Ⅱ遺跡』（財）群馬県埋蔵文化財調査事業団

外山政子　1990b「矢田遺跡の平安時代のカマドと煮沸具　煮沸具の使用痕跡の観察結果から」『矢田遺跡』（財）群馬県埋蔵文化財調査事業団

外山政子　1990c「羽田倉遺跡の煮沸具の観察から―古墳時代を中心にして―」『長根羽田倉遺跡』（財）群馬県埋蔵文化財調査事業団

外山政子　1992a「「炉」から「カマド」へ―古墳時代の新しい食文化―新来の食文化の実態とその導入における東西日本の比較」『研究助成』2　（財）味の素食の文化センター

外山政子　1992b「炉かカマドか―もう一つのカマド構造について―」『研究紀要』10　（財）群馬県埋蔵文化財調査事業団

外山政子　2018「東日本の竈構造と構成要素．再考」『物質文化』98 物質文化研究会

外山政子・合田幸美　2016「東西日本の竈構造と構成要素の違い」『日本考古学協会大会研究発表要旨　2016年度』（一社）日本考古学協会

長家　伸　1994「西新町遺跡第5次調査報告」『九州考古学会・嶺南考古学会第1回合同考古学会』九州古学会・嶺南考古学会合同考古学会実行委員会

中尾佐助編　1983『週刊朝日百科世界の食べもの　台所と調理器具の文化』朝日新聞社

中尾芳治　1965『難波宮址の研究　研究予察報告第5第2部』吉川弘文館

中川道子　1998「富山県における出現期のカマドについて」『五社遺跡発掘調査報告』（財）富山県文化振興財団

中島誠一　1983「近江におけるカマドの系譜―型式および伝承による一考察―」『角田文衛博士古稀記念古代学論叢』平安博物館研究部

永島暉臣慎　1988「集安の高句麗遺跡」『好太王碑と集安の壁画古墳』木耳社

中西克宏　1988「生駒西麓産の羽釜」『東大阪市文化財ニュース』Vol4, No1（財）東大阪市文化財協会

中西克宏　1999「曲げ庇系竈を副葬する古墳」『光陰如矢―荻田昭二先生古稀記念論集―』「光陰如矢」刊行会
中西靖人　1980「まとめ」『瓜生堂』（財）大阪文化財センター
中野　咲　2010「古墳時代の火処について」『立命館大学考古学論集Ⅴ』立命館大学考古学論集刊行会
中村孝行　1982「まとめ」『綾部市文化財調査報告第9集　青野遺跡第5次発掘調査概報』綾部市教育委員会
中山俊紀　1981「第3章　配石遺構」『大田十二社遺跡』（津山市埋蔵文化財発掘調査報告書第10集）津山市教育委員会
奈良国立文化財研究所　1985『日本における近世民家（農家）の系統的発展　奈良国立文化財研究所学報第43冊』
西川卓志　1981「弥生時代甕型土器の外表面観察」『調査会ニュース』8号　東大阪市文化財保護調査会
西川卓志　1983「弥生時代煮沸形態とその変遷」『考古学論叢―関西大学考古学研究室開設参拾周年記念―』関西大学
西川卓志　1987「「炉跡」について―弥生時代煮沸形態再考―」『横田健一先生古稀記念文化史論叢』横田健一先生古稀記念会
西川　宏　1985「集安における高句麗遺跡調査の成果」『考古学研究』31-4　考古学研究会
西田敏秀・荒木幸治　2000「淀川左岸における弥生集落の動向」『みずほ』第32号　大和弥生文化の会
西田正規　1980「縄文時代の食料資源と生業活動―鳥浜貝塚の自然遺物を中心として―」『季刊人類学』11-3　京都大学人類学研究会
西田正規　1981「縄文時代の人間―植物関係―食料生産の出現過程」『国立民族学博物館研究報告』6-2　国立民族学博物館
西田正規　1984「定住革命―新石器時代の人類史的意味―」『季刊人類学』15-1　京都大学人類学研究会
西谷　正　1983「伽耶地域と北部九州」『大宰府古文化論叢』吉川弘文館
日本考古学協会編　1994『シンポジウム東アジアと九州』学生社
寝屋川市史編纂委員会　1998『寝屋川市史』第1巻
萩原清史　2002「北関東における近世民家の発掘―重要文化財　彦部家住宅の地下構造―」『平成14年度日本民家園講座「発掘された近世民家」』川崎市立日本民家園　200 2
萩原秀三郎　1988『境と辻の神』東京美術
朴天秀・高橋　潔・南　秀雄・高正龍　1992「朝鮮半島」『第32回埋蔵文化財研究集会　古墳時代の竈を考える』（財）和歌山県文化財センター
橋口達也　1979「池の上出土陶質土器の編年」『池の上墳墓群』甘木市教育委員会
橋口達也　1983「北部九州における陶質土器と初期須恵器」『古寺墳墓群Ⅱ』甘木市教育委員会
橋詰清孝　1987「纒向―南飛塚地区―」『大和を掘る　1987年度発掘調査速報展Ⅷ』奈良県立橿原考古学研究所附属博物館
花田勝弘　2005「古墳時代の畿内渡来人」『ヤマト王権と渡来人』サンライズ出版
濱田延充　2004「U字形板状土製品考」『古代学研究』第167号　古代学研究会
林　清三郎　1984「今井町重要文化財民家八件の修理」『月刊文化財』No.245　第一法規
林　俊雄　1998「草原遊牧文明論」『岩波講座　世界歴史』3　岩波書店

林　博通・栗本政志　1983「近江国府関連官衙跡の調査」『古代文化』第 35 巻第 1 号　古代学協会
林　博通　1973「カマド出現に関する二・三の問題」『水と土の考古学』考友会
林　博通　1992「オンドルについて」『高句麗の都城遺跡と古墳―日本都城制の源流を探る―』同朋社出版
パリノ・サーヴェイ（株）　1983「大阪府友井東遺跡（その 2）試料花粉分析報告」『友井東（その 2）』（財）大阪文化財センター
速水信也　1992「弥生時代の住居跡壁際の焼土塊」『第 32 回埋蔵文化財研究集会　古墳時代の竈を考える』埋蔵文化財研究会
春成秀爾　1991「描かれた建物」『弥生時代の掘立柱建物』埋蔵文化財研究会
坂　靖　2008「ヤマトの渡来人」『古代学研究』第 180 号　古代学研究会
坂　靖　2018『蘇我氏の古代学　飛鳥の渡来人』新泉社
樋口吉文　1984「SA01 住居址内検出の SC01 竈について」『四ッ池遺跡―第 83 地区発掘調査報告書―』（堺市文化財調査報告第 16 集）　堺市教育委員会
平井　聖　1975「床の構造よりみた古代の住居」『日本古代文化の探究・家』社会思想社
枚方市教育委員会・（財）枚方市文化財研究調査会　2011『歴史シンポジウム交野ヶ原と平安貴族』
福島孝行　1999「平面多角形の竪穴住居の検討」『考古学に学ぶ―遺構と遺物―』（同志社大学考古学シリーズⅦ）　同志社大学考古学シリーズ刊行会
福田アジオ　1984「民俗の母体としてのムラ」『村と村人―共同体の生活と儀礼―』（日本民俗文化大系第八巻）小学館
藤井利章　1980「発志院遺跡の布留式土器とその編年試案」『発志院遺跡』奈良県教育委員会
藤沢一夫　1962「高宮廃寺の調査」『大阪府の文化財』大阪府教育委員会
藤田憲司　1984「単位集団の居住領域－集落研究の基礎作業として」『考古学研究』31-2　考古学研究会
藤田三郎　2003「第 3 節　絵画土器・特殊土器」『大和の弥生遺跡　基礎資料Ⅱ　奈良県の弥生土器集成』大和弥生文化の会
藤田道子　2009a「第 1 章　蔀屋北遺跡古墳時代の出土土器と遺構の検討」『蔀屋北遺跡Ⅰ』大阪府教育委員会
藤田道子　2009b「蔀屋北遺跡出土のＵ字形板状土製品について」『蔀屋北遺跡Ⅰ』大阪府教育委員会
藤田至希子　1986「古墳時代前期の煮沸形態について」『矢部遺跡』奈良県教育委員会
古川久雄・渡部武編　1993『中国先史・古代農耕関係資料集成』京都大学東南アジア研究センター
古田宣夫　1977「ミニチュアカマドを出土した船戸山古墳群」『月刊文化財』167　第一法規
埋蔵文化財研究会　1990『第 27 回中世末から近世のまち・むらと都市』
埋蔵文化財研究会　1991『弥生時代の掘立柱建物』
埋蔵文化財研究会　1992『古墳時代の竈を考える』
前田保夫　1980『縄文の海と森―完新世前期の自然史―』蒼樹書房
正宗敦夫　1928『人倫訓蒙圖彙』（日本古典全集第 3 期）（覆刻　日本古典全集　人倫訓蒙圖彙　1978　現代思潮社）
松浦俊和　1984「ミニチュア炊飯具形土器論」『史想』20 号　京都教育大学考古学研究会
松尾信裕　1987「玉造小学校で発見された酒造遺構」『葦火』9 号　（財）大阪市文化財協会

松岡文一　1964「愛媛県下の青銅器」『愛媛考古学』6　愛媛考古学協会

松見裕二　2009「壱岐・原の辻遺跡における弥生時代後期の集落内部構造について」『第58回埋蔵文化財研究集会　弥生時代後期の社会変化』埋蔵文化財研究会

松室孝樹　1996「竪穴建物に設置されるL字形カマドについて―日本国内検出例の集成―」『韓式系土器研究』Ⅵ　韓式系土器研究会

松本敬三　1982「香川県出土の古式須恵器―宮山窯址の須恵器―」『瀬戸内海歴史民俗資料館年報』7　瀬戸内海歴史民俗資料館

馬淵和雄　1989「鎌倉の煮炊き―囲炉裏と鍋―」『よみがえる中世3―武士の都　鎌倉』平凡社

豆谷和之　2001「弥生環濠集落の終焉―唐古・鍵遺跡の場合―」『みずほ』第35号　大和弥生文化の会

水野正好　1969「滋賀県所在の漢人系帰化氏族とその墓制」『滋賀県文化財調査報告書』第4冊　滋賀県教育委員会

水野正好　1978「大津市滋賀里大通寺古墳群調査概要（1）」『滋賀文化財だより』No.1　1　（財）滋賀県文化財保護協会

宮崎康雄　2000「淀川北岸の弥生集落―3島地域を中心に―」『みずほ』第32号　大和弥生文化の会

宮崎泰史　2006「一須賀古墳群の調査Ⅳ」『大阪府立近つ飛鳥博物館　館報』10　大阪府立近つ飛鳥博物館

宮本長二郎　1986「住居」『岩波講座日本考古学』岩波書店

宮本長二郎　1989「古墳時代竪穴住居論」『研究論集』Ⅷ（奈良国立文化財研究所学報第47冊）

宮本長二郎　1996『日本原始古代の住居建築』中央公論美術出版

武藤　誠　1959「考古学上から見た古代の西宮地方（2）弥生式時代の西宮地方《仁川北岸台地遺跡》」『西宮市史　第1巻』魚住惣五郎（編）　西宮市役所

武藤　誠　1967「埋蔵文化財調査記録　五ヶ山弥生遺跡」『西宮市史　第7巻　資料編4』武藤誠、有坂隆道（編）　西宮市役所

村尾政人　1992「淡河中村遺跡出土の韓式系土器について」『のじぎく文化財だより』第2号　のじぎく文化財保護研究財団

村山好文　1983「房総における和泉式土器編年試案」『日本考古学研究所集報』Ⅴ　日本考古学研究所

望月精司　2000「小松市額見町遺跡の調査」『日本歴史』2月号　吉川弘文館

森岡秀人　1976「4、会下山遺跡出土土器特論」『新修芦屋市史』（資料篇　1）　芦屋市役所

森岡秀人　1986「高地性集落」『弥生文化の研究』第7巻　雄山閣

森岡秀人　2002「摂津八十塚古墳群と兎原郡葦屋郷・賀美郷周辺の古代史」『八十塚古墳群の研究』関西大学文学部考古学研究室

森下真企・田之上裕子　2017「兵庫県西宮市高畑町遺跡発掘調査速報～第9次調査第1調査区出土の古墳時代木製品～」『古代学研究』第213号　古代学研究会

森下真企　2023『高畑町遺跡展―出土木器と古墳時代の津門遺跡群―』（西宮市立郷土資料館第38回特別展示図録）　西宮市立郷土資料館

森本　徹　1996「韓国冷水里古墳出土の竈形土器」『大阪文化財研究』第10号（財）大阪府文化財調査研究センター

安田喜憲　1973「瓜生堂遺跡の泥土の花粉分析」『瓜生堂遺跡Ⅲ』（財）大阪文化財センター
安田喜憲　1980a『環境考古学事始―日本列島2万年―』NHK出版
安田喜憲　1980b「瓜生堂遺跡の泥土の花粉分析Ⅱ」『瓜生堂』（財）大阪文化財センター
安田喜憲　1981「瓜生堂遺跡の泥土の花粉分析Ⅲ」『瓜生堂遺跡Ⅲ』瓜生堂遺跡調査会
安田喜憲　1982「瓜生堂・巨摩廃寺遺跡の泥土の花粉分析」『巨摩・瓜生堂』（財）大阪文化財センター
安村俊史　2008『群集墳と終末期古墳の研究』清文堂出版
柳田康雄　1982「古墳時代の甘木」『甘木市史』上巻　甘木市役所
山上雅弘　1991「竈について」『第3回関西近世考古学研究会大会　近世都市の構造　発表要旨』関西近世考古学研究会
山口大学人文学部考古学研究室　1984『西部瀬戸内における弥生文化の研究』
山口昌伴　1983「日本における台所空間の変遷」『週刊朝日百科137　世界の食べもの　台所と調理器具の文化』14　朝日新聞社
山崎信二　1983「後期古墳と飛鳥白鳳寺院」『文化財論叢』奈良国立文化財研究所三十周年記念論集
山田幸一　1986『図解　日本建築の構成／構法と造形のしくみ』彰国社
山本孝文　2012「百済の泗沘遷都と周辺集落の動向」『日韓集落の研究―弥生・古墳時代および無文土器〜三国時代―』日韓集落研究会
山本　博　1940「河内国大和川川床出土の弥生式遺物に就いて（1）」『考古学雑誌』第30巻第11号　日本考古学会
山本　博　1941「続大和川川床出土の弥生式遺物に就いて」『考古学雑誌』第31巻第5号　日本考古学会
米田敏幸　1999「畿内の韓式系土器研究の課題について」『考古学フォーラム』11　考古学フォーラム
羅二虎　1995「中国新石器時代の文化区系と分期」『中国新石器時代資料集成』第一冊〜第五冊　京都大学東南アジア研究センター
劉敦楨（田中淡・沢谷昭次訳）　1976『中国の住宅』鹿島出版会
和島誠一　1948「原始聚落の構成」『日本歴史学講座』学生書房
渡辺　仁　1977「生態人類学序論」『人類学講座』12・生態　雄山閣
渡辺泰伸・結城慎一　1977「宮城県天運寺窯跡」『日本考古学年報』28　日本考古学協会
渡辺芳郎　1987「漢代カマド形明器考―形態分類と地域性―」『九州考古学』61　九州考古学会
渡辺芳郎　1992「中国におけるカマド形明器」『第32回埋蔵文化財研究集会　古墳時代の竈を考える　発表要旨』埋蔵文化財研究会
渡辺芳郎　1993「中国におけるカマドの変遷と地域性」『古文化談叢』29　九州古文化研究会

※中国・韓国については著者名・発行機関名などを日本語読みで五十音順とした。

〈中国〉

宋應星（訳注　藪内　清）　2010『東洋文庫　130　天工開物』平凡社
中国科学院自然科学史研究所編　1985『中国古代建築技術史』科学出版社

中国社会科学院考古研究所　1988『新中国の考古学』平凡社

〈韓国〉

金昌億　2012「大邱・慶北地域三国時代集落の特徴と性格」『日韓集落の研究―弥生・古墳時代および無文土器〜三国時代―』日韓集落研究会

孔棒石　2008「慶南西部地域三国時代竪穴建物跡のオンドル研究」『韓国考古学報』66

国立中央博物館　1986『国立中央博物館』

国立晋州博物館　1984『国立晋州博物館』

崔夢龍・金庚澤　1990「全南地方의馬韓・百済時代의住居址研究」『韓国上古史学報』4号

張慶浩　1985「わが国の暖房施設である温突（オンドル装置）形成に対する研究」『考古美術』165

李弘鍾　1993「竈施設の登場と地域的様相」『嶺南考古学』12　嶺南考古学会

李東熙　2012「三国時代南海岸地域の住居・集落の地域性と変動」『日韓集落の研究―弥生・古墳時代および無文土器〜三国時代―』日韓集落研究会

李凡泓　1991『斯盧国地域의3〜4世紀代土器研究』東亜大学校大学院碩士学位論文

【発掘調査報告書】

〈日本〉

愛知県幡豆郡吉良町教育委員会　1989『中根山遺跡』

愛知県教育委員会　1966「神明遺跡」（東名高速道路関係埋蔵文化財調査報告）

（財）愛知県埋蔵文化財センター　1995『清洲城下町遺跡Ⅴ』

青野遺跡調査報告書刊行会　1976『青野遺跡A地点発掘調査報告書』（綾部巾文化財調査報告第2集）

芦屋市教育委員会　1964『会下山遺跡：兵庫県史跡』（芦屋市文化財調査報告第3集）

芦屋市役所　1976『新修芦屋市史』資料篇　1

安曇川町教育委員会　1979『南市東遺跡発掘調査概報』

甘木市教育委員会　1993『平塚川添遺跡発掘調査概報』

甘木市教育委員会　1994『平塚川添遺跡発掘調査概報-Ⅱ』

甘木市史編纂委員会　1984『甘木市史資料―考古編―』

網野町教育委員会　1977『林遺跡発掘調査報告書』（網野町文化財調査報告第1集）

綾部市教育委員会　1982『綾部市文化財調査報告第9集』

池田市教育委員会　1988「宮の前遺跡発掘調査」『池田市埋蔵文化財発掘調査概要1987年度』（池田市文化財調査報告第7集）

泉佐野市教育委員会　1995『上町東遺跡―94―3区の調査―』

伊丹市教育委員会・大手前女子大学史学研究所　1992『有岡城跡・伊丹郷町Ⅱ』

伊丹市教育委員会・（財）古代学協会　1988『伊丹市口酒井遺跡　第11次発掘調査報告書』

（財）茨城県教育財団　1981『茨城県教育財団文化財調査報告XI常磐自動車道関係埋蔵文化財発掘調査報告書Ⅲ』

参考文献

いわき市教育委員会　1987『石坂遺跡』（いわき市埋蔵文化財調査報告第17冊）

いわき市教育委員会　1999『屋敷前遺跡』（いわき市埋蔵文化財調査報告第60冊）

（財）岩手県埋蔵文化財センター　1984『江刺家遺跡発掘調査報告書』（岩手県埋文センター文化財調査報告書第70集）

宇都宮市教育委員会　1988『間道遺跡』（宇都宮市埋蔵文化財調査報告第25集）

瓜生堂遺跡調査会　1971『瓜生堂遺跡』

瓜生堂遺跡調査会　1973『瓜生堂遺跡Ⅱ』

瓜生堂遺跡調査会　1981『瓜生堂遺跡Ⅲ』

愛媛県教育委員会　1981『一般国道１１号松山東道路関係遺跡埋蔵文化財調査報告1』

大分県教育委員会　1999『小迫辻原遺跡Ⅰ―Ａ・Ｂ・Ｃ・Ｄ区編―』（九州横断自動車道関係埋蔵文化財発掘調査報告書　10）

（財）大阪市文化財協会　1998『住友銅吹所跡発掘調査報告』

（財）大阪市文化財協会　1992『難波宮址の研究』9

大阪府教育委員会　1978a『国府遺跡発掘調査概要Ⅷ』

大阪府教育委員会　1978b『挟山遺跡発掘調査概要Ⅳ』

大阪府教育委員会　1980『東山遺跡』大阪府文化財調査報告書

大阪府教育委員会　1982『伽山遺跡発掘調査概要Ⅱ』

大阪府教育委員会　1982『はさみ山遺跡発掘調査概要Ⅸ』

大阪府教育委員会　1984『夏季特別展　河内飛鳥』泉北資料館だよりNO.19

大阪府教育委員会　1987a『河南西部地区農地開発事業に伴う寛弘寺遺跡発掘調査概要Ⅱ』

大阪府教育委員会　1987b『河南西部地区農地開発事業に伴う寛弘寺遺跡発掘調査概要Ⅴ』

大阪府教育委員会・（財）大阪府埋蔵文化財協会編　1990『陶邑・伏尾遺跡Ａ地区近畿自動車道松原海南線建設に伴う発掘調査報告書』（（財）大阪府埋蔵文化財協会調査報告書第60輯）

大阪府教育委員会　1988『ツゲノ遺跡発掘調査概報Ⅱ』

大阪府教育委員会　1990『史跡池上曽根遺跡発掘調査概要―松ノ浜曽根線建設に伴う発掘調査』

大阪府教育委員会　1992『一須賀古墳群資料目録Ⅰ　土器（写真図版編）』

大阪府教育委員会　1993『一須賀古墳群Ⅰ支郡発掘調査概要』

大阪府教育委員会　1997a『陶器南遺跡発掘調査概要・Ⅲ』

大阪府教育委員会　1997b『秦廃寺・麻生中下代遺跡発掘調査概要』

大阪府教育委員会　1999a『安威遺跡　大阪府埋蔵文化財調査報告　1999-6』

大阪府教育委員会　1999b『池上曽根遺跡―拠点集落東方の墓域の調査―』（大阪府埋蔵文化財調査報告　1998-1）

大阪府教育委員会　2002『讃良郡条里（蔀屋北遺跡）発掘調査概要Ⅳ』

大阪府教育委員会　2004『蔀屋北遺跡発掘調査概要Ⅰ』

大阪府教育委員会　2009『蔀屋北遺跡Ⅰ』

大阪府教育委員会・（財）大阪府文化財調査研究センター　1997『野々井遺跡Ⅱ』

大阪府教育委員会・(財)大阪府文化財調査研究センター　1998『丹上遺跡』((財)大阪府文化財調査研究センター発掘調査報告書第28集)

大阪府教育委員会・(財)大阪府文化財調査研究センター　2000『河内平野遺跡群の動態XI』

大阪府教育委員会・(財)大阪府埋蔵文化財協会　1990『陶邑・伏尾遺跡　A地区』

大阪府教育委員会・(財)大阪府埋蔵文化財協会　1994『野々井西遺跡・ON　23　1号窯跡』

大阪府教育委員会・(財)大阪文化財センター　1986『亀井北(その1)近畿自動車道天理～吹田線建設に伴う埋蔵文化財発掘調査概要報告書』

大阪府教育委員会・(財)大阪文化財センター　1987『小阪遺跡(その3)─調査の概要─』

大阪府教育委員会・(財)大阪文化財センター　1992『小阪遺跡本報告書─近畿自動車道松原海南線・府道松原泉大津線建設に伴う発掘調査─』

大阪府教育委員会・(財)大阪文化財センター　1995『日置荘遺跡』

(財)大阪府文化財センター　2002a『亀川遺跡　一般国道　26号線(第二阪和国道)建設に伴う発掘調査報告書』

(財)大阪府文化財センター　2002b『池島・福万寺遺跡2』

(財)大阪府文化財センター　2002c『大坂城跡発掘調査報告書I　大阪府庁周辺整備事業に伴う埋蔵文化財発掘調査報告書』

(財)大阪府文化財センター　2002d『麻田藩陣屋跡』

(財)大阪府文化財センター　2003a『大和川今池遺跡(その5・その6・その7)』

(財)大阪府文化財センター　2003b『讚良郡条里遺跡、寝屋南遺跡、寝屋東遺跡、倉治遺跡、津田城遺跡』

(財)大阪府文化財センター　2003c『大尾遺跡』

(財)大阪府文化財センター　2004『総持寺遺跡II─大阪府営茨木三島丘住宅(建て替え)建設工事に伴う発掘調査報告書─』((公財)大阪府文化財センター調査報告書　第117集)

(財)大阪府文化財センター　2005a『高宮遺跡─遺構編─　一般国道(大阪北道路)・第二京阪道路建設に伴う埋蔵文化財発掘調査報告書』

(財)大阪府文化財センター　2005b『はざみ山遺跡　藤井寺団地建て替えに伴う埋蔵文化財発掘調査報告書』

(財)大阪府文化財センター　2006a『太秦遺跡・太秦古墳群II』

(財)大阪府文化財センター　2006b『太秦遺跡・太秦古墳群III』

(財)大阪府文化財センター　2012『禁野本町遺跡　公務員宿舎枚方住宅(1期)整備事業民活プロジェクトに伴う埋蔵文化財発掘調査報告書2』(公益財団法人大阪府文化財センター調査報告書　第228集

(財)大阪府文化財調査研究センター　1996a『大阪府下埋蔵文化財研究会(第34回)資料』

(財)大阪府文化財調査研究センター　1996b『巨摩・若江北遺跡発掘調査報告書─第5次─』

(財)大阪府文化財調査研究センター　1996c『下田遺跡─都市計画道路定盤浜寺線建設に伴う発掘調査報告書─』((財)大阪府文化財調査研究センター調査報告書第18集)

(財)大阪府文化財調査研究センター　1997『宮の前遺跡・蛍池東遺跡・麻田藩陣屋跡・蛍池遺跡・蛍池南地区・蛍池西遺跡1993-1996年度発掘調査報告書』((財)大阪府文化財調査研究センター調査報告書第22集-1)

（財）大阪府文化財調査研究センター　1998『観音寺遺跡』（（財）大阪府文化財調査研究センター調査報告書第34集）

（財）大阪府文化財調査研究センター　1999「尺度遺跡Ⅰ　南阪奈道路建設に伴う調査』（（財）大阪府文化財調査研究センター調査報告書第44集）

（財）大阪府文化財調査研究センター　2000a『溝咋遺跡（その1・2）』（（財）大阪府文化財調査研究センター調査報告書第49集）

（財）大阪府文化財調査研究センター　2000b『難波宮跡北西の調査―大阪府警察本部新庁舎建設工事に伴う大坂城（その6）発掘調査速報』

（財）大阪府文化財調査研究センター　2000c『河原城遺跡Ⅰ　南阪和道路建設に伴う発掘調査報告書』

（財）大阪府文化財調査研究センター　2000d『溝咋遺跡（その3・4）』

（財）大阪府文化財調査研究センター　2001『住吉宮の前遺跡―大阪国際空港給水設備工事に伴う発掘調査報告書―』（（財）大阪府文化財調査研究センター調査報告書第59集）

（財）大阪府文化財調査研究センター　2002a『駒ヶ谷遺跡Ⅱ―南阪奈道路建設に伴う発掘調査報告書―』（（財）大阪府文化財調査研究センター調査報告書第67集）

（財）大阪府文化財調査研究センター　2002b『亀川遺跡』

（財）大阪府文化財調査研究センター　2002c『畠中遺跡―発掘調査報告書―』

（財）大阪府埋蔵文化財協会　1986『都市計画道路貝塚中央線建設に伴う畠中遺跡発掘調査報告書』

（財）大阪府埋蔵文化財協会　1987a『近畿自動車道和歌山線建設に伴う滑瀬遺跡発掘調査報告書』（（財）大阪府埋蔵文化財協会調査報告書第10輯）

（財）大阪府埋蔵文化財協会　1987b『主要地方道岸和田牛滝山貝塚線建設に伴う三田遺跡発掘調査報告書』（（財）大阪府埋蔵文化財協会調査報告書第15輯）

（財）大阪府埋蔵文化財協会　1988a『都市計画道路磯之上山直線建設に伴う西大路遺跡発掘調査報告書』（（財）大阪府埋蔵文化財協会調査報告書第23輯）

（財）大阪府埋蔵文化財協会　1988b『主要地方道岸和田牛滝山貝塚線建設に伴う上フジ遺跡発掘調査報告書』（（財）大阪府埋蔵文化財協会調査報告書第25輯）

（財）大阪府埋蔵文化財協会　1989『陶邑・大庭寺遺跡』（（財）大阪府埋蔵文化財協会調査報告書第41輯）

（財）大阪府埋蔵文化財協会　1990『陶邑・伏尾遺跡A地区　近畿自動車道松原海南線建設に伴う発掘調査報告書』（（財）大阪府埋蔵文化財協会調査報告書第60輯）

（財）大阪文化財センター　1979『池上遺跡　土器編』

（財）大阪文化財センター　1980『瓜生堂』

（財）大阪文化財センター　1982a『巨摩・瓜生堂』

（財）大阪文化財センター　1982b『亀井・城山』

（財）大阪文化財センター　1983a『若江北』

（財）大阪文化財センター　1983b『山賀（その1）』

（財）大阪文化財センター　1983c『山賀（その2）』

（財）大阪文化財センター　1983d『山賀（その3）』

(財) 大阪文化財センター　1983e『山賀（その4）』

(財) 大阪文化財センター　1983f『友井東（その2）』

(財) 大阪文化財センター　1984a『府道松原泉大津線関連遺跡発掘調査報告書Ⅰ　菱木下遺跡』

(財) 大阪文化財センター　1984b『佐堂（その2）-Ⅰ』(財) 大阪文化財センター　1987a『小阪遺跡（その3）―調査の概要―』

(財) 大阪文化財センター　1985『美園』大阪府教育委員会　財団法人大阪文化財センター

(財) 大阪文化財センター　1987『久宝寺南（その2）近畿自動車道天理～吹田線建設に伴う埋蔵文化財発掘調査概要報告書』

(財) 大阪文化財センター　1994『宮の前遺跡・蛍池東遺跡・蛍池遺跡・蛍池西遺跡199 2・ 1993年度発掘調査報告書』

(財) 大阪文化財センター　1995『池島・福万寺遺跡発掘調査概要Ⅺ―90―1・90―4調査区の概要―』

(財) 大阪文化財センター　1998『観音寺遺跡　近畿自動車道松原那智勝浦線建設に伴う発掘調査報告書』

大津市教育委員会　1992『太鼓塚古墳現地説明会資料』

大津市教育委員会　2010「ミニチュア炊飯具集成」『埋蔵文化財発掘調査集報Ⅳ』

大津市教育委員会　2011「ミニチュア炊飯具集成Ⅱ」『埋蔵文化財発掘調査集報Ⅴ』

大津市歴史博物館　2016『渡来した人々の足跡―大津の古墳群と集落跡―』

大野町教育委員会　1980『大野原の遺跡　大分県大野郡大野町所在遺跡群発掘調査報告書』

岡山県教育委員会　1973「押入西遺跡」『岡山県埋蔵文化財発掘調査報告3』

岡山県教育委員会　1977a「新市谷遺跡の調査」『岡山県埋蔵文化財発掘調査報告　15』

岡山県教育委員会　1977b「山根屋遺跡」『岡山県埋蔵文化財発掘調査報告　22』

岡山県教育委員会　1983『天神坂遺跡・奥坂遺跡・新屋敷古墳、岡山県総合流通センターに伴う埋蔵文化財発掘調査報告』（岡山県埋蔵文化財発掘調査報告53）

岡山県教育委員会　1984『百間川原尾島遺跡2』（岡山県埋蔵文化財発掘調査報告56）

岡山県山陽町教育委員会　1977『岡山県営山陽新住宅市街地開発事業用地内埋蔵文化財発掘調査概報第4集用木山遺跡』

岡山県文化財保護協会　1983『奥坂遺跡』（岡山県埋蔵文化財発掘調査報告53）

小城町教育委員会　1982『天神軒遺跡』（小城町文化財調査報告書第1集）

小郡市教育委員会　1994『一ノ口遺跡Ⅰ地点』（小郡市文化財調査報告書第86集）

香川県埋蔵文化財研究会　1990『一の谷遺跡群』（四国横断自動車道建設に伴う埋蔵文化財発掘調査報告第7冊）

鹿児島県教育委員会　1983『苦辛城跡』

橿原市千塚資料館　1996『かしはらの歴史をさぐる』4（平成7年度埋蔵文化財発掘調査速報展）

柏原市教育委員会　1984『大県・大県南遺跡―下水道管渠埋設工事に伴う―』

柏原市教育委員会　1994『船橋遺跡』

柏原市教育委員会　1995『平野・大県古墳群―高尾山創造の森に伴う調査―』

春日市教育委員会　1980『赤井手遺跡―福岡県春日市大字小倉所在遺跡の調査―』（春日市文化財調査報告書第

6集)

加東町教育委員会　1984『家原・堂ノ元遺跡』

川西市教育委員会　1982『川西市加茂遺跡　市道11号線建設に伴う発掘調査報告』

川西市教育委員会　1988『川西市加茂遺跡　第81—83・85—91次発掘調査報告』

(財) 北九州市教育文化事業団埋蔵文化財調査室　1984『長野A・E遺跡調査概報』(北九州市埋蔵文化財調査報告書第24集)

(財) 北九州市教育文化事業団埋蔵文化財調査室　1986『長野A遺跡1(Ⅰ・Ⅳ・Ⅷ地区の調査)』

(財) 北九州市教育文化事業団　1987『長野A遺跡3(Ⅲ・Ⅶ・Ⅷ(1号溝)区の調査)』(北九州市埋蔵文化財調査報告書第55集)

基山町遺跡発掘調査団　1977『千塔山遺跡—佐賀県三養基郡基山町大字宮浦字宿所在の千塔山遺跡発掘調査報告会資料—』

基山町遺跡発掘調査団　1978『千塔山遺跡—弥生環溝集落／古墳／中世墳墓の調査／弥生環溝集落古墳中世墳墓の調査—』(基山町文化財調査報告書第3集)

(財) 京都市埋蔵文化財研究所　1985『植物園北遺跡発掘調査概報　昭和59年度』

(財) 京都市埋蔵文化財研究所・京都市考古資料館　1990『リーフレット京都』No.11

(財) 京都市埋蔵文化財研究所　1987『中臣遺跡発掘調査概報』京都市文化観光局

(財) 京都市埋蔵文化財研究所　1989『長岡京跡・大藪遺跡発掘調査概報　昭和63年度』

(財) 京都市埋蔵文化財研究所　1998『水垂遺跡長岡京左京六・七条三坊』京都市埋蔵文化財研究所調査報告17

京都帝国大学文学部考古学教室　1943『大和唐古弥生式遺跡の研究』(京都帝国大学文学部考古学研究報告第16冊)

(財) 京都府埋蔵文化財センター　1983『京都府埋蔵文化財情報』第9号

(財) 京都府埋蔵文化財センター　1986a「昭和60年度志高遺跡の発掘調査」『京都府埋蔵文化財情報』第19号

(財) 京都府埋蔵文化財センター　1986b「舞鶴市志高遺跡第7次の調査A-13地区」『京都府埋蔵文化財情報』第22号

(財) 京都市埋蔵文化財研究所　1990『中久世遺跡発掘調査概報　平成元年度』

(財) 京都府埋蔵文化財調査研究センター　1991『京都府遺跡調査概報第44冊』

(財) 京都府埋蔵文化財調査研究センター　1999年　『京都府遺跡調査報告書』第25冊(下植野南遺跡)

(財) 京都府埋蔵文化財調査研究センター　2003『佐山遺跡　京都府遺跡調査報告書第33冊』

久保常晴　1965『川崎市久地不動台遺跡調査概要』

熊本県教育委員会　1974『熊本県文化財調査報告第13集 沈目』

久米開発事業に伴う文化財調査委員会　1979『稼山遺跡群Ⅰ』(久米開発事業に伴う埋蔵文化財発掘調査報告(1)』

倉吉市教育委員会　1996『夏谷遺跡発掘調査報告書』

群馬県企業局　1982『伊勢崎・東流通団地遺跡』

群馬県渋川市教育委員会　1988『中筋遺跡第2次発掘調査概要報告書』(渋川市発掘調査報告書第18集)

(財) 群馬県埋蔵文化財調査事業団　1988『三ツ寺Ⅰ遺跡―上越新幹線関係埋蔵文化財発掘調査報告書第8集―』

(財) 群馬県埋蔵文化財調査事業団　1989『師遺跡・鎌倉遺跡』関越自動車道（新潟線）地域間増文化財発掘調査報告書第28集

(財) 群馬県埋蔵文化財調査事業団　1990『戸神諏訪遺跡』関越自動車道（新潟線）地域間増文化財発掘調査報告書第30集

(財) 群馬県埋蔵文化財調査事業団　1990・1991『年報』9・10

(財) 群馬県埋蔵文化財調査事業団　1995『中高瀬観音山遺跡』((財) 群馬県埋蔵文化財調査事業団発掘調査報告第194集)

群馬町教育委員会　1988『保渡田・荒神前遺跡 皿掛遺跡』

建設省松江国道工事事務所・島根県教育委員会　1998『塩津丘陵遺跡群』

合田茂伸　1992「67 仁川五ヶ山遺跡」『兵庫県史　考古資料編』兵庫県史編集専門委員会　兵庫県

高知県教育委員会　1986『田村遺跡群 第4分冊』

神戸市教育委員会　1983『松野遺跡発掘調査概報』

神戸市健康教育公社・神戸市教育委員会　1984『下宅原遺跡発掘調査現地説明会資料』

神戸市教育委員会　1985『郡家遺跡』

神戸市教育委員会　1985「7. 頭高山遺跡」『昭和57年度神戸市埋蔵文化財年報』

神戸市教育委員会　1986「7. 頭高山遺跡」『和58年度神戸市埋蔵文化財年報』

神戸市教育委員会　1987『昭和59年度神戸市埋蔵文化財年報』

神戸市教育委員会　1988『昭和60年度神戸市埋蔵文化財年報』

神戸市教育委員会　1989『昭和61年度神戸市埋蔵文化財年報』

神戸市教育委員会　2000『玉津田中遺跡発掘調査報告書　第8・10・12・13・15次調査』

神戸市埋蔵文化財センター　2010『兵庫津遺跡　第51次発掘調査報告書』

御所市教育委員会　1986『小林遺跡群の概要―現地説明会資料―』

御所市教育委員会　2005『巨勢山古墳群Ⅴ』

(財) 古代學協會　1984『平安京左京四条三坊十三町―長刀鉾町遺跡―』

(財) 古代学協会　1988『伊丹市口酒井遺跡―第11次発掘調査報告書―』

小林広和・里村晃一　1980「上の平遺跡」『日本歴史』384

小林広和・里村晃一　1982「山梨県上の平遺跡」『日本考古学年報』35

御坊市教育委員会　1983『富安Ⅰ遺跡他発掘調査概報』

子持村教育委員会　1987『黒井峯遺跡発掘調査概報』

埼玉県教育委員会　1974『駒堀』(関越自動車道関係埋蔵文化財発掘調査報告Ⅱ (埼玉県遺跡発掘調査報告書第4集)

埼玉県教育委員会　1980『根平』(埼玉県遺跡発掘調査報告書第27集)

(財) 埼玉県埋蔵文化財調査事業団　1992『白草遺跡Ⅱ』川本工業団地関係埋蔵文化財発掘調査報告Ⅱ (埼玉県埋蔵文化財調査事業団報告書第118集)

(財)埼玉県埋蔵文化財調査事業団　1986『将監塚・古井戸Ⅰ』(埼玉県埋蔵文化財調査事業団報告書第64集)

堺市教育委員会　1981『堺市文化財調査報告第9集』

堺市教育委員会　1984a『四ッ池遺跡―第83地区発掘調査報告書―』(堺市文化財調査報告第16集)

堺市教育委員会　1984b『堺市文化財調査報告第20集』

堺市教育委員会　1986『大仙中町遺跡現地説明会資料』

堺市教育委員会　1990a『堺市文化財調査報告第34集』

堺市教育委員会　1990b『堺市文化財調査報告第49集』

坂井　隆　1991「群馬県富岡市中高瀬観音山遺跡」『日本考古学年報』42(1989年度版)　日本考古学協会

佐賀県教育委員会　1983『特別史跡名護屋城跡並びに陣跡2』

佐賀県教育委員会　1994『吉野ケ里』

佐賀県教育庁文化財課　1992『吉野ヶ里遺跡』(佐賀県文化財調査報告書第113集)

桜井市教育委員会　1986『桜井市　芝遺跡寺ノ前地区発掘調査概報(高田商店工場予定地)』

佐助ケ谷遺跡発掘調査団　1993『神奈川県鎌倉市　佐助ケ谷遺跡発掘調査報告書』

三殿台遺跡調査報告書刊行会　1968『三殿台』

滋賀県教育委員会　1969『滋賀県文化財調査報告書』第4冊

滋賀県教育委員会・(財)滋賀県文化財保護協会　1989『妙楽寺遺跡Ⅲ』

滋賀県秦荘町教育委員会　1979『軽野正境遺跡発掘調査報告書』

四条畷市教育委員会　1976『岡山南遺跡発掘調査概要Ⅰ』

四条畷市教育委員会　1982『岡山南遺跡発掘調査概要Ⅱ』

渋川市教育委員会　1988『中筋遺跡第2次発掘調査概要報告書』(渋川市発掘調査報告書第18集)

志摩町教育委員会　1983『御床松原遺跡』(志摩町文化財調査報告書)

下田遺跡調査団・六甲山麓遺跡調査会　1998『下田遺跡』

下関市教育委員会　1981『綾羅木郷遺跡発掘調査報告第1集』

下稗田遺跡調査指導委員会　1985『豊前下稗田遺跡』

城陽市教育委員会　1973『城陽市埋蔵文化財調査報告書第1集』

吹田市教育委員会　2003『吹田市五反島遺跡発掘調査報告書　遺物編』

鈴鹿市教育委員会　1966『伊奈富遺跡』(『鈴鹿市文化財調査報告』第1冊　国鉄伊勢線関係遺跡調査報告)

鈴鹿市教育委員会　1970『上箕田弥生式遺跡第2次調査報告』(鈴鹿市文化財調査報告第2冊)

太子町教育委員会　1971『川島・立岡』

大山スイス村埋蔵文化財発掘調査団・鳥取県大山町教育委員会　2000『妻木晩田遺跡発掘調査報告Ⅰ～Ⅳ』

高石市教育委員会　1984『大園遺跡発掘調査概要』(高石市文化財調査概要1982-1)

鷹塚山弥生遺跡調査団　1968『鷹塚山弥生遺跡調査概要報告』

高槻市教育委員会　1973「芝谷遺跡発掘調査報告」現地説明会資料

高槻市教育委員会　1974『昭和47・48年度高槻市文化財年報』

高槻市教育委員会　1988『昭和59・60年度高槻市文化財年報』

高槻市教育委員会　1993『新池 新池埴輪製作遺跡発掘調査報告書』(高槻市文化財調査報告書第17冊)

高槻市教育委員会　1995『高槻市文化財調査報告書第18冊　芥川遺跡発掘調査報告書―縄文・弥生集落跡の調査―』

高槻市教育委員会　1996『高槻市文化財調査報告書第20冊　古曽郡・芝谷遺跡』

高畑町遺跡第5次発掘調査団　2008『高畑町遺跡発掘調査報告書　阪急西宮スタジアム跡地開発事業に先立つ高畑町遺跡第5次発掘調査報告書』

詫間町文化財保護委員会　1964『紫雲出』香川県三豊郡詫間町文化財保護委員会

武雄市教育委員会　1987『小野原遺跡』（武雄市文化財調査報告書第17集）

田原本町教育委員会　1992『田原本町埋蔵文化財調査年報3』

秩父市文化財保護委員会　1956『秩父』

千葉県開発庁・（財）千葉県都市公社　1974『千葉ニュータウン埋蔵文化財調査報告書Ⅰ　小室』

千葉県教育委員会・（財）千葉県文化財センター　1981『公津原Ⅱ』

千葉地遺跡発掘調査団　1982『神奈川県鎌倉市　千葉地遺跡』

津山市教育委員会　1981『沼E遺跡Ⅱ』（津山市埋蔵文化財発掘調査報告第8集）

津山市教育委員会　1981『大田十二社遺跡』（津山市埋蔵文化財発掘調査報告第10集）

津山市教育委員会　1985『西吉田遺跡』（津山市埋蔵文化財発掘調査報告第17集）

津山市教育委員会　1988『深田河内遺跡』（津山市埋蔵文化財発掘調査報告第26集）

津山市教育委員会　1990『一貫西遺跡』（津山市埋蔵文化財発掘調査報告第33集）

寺沢　薫　1987「三井・岡原」『大和を掘る　1987年度発掘調査速報展Ⅷ』奈良県立橿原考古学研究所附属博物館

寺沢　薫　1990「箸尾」『大和を掘る　1989年度発掘調査速報』奈良県立橿原考古学研究所附属博物館

天理市教育委員会　1992「布留遺跡（豊井地区）―豊井町」『天理市埋蔵文化財調査概報　昭和63・平成元年度』

東海大学校地内遺跡調査団　2000『王子ノ台遺跡Ⅲ　弥生・古墳時代編』

同志社大学歴史資料館　1999『大阪府和泉市観音寺山遺跡発掘調査報告書』

東伯町教育委員会　1987『森藤第一・第二遺跡発掘調査報告書』

栃木県教育委員会・（財）栃木県文化振興事業団　1984『赤羽根』（栃木県埋蔵文化財調査報告第57集）

栃木県教育委員会・（財）栃木県文化振興事業団　1993『成沢遺跡』（栃木県埋蔵文化財調査報告第138集）

豊中市教育委員会　1987『新免遺跡第11次発掘調査報告書』豊中市文化財調査報告第22集

豊中市教育委員会　1988「新免遺跡第19・21・22次調査」『豊中市埋蔵文化財発掘調査概要』（豊中市文化財調査報告第26集）

豊中市教育委員会　1998『豊中市埋蔵文化財発掘調査概要―阪神淡路大震災復旧・復興事業に伴う発掘調査―』（豊中市文化財調査報告第43集）

那珂川町教育委員会　1979『安徳・道善・片縄地区区画整理事業地内埋蔵文化財調査概報』（那珂川町文化財調査報告書第3集）

長野県岡谷市教育委員会　1981『橋原遺跡』

長野県考古学会　1992『中部高地における弥生集落の現状』

長野県埋蔵文化財センター他　1998『上信越自動車道埋蔵文化財発掘調査報告書5―長野市内その3―松原遺跡

弥生・総論 6　弥生後期・古墳前期』

長野市教育委員会　1999『綿内遺跡群高野遺跡』

難波宮址顕彰会　1975『難波宮址の研究』5-2

奈良県教育委員会　1959『奈良県史跡名勝天然記念物調査抄報』第11輯

奈良県教育委員会　1966『珠城山古墳』

奈良県教育委員会　1973『飛鳥京跡―昭和47年度発掘調査概要―』

奈良県立橿原考古学研究所　1979a「大和高原南部地区パイロット事業地内の遺跡調査概報―昭和53年度―（西久保山遺跡）」『奈良県遺跡調査概報　1978年度』

奈良県立橿原考古学研究所　1979b『纒向』

奈良県立橿原考古学研究所　1980a『勘定山古墳』

奈良県立橿原考古学研究所　1980b『奈良市　六条山遺跡』（奈良県文化財調査報告書　第34集）

奈良県立橿原考古学研究所　1980c『昭和54年度　唐古・鍵遺跡　第6・7・8・9次発掘調査概報』

奈良県立橿原考古学研究所　1981『昭和55年度　唐古・鍵遺跡　第10・11次発掘調査概報』

奈良県立橿原考古学研究所　1985a『石田一号墳』

奈良県立橿原考古学研究所　1985b『沼山古墳　益田池堤』（奈良県文化財調査報告第48集）

奈良県立橿原考古学研究所　1985c『奈良県遺跡調査概報　1984年度（第2分冊）』

奈良県立橿原考古学研究所　1987a『高取町与楽古墳群』

奈良県立橿原考古学研究所　1987b『奈良県史跡名勝天然記念物調査報告51：能峠遺跡群』奈良県教育委員会

奈良県立橿原考古学研究所　1989a『和爾・森本遺跡Ⅱ』（奈良県史跡名勝天然記念物調査報告第58冊）

奈良県立橿原考古学研究所　1989b『都祁村　ゼニヤクボ遺跡―弥生・古墳時代の集落―』

奈良県立橿原考古学研究所　1991「箸尾遺跡―第7・9次―」『奈良県遺跡調査概報　1990年度（第2分冊）』

奈良県立橿原考古学研究所附属博物館　1981『特別展葛城の古墳と古代寺院展示図録』

奈良県立橿原考古学研究所附属博物館　1982『大和を掘る―1981年度発掘調査速報展―』

奈良市教育委員会　1988「平城京左京（外京）四条五坊十二年の調査　第144次」『奈良市埋蔵文化財調査概要報告書　昭和62年度』

奈良市教育委員会　1998「杉ヶ町遺跡・平城京左京四条五坊十二坪の調査　第388次」『奈良市埋蔵文化財調査概要報告書　平成9年度（第2分冊）』

西宮市教育委員会　2009『高畑町遺跡確認調査報告書　付載　高畑町遺跡第6次発掘調査概報』（西宮市文化財資料第54号）

日本考古学協会　1978『登呂 本編』

日本道路公団名古屋建設局・長野県教育委員会　1975『長野県中央道埋蔵文化財包蔵地発掘調査報告書―下伊那郡鼎町その2―』

寝屋川市教育委員会　1993『長保寺遺跡』寝屋川市文化財資料19

寝屋川市・寝屋川市教育委員会　2010『歴史シンポジウム資料　緑立つ道の遺跡たち―第二京阪道路関連遺跡の調査を総括する―』

能登川町教育委員会　1993『西ノ辻遺跡・佐野南遺跡・法堂寺遺跡』（能登川町埋蔵文化財調査報告書第30集）

羽曳野市教育委員会　1990『第8回テーマ展示　河内飛鳥の千塚』

浜松市教育委員会　1977『伊場遺跡遺構編』（伊場遺跡発掘調査報告書第2冊）

播磨町教育委員会　1964『播磨大中』

阪急宝塚線豊中市内連続立体交差遺跡調査団　1987『新免遺跡第11次発掘調査報告書』（豊中市文化財調査報告第22集）

東大阪市教育委員会　1980『東大阪市埋蔵文化財包蔵地調査概報20　瓜生堂上層遺跡・皿池遺跡』

（財）東大阪市文化財協会　1984『甦る河内の歴史』

東大阪市立郷土博物館　1999『1999年度特別展示　渡来人とのであい』

兵庫県芦屋市教育委員会　1985『増補会下山遺跡』

兵庫県教育委員会　1968『播磨東溝弥生遺跡』Ⅰ・Ⅱ

兵庫県教育委員会　1982『兵庫県埋蔵文化財調査年報　昭和55年度』

兵庫県教育委員会　1983『北摂ニュータウン内遺跡調査報告書Ⅱ』

兵庫県教育委員会　1990『平成元年度埋蔵文化財専門職員研修会資料　堅穴住居址について』

兵庫県教育委員会　1992『明石城武家屋敷跡』

兵庫県教育委員会　1996『玉津田中遺跡―第6分冊―』（兵庫県文化財調査報告第135-6冊）

兵庫県教育委員会　1999a『高畑町遺跡（Ⅰ）』（兵庫県文化財調査報告第187冊）

兵庫県教育委員会　1999b『高畑町遺跡（Ⅱ）』（兵庫県文化財調査報告第182冊）

兵庫県教育委員会　2000『高畑町遺跡（Ⅲ）』（兵庫県文化財調査報告第195冊）

兵庫県史編集専門員会　1992『兵庫県史　考古資料編』兵庫県

平出遺跡調査会　1955『平出-46号住居跡』

枚方市教育委員会　2001『枚方市埋蔵文化財発掘調査概要　2000』（枚方市文化財調査報告第37集）

枚方市文化財研究調査会　1978『山之上天堂遺跡調査概要報告』

（財）枚方市文化財研究調査会　1980『枚方市文化財年報Ⅰ』

（財）枚方市文化財研究調査会　1982『枚方市文化財年報Ⅲ』

（財）枚方市文化財研究調査会　1986a「長尾谷町遺跡」『枚方市文化財調査年報』Ⅵ

（財）枚方市文化財研究調査会　1986b『出屋敷遺跡Ⅱ調査概要報告』（枚方市文化財調査報告第19集）　大阪府東部公園事務所

（財）枚方市文化財研究調査会　1987「出屋敷（第5次調査）」『枚方市文化財調査年報』Ⅶ

（財）枚方市文化財研究調査会　1990a『枚方市文化財調査報告書第23集　藤阪東遺跡発掘調査概要報告』

（財）枚方市文化財研究調査会　1990b『藤阪東遺跡発掘調査概要報告』（枚方市文化財調査報告書第23集）

（財）枚方市文化財研究調査会　1992『枚方市文化財年報　12（1990年度分）』

平塚市教育委員会　1989『諏訪前B・火縄橋遺跡他』（平塚市埋蔵文化財シリーズ第13集）

広島市教育委員会　1986『北谷山城跡発掘調査報告』（広島市の文化財第34集）

広島市教育委員会　1988『一般国道原田五日市線（石内バイパス）道路改良工事事業地内遺跡群発掘調査報告』

（財）広島県埋蔵文化財センター　1985「茜ヶ峠遺跡」『石鎚権現遺跡群・茜ヶ峠遺跡発掘調査報告』

（財）広島県埋蔵文化財センター　1987「大明池遺跡」『山陽自動車道建設に伴う埋蔵文化財発掘調査報告』

(Ⅳ)

福井県教育委員会　1973『特別史跡一乗谷朝倉氏遺跡Ⅴ』

福井県教育委員会　1976『特別史跡一乗谷朝倉氏遺跡発掘調査報告Ⅰ―朝倉館跡の調査―』

福井県教育委員会　1977『特別史跡一乗谷朝倉氏遺跡Ⅶ』

福井県教育委員会　1988『特別史跡一乗谷朝倉氏遺跡発掘調査報告Ⅱ』

福井県教育委員会　1989『特別史跡一乗谷朝倉氏遺跡　平成元年度発掘調査環境整備事業概要（21）』

福岡県教育委員会　1961『筑紫郡春日町竹ケ本遺跡調査報告』（福岡県文化財調査報告書第2輯）

福岡県教育委員会　1970『福岡南バイパス関係埋蔵文化財調査報告第1集』

福岡県教育委員会　1976『福岡県筑紫野市所在八隈遺跡の調査』（九州縦貫自動車道関係埋蔵文化財調査報告Ⅶ）

福岡県教育委員会　1977a『福岡県鞍手郡鞍手町所在向山遺跡の調査』（九州縦貫自動車道関係埋蔵文化財調査報告ⅩⅡ）

福岡県教育委員会　1977b『福岡県大野城市・筑紫郡太宰府町所在遺跡群の調査』（九州縦貫自動車道関係埋蔵文化財調査報告ⅩⅦ）

福岡県教育委員会　1982『冷水バイパス関係埋蔵文化財調査報告　筑紫野市・朝倉郡夜須町所在遺跡群の調査』

福岡県教育委員会　1983a『塚堂遺跡Ⅰ―福岡県浮羽郡吉井町所在遺跡の調査―』（浮羽バイパス関係埋蔵文化財調査報告第1集）

福岡県教育委員会　1983b『三雲遺跡Ⅳ　糸島郡前原町大字三雲所在遺跡群の調査』（福岡県文化財調査報告書第65集）

福岡県教育委員会　1984『塚堂遺跡Ⅱ―福岡県浮羽郡吉井町所在遺跡の調査―』（浮羽バイパス関係埋蔵文化財調査報告第2集）

福岡県教育委員会　1985『塚堂遺跡Ⅳ―福岡県浮羽郡吉井町所在遺跡の調査―』（浮羽バイパス関係埋蔵文化財調査報告第4集）

福岡県教育委員会　1988［塚堂遺跡Ⅴ―福岡県浮羽郡吉井町所在遺跡の調査―』（浮羽バイパス関係埋蔵文化財調査報告第5集）

福岡県教育委員会　2000『西新町遺跡Ⅱ』（福岡県文化財調査報告書第154集）（第12次調査）

福岡県教育委員会　2001『西新町遺跡Ⅲ』（福岡県文化財調査報告書第157集）（第12次調査）

福岡市教育委員会　1981『福岡市西部地区埋蔵文化財調査報告書Ⅰ　野方勧進原遺跡の調査』

福岡市教育委員会　1982『西新町遺跡―福岡市高速鉄道関係埋蔵文化財調査報告書2―』（福岡市埋蔵文化財調査報告書第79集）

福岡市教育委員会　1986『福岡市有田遺跡群―第81次調査―』

福岡市教育委員会　1987a『有田・小田部第8集』（福岡県埋蔵文化財調査報告書第155集）

福岡市教育委員会　1987b『那珂遺跡』

福岡市教育委員会　1989a『唐原遺跡Ⅱ―集落址編―』

福岡市教育委員会　1989b『西新町遺跡』（福岡市埋蔵文化財調査報告書第203集）（第4次調査）

福岡市教育委員会　1993『入部Ⅳ』

福岡市教育委員会　1994『西新町遺跡 3』(福岡市埋蔵文化財調査報告書第 375 集)(第 5 次調査)

船橋市教育委員会　1972『外原―古墳時代集落址・滑石工房址の発掘調査―』

(財)文化財建造物保存技術協会　1975『重要文化財　黒木家住宅保存修理工事報告書』

(財)文化財建造物保存技術協会　1977a『重要文化財　細川家住宅保存修理工事報告書』

(財)文化財建造物保存技術協会　1977b『重要文化財　境家住宅保存修理工事報告書』

本庄市教育委員会　1957『本庄市二本松遺跡二号住居跡発掘調査報告』

前原市教育委員会　2003『前原西町遺跡Ⅱ』

前原市教育委員会　2004『三雲・井原遺跡Ⅳ』

松本洋明　1985「谷遺跡」『速報展「大和を掘る」―1984 年度発掘調査速報―』奈良県立橿原考古学研究所附属博物館

三日市遺跡調査会　1986『三日市遺跡調査概要』

三日市遺跡調査会　1988『三日市遺跡調査報告書Ⅰ』

三日月町教育委員会　1983『織島西分遺跡群Ⅰ』(三日月町文化財調査報告第 3 集)

宮城県教育委員会　1975『宮前遺跡―亘理町における古代集落跡の発掘調査概要―』(宮城県文化財調査報告書第 38 集)

(財)八尾市文化財調査研究会　1989『(財)八尾市文化財調査研究会報告　17　Ⅰ田井中遺跡(第 1 次・第 2 次調査)　Ⅱ東郷遺跡(第 11 次～第 16 次・第 18 次調査)』

(財)八尾市文化財調査研究会　1996『萱振遺跡』((財)八尾市文化財調査研究会報告 52)

山口県教育委員会　1974『下関市塚本古墳・秋根遺跡・石原遺跡』(山口県埋蔵文化財調査報告第 17 集)

山口県教育委員会　1988a『追追遺跡―島田川中流域遺跡群の調査―』(山口県埋蔵文化財調査報告書第 107 集)

山口県教育委員会　1988b『天王遺跡』(山口県埋蔵文化財調査報告第 108 集)

大和郡山市教育委員会　1985『西田中遺跡第 1・2 次発掘調査概要報告』大和郡山市文化財調査概要 4

大和郡山市教育委員会　1988『大和郡山市文化財調査概要 10：菩提山遺跡発掘調査概要報告書』

山梨県埋蔵文化財センター　1987『上の平遺跡　第 4 次・第 5 次調査報告書』山梨県埋蔵文化財センター調査報告書　第 29 集

横浜市教育委員会・横浜市埋蔵文化財調査委員会　1986『古代のよこはま』

横浜市埋蔵文化財センター　1991『港北ニュータウン地域内埋蔵文化財調査報告 Ⅻ 大塚遺跡―弥生時代環濠集落址の発掘調査報告 1 遺構編―』

横浜市埋蔵文化財調査委員会　1980『折本西原遺跡』

四ツ池遺跡調査会　1983『四ツ池遺跡第 45 地区発掘調査報告その 4』

淀江町教育委員会　2000『妻木晩田遺跡 洞ノ原地区・晩田山古墳群発掘調査報告書』(淀江町埋蔵文化財調査報告書第 50 集)

六反田遺跡調査会　1981『六反田　東京電力(株)新岡部変電所建設に伴う発掘調査報告書』

和歌山県教育委員会　1968『和歌山県文化財学術調査報告書』第 3 冊

和歌山県教育委員会　1970『吉田・北田井遺跡第 1 次調査概報』

和歌山県教育委員会　1971『吉田遺跡第 2 次調査概報』

和歌山県教育委員会　1972『近畿自勤車遺和歌山線埋蔵文化財調査報告』(和歌山県文化財学術調査報告書5)
和歌山県教育委員会　1979『鳴神地区遺跡発掘調査概報Ⅰ・Ⅱ』1979
(社)和歌山県文化財研究会　1984『一般国道24号バイパス田屋遺跡発掘調査事業現地説明会資料』

〈中国〉

王増新　1964「遼寧撫順市蓮華堡遺址発掘簡報」『考古』6
河南省安陽地区文物管理委員会　1983「湯陰自営河南竜山文化村落遺址発掘報告」『考古学集刊』3
河南省博物館・密県文化館　1981「河南密県莪溝北崗新石器時代遺址」『考古学集刊』1
河南省文物研究所他　1984「河南孟県西后津遺址発掘簡報」『中原文物』4
河南省文物研究所　1988「鄭州後庄王遺址的発掘」『華夏考古』1
河南省文物研究所・中国歴史博物館考古部　1992『登封王城崗与陽城』
河北省博物館・文物管理所　1973「河北藁城県商代遺址和墓葬的調査」『考古』1
河北省博物館等　1973「河北藁城台西村的商代遺址」『考古』5
河北省博物館等　1974「河北藁城県台西村商代遺址　1973年的重要発現」『文物』8
河北省文物管理処　1975「磁県下潘汪遺址発掘報告」『考古学報』1
河北省文物管理所台西考古隊　1979「河北藁城台西村商代遺址発掘簡報」『文物』6
河北省文物研究所編　1985『藁城台西商代遺址』文物出版社
甘粛省博物館大地湾発掘小組　1984「甘粛秦安王家陰窪仰韶文化遺址的発掘」『考古与文物』2
吉林省博物館文物工作隊　1977「古林集安的両座高句麗墓」『考古』2
吉林省文物考古研究所編　1987『楡樹老河深』
匡瑜　1982「戦国至両漢的北沃沮文化」『黒龍江文物叢刊』1
黒龍江省博物館　1979「黒龍江東寧大城子新石器時代居住址」『考古』1
湖南省文物考古研究所・澧県文物管理局　1990「湘南澧県彭頭山新石器時代早期遺址発掘簡報」『文物』8
山東省文物考古研究所　1984「山東曲阜南興埠遺址的発掘」『考古』12
史樹青　1960「新疆文物調査随筆」『文物』6
新疆吾爾自治区博物館考古隊　1961「新疆民豊大沙漠中的古代遺址」『考古』3
陝西省文物管理委員会　1964「陝西長安澧西張家坡西周遺址的発掘」『考古』9
中国科学院考古研究所編　1963『澧西発掘報告』文物出版社
中国科学院考古研究所内蒙古工作隊　1974「赤峰薬王廟、夏家店遺址試掘報告」『考古学報』1
中国科学院考古研究所内蒙古工作隊　1975「寧城南山根発掘報告」『考古学報』1
中国科学院考古研究所山西工作隊　1973「山西芮城東庄村和西王村遺址的発掘」『考古学報』1
中国科学院考古研究所山東発掘隊　1961「山東平陰県朱家橋殷代遺址」『考古』2
中国科学院考古研究所豊鎬考古隊　1963「1961-62年陝西長安澧東試掘簡報」『考古』8
中国社会科学院考古研究所内蒙古工作隊　1979「赤峰蜘蛛山遺址的発掘」『考古学報』2
中国社会科学院考古研究所甘粛考古隊　1990「甘粛天水師趙村史前文化遺址発掘」『考古』7
中国社会科学院考古研究所河南二隊　1982「河南臨汝煤山遺址発掘報告」『考古学報』4

中国社会科学院考古研究所河南二隊等　1987「河南永城王油坊遺址発掘報告」『考古学集刊』5

中国社会科学院考古研究所山西工作隊　1985「山西石楼岔溝原始文化遺存」『考古学報』2

中国社会科学院考古研究所山東工作隊等　1985「濰県魯家口新石器時代遺址」『考古学報』3

中国社会科学院考古研究所・北京文物管理所元大都考古　1972「北京后英房元代居住遺址」『考古』6

中日共同尼雅遺跡学術考察隊・日中共同ニヤ遺跡学術調査隊　1996『中日・日中共同尼雅遺跡学術調査報告書』1

鄭洪春・穆海亭　1988「陝西長安花楼子客省庄二期文化遺址発掘」『考古与文物』5・6

鄭州市博物館　1973「鄭州大河村仰韶文化的房基遺址」『考古』3

鄭州市博物館　1979「鄭州大河村遺址発掘報告」『考古学報』3

東北博物館　1957「遼陽三道壕西漢村落遺址」『考古学報』1

北京大学考古実習隊・煙台地区文管会・長島県博物館　1987「山東長島北庄遺址発掘簡報」『考古』5

楊虎・譚英杰・張泰湘　1980「黒龍江古代文化初論」『中国考古学会第一次年会論文集』

楊鴻勛　1987『建築考古学論文集』

李殿福　1983「集安洞清三座壁画墓」『考古』4

遼寧省博物館等　1977「遼寧敖漢小河沿三種原始文化的発現」『文物』12

遼寧省博物館・昭烏達盟文物工作站・赤峰県文化館　1983「内蒙古赤峰県四分地東山嘴遺址試掘簡報」『考古』5

遼寧省文物乾部培訓班　1976「遼寧北票県豊下1972年春発掘簡報」『考古』3

〈韓国〉

高麗大学校発掘調査団篇　1994『浅沙里』第5巻

国立中央博物館　1980『中島Ⅰ』

国立中央博物館　1982『中島Ⅲ』

崔夢龍・李根旭・金庚澤　1990「昇州大谷里3次（1989年度）発掘調査略報」『昌山金正基博士回甲記念論叢』

申鉉東　1993『朝鮮原始古代住居址と日本への影響—朝鮮原始・古代住居址の主要調査報告—』

全南大學校博物館・光州広域市　1996『光州　月田洞遺蹟』

ソウル大学校博物館　1988『夢村上城　東南地区発掘調査報告』

ソウル歴史博物館　2002『風納土城』

忠清文化財研究院　2005『扶餘井洞里遺跡』

忠南大學校博物館　2000『論山定止里百済聚落址』

沈奉澤　1981『金海府院洞遺蹟』東亜大学校博物館

文化財管理局　1978『雁鴨池発掘調査報告書』

李殷昌　1987『陝川苧浦里C・D地区遺蹟』慶尚南道・暁星女子大学校博物館

李殷昌・李盛周　1987「陝川苧浦里C地区発掘調査概報」『嶺南考古学』3　嶺南考古学会

林孝澤・郭東哲・趙顧福　1988『大也里住居址Ⅰ』東義大学校博物館学術叢書2

林孝澤・郭東哲・趙顧福　1989『大也里住居址Ⅱ』東義大学校博物館学術叢書

初 出 一 覧

第1部「原史・古代の竈」

第1章
「炉と竈の比較」『関西大学考古学研究室開設四拾周年記念考古学論叢』 1993年（合田幸美）
　　用語の更新と若干の字句の修正をおこなうにとどめ、ほぼ初出論文のまま掲載している。30年以上前の著作であって近年の関連資料を盛り込んでいないが、筆者の、竪穴住居の炉・竈を研究する視座を明示したものである。本書の編集にあたって基本的な立場の表明として冒頭に掲げた。

第2章
「出現期の竈再考」『究班』Ⅱ埋蔵文化財研究会25周年記念論文集　2002年（合田幸美）
　　用語の更新と字句の修正をおこなった。当時、検出事例が増加した古墳時代前期の竈に関する研究である。論文掲載誌『究班』Ⅱは「埋蔵文化財研究会（通称「九阪研究会」）の編集・刊行で、その1992年・第32回研究集会「古墳時代の竈を考える」において大阪府内の古墳時代の竈を集成し口頭発表したことが端緒となった。

第3章
「出現期の竈」『網干善教先生華甲記念考古学論集』 1988年（合田幸美）
　　掲載にあたって用語の更新と字句の修正をおこなった。筆者の出土竈に関する最初の論文である。発表の後、「九阪」における口頭発表（1992年）とその後の資料の蓄積を踏まえて著したものが第2章の初出論文「出現期の竈再考」（2002年）である。したがって、第2章および第3章は、日本列島における出現期の竈の総論という位置づけである。

第4章
「古墳時代の竈の出土状況」『大阪文化財論集―（財）大阪文化財センター設立15周年記念論集―』 1989年（合田幸美）
　　用語の訂正及び字句の修正を加えた。古墳時代の竈跡と竪穴住居跡の出土状態を分類して竈と住居の廃棄の諸形態を明らかにし、その廃棄の形態の1つが竈の廃棄に関わる祭祀の跡を示していることを指摘した。

第5章
「西日本の竈構造と構成要素―東・西日本間の煮炊きの違い―」『物質文化』98　2018年（合田幸美）
　　用語、字句の修正をおこなった。2016年日本考古学協会における外山政子氏との共同発表「東西日本の竈構造と構成要素の違い」［外山・合田 2016］を端緒に、古墳時代から古代までの東西日本の竈と炊饌具の比較をおこなって西日本における炊饌の形態とその変遷を述べた論文である。外山政子氏の論文［外山 2018］と一対をなす。

第6章
「竈・温突（オンドル）」『若狭と越の古墳時代』季刊考古学　別冊19　雄山閣　2013年（合田幸美）
　　用語及び字句を修正した。北陸地方の古墳時代を特集した雑誌別冊の「第2章遺構・遺物をとおしてみた若狭・越」を構成する論文の1つとして執筆した。竈の有無や形状、付随する土器や竈形土器の共通点と相違点を明らかにし、近畿地方主要部との比較を通して北陸地方の竈とオンドル状遺構の特質を述べた。

第5章で述べた東西日本の比較研究を補完する論文である。

第7章

「大坂城跡の竈跡について」『大坂城跡発掘調査報告I』 2002年（合田幸美）

　用語と字句を修正した。筆者は、1991年に（財）大阪府文化財センター所属の技師として大坂城跡の発掘調査に従事した。このことを契機として、大坂城跡において発掘された織豊期から近世までの竈跡を集成してその変遷を概観したものである。

第8章

「民家発掘調査資料の集成—建築学と考古学の接点—」『（財）大阪府文化財センター・日本民家集落博物館・大阪府立弥生文化博物館・大阪府立近つ飛鳥博物館　2002年度　共同研究成果報告書』 2004年（合田幸美）

　（財）大阪府文化財センター関係機関の共同研究報告として刊行されたものである。報告書の謳う共同研究に適う、民家研究（建築史学研究と民俗学研究）と考古学研究の共同として何が可能かを念頭に執筆した。対象は、現存民家の修理保存及びそれの発掘調査で、公刊された解体修理報告書を中心に収集して用いた。

第9章

「竈の図像資料」『河上邦彦先生古稀記念論集』 2014年（合田幸美）

　用語、字句の修正をおこなった。資料は、平安時代末から江戸時代までの絵巻物、図説百科や地誌に描かれた竈とその場面を渉猟し集成したものである。考古学的発掘調査では得られない、竈が付設された家屋の周辺環境の変容—竈が描かれた農業村落の農家や商業都市の町家、独立屋（竈屋）や風呂との連結—や、高床に上がった炉や竈に関する知見を記した。

第10章

「朝鮮半島の竈」『研究紀要（大阪文化財センター研究助成報告書）』Vol.2　1995年（合田幸美）

　字句を修正した。朝鮮半島における竈関連資料を、(1) 竪穴住居作り付け竈、(2) 平地住居作り付け竈、(3) 建物（宮殿・寺院・城郭等）作り付け竈、(4) 竈形土器、(5) 明器の竈、(6) 壁画に描かれた竈に分けて集成し、分類、考察を加えた。竈をめぐる文化が日本列島に流入するにあたって、竈と住居型式、竈と炊爨用土器がどのような連関を以てもたらされたのかを考えた。

第11章

「壁灶の集成」『日本中国考古学会会報』第10号　2000年（合田幸美）

　字句の修正をおこなった。中国出土の壁灶を灶台、焼土、灶坑、その他に大別して、73事例を収集し、I 長江流域、II 渭水流域、III 黄河中流域、IV 黄河下流域、V 太行山脈東麓、VI 遼河流域（遼河以西）、VII 遼河以東、VIII タリム盆地の8地域にわけて巨視的な分布状況を記した。

第12章

「竈形土器とくらし」『（財）大阪府文化財センター・日本民家集落博物館・大阪府立弥生文化博物館・大阪府立近つ飛鳥博物館　2003年度　共同研究成果報告書』 2005年（合田幸美）

　古墳時代中期に出現する竈形土器の諸形態を提示した。種々の竈形土器の出土は、その使用法や儀礼が地域を跨いで共有された表徴であること、大形の竈形土器に実用性を疑わせるものがあること、横穴式石室古墳に副葬される小形の竈形土器はその系譜が明らかではないことなどを指摘した。

第13章

「竈形土器は韓式系土器であろうか」『韓式系土器研究』XIV　2015年（合田幸美）

　大阪府における竈形土器出土事例を集成して、出土状況や法量の検討からそれと組み合わせとなる炊爨具を特定し、竈形土器がいわゆる韓式系土器を構成する器種のひとつであることを確認した。

第14章

「小型炊飯具の分布と消長」『和の考古学—藤田和尊さん追悼論文集—』ナベの会考古学論集第1集　2019年

（合田幸美）
　　　　古墳出土の小型炊飯具を集成し、概観した。古墳出土の小形炊飯具は、特定の地域に限って分布する仮器
　　　であり、朝鮮半島を経て渡来した集団やそれに系譜をたどる人々の集団が特定の葬送儀礼を共有している
　　　ことを示すものであるとした。
第15章
「U字形土製品からみた竈遺構の復元―䳀屋北遺跡を事例として―」『大阪文化財研究』第51号　2018年（合
田幸美）
　　　　若干の字句を修正し掲載した。大阪府寝屋川市の䳀屋北遺跡から出土した「U字形土製品」を元に、U字
　　　形土製品が取り付けられる竈の型式、移動式竈（竈形土器）との使用法の相違について検討しながら、同
　　　遺跡で検出された竈遺構の立体的な復元を試みた。

第2部「原史・古代の住まいと建物」

第1章
「67　仁川五ヶ山遺跡」『兵庫県史考古資料編』　1992年（合田茂伸）
　　　　初出論文を大幅に改稿した。兵庫県西宮市に所在する仁川五ヶ山遺跡の、1986年及び1990年の発掘調査
　　　において検出された遺構群を紹介し、それらが形成する丘陵上の弥生時代集落の景観の特質を述べた。こ
　　　の発掘調査は、第2部に述べた合田茂伸の建物跡及び集落遺跡に関する論考の端緒となったものである。
第2章
1　「平地の住居と斜面の住居―弥生時代における竪穴建物の地形立地と形態―」『今里幾次先生古希記念播磨
　　考古学論叢』　1990年（合田茂伸）
　　　　字句を修正した。「竪穴建物の地形立地と形態」として、弥生時代中期及び後期の西日本における斜面に立
　　　地する竪穴建物について、平坦地に立地する竪穴建物との比較をおこない、地形立地上悪条件下で建築さ
　　　れた竪穴建物跡の特色を抽出することで、竪穴建物の諸属性の顕在化を試みた。
2　「斜面に立地する竪穴式住居」『網干善教先生古希記念考古学論集』　1998年（合田茂伸）
　　　　字句を修正した。第1項と同様の手法を用いて、方形竪穴建物が卓越する同時代の東日本における斜面に
　　　立地する竪穴建物との比較検討をおこなった。
3　「斜面の建築」『阡陵』関西大学博物館学過程創設三十周年記念特集　1992年（合田茂伸）
　　　　字句を修正した。竪穴建物跡とともに検出される掘立柱建物跡について地形立地による変異を明らかに
　　　し、平坦地の集落跡における掘立柱建物跡との比較をとおして掘立柱建物の型式の分別を試みた。
第3章
1　「弥生時代の集落とその環境」『末永雅雄先生米寿記念献呈論文集』　1985年（合田茂伸）
　　　　字句を修正した。大阪平野の中央に長大なトレンチを掘削した発掘調査によって顕現した瓜生堂遺跡及び
　　　その周辺の遺跡の遺構、遺物を検討し、人工的空間の自然的空間に対する拡大、縮小や連続性について試
　　　考した。
2　「瓜生堂遺跡の祭場―弥生時代集落の祭祀環境―」『文化史論叢』（上）　1987年（合田茂伸）
　　　　字句を修正した。第1項と対をなす論文で、集落遺跡における祭祀に関する遺構と遺物の分布状態から集
　　　落内の祭祀空間について諸例を検討した。
3　「集落の出入口について」『大阪文化財論集Ⅱ―（財）大阪府文化財センター設立30周年記念論集―』　2002
　　年（合田幸美）
　　　　字句を修正した。弥生時代および古墳時代の集落跡や居館跡の出入口跡とされる遺構や、出入口に相当す
　　　る場所の空閑地などを瞥見した論文である。弥生時代集落の環濠を挟む出入口の多様性はその出入口の機

能の多様性や出入口内外の集落空間の異質性などが背景にあることを推定した。

4　「竪穴住居の改築について」『関西大学考古学研究室開設五拾周年記念考古学論叢』 2003 年（合田幸美）

字句を修正した。竪穴建物を特定の位置に改築して居住を継続するという事象が、弥生時代中期から後期にかけて多くみられることを明らかにした。古墳時代前期との比較では、弥生時代中期から後期の集落では竪穴建物位置の固定性、長期性が高く、古墳時代前期の集落では竪穴建物位置の流動性、短期性が高いという違いがあった。

5　「古代の竪穴建物—大阪府を中心に—」『大阪文化財研究』第 39 号　2011 年（合田幸美）

字句を修正した。飛鳥時代以降急速に減少する竪穴建物跡について、遺跡ごとに機能や位置づけなどを考察した。

6　「小形住居について」『網干善教先生古稀記念考古学論集』 1998 年（合田幸美）

字句を修正した。竈屋または専用工房の存否確認を念頭に置いて、弥生時代、古墳時代および古代の集落遺跡で検出される小形竪穴建物跡を遺跡ごとに詳述、住居以外の用途に供された建物として小形竪穴建物を位置づけることができるかどうかを検討して、古代の竪穴建物において専用工房としての竪穴建物が顕在化することを確認した。掲載にあたって付加した副題「竈屋の考察（1）・（2）」のとおり、本書第 1 部の竈の関連論文としても取り扱った。

第 4 章

「近畿地方中・西部における庄内式期前後の竪穴住居について」『初期古墳と大和の考古学』石野博信編　2003 年（合田茂伸・合田幸美）

初出論文は、2002 年 7 月の香芝市二上山博物館シンポジウム「邪馬台国時代の吉備と大和」における口頭発表「大和・河内の住居」を元に執筆したもので、本書掲載に当たって改稿した。古墳出現期の奈良県及び大阪府を中心とした近畿地方主要部における竪穴建物跡を集成し、その変容について述べた。

第 5 章

「火処」『古墳時代の考古学　人々の暮らしと社会』6　同成社　2013 年（合田幸美）

弥生時代後期から飛鳥時代前半期までの竪穴建物跡の炉跡と竈跡を対象とした。炉と竈を「火処」という一括概念として捉え、「火処」が時代別にどのような変遷をたどったのか、それが住まいにおいてどのような位置づけであったのかを考察した。表現を全体に見直し、用語の変更と字句の訂正をおこなった。

第 6 章

「固定されたダイドコロ—西宮市高畑町遺跡の調査から—」『関西大学文学部考古学研究室 60 周年記念論文集』 2013 年提出（2024 年『考古学論集 IV』に改題し刊行）（合田茂伸・合田幸美）

改稿した。本章は、2010 年 9 月 3 日に兵庫県下の県・市・町の埋蔵文化財保護行政担当者が出席して兵庫県立考古博物館で開催された「平成 22 年度（2010 年度）兵庫県埋蔵文化財調査成果連絡会『発掘調査 2009』」において、「高畑町遺跡の発掘調査成果について」と題して口頭発表した内容および配布資料［合田茂伸 2010］を元にしている。古墳時代前期の竪穴建物跡において、床面の張り替えに伴って炉が小形化し竈が付設された事例を報告し、該期の竈跡を集成して検討を加え、その意義を指摘した。

（合田茂伸）

あ と が き

　40年間、竈を研究した。竈に興味を持ったのは、関西大学3年生のころである。在籍した関西大学文学部考古学研究室の勉強会では遺跡をさまざまな視点からとらえた研究発表にふれ、とてもこうした先輩方に追いつくことはできない、と思った。発掘調査や遺物整理に参加しながら、研究室や図書館に架蔵されている論文や発掘調査報告書を読み、古墳時代には竈があらたな暮らしの設備となり、炊飯具が変化したことを知った。1984年冬、出現期の竈の資料を集成し、卒業論文として提出した。

　網干善教先生が主宰された考古学研究室は、自由な雰囲気が居心地良く、個性的な先輩、後輩、同級生に恵まれた。

　卒業後、財団法人大阪文化財センターの技師として埋蔵文化財の発掘調査に携わった豊中市蛍池東遺跡、寝屋川市高宮遺跡の竪穴建物に付設された竈跡、茨木市溝咋遺跡の竈形土器など、得がたい竈資料に関わる機会を得た。卒業論文に筆を加えて網干善教先生の華甲記念論文集に「出現期の竈」を献呈し、しだいに日本列島の竈の故地、朝鮮半島の竈、さらに中国の竈へと興味は広がった。いっぽう、日本列島に出現した竈の変化を古墳時代、古代、中世、近世の出土遺構、絵画資料、民家建築遺構に追究した。

　関西大学の諸先輩には論文の執筆機会を設けていただいた。出身地・北陸地方を共にする福井県の入江文敏さん、石川県の伊藤雅文さんが共同編集された『季刊考古学特集号「越の国の古墳時代」』に竈について（第1部第6章）、技師として携わった発掘調査でご一緒いただいた大阪府の一瀬和夫さんから『古墳時代の研究』に「火処」について（第2部第5章）、それぞれ一文をまとめるようお誘いいただいた。奈良県の藤田和尊さんのご退職記念論集には藤田さんが勤務された御所市域に集中して出土する小型炊飯具に関する論題をエントリーさせていただいた（第1部第14章）が、藤田さんの急逝によって追悼論文集になってしまった。

　群馬県の外山政子さんには、大阪文化財センターの先輩、井藤暁子さんがお引き合わせくださった。1980年代後半であったと思う。外山さんは、それ以来、竈のあれこれを教えてくださることはもちろん、都度湧き上がる疑問や質問にお付き合いいただき、また、新たなアプローチへのきっかけを頂戴した。関東訪問の折には、彼方此方の発掘調査現場で随分多くの「生の」竈をご案内いただいた。いつも見る関西・大阪の竈に比べ、群馬の竈は保存状態が良く、構造や使用状態が立体的に見える、魅力的な竈であった。外山さんにお目に掛かった頃から東と西の竈の違いをまとめたいという思いがあり、東西日本の竈をそれぞれの視点からの共同研究として発表、執筆する機会を得た（第1部第5章）。これは金沢大学の小林正史先生のお心配りの恩恵に与ったものである。

　定年退職を迎え、また、病を得たことを機に、そのときどきの興味に任せて書き続けた論文を1

冊にまとめないか、と夫・合田茂伸に誘われた。本として刊行するような内容ではない、と固辞したが、夫の住まいに関する論文も合わせて共著とする、というだまし討ちのような提案に折れて、原稿を整えることにした。そして何よりも、米田文孝さんのご高配と同成社の佐藤涼子さん、山脇あやさん、松本小糸さんの温かい励ましがなければ本書は存在しなかったであろう。

古いものでは40年前の論文をほぼそのまま掲載しており、その後蓄積された膨大な資料を生かしたさらなる研究の深化は、本書刊行後の課題である。

2025年2月　合田幸美

筆者らが考古学研究を志した1980年ころには、日本列島における原史・古代の住まいに関する網羅的、総合的な研究として、すでに石野博信先生の「考古学からみた古代日本の住居」（1975年『日本古代文化の探求・家』社会思想社）があった。また、杉本尚次先生編集の『日本のすまいの源流』（1984年　文化出版局）が刊行された時期であった。筆者らは、1980年に行われた兵庫県西宮市の越水山遺跡第2次発掘調査に従事し、弥生時代から飛鳥時代までの竪穴建物跡7基を学生だけで発掘調査を行うという幸運に恵まれた。当時、西宮市教育委員会嘱託として奉職されていた西川卓志さんから網干善教先生への関西大学文学部考古学研究室の学生派遣依頼に基づいて参加した発掘調査である。発掘調査報告書［西川卓志・合田茂伸1990『越水山遺跡発掘調査報告書』西宮市教育委員会］によれば、米田文孝さん、内田裕理子さん、来村多加史さん、水野昌光さん、白神典之さん、藤田和尊さん、西岡誠司さん、徳田誠志さん、瀬野耕平さん、管加乃子さん、三上展さん、筆者らが参加している。

第2部第4章と第6章は、石野博信先生のご指導による共著論文を元にしている。

奈良県香芝市二上山博物館が開催した2002年の企画展「邪馬台国時代の吉備と大和」において、大和の竪穴住居について話すように、という、当時館長にあった先生のご指示を受けて、大和を中心として畿内地方における古墳出現期の竪穴住居跡の網羅的な把握を試みた。資料の収集を合田幸美が、シンポジウム発表資料集の原稿執筆と口頭発表は合田茂伸が分担した。その後、石野先生の古希を記念する論文集の刊行にあたって再び同じテーマで執筆せよ、とのご指示をいただき、連名により献呈した。この第4章は、若干の資料の追加と用語の変更および字句の修正をおこない、あわせて、初出論文では論文集としての字数制限により割愛した引用遺跡文献を掲載した。

第6章は、兵庫県立考古博物館での口頭発表を元にしている。筆者が口頭発表をはじめる前に、当時の兵庫県立考古博物館館長であった石野先生から「その住居は、2人だけ（先生と合田を指す）が興味をもっているだろうから、発表はここでは不要、きちんと文章にまとめるように」とのご指導を受けた。そのとおり、当日の発表では一言も言及しなかった。石野先生には、このご指導をいただいてから文章化するまでの年月が長かったことをお詫び申し上げる。この竪穴建物跡と竈跡は、合田茂伸が担当した高畑町遺跡第7次発掘調査において、西宮市教育委員会から（財）大阪府文化財センターに対して合田幸美による調査派遣を依頼して共同で発掘調査をおこなったものである。また、竪穴建物跡出土遺物実測図および観察記録は、西村匡広氏より提供を受けた。記して感謝申し上げる。

これら論文や先生の教え、先輩の教示、友人との議論、発掘調査の経験が、日本列島の基層文化の1つとしての弥生時代、古墳時代の住まいの研究を喚起した、と思う。政治史上、社会史上の変動をダイナミックにあらわす側面ではなかったが、わずかに残った浅い竪穴に溝と土坑と焼土と炭と灰と石器、土器が出土する竪穴住居の床面を検出する悦び、これに勝るものはなし、の思いを持ち続けてきた。

　編集が整った本書の校正刷りを通読するとき、上に掲げた「考古学からみた古代日本の住居」を一歩も出ていないことに気づく。それでもなお本書の存在意義があるとすれば、メインストリームの側方から、住まいとは何か、竈とは何かを考え続けることができた、学恩に報いる一冊となったことではないか。

2025年2月　合田茂伸

■著者略歴■

合田茂伸（ごうだ・しげのぶ）

1959 年　高知県生まれ
1986 年　関西大学大学院文学研究科日本史学専攻博士課程前期課
　　　　程修了
2007 年　博士（文学）（関西大学）
　　　　西宮市教育委員会文化財課長・西宮市立郷土資料館長・
　　　　関西大学博物館学芸員を経て
現　在　西宮市嘱託（文化財顧問）、関西大学非常勤講師
［主要論文］
『摂津加茂遺跡の研究』（関西大学博物館紀要別冊）、2024 年（編・
　共著）
「弥生時代の杵と臼」『網干善教先生華甲記念考古学論集』、1988
　年
「平地の住居と斜面の住居」『播磨考古学論叢』、1990 年
「石庖丁の廃棄課程―田能遺跡出土資料の観察から―」『考古学雑
　誌』第 92 巻第 1 号、2008 年
「見知石積みに関する覚え」『菟原 II』、2012 年
「発掘調査から構成する西宮地域史」『新発見・西宮の地下に眠る
　古代遺跡：浮かびあがる武庫郡の中心 』（大手前大学史学研究
　所・西宮市教育委員会）、2018 年

合田幸美（ごうだ・よしみ）

1960 年　福井県生まれ
1984 年　関西大学文学部史学地理学科卒業
　　　　財団法人大阪文化財センター技師・公益財団法人大阪府
　　　　文化財センター主査を経て
現　在　公益財団法人京都市埋蔵文化財研究所　京都市考古資料
　　　　館嘱託職員
［主要論文］
「朝鮮半島の竈」『研究紀要』（大阪文化財センター研究助成報告
　書）Vol.2、1995 年
「壁灶の集成」『日本中国考古学会会報』第 10 号、2000 年
「古代の竪穴建物―大阪府を中心に―」『大阪文化財研究』第 39
　号、2011 年
「火処」『古墳時代の考古学　6　人々の暮らしと社会』同成社、
　2013 年
「千提寺キリシタン墓地」『季刊考古学』第 164 号　雄山閣、2023
　年

竈と住まいの考古学

2025 年 4 月 25 日発行

著　者	合　田　茂　伸
	合　田　幸　美
発行者	山　脇　由紀子
印　刷	藤原印刷㈱
製　本	㈱積信堂

発行所　東京都千代田区平河町 1-8-2　㈱同成社
　　　　山京半蔵門パレス（〒102-0093）
　　　　TEL 03-3239-1467　振替 00140-0-20618

ⒸGoda Shigenobu & Goda Yoshimi 2025. Printed in Japan
ISBN978-4-88621-998-5 C3021